MÁXIMO GORKI

LA MADRE

astria

LA MADRE
MÁXIMO GORKI

©Astria Ediciones
Diseño de portada: Andrea Rodríguez
Ilustración de portada: Josué Flores H.
Correcciones: Edwin Cerrato
Supervisión Editorial: Óscar Flores López

Administración: Tesla Rodas y Jessica Cordero
Director Ejecutivo: José Azcona Bocock

Primera edición
Tegucigalpa, Honduras—Agosto de 2024

PRIMERA PARTE

I

Cada mañana, entre el humo y el olor a aceite del barrio obrero, la sirena de la fábrica mugía y temblaba. Y de las casuchas grises salían apresuradamente, como cucarachas asustadas, gentes hoscas, con el cansancio todavía en los músculos. En el aire frío del amanecer, iban por las callejuelas sin pavimentar hacia la alta jaula de piedra que, serena e indiferente, los esperaba con sus innumerables ojos, cuadrados y viscosos. Se oía el chapoteo de los pasos en el fango. Las exclamaciones roncas de las voces dormidas se encontraban unas con otras: injurias soeces desgarraban el aire. Había también otros sonidos: el ruido sordo de las máquinas, el silbido del vapor. Sombrías y adustas, las altas chimeneas negras se perfilaban, dominando el barrio como gruesas columnas.

Por la tarde, cuando el sol se ponía y sus rayos rojos brillaban en los cristales de las casas, la fábrica vomitaba de sus entrañas de piedra la escoria humana, y los obreros, los rostros negros de humo, brillantes sus dientes de hambrientos, se esparcían nuevamente por las calles, dejando en el aire exhalaciones húmedas de la grasa de las máquinas. Ahora, las voces eran animadas e incluso alegres: su trabajo de forzados había concluido por aquel día, la cena y el reposo los esperaban en casa.

La fábrica había devorado su jornada: las máquinas habían succionado en los músculos de los hombres toda la fuerza que necesitaban. El día había pasado sin dejar huella: cada hombre había dado un paso más hacia su tumba, pero la dulzura del reposo se aproximaba, con el placer de la taberna llena de humo, y cada hombre estaba contento.

Los días de fiesta se dormía hasta las diez. Después, las gentes serias y casadas, se ponían su mejor ropa e iban a misa, reprochando a los jóvenes su indiferencia en materia religiosa. Al volver de la iglesia, comían y se acostaban de nuevo, hasta el anochecer.

La fatiga, amasada durante años, quita el apetito, y, para comer, bebían, excitando su estómago con la aguda quemadura del alcohol.

Por la tarde, paseaban perezosamente por las calles: los que tenían botas de goma, se las ponían aunque no lloviera, y los que poseían un paraguas, lo sacaban aunque hiciera sol.

Al encontrarse, se hablaba de la fábrica, de las máquinas, o se deshacían en invectivas contra los capataces. Las palabras y los pensamientos no se referían más que a cosas concernientes al trabajo. Apenas si alguna idea, pobre y mal expresada, arrojaba una solitaria chispa en la monotonía gris de los días. Al volver a casa, los hombres reñían con sus mujeres y con frecuencia les pegaban, sin ahorrar los golpes. Los jóvenes permanecían en el café u organizaban pequeñas reuniones en casa de alguno, tocaban el acordeón, cantaban canciones innobles, bailaban, contaban obscenidades y bebían. Extenuados por el trabajo, los hombres se embriagaban fácilmente: la bebida provocaba una irritación sin fundamento, mórbida, que buscaba una salida. Entonces, para liberarse, bajo un pretexto fútil, se lanzaban uno contra otro con furor bestial. Se producían riñas sangrientas, de las que algunos salían heridos; algunas veces había muertos...

En sus relaciones, predominaba un sentimiento de animosidad al acecho, que dominaba a todos y parecía tan normal como la fatiga de los músculos. Habían nacido con esta enfermedad del alma que heredaban de sus padres, los acompañaba como una sombra negra hasta la tumba, y les hacía cometer actos odiosos, de inútil crueldad.

Los días de fiesta, los jóvenes volvían tarde por la noche, los vestidos rotos, cubiertos de lodo y de polvo, los rostros contusionados; se alababan, con voz maligna, de los golpes propinados a sus camaradas, o bien, venían furiosos o llorando por los insultos recibidos, ebrios, lamentables, desdichados y repugnantes. A veces eran los padres quienes traían su hijo a casa: lo habían encontrado borracho, perdido al pie de una valla, o en la taberna; las injurias y los golpes llovían sobre el cuerpo inerte del muchacho; luego lo acostaban con más o menos precauciones, para despertarlo muy temprano, a la mañana siguiente, y enviarlo al trabajo cuando la sirena esparcía, como un sombrío torrente, su irritado mugir.

Las injurias y los golpes caían duramente sobre los muchachos, pero sus borracheras y sus peleas parecían perfectamente legítimas a los viejos: también ellos, en su juventud, se habían embriagado y pegado; también a ellos les habían golpeado sus padres. Era la vida. Como un agua turbia, corría igual y lenta, un año tras otro; cada día estaba hecho de las mismas costumbres, antiguas y tenaces, para pensar y obrar. Y nadie experimentaba el deseo de cambiar nada.

Algunas veces, aparecían por el barrio extraños, venidos nadie sabía de dónde. Al principio, atraían la atención, simplemente porque eran

2

desconocidos; suscitaban luego un poco de curiosidad, cuando hablaban de los lugares donde habían trabajado; después, la atracción de la novedad se gastaba, se acostumbraba uno a ellos y volvían a pasar desapercibidos. Sus relatos confirmaban una evidencia: la vida del obrero es en todas partes la misma. Así, ¿para qué hablar de ello?

Pero alguna vez ocurría que decían cosas inéditas para el barrio. No se discutía con ellos, pero escuchaban, sin darles crédito, sus extrañas frases que provocaban en algunos una sorda irritación, inquietud en otros; no faltaban quienes se sentían turbados por una vaga esperanza y bebían todavía más para borrar aquel sentimiento inútil y molesto.

Si en un extraño observaban algo extraordinario, los habitantes de la barriada no lo miraban bien, y lo trataban con una repulsión instintiva, como si temiesen verlo traer a su existencia algo que podría turbar la regularidad sombría, penosa, pero tranquila. Habituados a ser aplastados por una fuerza constante, no esperaban ninguna mejora, y consideraban cualquier cambio como tendiente tan sólo a hacerles el yugo todavía más pesado.

Los que hablaban de cosas nuevas, veían a las gentes del barrio huirles en silencio. Entonces desaparecían, volvían al camino, o si se quedaban en la fábrica, vivían al margen, sin lograr fundirse en la masa uniforme de los obreros...

El hombre vivía así unos cincuenta años; después, moría...

II

Tal era la vida del cerrajero Michel Vlassov, un ser sombrío, velludo, de ojillos desconfiados bajo espesas cejas, de sonrisa maligna. El mejor cerrajero de la fábrica y el hércules del barrio: ganaba poco, porque era grosero con sus jefes; cada domingo dejaba sin sentido a alguno; todo el mundo le detestaba y le temía Habían tratado de pegarle, pero sin éxito. Cuando Vlassov veía que iban a atacarle, cogía una piedra, una plancha, un trozo de hierro, y, plantándose sobre sus piernas abiertas, esperaba al enemigo, en silencio. Su rostro, cubierto desde los ojos hasta la garganta por una barba negra, y sus peludas manos, excitaban el pánico general. Causaban miedo, sobre todo, sus ojos, pequeños y agudos, que parecían perforar a las gentes como una punta de acero; cuando se encontraba aquella mirada, se sentían los demás en presencia de una fuerza salvaje, inaccesible al miedo, pronta a herir sin piedad.

—¡Fuera de aquí, carroña! —decía sordamente. En el espeso vellón de su rostro, sus grandes dientes amarillos relucían. Sus adversarios lo colmaban de insultos, pero retrocedían intimidados.

—¡Carroña! —les gritaba aún, y su mirada resplandecía, malvada, aguda como una lezna.

Después, erguía la cabeza con aire desafiante, y los seguía, provocándolos:

—Bueno, ¿quién quiere morir? Nadie quería...

Hablaba poco, y su expresión favorita era "carroña". Llamaba así a los capataces de la fábrica y a la policía; empleaba el mismo epíteto dirigiéndose a su mujer:

—¿No ves, carroña, que tengo los pantalones rotos?

Cuando su hijo Paul cumplió catorce años, Vlassov intentó un día tirarle de los cabellos. Pero Paul se apoderó de un pesado martillo y dijo secamente:

—No me toques.

—¿Qué? —preguntó el padre; avanzó sobre el erguido y esbelto rapaz como una sombra sobre un abedul joven.

—Basta —dijo Paul—: no me dejaré pegar más... Y blandió el martillo.

El padre lo miró, cruzó a la espalda sus velludas manos y dijo burlonamente:

—Bueno...

Luego, añadió con un profundo suspiro:

—Bribón de carroña...

Poco después dijo a su esposa:

—No me pidas más dinero, Paul te mantendrá. Ella se envalentonó:

—¿Vas a bebértelo todo?

—No es asunto tuyo, carroña. Tomaré una amiguita...

No tomó amante alguna, pero desde aquel momento hasta su muerte, durante casi dos años, no volvió a mirar a su hijo, ni a dirigirle la palabra.

Tenía un perro tan grande y peludo como él mismo. Cada día, el animal lo acompañaba a la fábrica y lo esperaba por la tarde, a la salida. El domingo, Vlassov iba a recorrer los cafés. Caminaba sin decir palabra, parecía buscar a alguien, mirando insolentemente a las personas, a su paso. El perro le seguía todo el día, el rabo bajo, gordo y peludo. Cuando Vlassov, borracho, volvía a su casa, se sentaba a la mesa y daba de comer al perro en su plato. No le pegaba jamás, ni le reñía, pero tampoco le acariciaba nunca. Después de la comida, si su mujer no se llevaba el

4

servicio a tiempo, tiraba los platos al suelo, colocaba ante sí una botella de aguardiente y, con la espalda apoyada en la pared, con una voz sorda que daba dentera, aullaba una canción, la boca abierta y los ojos cerrados. Las palabras melancólicas y vulgares de la canción, parecían enredarse en su bigote, del que caían migas de pan; el cerrajero se peinaba la barba con los dedos y cantaba. Las palabras eran incomprensibles, arrastradas; la melodía recordaba el aullido de los lobos en invierno. Cantaba mientras había aguardiente en la botella; después, se tendía sobre un costado, en el banco o ponía la cabeza encima de la mesa, y dormía así hasta la llamada de la sirena. El perro se acostaba a su lado.

Murió de una hernia. Durante cinco días, con la tez negruzca, se agitó en el lecho, cerrados los párpados, rechinando los dientes. A veces, decía a su mujer:

—Dame veneno para las ratas, envenéname...

El doctor recetó cataplasmas, pero añadió que era indispensable una operación y que había que trasladar al enfermo al hospital inmediatamente.

—¡Al diablo..., moriré solo! ¡Carroña! —gritó Vlassov.

Cuando el doctor sé hubo marchado, su mujer, llorando, quiso convencerlo de que se sometiese a la operación; él le declaró, amenazándola con el puño:

—¡Si me curo vas a verlas peores!

Murió una mañana, en el momento en que la sirena llamaba al trabajo.

En el ataúd, tenía la boca abierta y las cejas fruncidas e irritadas. Lo enterraron su mujer, su hijo, su perro, Danilo Vessovchikov, viejo ladrón borracho, expulsado de la fábrica, y algunos miserables del barrio. Su mujer lloraba un poco. Paul no derramó una lágrima. Los transeúntes que encontraban el entierro se detenían y se persignaban, diciendo a sus vecinos:

—Sin duda que Pelagia debe estar contenta de que se haya muerto. Rectificaban:

—¡De que haya reventado!

Después de darle sepultura, todos se volvieron, pero el perro se quedó allí, tendido en la fresca tierra, y, sin aullar, olfateó largamente la tumba. Unos días más tarde, lo mataron; nadie supo quién...

III

Un domingo, quince días después de la muerte de su padre, Paul Vlassov volvió a casa borracho. Titubeando, entró en la pieza delantera, y golpeando la mesa con el puño como su padre hacía, gritó:

—¡A cenar!

Su madre se acercó, se sentó a su lado y, abrazándolo, atrajo sobre su pecho la cabeza del hijo. El, apoyando la mano sobre su hombro, la rechazó y gritó:

—¡Vamos, madre, de prisa!

—¡Pobre animalito! —dijo ella con voz triste y acariciadora, ignorando la resistencia de

Paul.

—¡Y voy a fumar! Dame la pipa de padre —gruñó el muchacho; la lengua rebelde articulaba con dificultad.

Era la primera vez que se embriagaba. El alcohol había debilitado su cuerpo, pero no había apagado su conciencia, y una pregunta le golpeaba la cabeza:

—¿Estoy borracho...? ¿Estoy borracho?

Las caricias de su madre lo confundían, y la tristeza de sus ojos lo conmovió. Tenía ganas de llorar, y para vencer este deseo fingió estar más borracho de lo que realmente estaba.

La madre acariciaba sus cabellos, enmarañados y empapados en sudor, y le hablaba dulcemente:

—No has debido...

Le invadieron las náuseas. Después de una serie de violentos vómitos, la madre le acostó y cubrió su frente lívida con una toalla húmeda. Se repuso un poco, pero todo daba vueltas a su alrededor, los párpados le pesaban, tenía en la boca un gusto repugnante y amargo. Miraba a través de las pestañas el rostro de su madre y pensaba:

—Es demasiado pronto para mí. Los otros beben y no les pasa nada, y a mí me hace vomitar...

La dulce voz de su madre le llegaba, lejana:

—Cómo vas a mantenerme, si te pones a beber...

Él cerró los ojos y dijo:

—Todos beben...

Pelagia suspiró. Tenía razón. Bien sabía ella que la gente no tiene otro sitio que la taberna para obtener un poco de alegría. Sin embargo, respondió:

6

—¡Tú no bebas! Tu padre ha bebido bastante por ti. Y me ha atormentado bastante...; tú podrías tener lástima de tu madre. Paul escuchaba estas palabras, tristes y tiernas; recordaba la existencia callada y borrosa de su madre, siempre a la espera angustiosa de los golpes.

Los últimos tiempos, Paul había estado poco en casa para evitar encontrarse con su padre: había olvidado algo a su madre. Y ahora, recuperando poco a poco los sentidos, la miraba fijamente.

Era alta y un poco encorvada; su cuerpo, roto por un trabajo incesante y los malos tratos de su marido, se movía sin ruido, ligeramente ladeado, como si temiera tropezar con algo. El ancho rostro surcado de arrugas, un poco hinchado, se iluminaba con dos ojos oscuros, tristes e inquietos como los de la mayoría de las mujeres del barrio. Una profunda cicatriz levantaba levemente la ceja derecha, y parecía que también la oreja de ese lado era más alta que la otra; tenía el aire de tender siempre un oído alerta. Las canas contrastaban con el espeso pelo negro. Era toda dulzura, tristeza, resignación...

A lo largo de sus mejillas corrían lentamente las lágrimas.

—¡No llores más! —dijo dulcemente su hijo—. Dame de beber.

—Voy a traerte agua con hielo.

Pero cuando Pelagia volvió, se había dormido. Ella permaneció un instante móvil ante él: la jarra temblaba en su mano y el hielo tintineaba suavemente en el borde. Dejó el cacharro sobre una mesa y, silenciosa, se arrodilló ante las santas imágenes. Los vidrios de las ventanas vibraban con gritos de borrachos. En la oscuridad y la niebla de la noche de otoño, gemía un acordeón; alguien cantaba a plena voz; alguien juraba con palabras soeces; se oían voces de mujeres inquietas, irritadas, cansadas...

En la casita de los Vlassov la vida continuó, más tranquila y apacible que antes, y un poco diferente de la de las otras casas. Su mansión se encontraba al fondo de la calle principal, cerca de una cuesta pequeña pero empinada que terminaba en una laguna. Un tercio de la vivienda lo ocupaban la cocina y una pequeña habitación, separada por un delgado tabique, donde dormía la madre. El resto era una pieza cuadrada con dos ventanas: en un rincón, la cama de Paul, en el otro, una mesa y dos bancos. Algunas sillas, una cómoda para la ropa, un espejillo encima, un baúl, un reloj de pared y dos iconos en un rincón, eso era todo.

Paul hizo todo lo que un muchacho debía hacer: se compró un acordeón, una camisa con pechera almidonada, una corbata llamativa, botas de goma, un bastón, y se convirtió en uno más entre los jóvenes de su edad. Fue a fiestas, aprendió a bailar la cuadrilla y la polka, el domingo volvía después de haber bebido mucho y seguía soportando mal el vodka. Al día siguiente, tenía dolor de cabeza, sufría ardor de estómago, estaba lívido y abatido.

Un día, su madre le preguntó:

—Entonces, ¿te has divertido mucho ayer?

Él respondió con sombría irritación:

—¡Me aburrí condenadamente! Me iré a pescar, que será mejor; o me compraré un fusil.

Trabajaba con celo, sin ausencias ni reprimendas. Era taciturno, y sus ojos azules, grandes como los de su madre, expresaban descontento. No se compró un fusil ni fue a pescar, pero se desvió cada vez más de la vida corriente de los jóvenes, frecuentó cada vez menos las fiestas y, donde quiera que fuese el domingo, volvía sin haber bebido. La madre, que lo vigilaba con mirada atenta, veía demacrarse el rostro bronceado de su hijo; su expresión se hacía más grave y sus labios adquirían un pliegue de extraña severidad.

Parecía lleno de una cólera sorda, o minado por una enfermedad. Antes, sus camaradas venían a verlo, pero ahora, al no encontrarlo nunca en casa, dejaron de aparecer. La madre veía, con placer, que Paul no imitaba ya a los muchachos de la fábrica, pero cuando observó esta obstinación en huir la sombría corriente de la vida común, el sentimiento de un oscuro peligro invadió su corazón.

—¿No te sientes bien, Paul? —le preguntaba alguna vez.

—Sí, estoy bien —respondía.

—¡Estás tan delgado! —suspiraba ella.

Comenzó a traer libros y a leerlos a escondidas; luego los guardaba en alguna parte. A veces, copiaba algún pasaje, en un trozo de papel que también escondía.

Se hablaban poco y apenas se veían por la mañana, él tomaba su té sin decir nada y se iba al trabajo; a mediodía, venía a almorzar; en la mesa, cambiaban algunas palabras insignificantes y de nuevo desaparecía hasta la noche. Al concluir la jornada, se lavaba cuidadosamente, tomaba la sopa y luego leía largamente sus libros. El domingo, se marchaba por la mañana para no volver hasta entrada la noche. Pelagia sabía que iba a la ciudad, que frecuentaba el teatro, pero nadie de la ciudad venía a verlo. Le parecía que, cuanto más pasaba el tiempo, menos comunicativo era su hijo, y al mismo tiempo notaba que, en ocasiones, empleaba algunas palabras nuevas que ella no comprendía, en tanto que las expresiones groseras y brutales que antes utilizaba, habían desaparecido de su lenguaje. En su comportamiento, había muchos detalles que atraían la atención de Pelagia; dejó de hacer el gomoso, pero concedió más cuidado a la limpieza de su cuerpo y de sus ropas; su manera de andar adquirió mayor libertad y soltura, y su apariencia se hizo más sencilla y dulce. Su madre se preocupaba. Y en su actitud con respecto a ella, había también algo de nuevo: barría a veces su cuarto, se hacía él mismo la cama los domingos y se esforzaba, en general, por quitarle trabajo. Nadie obraba así en el barrio...

Un día trajo y colgó del muro, un cuadro representando a tres personas que caminaban con ligereza conversando.

—Es Cristo resucitado, camino de Emaús —explicó Paul. El cuadro agradó a Pelagia, pero pensó:

"Honras a Cristo y no vas a la iglesia...".

El número de libros aumentaba de día en día sobre la hermosa estantería que un carpintero, amigo de Paul, le había fabricado. La habitación tomaba un aspecto agradable.

Él la trataba de "usted" y le llamaba "la madre", pero algunas veces tenía para ella palabras afectuosas:

—No te inquietes, madre: volveré tarde hoy.

Y, bajo estas palabras, ella sentía algo de fuerte, de serio, que le gustaba.

Pero su inquietud crecía, y el paso del tiempo no la tranquilizaba: el presentimiento de algo extraordinario rondaba su corazón. A veces, estaba descontenta de su hijo, y pensaba:

—Los hombres deben vivir como hombres, pero éste es como un monje... Es demasiado serio... No es propio de su edad.

Se preguntaba:

—¿Tendrá, quizá, alguna amiga?

Pero para cargarse con una muchacha hacía falta dinero, y él le entregaba casi todo su salario.

Así pasaron semanas, meses, dos años de una vida extraña, silenciosa, llena de pensamientos oscuros y temores, que crecían sin cesar.

IV

Una noche, después de cenar, Paul, corriendo la cortina de las ventanas, se sentó en un rincón y se puso a leer, bajo la lámpara de petróleo colgada en la pared sobre su cabeza. Su madre, lavada la vajilla, salió de la cocina y se acercó con paso vacilante. El levantó la cabeza y la miró interrogante.

—No... no es nada, Paul, soy yo —dijo ella, y se alejó vivamente, enarcadas las cejas con aire confuso. Permaneció inmóvil un momento en medio de la cocina, pensativa, preocupada; se lavó despaciosamente las manos y volvió junto a su hijo.

—Querría preguntarte —dijo muy bajo—, qué es lo que estás leyendo siempre. El dejó el libro.

—Siéntate, mamá.

Se sentó pesadamente al lado de él y se irguió, esperando algo grave. Sin mirarla, a media voz, y tomando sin saber por qué un tono áspero, Paul comenzó a hablar.

—Leo libros prohibidos. Se prohíbe leerlos porque dicen la verdad sobre nuestra vida de obreros... Se imprimen en secreto, y si los encuentran aquí, me llevarán a la cárcel..., a la cárcel, porque quiero saber la verdad. ¿Comprendes?

Ella sintió que su respiración se cortaba, y fijó sobre su hijo unos ojos espantados. Le pareció diferente, extraño. Tenía otra voz, más baja, más llena, más sonora. Con sus dedos afilados, retorcía su fino bigote de adolescente, y su mirada vaga, bajo las cejas, se perdía en el vacío. Se sintió invadida de miedo y de piedad por su hijo.

—¿Por qué haces eso, Paul? —preguntó.

Levantó él la cabeza, le lanzó una ojeada, y sin alzar la voz, tranquilamente, respondió:

—Quiero saber la verdad.

Su voz era baja pero firme, y sus ojos brillaban de obstinación. En su corazón, ella comprendió que su hijo se había consagrado Para siempre a algo misterioso y terrible. Todo, en la vida, le había parecido inevitable: estaba acostumbrada a someterse sin reflexionar, y solamente se echó a llorar, dulcemente, sin encontrar palabras, el corazón oprimido por la pena y la angustia.

—¡No llores! —dijo Paul con voz tierna; pero a la madre le pareció que le decía adiós.

—Reflexiona, ¿qué vida es la nuestra? Tú tienes cuarenta años, y, sin embargo, ¿es que verdaderamente has vivido? Padre te pegaba... Comprendo ahora que se vengaba sobre ti de su propia miseria, de la miseria de la vida, que lo ahogaba sin que él comprendiese por qué.

Había trabajado treinta años; empezó cuando la fábrica no tenía más que dos edificios, ¡y ahora tiene siete!

Ella escuchaba con terror y avidez. Los ojos de su hijo brillaban, hermosos y claros; apoyando el pecho en la mesa, se había acercado a su madre, y tocando casi su rostro bañado en lágrimas, decía por primera vez lo que había comprendido. Con toda la fe de la juventud y el ardor del discípulo, orgulloso de sus conocimientos en cuya verdad cree religiosamente, hablaba de todo lo que para él era evidente; y hablaba menos para su madre, que para verificar sus propias convicciones. Algunos momentos se detenía, cuando le faltaban las palabras, y entonces veía el afligido rostro en el que brillaron los ojos bondadosos, llenos de lágrimas, de terror y de perplejidad. Tuvo lástima de su madre, y siguió hablando, pero esta vez de ella, de su vida.

—¿Qué alegrías has conocido tú? ¿Puedes decirme qué ha habido de bueno en tu vida?

Ella escuchaba y movía tristemente la cabeza: experimentaba el sentimiento de algo nuevo que no conocía, alegría y pena, y esto acariciaba deliciosamente su corazón dolorido. Era la primera vez que oía hablar así de ella misma, de su vida, y aquellas palabras despertaban pensamientos vagos, dormidos hacía mucho tiempo; reavivaban dulcemente el sentir apagado de una insatisfacción oscura de la existencia, reanimaban las ideas e impresiones de una lejana juventud. Contó su niñez, con sus amigas, habló largamente de todo, pero, como las demás, no sabía más que quejarse: nade explicaba por qué la vida era tan penosa y difícil. Y he aquí que su hijo estaba allí sentado, y todo lo que decían sus ojos, su rostro, sus palabras, todo aquello llegaba a su corazón, la llenaba le orgullo ante su hijo que comprendía tan bien la vida de su madre, le hablaba de sus sufrimientos, la compadecía.

No suele compadecerse a las madres.

Ella lo sabía. Todo lo que decía Paul de la vida de las mujeres era la verdad, la amarga verdad; y palpitaban en su pecho una muchedumbre de dulces sensaciones, cuya desconocida ternura confortaba su corazón.

—Y entonces, ¿qué quieres hacer?

—Aprender, y luego enseñar a los otros. Los obreros debemos estudiar. Debemos saber, debemos comprender dónde está el origen de la dureza de nuestras vidas.

Era dulce para la madre ver los ojos azules de su hijo, siempre serios y severos, brillar ahora con tanta ternura y afecto. En los labios de Pelagia apareció una leve sonrisa de contente, mientras en las arrugas de sus mejillas temblaban aún las lágrimas. Se sentía dividida interiormente: estaba orgullosa de su hijo, que tan bien veía las razones de la miseria de la existencia; pero tampoco podía olvidar que era joven, que no hablaba como sus compañeros, y que se había resuelto a entrar solo en lucha contra la vida rutinaria que los otros, y ella también, llevaban. Quiso decirle: "Pero, niño..., ¿qué puedes hacer tú?".

Paul vio la sonrisa en los labios de su madre, la atención en su rostro, el amor en sus ojos; creyó haberle hecho comprender su verdad, y el juvenil orgullo de la fuerza de su palabra, exaltó su fe en sí mismo. Lleno de excitación, hablaba, tan pronto sarcástico como frunciendo las cejas; algunas veces, el odio resonaba en su voz, y cuando su madre oía aquellos crueles acentos, sacudía la cabeza, espantada, y le preguntaba en voz baja:

—¿Es verdad eso, Paul?

—¡Sí! —respondía él con voz firme.

Y le hablaba de los que querían el bien del pueblo, que sembraban la verdad y a causa de ello eran acosados como bestias salvajes, encerrados en prisión, enviados al penal por los enemigos de la existencia.

—He conocido a estas gentes —gritó con ardor—: son las mejores del mundo.

Pero a su madre la aterrorizaban, y preguntaba una vez más a su hijo: "¿Es verdad eso?".

No se sentía segura. Desfallecida, escuchaba los relatos de Paul sobre aquellas gentes, incomprensibles para ella, que habían enseñado a su hijo una manera de hablar y de pensar, tan peligrosa para él.

—Va a amanecer pronto: debías acostarte —dijo ella.

—En seguida —E inclinándose hacia ella, preguntó—: ¿Me has comprendido?

—¡Sí! —suspiró la madre. De nuevo brotaron lágrimas de sus ojos, y añadió en un sollozo:

—¡Te perderás!

Él se levantó y dio algunos pasos por la habitación.

—Bien, ahora sabes lo que hago y adónde voy: te he dicho todo... Y te suplico, madre, que si me quieres no me retengas...

—¡Cariño! —exclamó ella—. Quizá hubiera sido mejor no decirme nada... Le tomó una mano que él estrechó con fuerza entre las suyas. ;

A ella la conmovió la palabra "madre", que él había pronunciado con tanto calor, y aquel apretón de manos, nuevo y extraño.

—No haré nada por contrariarte —dijo jadeando—. ¡Solamente, ten cuidado!, ¡ten mucho cuidado!

Sin saber de qué debía guardarse, añadió tristemente:

—Cada vez adelgazas más...

Y envolviendo su cuerpo, robusto y bien hecho, con una cálida mirada acariciadora, le dijo rápidamente y en voz baja:

—¡Que Dios te proteja! Haz lo que quieras, no te lo impediré. No pido más que una cosa: sé prudente cuando hables con los otros. Hay que desconfiar: se odian entre sí. Son ávidos, envidiosos... Les gusta hacer daño. Si empiezas a decirles tus verdades, a juzgarlos, te detestarán y te perderán.

De pie junto a la puerta, Paul escuchaba sonriendo estas amargas palabras:

—La gente es mala, sí. Pero cuando supe que había tuna verdad sobre la tierra, se volvieron mejores.

Sonrió de nuevo.

—Yo mismo no comprendo cómo ha ocurrido esto. Desde que era niño, tuve miedo de todo el mundo. Cuando crecí, me encontré odiando a unos por su cobardía, a otros no sé por qué, ¡por nada...!

Y ahora se han vuelto diferentes para mí: siento piedad por ellos, creo... no sé cómo, pero mi corazón se enternece desde que he comprendido que no todos son responsables de su bajeza...

Se calló un instante, pareciendo escuchar algo dentro de sí mismo: luego continuó, pensativo:

—¡He aquí cómo sopla la verdad!

Ella alzó los ojos hacia él y murmuró:

—¡Cómo has cambiado, y qué miedo tengo, Dios mío!

Cuando su hijo estuvo acostado y dormido, la madre se levantó sin ruido, y se acercó dulcemente a su lecho. Paul dormía sobre la espalda, y en la blanca almohada se perfilaba su rostro tostado, obstinado y severo. Las manos cruzadas sobre el pecho, descalza y en camisa, la madre se mantuvo junto a la cama de su hijo, sus labios se movieron en silencio y de sus ojos corrieron lentamente, una tras otra, gruesas lágrimas de angustia.

V

Y la vida continuó para ellos, silenciosa: de nuevo se sentían lejanos y próximos. Un día de fiesta, a la mitad de la semana, Paul dijo a su madre al salir:

—El sábado tendré invitados de la ciudad.

—¿De la ciudad?—repitió la madre..., y repentinamente estalló en sollozos.

—Vamos mamá, ¿por qué lloras? —preguntó Paul, disgustado. Ella suspiró, enjugándose el rostro con el delantal.

—No sé..., por nada.

—¿Tienes miedo?

—Sí —confesó.

Él se inclinó sobre ella y dijo con voz irritada como la de un niño:

—¡Todos reventamos de miedo! Y los que nos mandan, se aprovechan de ese miedo para asustarnos todavía más.

La madre gimió:

—¡No te enfades! ¡Cómo podría no tener miedo! Lo he tenido toda mi vida. El respondió a media voz, apaciguado:

—Perdóname. No puedo hacer otra cosa. Y salió.

Ella tembló durante tres días: su corazón dejaba de latir cuando recordaba que "aquella gente" iba a venir a su casa: extraños, que debían ser terribles. Eran los que habían mostrado a su hijo la senda que ahora seguía...

El sábado por la tarde, Paul volvió de la fábrica, se lavó, se cambió de ropa y salió de nuevo, diciendo a su madre, sin mirarla:

—Si vienen, diles que volveré en seguida. Y no tengas miedo, por favor...

Ella se dejó caer sobre el banco, sin fuerzas. Paul frunció las cejas y le propuso:

—¿Quizá... prefieres salir?

Ella se sintió herida. Sacudió negativamente la cabeza.

—No. ¿Por qué iba a salir?

Era el final de noviembre. Durante el día había caído, sobre el suelo helado, una nieve fina y en polvo, que ahora ella oía chirriar bajo los pasos de Paul, que se iba. En los cristales de la ventana se agolpaban las tinieblas espesas, inmóviles, hostiles, al acecho. La madre, con las manos apoyadas en el banco, permanecía sentada y esperaba, la mirada en la puerta.

Le parecía que, en la oscuridad, seres malvados con extrañas vestiduras, convergían de todas partes hacia la casa: marchaban a paso de lobo, encorvados y mirando a todos lados. Pero alguien caminaba verdaderamente alrededor de la casa, palpaba la pared con las manos...

Se oyó un silbido. En el silencio era un hilo delgado, triste y melodioso, que erraba meditabundo en el vacío de las tinieblas: buscaba algo, se acercaba. Y de pronto, desapareció bajo la ventana, como si hubiese penetrado en la madera del tabique.

Unos pasos se arrastraron en la entrada: la madre se estremeció y, con los ojos dilatados, se puso en pie.

La puerta se abrió. Primero apareció una cabeza tocada con un gran gorro de felpa, luego un cuerpo largo, encorvado, se deslizó lentamente, se irguió, levantó sin apresurarse el brazo derecho y, suspirando ruidosamente, con una voz que salía de lo más hondo del pecho, dijo:

—¡Buenas noches!

La madre se inclinó sin decir palabra.

—Paul, ¿no está?

El hombre se quitó lentamente su chaquetón forrado, levantó un pie, hizo caer, con el gorro, la nieve de la bota: repitió el mismo gesto con la otra, arrojó el gorro en un rincón y, balanceándose sobre sus largas piernas, entró en la habitación. Se acercó a una silla, la examinó como para convencerse de su solidez, se sentó al fin y, llevándose la mano a la boca, bostezó. Tenía la cabeza redonda y pelada al cero, las mejillas afeitadas, y largos bigotes cuyas puntas caían. Inspeccionó el cuarto con sus grandes ojos grises y salientes, cruzó las piernas y preguntó, columpiándose en la silla:

—¿La cabaña es vuestra o la tenéis alquilada? Pelagia, sentada frente a él, respondió:

—Alquilada.

—No es gran cosa —observó él.

—Paul volverá pronto: espérele —dijo ella débilmente.

—Es lo que estoy haciendo —dijo tranquilamente el largo personaje.

Su calma, su voz dulce y la sencillez de su expresión, devolvieron el valor a la madre. El hombre la miraba francamente, con aire benévolo: una alegre lucecita jugaba en el fondo de sus ojos transparentes, y en toda su persona angulosa, encorvada, de largas piernas, había algo divertido y que predisponía en su favor. Iba vestido con una camisa azul y pantalones negros, metidos en las botas. La madre tuvo ganas de preguntarle quién era, de dónde venía, si hacía mucho tiempo que conocía a su hijo, pero súbitamente, el forastero balanceó el cuerpo y le preguntó:

—¿Quién le ha hecho ese agujero en la frente, madrecita?

Su tono era familiar, y había una buena y clara sonrisa en sus ojos. Pero la pregunta irritó a Pelagia. Apretó los labios, y tras un instante de silencio, respondió con fría cortesía:

—¿Qué puede importarle eso, mi querido señor? El volvió hacia ella todo su largo cuerpo.

—¡Vamos, no se incomode! Se lo preguntaba porque mi madre adoptiva tenía también un agujero en la frente, como usted. Fue su cónyuge, un zapatero, quien se lo había hecho con una lezna. Ella era lavandera y él zapatero. Cuando ella me había adoptado ya, encontró no sé dónde a aquel borracho, para su desgracia. Le pegaba, no le digo más. Yo tenía un miedo de todos los diablos...

La madre se sintió desarmada ante aquella franqueza, y pensó que, sin duda, Paul se irritaría por el mal humor que manifestaba con respecto a aquel ser original. Sonrió con aire contrito:

—No me enfadaba, pero usted me preguntó así..., de pronto... Fue mi marido quien me hizo este regalo. Dios tenga piedad de su alma. ¿No es usted tártaro?

Las largas piernas se sobresaltaron, y el rostro se iluminó con una sonrisa tan amplia que incluso las orejas se estiraron hacia la nuca. Luego dijo, muy serio:

—No, todavía no.

—¡Pero su modo de hablar, no parece ruso! —explicó ella, sonriendo y comprendiendo la broma.

—Es mejor que el ruso —gritó alegremente el visitante moviendo la cabeza—. Soy Pequeño Ruso, de la ciudad de Kaniev.

—¿Está aquí desde hace mucho tiempo?

—Vivo en la ciudad desde hace casi un año, y ahora hace un mes que he venido a la fábrica. He encontrado en ella gente buena, su hijo y otros... Quiero quedarme aquí, dijo retorciendo su bigote.

Le gustaba, y agradecida a la buena opinión que tenía de su hijo, experimentó el deseo de demostrárselo:

—¿Quiere tomar el té?

—¡Pero no voy a regalarme yo solo! —respondió él, alzando los hombres—. Cuando todos estén aquí, nos hará usted los honores...

Volvió el miedo.

"Con tal que todos sean como él...", deseó calurosamente. Volvieron a oírse pasos en el vestíbulo, la puerta se abrió vivamente y la madre se levantó. Pero, con gran asombro, vio entrar a una muchacha, más bien menuda, con un sencillo rostro de campesina y una espesa trenza de cabellos claros.

—¿Llego tarde?

—¡En absoluto! —respondió el Pequeño Ruso, que había permanecido en la habitación—. ¿A pie?

—Por supuesto. ¿Usted es la madre de Paul? Buenas noches: me llamo Natacha.

—¿Y el nombre de su padre?

—Vassilievna. ¿Y usted?

—Pelagia Nilovna.

—Bien, pues ahora ya nos conocemos.

—Sí —dijo la madre con un ligero suspiro; y sonriendo examinó a la muchacha. El Pequeño Ruso la ayudó a quitarse el abrigo.

—¿Hace frío?

—Sí, en el campo mucho frío. Sopla el viento...

Su voz era sonora y clara, su boca pequeña y carnosa, toda su persona era redonda y fresca. Después de quitarse el abrigo, frotó vigorosamente las sonrosadas mejillas con sus pequeñas manos, rojas de frío, y entró rápidamente en el cuarto haciendo sonar sobre el piso los tacones de sus botines.

"No tiene chanclos", pensó la madre.

—Sí..., sí... dijo la muchacha, arrastrando las palabras y temblando—. De verdad que estoy helada.

—¡Voy en seguida a prepararle un poco de té! —dijo vivamente la madre, dirigiéndose hacia la cocina—. Esto la calentará.

Le parecía que conocía a la joven desde hacía mucho tiempo, y que la quería como una madre bondadosa y comprensiva. Sonriendo, prestó oído a la conversación en el cuarto.

—No tiene el aspecto alegre, Nakhodka.

—Así, así... —respondió el Pequeño Ruso a media voz—. Esta viuda tiene los ojos dulces, y pensaba yo que quizá los de mi madre son parecidos. Ya sabe que pienso frecuentemente en mi madre, y creo siempre que está viva.

—¿No dice que está muerta?

—No, esa es mi madre adoptiva. Yo hablo de mi verdadera madre. Me figuro que pide limosna en cualquier parte, en Kiev. Y que bebe vodka... Y cuando está borracha, los "polis" le parten la cara.

"¡Pobre hombre!", pensó la madre, y suspiró.

Natacha se puso a hablar de prisa, con calor pero en voz baja. Después, resonó de nuevo la voz sonora del Pequeño Ruso:

—Es todavía muy joven, camarada, y no ha aguantado demasiadas cosas. Echar un crío al mundo es difícil: educarlo bien, es todavía más duro.

"¡Vaya!", se dijo la madre; y hubiera querido decir algo amable al Pequeño Ruso. Pero la puerta se abrió sin prisa y entró Nicolás Vessovchikov: era hijo del viejo ladrón de Danilo, y todo el barrio lo consideraba como un oso. Se mantenía siempre al margen de la gente, huraño, y se burlaban de él por su carácter insociable.

Extrañada, Pelagia, le preguntó:

—¿Qué quieres, Nicolás?

El enjugó con la ancha palma de la mano el rostro helado, de pómulos salientes, y, sin dar las buenas noches, preguntó sordamente:

—Paul, ¿no está?

—No.

Echó una ojeada a la habitación y luego entró.

—Buenas noches, camaradas.

"¿Este también?", pensó la madre con hostilidad, y se extrañó mucho al ver a Natacha tenderle la mano con aire alegre y afectuoso.

Después, llegaron dos muchachos muy jóvenes, casi niños. Pelagia conocía a uno de ellos: era Théo, el sobrino de un viejo obrero de la fábrica, llamado Sizov; tenía los rasgos angulosos, la frente alta y los cabellos rizados. El otro, de cabello liso y aspecto modesto, le era desconocido, pero tampoco tenía apariencia terrible. Por fin, llegó Paul, acompañado de dos amigos que ella conocía, obreros de la fábrica. Su hijo le dijo amablemente:

—¿Has hecho té? Gracias.

—¿Hay que comprar aguardiente? —preguntó ella, no sabiendo cómo expresarle el sentimiento de gratitud que inconscientemente experimentaba.

—No, no hace falta —le replicó Paul, sonriéndole con bondad.

De pronto, se le ocurrió la idea de que su hijo había exagerado adrede el peligro de aquella reunión, para burlarse de ella.

—¿Estas son las gentes peligrosas? —preguntó en voz baja.

—¡Absolutamente! —dijo Paul, entrando en el cuarto.

—¡Bueno! —respondió ella animosa; pero para sus adentros, pensó: "¡Sigue siendo un niño!"

VI

El agua del samovar hervía, y lo trajo a la habitación. Los invitados se estrechaban alrededor de la mesa, y Natacha, un libro en la mano, se había colocado en una esquina, bajo la lámpara.

—Para comprender por qué las gentes viven tan mal... —dijo Natacha.

—Y por qué son, ellos mismos, tan malvados... —intervino el Pequeño Ruso.

—Hay que mirar cómo han comenzado a vivir...

—¡Mirad, hijos míos, mirad! —murmuró la madre, preparando el té. Todos se callaron.

—¿Qué dices, mamá? —preguntó Paul, con las cejas fruncidas.

—¿Yo? —viendo todos los ojos fijos en ella, se explicó embarazosamente—: No decía nada..., así..., nada.

Natacha se echó a reír, y Paul sonrió, en tanto que el Pequeño Ruso decía:

—Gracias por el té, madrecita.

—¡Aún no lo habéis bebido y ya me dais las gracias! —replicó ella. Luego añadió, mirando a su hijo—: ¿Quizá les estorbo?

Fue Natacha quien respondió:

—¿Cómo la dueña de la casa podría molestar a sus huéspedes? Y gritó con tono infantil y quejumbroso:

—¡Déme en seguida el té, mi buena Pelagia! Estoy temblando... Tengo los pies helados.

—Ahora mismo, ahora mismo —dijo vivamente la madre.

Natacha bebió su taza de té, suspiró ruidosamente, rechazó su trenza por encima del hombro y comenzó a leer un libro ilustrado, de cubierta amarilla. La madre se esforzaba en no hacer ruido con las tazas, servía el té y prestaba oído a la voz armoniosa y clara de la muchacha, acompañada por la dulce canción del samovar. Como una cinta magnífica, se desarrollaba la historia de los hombres Primitivos y salvajes, que vivían en cavernas y dejaban fuera de combate, a golpes de piedra, las bestias feroces. Era como un cuento maravilloso, y Pelagia dirigió varias veces una ojeada a su hijo, deseosa de preguntarle qué había de prohibido en aquella historia.

Pero se cansó pronto de seguir el relato y se puso a examinar a sus invitados.

Paul estaba sentado al lado de Natacha: era el más guapo de todos. La joven, inclinada sobre su libro, echaba hacia atrás, a cada momento, los cabellos que le caían sobre la frente. Sacudía la cabeza, y, bajando la voz, dejaba el libro para hacer algunas observaciones de su cosecha, mientras su mirada resbalaba amistosamente sobre el rostro de sus oyentes. El Pequeño Ruso apoyaba su amplio pecho en el ángulo de la mesa, bizqueando sobre su bigote, del que se esforzaba en ver las puntas rebeldes. Vessovchikov estaba sentado en su silla, rígido como un maniquí, las manos en las rodillas, y su rostro glacial, desprovisto de cejas, con los labios delgados, no se movía más que una máscara. Sus ojos estrechos, miraban obstinadamente los destellos del cobre brillante del samovar: parecía que no respiraba. El pequeño Théo escuchaba la lectura, removiendo silenciosamente los labios, como si repitiese las palabras del libro, en tanto que su camarada, inclinado, los codos en las rodillas, las mejillas en el hueco de las manos, sonreía pensativo. Uno de los muchachos que vinieron con Paul era pelirrojo, de cabello rizado: sin duda tenía ganas de decir algo, porque se agitaba con impaciencia. El otro, de cabello rubio muy corto, se pasaba la mano sobre la cabeza, que inclinaba hacia el suelo, y no se le veía la cara. Se estaba bien en la habitación. La madre sentía un bienestar especial, desconocido hasta entonces, y mientras que Natacha, volublemente, continuaba su lectura, ella recordaba las fiestas ruidosas de su juventud, las palabras groseras de los jóvenes, cuyo aliento apestaba a alcohol, sus cínicas bromas, Ante estos recuerdos, un sentimiento de piedad hacia sí misma le mordía sordamente el corazón.

Su imaginación revivió la solicitud de matrimonio de su difunto marido. En el curso de una reunión la había abrazado en la oscuridad de la entrada, apretándola con todo su cuerpo contra el muro, y con voz sorda e irritada, le había preguntado:

—¿Quieres casarte conmigo?

Ella se había sentido ofendida: le hacía daño oprimiéndole el pecho; el jadeo de él le lanzaba al rostro un aliento cálido y húmedo. Trató de arrancarse a sus manos, de huir.

—¿Dónde vas? —rugió él—. ¿Contestas o no?

Sofocante de vergüenza y profundamente herida, ella callaba. Alguien abrió la puerta del vestíbulo, él la soltó sin prisa, y dijo:

—El domingo te mandaré a preguntar... Lo había cumplido.

Pelagia cerró los ojos y lanzó un profundo suspiro. De pronto, resonó la voz irritada de Vessovchikov.

—¡No necesito saber cómo vivían antes los hombres, sino cómo hay que vivir ahora!

—¡Eso es! —dijo el pelirrojo levantándose.

—¡No estoy de acuerdo! —gritó Théo.

Estalló la discusión, las exclamaciones brotaron como lenguas de fuego en una hoguera. La madre no comprendía por qué gritaban. Todos los rostros estaban rojos de excitación, pero nadie se ofendía ni decía las palabras groseras a las que ella estaba acostumbrada.

"Se sienten embarazados ante la señorita", pensó.

Le agradaba observar el serio rostro de Natacha, que los miraba con atención, como una madre a sus hijos.

—Atended, camaradas —dijo súbitamente la joven. Y todos callaron, volviendo la cara hacia ella.

—Los que dicen que debemos saber todo, están en lo cierto. La luz de la razón debe iluminarnos: si queremos esclarecer a quienes están en tinieblas, debemos poder responder a todas las preguntas, honrada y fielmente. Debemos conocer toda la verdad y toda la mentira... El Pequeño Ruso escuchaba inclinando la cabeza al ritmo de las frases.

Vessovchikov, el pelirrojo y el obrero llegado con Paul, formaban un grupo distinto, y disgustaban a la madre, sin que ella supiese por qué.

Cuando Natacha hubo concluido, Paul se levantó y preguntó tranquilamente:

—¿Es que lo único que queremos es comer y beber hasta hartarnos?¡No! —contestóse él mismo a su pregunta, mirando con firmeza al trío—, debemos mostrar a los que nos tienen sujetos por el cuello y nos tapan los ojos, que vemos todo, que no somos idiotas ni brutos, y que lo que queremos no es solamente comer, sino vivir como seres dignos de viva. ¡Debemos mostrar a nuestros enemigos que la vida de forzado que nos imponen no nos impide medirnos con ellos en inteligencia, e incluso, elevarnos mucho más alto que ellos!

La madre escuchaba y se estremecía de orgullo al oírlo hablar tan bien.

—Hay muchos bribones, pero poca gente honrada —dijo el Pequeño Ruso—. A través del pantano de esta vida podrida, debemos construir un puente que nos conduzca hasta un nuevo mundo de bondad fraternal. Esta es nuestra tarea, camaradas.

—Cuando llega el momento de batirse, no hay tiempo para limpiarse las uñas —replicó sordamente Vessovchikov.

Era más de medianoche cuando se separaron. Los primeros en marchar fueron Vessovchikov y el pelirrojo, lo que disgustó a la madre.

"¡Mira qué prisa tienen!", pensó hostil, contestando a sus «buenas noches».

—¿Me acompaña, Nakhodka? —preguntó Natacha.

—Desde luego —respondió el Pequeño Ruso.

Mientras Natacha se ponía el abrigo en la cocina, la madre le dijo:

—Esas medias son muy finas para semejante tiempo. Si quiere le haré unas de lana.

—Gracias, Pelagia, ¡las medias de lana pican! —respondió Natacha riendo.

—Le haré unas que no le picarán.

Natacha la miró guiñando un poco los ojos, y aquella mirada fija turbó a la madre, que añadió en voz baja:

—Perdone mi tontería..., era de corazón...

—¡Qué buena es usted! —contestó dulcemente Natacha, estrechándole la mano.

—¡Buenas noches, madrecita! —dijo el Pequeño Ruso mirándola francamente; se inclinó para salir detrás de Natacha.

La madre miró a su hijo, que sonreía de pie en el umbral.

—¿De qué te ríes? —preguntó desconcertada.

—¡De nada..., estoy contento!

—Claro que yo soy vieja y tonta, pero puedo comprender lo que es bueno —observó ella, un poco ofendida.

—Y tienes razón —replicó él—. Hay que acostarse, es tarde.

—Voy ahora mismo.

Se afanó alrededor de la mesa para recogerla, satisfecha, incluso transpirando un poco por la grata emoción que sentía. Era feliz: todo había ido bien y apaciblemente.

—Has tenido una buena idea, Paul. El Pequeño Ruso es muy amable. Y la señorita...

¡Eso es una muchacha inteligente! ¿Quién es?

—Una maestra de escuela —respondió brevemente Paul, midiendo la habitación a grandes pasos.

—¡Es muy pobre! Y mal vestida, tan mal... Cogerá frío. ¿Dónde están sus padres?

—En Moscú —Y deteniéndose ante ella, Paul añadió en tono grave:

—Mira, su padre es rico, vende hierro, tiene muchas casas. La ha expulsado porque ella ha elegido este camino. Ha sido bien educada, mimada por todos los suyos, y ahora, ya ves, tiene que hacer más de siete kilómetros a pie, en plena noche, completamente sola...

Estos detalles conmovieron a Pelagia. De pie en medio del cuarto, miraba a su hijo sin decir palabra, las cejas enarcadas de asombro. Luego preguntó:

—¿Va a la ciudad?

—Sí.

—¡Ah...! ¿Y no tiene miedo?

—No, no tiene miedo —dijo Paul sonriendo.

—Pero, ¿por qué? Habría podido pasar aquí la noche: se habría acostado en mi cama...

—No es tan fácil. Habrían podido verla salir mañana por la mañana, y no conviene. La madre miró a la ventana con aire pensativo, y dijo dulcemente:

—No comprendo, Paul, lo que hay de peligroso, de prohibido... No hay nada malo en esto, ¿no?

No estaba segura, y esperaba una confirmación de parte de su hijo. Este la miró tranquilamente a los ojos.

—No, no hay nada malo. Y, sin embargo, a todos nosotros nos espera la cárcel: es preciso que lo sepas.

Las manos de la madre temblaron. Con voz rota, dijo:

—Pero tal vez... Si Dios quiere no ocurrirá eso.

—¡No!—dijo tiernamente el muchacho—. No quiero engañarte. ¡No escaparemos! Sonrió:

—Acuéstate, debes estar cansada. Buenas noches.

Al quedar sola, se acercó a la ventana y se puso a mirar a la calle. Fuera estaba frío y oscuro. El viento, jugando, barría la nieve en los tejados de las casitas dormidas, golpeaba las paredes susurrando, caía sobre la tierra y esparcía a lo largo de las calles, las blancas nubes de copos en polvo...

—Jesús, ten piedad de nosotros —murmuró con dulzura la madre.

Sentía invadirla el llanto, y esta espera de la desgracia de que su hijo había hablado con tanta serenidad, tanta certeza, palpitaba en ella como una mariposa nocturna, ciega y desamparada. Ante sus ojos apareció una llanura desnuda, cubierta de nieve. Acompañado de leves silbidos, el viento frío sopla y torbellinea, blanco, adusto. Por el medio de la llanura marcha, solitaria y vacilante, una pequeña silueta oscura. El viento se enrosca en sus piernas, hincha sus faldas, le arroja a la cara pequeños y punzantes cristales de nieve. Le cuesta trabajo andar, sus pies se hunden en la espesa capa. Tiene frío, tiene miedo. La muchacha, encorvada, es como una brizna de hierba en la medrosa llanura, en el loco juego del viento de otoño. A su derecha, se yergue sobre el pantano el muro sombrío del bosque, donde gimen los abedules y los pinos helados y desnudos. En alguna parte, lejos, ante ella, el espejismo débil de las luces de la ciudad.

—¡Señor, ten piedad de nosotros! —murmuró la madre, estremecida de pavor.

VII

Los días se deslizaban uno tras otro como las cuentas de un ábaco, e iban sumando semanas y meses. Cada sábado, los camaradas de Paul se reunían en casa de éste; cada reunión era como un peldaño, en una larga escalera en pendiente suave, que conducía lejos, no se sabía dónde, y que elevaba lentamente a quienes la ascendían.

Aparecieron caras nuevas. La pequeña habitación de los Vlassov se hacía demasiado estrecha, asfixiante. Natacha llegaba aterida, fatigada, pero trayendo siempre consigo una inagotable provisión de alegría y entusiasmo.

La madre le había hecho unas medias que ella misma le calzó. Natacha rio primero, pero luego se calló para decir, pensativa:

—La nodriza que tuve era también maravillosamente buena. ¡Qué asombroso es que el pueblo que lleva una vida tan dura, tan llena de humillaciones, tenga más corazón, más bondad que los otros...!

E hizo con la mano un gesto como para indicar un lugar desconocido, lejos, muy lejos...

—Así es usted —dijo la madre—, ha sacrificado a sus padres, y todo...

No consiguió terminar su pensamiento, suspiró y calló mirando a Natacha: le estaba agradecida sin saber por qué, y permaneció acurrucada en el suelo, ante ella, mientras la muchacha sonreía soñadora, la cabeza inclinada.

—¿Mis padres? —dijo—, eso no es nada. Mi padre es tan grosero, mi hermano también... Y bebe. Mi hermana mayor es desgraciada. Se casó con un hombre mucho más viejo que ella... Muy rico, aburrido, avaro. A mamá sí la echo de menos. Es sencilla, como usted, pequeñita como un ratón: se afana siempre y tiene miedo de todo el mundo. A veces, ¡tengo tantas ganas de verla!

—¡Pobre niña!, —dijo la madre, moviendo tristemente la cabeza.

La muchacha se irguió bruscamente y tendió la mano, como para rechazar algo.

—¡Oh, no! ¡Hay momentos en que siento tanta alegría, tanta felicidad!

Su rostro palideció y sus ojos brillaron. Y poniendo la manota sobre el hombro de la madre, añadió muy bajo, con voz profunda e intensa:

—Si supiese..., ¡si comprendiese qué grande es lo que estamos haciendo!

Un sentimiento, próximo a la envidia, rozó el corazón de Pelagia. Se levantó y dijo tristemente:

—Soy muy vieja para eso... y muy ignorante.

Paul tomaba la palabra cada vez con mayor frecuencia, discutía con ardor creciente y enflaquecía. La madre creía notar que cuando hablaba con Natacha o la miraba, su mirada severa se dulcificaba, su voz se hacía más acariciadora y se volvía más sencillo.

"¡Dios lo quiera!", pensaba; y sonreía.

Cuando, en las reuniones, las discusiones se hacían más ardorosas y violentas, el Pequeño Ruso se levantaba, y balanceándose como el badajo de una campana, hablaba con su voz sonora y cadenciosa; la sencillez, la bondad de sus palabras, calmaban a todos. Vessovchikov, siempre gruñón, provocaba una atmósfera de tensión general; eran él y el pelirrojo, llamado Samoïlov, quienes iniciaban todas las disputas. Tenían como partidario a Ivan Boukhine, el muchacho de cabeza redonda y cejas rubias, que parecía haber sido lavado con lejía. Jacques Somov, de cabellos lisos, siempre limpio, hablaba poco, sin gritar, con voz grave: al igual que Théo Mazine, el joven de la frente ancha, era siempre de la misma opinión que Paul y el Pequeño Ruso.

A veces, en lugar de Natacha, era Nicolás Ivanovitch quien venía de la ciudad: llevaba lentes y ostentaba una barbita rubia. Originario de una provincia remota, cuyo acento campesino conservaba, tenía siempre un aire lejano y distraído. Hablaba de cosas sencillas: de la vida familiar, de los niños, del comercio, de la policía, del precio del pan y la carne, de todo lo concerniente a la vida cotidiana. Y en todas ellas descubría la hipocresía, el desorden, una especie de estupidez frecuentemente ridícula, pero siempre malvada. Pelagia tenía la impresión de que venía de muy lejos, de otro reino donde todo el mundo vivía una vida honesta y fácil, mientras que aquí todo le era extraño; no podía habituarse a esta existencia, aceptarla como necesaria; no le gustaba y suscitaba en él un deseo tranquilo, pero obstinado, de reconstruir todo según sus ideas. Tenía la tez amarillenta, finas arrugas alrededor de los ojos, la voz dulce y las manos siempre cálidas. Cuando saludaba a Pelagia le estrechaba toda la mano entre sus dedos vigorosos, y este gesto aliviaba, calmaba, el corazón de la madre.

Entre las personas que también venían de la ciudad, una de las más asiduas era una muchacha alta y bien hecha, con unos ojos inmensos en un rostro flaco y pálido. Le llamaban Sandrina. En su andar y sus gestos había algo de varonil; fruncía las negras cejas con aire irritado, pero cuando hablaba, las delgadas aletas de su nariz recta, se estremecían.

Fue la primera que dijo, con su voz dura y fuerte:

—Nosotros somos socialistas...

Cuando la madre oyó esta palabra, miró a la joven con un silencioso terror. Ella había oído decir que los socialistas habían matado al Zar. Era en el tiempo de su juventud: se decía entonces que los propietarios, deseando vengarse del Zar porque había liberado a los siervos, habían hecho juramento de no cortarse los cabellos hasta que no lo hubiesen matado; a causa de esto les llamaban socialistas. Y ahora no lograba comprender por qué sus hijos y sus camaradas eran socialistas.

Cuando todo el mundo se marchó, se franqueó a Paul:

—¿Es verdad que eres socialista, Paul?

—Sí —dijo él, firme y franco como siempre—. ¿Y qué? Ella lanzó un profundo suspiro, y continuó, bajando los ojos:

—¿Es posible eso, Paul? ¡Pero ellos están contra el Zar: han asesinado a uno!

El muchacho dio unos pasos por la habitación, pasándose la mano por la mejilla, y contestó con una sonrisa:

—¡Podemos pasarnos muy bien sin él!

Habló largo rato a su madre, con voz apacible, tranquila. Ella lo miraba a los ojos y pensaba:

"¡No hará nada malo: no podría!".

Después la palabra terrible se fue repitiendo cada vez con más frecuencia; su virulencia se perdió poco a poco y se hizo tan familiar a su oído como otros muchos términos incomprensibles... Pero Sandrina no le gustaba, y cuando aparecía la madre se sentía ansiosa, incómoda...

Una noche dijo al Pequeño Ruso con una mueca de disgusto:

—¡Es bien severa, Sandrina! Siempre está mandando: "usted debe hacer esto, usted esto otro...".

El Pequeño Ruso rio ruidosamente.

—¡Bien observado! Ha dado en el clavo la madrecita, ¿eh, Paul? Y, guiñando un ojo a la madre, dijo, con mirada burlona:

—¡La nobleza...!

Paul dijo secamente:

—Es una buena muchacha.

—Justo —confirmó el Pequeño Ruso—. Solamente, no comprende que ella debe, pero que nosotros queremos y podemos.

Se pusieron a discutir sobre algo que la madre no comprendió.

La madre observó también, que Sandrina era particularmente severa con respecto a Paul; a veces, incluso violenta. Paul sonreía, callaba y contemplaba a la muchacha, con la misma dulce mirada que antes había tenido para Natacha. Esto tampoco gustaba a Pelagia.

A veces, la madre se quedaba sorprendida ante los accesos de júbilo ensordecedor y comunicativo que se apoderaba súbitamente de los jóvenes. De ordinario, esto ocurría las noches que leían en los periódicos informaciones concernientes a los trabajadores extranjeros. Entonces, todos los ojos brillaban de alegría, todos se convertían, cosa extraña, en seres felices, como criaturas; reían con risa clara y satisfecha, se daban amistosos golpes en el hombro...

—¡Qué chicos, los obreros alemanes! —gritaba alguno a quien la alegría parecía emborrachar.

—¡Vivan los obreros de Italia! —gritaron otra vez.

Y cuando enviaban estas aclamaciones a lo lejos, a amigos que no los conocían ni podían comprender su lengua, parecían seguros de que estos desconocidos oirían y entenderían su entusiasmo.

El Pequeño Ruso, brillantes los ojos, lleno de un amor que abrazaba a todos los seres, declaraba:

—Estaría bien escribirles, ¿no? ¡Para que sepan que en Rusia tienen amigos que profesan la misma fe que ellos, que viven para los mismos objetivos y que se alegran de sus victorias!

Y todos, la mirada soñadora y la sonrisa en los labios, hablaban largamente de los franceses, los ingleses, los suecos, como de amigos personales, seres próximos, a quienes estimaban, cuyas alegrías compartían y cuyas penas sentían.

En la pequeña habitación, nacía el sentimiento del parentesco espiritual que unía a los trabajadores del mundo entero. Este sentimiento que hacía vibrar a todos en un mismo corazón era compartido por la madre, y aunque no lo comprendiese claramente, bebía alegría y juventud, una fuerza embriagadora y colmada de esperanza.

—Cómo sois..., todos lo mismo —dijo un día al Pequeño Ruso—. Para vosotros, todos son camaradas..., los armenios, los judíos, los austríacos..., os alegráis y os entristecéis por todos.

—¡Por todos, sí, madrecita, por todos! —exclamó él—. Para nosotros no hay naciones ni razas, no hay más que camaradas o enemigos. Todos los proletarios son nuestros camaradas; todos los ricos, todos los que gobiernan, nuestros enemigos. Cuando se mira al mundo con el corazón, y se ve lo numerosos que somos los obreros y la fuerza que hay en nosotros, se siente tal alegría que el espíritu está en fiesta. Y ocurre lo mismo, madrecita, con un francés o un alemán, cuando comprenden la vida, y un italiano se alegra lo mismo. Somos todos hijos de una sola madre, de un mismo pensamiento invencible: el de la fraternidad de los trabaja— dores de todos los países. Esta fraternidad nos conforta, es un sol en el cielo de la justicia, y este cielo está en el corazón del obrero; Pues, sea quien quiera, se llame como quiera, el socialista es nuestro hermano en espíritu, ahora y siempre, por los siglos de los siglos.

Esta fe infantil, pero inquebrantable, se manifestaba cada vez más frecuentemente en el pequeño grupo, con una fuerza creciente. Y cuando la madre veía este desbordar de esperanza, sentía instintivamente que, en verdad, algo grande y resplandeciente había nacido en el mundo, como un sol, parecido al que ella veía en el firmamento.

Muchas veces cantaban: cantaban alegremente y a plena voz canciones familiares; otras veces, las que entonaban eran nuevas, de una singular belleza, pero con aires tristes y extraños. Entonces, bajaban la voz, gravemente, como para un himno religioso. Los rostros palidecían o se inflamaban, y de aquellas sonoras palabras emanaba una gran fuerza.

Una de las nuevas canciones, sobre todo, inquietaba y turbaba a Pelagia. No se oían en ella las tristes meditaciones de un alma herida, errando solitaria por los senderos oscuros de dolorosas incertidumbres, ni las quejas del ánimo, abatido por la desnudez y el miedo, sin carácter, sin color. Tampoco resonaban en ella los suspiros angustiados de un corazón fuerte, oscuramente ávido de espacio, ni los gritos de reto del audaz, pronto a aplastar indistintamente, tanto el mal como el bien. Tampoco era el resentimiento ciego del ofendido, capaz, para vengarse, de arrasar todo, impotente para crear nada. Ningún eco del viejo mundo, del mundo de los esclavos.

Las palabras duras, el aire austero de la canción no agradaban a la madre, pero había en este cántico, una fuerza más grande que el verbo y los sonidos, que repasaba a éstos y despertaba en el corazón el presentimiento de alguna cosa, demasiado alta para el pensamiento. Esto era lo que ella veía en los rostros, en los ojos de los jóvenes, lo que sentía en sus pechos, y, cediendo a aquella potencia misteriosa, escuchaba siempre con atención particular, con una inquietud mayor que las otras.

La cantaban tan suavemente como las demás, pero resonaba más fuerte y era como el aire de un día de marzo, del primer día de la primavera.

—Es tiempo de cantarla en la calle —decía, gruñón, Vessovchikov.

Cuando su padre, una vez más, fue detenido por robo, declaró tranquilamente:

—Ahora podremos reunirnos en mi casa.

Casi cada tarde, después del trabajo, uno u otro venían a casa de Paul: leían juntos, copiaban pasajes de los libros, estaban preocupados y no tenían ni tiempo de lavarse. Cenaban y tomaban el té, sin dejar los folletos, y sus palabras eran cada vez más incomprensibles para la madre.

—¡Necesitamos un periódico! —decía frecuentemente Paula.

La vida se hacía agitada y febril: corrían cada vez más rápidamente de un libro a otro, como abejas de flor en flor.

—Empieza a hablarse de nosotros —dijo un día Vessovchikov—. Seguramente que nos detendrán enseguida.

—La codorniz está hecha para el lazo —dijo el Pequeño Ruso. Este último agradaba cada día más a Pelagia. Cuando le llamaba ""madrecita», le parecía que una dulce mano infantil le acariciaba la mejilla. El domingo, si Paul estaba ocupado, era él quien cortaba la leña; un día llegó con un tablón al hombro, cogió el hacha y sustituyó hábilmente una plancha podrida, ante la entrada de la casa; otra vez reparó la empalizada, que se caía. Mientras trabajaba, silbaba bellos aires melancólicos.

La madre dijo un día a su hijo:

—¿Y si tomásemos al Pequeño Ruso en pensión? Para vosotros sería mejor que correr de la casa de uno a la del otro.

—¿Para qué vas a darte ese trabajo? —preguntó Paul, encogiéndose de hombros.

—¡Qué idea! Trabajo lo he tenido toda la vida, sin saber por qué, y bien puedo hacerlo por un buen muchacho.

—Haz lo que quieras —replicó Paul—. Si acepta, yo estaré contento. Y el Pequeño Ruso vino a vivir con ellos.

VIII

La casita, al extremo del barrio, atraía la atención de la gente: muchas miradas desconfiadas sondeaban ya sus muros. Las alas del rumor público, con sus diversos colores, planeaban sobre ella. Se intentaba descubrir el misterio que escondía. Por la noche miraban por la ventana; algunas veces, alguien golpeaba el cristal, después cobardemente, huía veloz.

Un día, el posadero Begountsov detuvo a Pelagia en la calle: era un viejecillo de buena presencia, con un pañuelo de seda negra, constantemente anudado en torno a su cuello rojo, de piel fláccida, con el pecho cubierto por un grueso chaleco malva. Gafas de concha cabalgaban sobre su nariz puntiaguda y brillante, lo que le había valido el apodo de "Ojo de hueso". Sin tomar aliento ni esperar respuestas, sorprendió a Pelagia con una avalancha de palabras crepitantes como la leña seca:

—¿Cómo va, Pelagia? ¿Y el retoño? ¿No piensa casarlo pronto? El chico está ya en edad de tomar mujer. El matrimonio de los hijos es la tranquilidad de los padres. En familia, se conserva uno mejor, tanto de cuerpo como de espíritu, como las setas en vinagre. Yo, en su lugar, lo casaría. En estos tiempos hay que mirar cómo vive cada uno: las gentes lo hacen según su idea, el desorden ha entrado en todos y se cometen acciones abominables. La juventud se desvía de la casa de Dios, evita los lugares públicos, se reúne a escondidas, murmura por los rincones. ¿Por qué murmuran, permítame preguntárselo? ¿Por qué huyen de la sociedad? ¿Qué quiere decir todo lo que un hombre no dice delante de los demás, en la taberna, por ejemplo? ¡Misterios! Pero el sitio de los misterios en nuestra Santa Iglesia Apostólica. Todos los demás misterios que se cumplen en los rincones son extravíos del espíritu. Le deseo buena salud.

Plegando el brazo con afectación, levantó su gorra, la agitó en el aire y se fue, dejando a la madre profundamente perpleja. Otra vez, María Korsounov, vecina de los Vlassov y viuda de un herrero, que vendía comestibles a la puerta de la fábrica, encontró a la madre en el mercado y le dijo:

—Vigila un poco a tu hijo, Pelagia.

—¿Por qué?

—Corren rumores —le dijo María, con aire misterioso—. Malos rumores, querida. Se dice que está organizando una especie de asociación en el estilo de los flagelantes. Eso se llama secta. Quieren azotarse unos a otros con vergajos, como los flagelantes.

—¡No digas tonterías, María!

—Hay que censurar a quien las hace, no a quien las dice — respondió la vendedora.

La madre repitió todas estas palabras a su hijo, que encogió los hombros sin contestar.

En cuanto al Pequeño Ruso, estalló en carcajadas.

—Las muchachas están también muy enfadadas con vosotros — dijo ella—. ¡Sois buenos partidos, buenos obreros, no bebéis, y no las miráis! Se dice que de la ciudad vienen a veros mujeres de mala vida...

—¡Seguro! —dijo Paul, con una mueca de disgusto.

—En un pantano todo huele a podrido —respondió el Pequeño Ruso suspirando—. Y usted, madrecita, habría hecho bien explicando a esas jóvenes gansas lo que es el matrimonio, para que no tengan tanta prisa en que les rompan las costillas.

—Hijo mío, ellas lo saben muy bien y lo comprenden, pero no saben qué hacer de sus vidas.

—No comprenden nada: si lo hicieran encontrarían otro camino — observó Paul.

La madre echó una ojeada a su rostro severo.

—Pues enseñádselo. Podéis invitar a las menos tontas...

—No es posible —replicó secamente Paul.

—¿Y si probásemos? —preguntó el Pequeño Ruso. Paul permaneció un instante en silencio.

—Empezaría por paseatas de a dos; luego, algunos se casarían y eso sería todo.

La madre se sumergió en sus reflexiones. La austeridad monacal de Paul la conturbaba. Veía que sus consejos eran seguidos, incluso por sus camaradas de más edad, como el Pequeño Ruso, pero le parecía que todos le temían, y que no lo amaban bastante, a causa de esta severidad.

Una noche que estaba acostada, mientras Paul y el Pequeño Ruso leían aún, prestó oído, a través del delgado tabique, a su conversación en voz baja.

—¿Sabes que Natacha me gusta? —dijo súbitamente el Pequeño Ruso.

—Ya lo sé.

Paul no había respondido inmediatamente.

La madre oyó levantarse al Pequeño Ruso, y comenzar a pasear por el cuarto. Sus pies desnudos se arrastraban sobre el suelo. Silbó un aire triste; luego habló de nuevo:

—¿Lo ha notado ella? Paul guardaba silencio.

—¿Qué piensas tú? —preguntó el Pequeño Ruso, bajando la voz.

—Lo ha notado. Por eso ha renunciado a trabajar con nosotros.

Los pasos del Pequeño Ruso volvieron a arrastrarse sobre el suelo, y su silbido tembló otra vez. Después preguntó:

—Y si yo le dijese...

—¿Qué?

—Que... eso, que yo... —comenzó en voz tenue.

—¿Por qué decírselo? —interrogó Paul.

El Pequeño Ruso se detuvo, y la madre comprendió que sonreía.

—Bueno, supongo que si se ama a una muchacha..., bien, hay que decírselo; si no, no serviría de nada.

Paul cerró de golpe su libro.

—¿Y qué resultado esperas? Callaron ambos por un instante.

—¿Y entonces? —preguntó el Pequeño Ruso.

—¡Hay que saber claramente lo que se quiere, Andrés! —respondió lentamente Paul—. Supongamos que ella también te ama: no lo creo, pero supongámoslo. Os casáis. Un matrimonio interesante: una intelectual y un obrero. Vendrán hijos; tendrás que trabajar tú solo... y mucho. Vuestra vida se convertirá en una lucha contra el hambre: los hijos, la casa... Y los dos estaríais perdidos para la causa.

Hubo un silencio. Luego, Paul continuó en voz más dulce: —Es mejor que olvides eso, Andrés. Y que no la inquietes... Silencio otra vez. El reloj desgranaba en «tic—tac» los segundos.

El Pequeño Ruso dijo:

—La mitad del corazón ama, la otra odia. ¿Esto es un corazón?

Un rumor de páginas hojeadas: sin duda, Paul había vuelto a su lectora. La madre permaneció acostada, los ojos cerrados, temiendo hacer un movimiento. Se sentía conmovida hasta el llanto por el Pequeño Ruso; pero aún más por su hijo. Pensaba: "Querido mío...".

De pronto, Andrés preguntó:

—Entonces, ¿debo callar?

—Es más honrado —dijo dulcemente Paul.

—Bien, seguiré ese camino el Pequeño Ruso. Y un instante después, añadió tristemente:

—Te será duro, pequeño Paul, cuando tú también...

—Ya me es duro.

Una ráfaga de viento rozó las paredes de la casa. Preciso, el reloj marcaba la huida del tiempo.

—No hay que reírse de estas cosas —dijo lentamente el Pequeño Ruso.

La madre hundió el rostro en la almohada y lloró sin ruido. La mañana siguiente, Andrés le pareció menos macizo y todavía más amable. Su hijo estaba como siempre: flaco, erguido y taciturno. Hasta entonces, ella había llamado al Pequeño Ruso Andrés Onissimovitch, pero aquel día, sin darse cuenta, le dijo:

—Hay que componer sus botas, Andrés, o tendrá frío en los pies.

—¡Me compraré unas nuevas cuando cobre! —respondió él echándose a reír, y de pronto, poniéndole en el hombro su ancha mano, preguntó:

—¿Tal vez es usted mi verdadera madre? Sólo que no quiere confesarlo delante de la gente: no me encuentra lo bastante guapo.

Ella le dio un golpecito en la mano. Hubiera querido decirle muchas palabras afectuosas, pero su corazón estaba ahogado por la piedad, y su lengua se negaba a obedecerla.

IX

Por el barrio se hablaba de los socialistas que repartían por todas partes unas hojas escritas con tinta azul. Estas hojas denunciaban enérgicamente lo que ocurría en la fábrica, relataban las huelgas obreras de San Petersburgo y, cada mediodía, llamaban a los trabajadores para unirse y luchar en defensa de sus intereses.

Las gentes de más edad, que tenían un buen sueldo en la fábrica, exclamaban:

—¡Agitadores! Hay que partirles la cara.

Y entregaban las hojitas en la dirección. Los jóvenes leían las proclamas con entusiasmo:

—¡Es la verdad!

La mayoría, agotados de trabajar e indiferentes a todo, respondían perezosamente:

—Esto no sirve para nada. ¿Acaso se puede...?

Pero las hojas interesaban, y si en una semana no las había, se decían unos a otros:

—Parece que han abandonado la tarea.

Pero el lunes reaparecían las hojitas, y los comentarios recomenzaban en sordina.

En la fábrica y en la posada, se veían gentes que nadie conocía. Hacían preguntas, examinaban, fisgaban y atraían la atención de todos: unos por una prudencia sospechosa, otros por una amabilidad excesiva.

La madre comprendía que toda esta agitación era obra de su hijo. Veía a la gente rodearlo, y sus temores por el porvenir se mezclaban al orgullo de tener un hijo semejante.

Cierta tarde, María Korsounov llamó a la ventana, y cuando la madre la abrió, le murmuró precipitadamente:

—Ten cuidado, Pelagia: tus corderitos han terminado la diversión. Esta noche vendrán a registrar tu casa, la de Mazine, la de Vessovchikov...

Los gruesos labios de María chasquearon, su nariz carnosa olfateó ruidosamente, guiñó los ojos, y bizqueando hacia uno y otro lado, espió si había alguien en la calle.

—Y yo, no sé nada, no te he dicho nada y ni siquiera te he visto hoy, ¿entiendes? Desapareció.

La madre cerró la ventana y se dejó caer en una silla. Pero la conciencia del peligro que amenazaba a su hijo, la hizo levantarse rápidamente: se vistió en seguida, se envolvió la cabeza en un chal que apretó fuertemente, y corrió a casa de Théo Mazine, que estaba enfermo y no iba a trabajar. Cuando entró, él estaba sentado junto a la ventana y leía: con la mano izquierda sostenía la otra, separando el pulgar. Al saber la noticia 'se puso vivamente en pie y su rostro palideció.

—Bueno, ahora sí que... —murmuró.

—¿Qué hay que hacer? —preguntó Pelagia, secándose el sudor de la frente con mano temblorosa.

—¡Esperar y no tener miedo! —respondió Théo, y pasó su mano útil sobre los rizados cabellos.

—¡Pero yo creo que usted también tiene miedo! —exclamó ella.

—¿Yo?

Sus mejillas enrojecieron bruscamente, y sonrió con embarazo:

—Sí, qué diablos... Hay que avisar a Paul. Voy a mandarle recado inmediatamente. Váyase a casa: no será nada. A usted no van a pegarle, supongo.

En cuanto llegó a su casa, la madre hizo un montón con los libros, y estrechándolos contra su pecho, recorrió largamente la vivienda, mirando en el horno, bajo la estufa e, incluso, en un tonel de agua. Pensaba que Paul dejaría el trabajo y vendría en seguida; pero no fue así. Por fin, fatigada, se sentó en un banco de la cocina, ordenó los libros sobre su falda y en esta posición, sin osar moverse, permaneció hasta el regreso de Paul y del Pequeño Ruso.

—¿Sabéis...? —exclamó sin levantarse.

—Sí —dijo Paul sonriendo—. ¿Tienes miedo?

—¡Oh, sí tengo miedo! ¡Tengo miedo!

—No hay que tenerlo —dijo Andrés—, no sirve de nada.

—¡Ni siquiera has preparado el samovar! —observó Paul.

La madre se puso en pie, y mostrando los libros, dijo turbada:

—Fue por esto...

Su hijo y el Pequeño Ruso rompieron a reír, lo que le devolvió el valor. Paul cogió algunos volúmenes y fue a ocultarlos fuera, mientras Andrés encendía el samovar.

—No hay que asustarse, madrecita; solamente es vergonzoso que la gente se ocupe de tales bobadas. Vendrán unos buenos mozos, el sable al costado, espuelas en las botas, y lo registrarán todo. Mirarán bajo la cama y bajo la estufa: si hay un sótano, bajarán; y si hay un granero, subirán. Las telas de araña les caen en el hocico, y gruñen. No les divierte, les da vergüenza; por eso adoptan un aire malvado y colérico. Un oficio sucio, ya lo saben. Una vez vinieron a mi casa, salieron trasquilados y se fueron como habían venido. Otra vez me llevaron consigo, me metieron en la cárcel y estuve cuatro meses ¡Un ratito! Os llevan con ellos, atravesáis la calle con escolta y os hacen un montón de preguntas. No son malos: razonan como tambores. Luego os conducen a la cárcel. Así tratan a uno; pero tienen que ganarse el sueldo. Después os liberan, y eso es todo.

—¡Tienen siempre una manera de hablar, Andrés...! —gimió Pelagia.

De rodillas ante el samovar, él soplaba con ardor para atizar las brasas; levantó su cara, roja por el esfuerzo, y preguntó atusando su bigote:

—¿Y cómo hablo yo?

—Como si nadie le hubiese humillado nunca...

Él se levantó y dijo, moviendo sonriente la cabeza:

—¿Hay alguien sobre la tierra que no haya sido nunca humillado? Me han humillado tanto que ya no me irrito. ¿Qué hacer?, la gente no puede actuar de otro modo. Las vejaciones impiden trabajar, y pensar en ellas es perder el tiempo. ¡Es la vida! Antes, solía enfadarme con la gente, pero, después de reflexionar, he visto que no valía la pena. Cada uno tiene miedo de que el vecino le pegue, por eso se apresura a pegar primero. ¡La vida es así, madrecita!

Sus palabras fluían tranquilamente, suavemente, y apaciguaban la ansiedad provocada por la espera del registro: sus ojos saltones sonreían, claros, y todo su largo cuerpo balanceante, parecía extrañamente flexible.

La madre suspiró y dijo calurosamente:

—¡Que Dios le haga feliz, querido Andrés!

El Pequeño Ruso dio una zancada hacia el samovar, volvió a acurrucarse ante él y masculló:

—Si me dan la felicidad, no la rehusaré, pero pedirla..., tampoco: ¡no lo haré jamás! Paul volvió del patio.

—No encontrarán nada —dijo, con acento seguro; y comenzó a lavarse.

Después, secándose cuidadosamente las manos:

—Si muestras algún temor, mamá, se dirán: algo hay para que ésta tiemble así. Vamos, comprende que no queremos nada malo; la verdad está de nuestra parte y por ella trabajaremos toda la vida, no es ningún crimen. ¿Por qué temblar?

—Tendré valor, Paul —prometió la madre; pero, llena de angustia, dejó escapar:

—¡Si por lo menos viniesen pronto!

Pero no fueron aquella noche. Al día siguiente, previniendo que iban a reírse de sus terrores, Pelagia fue la primera en burlarse de sí misma:

—¡Tenía miedo..., de tener miedo!

X

No vinieron hasta pasado un mes de esta noche de alarma. Nicolás Vessovchikov estaba allí, y los tres hablaban de su periódico. Era tarde, casi medianoche. La madre se había acostado; comenzaba a dormirse y oía vagamente las voces, bajas y preocupadas. Andrés se levantó súbitamente, atravesó la cocina sobre la punta de los pies, cerró dulcemente el cerrojo de la puerta, tras él. A la entrada, se oyó un ruido metálico. Y de pronto, la puerta se abrió de par en par, y el Pequeño Ruso dio un paso hacia la cocina y dijo en voz baja, pero clara:

—Se oye ruido de espuelas.

La madre saltó de la cama, y cogió su ropa con manos temblorosas, pero Paul apareció en el dintel y le dijo serenamente:

—Quédate acostada..., estás enferma.

Se escucharon unos roces furtivos en el vestíbulo. Paul se acercó a la puerta, y empujándola con la mano, preguntó: —¿Quién está ahí?

Rápida como un relámpago, una alta silueta gris se encuadró en el umbral; otra le seguía: Los dos gendarmes sujetaron al muchacho, a quien colocaron entre ellos. Una voz aguda y chocarrera, se hizo oír:

—No son los que esperabais, ¿eh?

El que hablaba era un oficial, delgado y alto, con un bigote negro, no muy abundante. Junto al lecho de la madre apareció Fediakine, agente de policía del suburbio, y, llevando la mano a la visera de la gorra, mientras con la otra designaba a Pelagia, dijo, con mirada terrible:

—Esta es su madre, Excelencia.

Después, agitando los brazos en dirección de Paul, añadió:

—¡Y éste es él mismo!

—¿Paul Vlassov? —preguntó el oficial, semicerrando los ojos.

Paul hizo con la cabeza un signo afirmativo. El oficial continuó, atusándose el bigote:

—Tengo que hacer un registro en tu casa. ¡Levántate, vieja! ¿Quién hay ahí? Lanzó una mirada a la habitación, y fue hacia ella a grandes pasos.

—¿Vuestros nombres?

Dos hombres, requeridos como testigos, entraron: eran el viejo fundidor Tvariakov y su inquilino, el fogonero Rybine, moreno de cabello y barba, un hombre serio, que dijo con voz llena y sonora:

—¡Salud, Pelagia!

Esta se vestía, mascullando para infundirse valor:

—¡Vaya unas maneras! Venir de noche..., la gente está acostada y ellos vienen... Apenas cabían en la habitación, por la que se había esparcido un fuerte olor a betún.

Dos gendarmes y el comisario de policía del suburbio, Ryskine, hacían sonar sus botas sobre el pavimento, quitaban los libros del estante y los amontonaban sobre la mesa, ante el oficial. Otros dos golpeaban las paredes con el puño, miraban bajo las sillas; uno se izó trabajosamente sobre la estufa. El Pequeño Ruso y Vessovchikov estaban en un rincón, apretados uno contra otro; el frágil rostro de Nicolás se había cubierto de manchas rojas, y sus ojillos no podían separarse de la cara del oficial. Andrés retorcía su bigote y, cuando la madre entró en el cuarto, le hizo, sonriendo, un amistoso signo de cabeza.

Esforzándose por dominar su terror, Pelagia entró, no de costado, como siempre, sino avanzando el pecho, lo que daba a su persona un aire de importancia, cómico y afectado. Caminaba ruidosamente, con un temblor en las cejas.

El oficial cogió rápidamente los libros, entre los dedos afilados de sus blancas manos: los hojeaba, los sacudía, y, con gesto hábil, los arrojaba a un lado. A veces, algún volumen caía pesadamente en tierra. Todos callaban: se oía el jadeo de los gendarmes, sudorosos, el chocar de las espuelas, y, de cuando en cuando, una pregunta:

—¿Habéis mirado aquí?

Pelagia se situó al lado de Paul, junto al tabique: cruzó los brazos sobre el pecho, como él, y miró también al oficial. Sus rodillas temblaban y una niebla le velaba los ojos.

De pronto, la voz de Vessovchikov resonó cortante:

—¿Por qué hay que tirar los libros al suelo?

La madre se estremeció. Tvariakov hizo un movimiento con la cabeza, como si le hubieran golpeado en la nuca. Rybine tosió y miró atentamente a Nicolás.

El oficial arrugó los ojos y por un segundo hundió su mirada en el rostro delgado e inmóvil. Sus dedos se pusieron a volver las páginas, aún más a prisa. Algunas veces, abría tanto sus ojos grises, que se habría creído que se sentía horriblemente mal, y que iba a lanzar un grito de furia, impotente contra su dolor.

—¡Soldado! —volvió a decir Vessovchikov—: recoge esos libros.

Los gendarmes volvieron hacia él, después miraron al oficial, que levantó la cabeza y, envolviendo en una ojeada escrutadora la silueta maciza de Nicolás, dijo con voz arrastrada y nasal: —Bien..., recogedlos.

Uno de los gendarmes se inclinó, y, mirando a Vessovchikov con el rabillo del ojo, se puso a recoger los libros de hojas arrugadas.

—¡Nicolás debía callarse! —susurró la madre a su hijo.

Este se encogió de hombros. El Pequeño Ruso bajó la cabeza.

—¿Quién lee la Biblia?

—Yo —dijo Paul.

—¿A quién pertenecen todos estos libros?

—A mí —respondió de nuevo.

—¡Bien! —dijo el oficial, reclinándose sobre el respaldo de la silla. Hizo crujir los dedos de sus finas manos, extendió las piernas sobre la mesa, arregló su bigote, e interpeló a Vessovchikov.

—¿Tú eres Andrés Nakhodka?

—Sí —respondió Nicolás, avanzando. El Pequeño Ruso tendió la mano, lo cogió por el hombro y lo hizo retroceder.

—Se equivoca. Andrés soy yo.

El oficial alzó la mano, y amenazando con el índice a Vessovchikov, le dijo:

—¡Ten cuidado tú!

Se puso a revolver sus papeles.

Fuera, los ojos indiferentes de la clara noche de luna, miraban por la ventana. Alguien pasaba ante la casa. La nieve crujía.

—Tú, Nakhodka, ¿has sido ya objeto de una encuesta, por delitos políticos? —preguntó el oficial.

—Sí, en Rostov y en Saratov... Sólo que allí, los gendarmes me trataban de usted.

El oficial guiñó el ojo derecho, se lo restregó, y, descubriendo sus menudos dientes, continuó:

—¿Y no conoce usted, Nakhodka, sí, precisamente usted, quiénes son los canallas que reparten en la fábrica llamamientos criminales?

El Pequeño Ruso se balanceó sobre sus piernas, y, con una ancha sonrisa en los labios, iba a decir algo cuando de nuevo resonó la voz irritada de Nicolás.

—Es la primera vez que vemos canallas.

Hubo un silencio, y, durante un segundo, todos permanecieron inmóviles.

La cicatriz de la madre palideció, y su ceja derecha dio un tirón hacia arriba. La barba negra de Rybine se puso a temblar de un modo extraño: la peinó lentamente con los dedos, la cabeza baja.

—Echad fuera a este animal —dijo el oficial.

Dos gendarmes cogieron a Nicolás por debajo de los brazos y lo arrastraron sin miramientos hacia la cocina. Allí, clavando sólidamente los pies en el suelo, se detuvo y gritó:

—¡Deteneos..., tengo que vestirme! El comisario de policía entró.

—No hay nada: hemos mirado por todas partes.

—¡Desde luego! —exclamó el oficial sonriendo—. Tenemos aquí a un hombre de experiencia.

La madre escuchaba aquella voz, fluida y cortante; miraba con terror su rostro amarillo y sentía en este hombre un enemigo sin piedad, un corazón lleno del desprecio del aristócrata por el pueblo. Había visto muy pocos individuos de este género, y casi había olvidado que existían.

"Son a éstos a quienes inquietamos", pensó.

—Señor Andrés Onissimov Nakhodka, hijo de padre desconocido: queda detenido.

—¿Por qué motivo? —preguntó tranquilamente el Pequeño Ruso.

—Eso se lo diré más tarde —respondió el oficial, con venenosa cortesía. Se volvió hacia Pelagia.

—¿Sabes leer?

—No —contestó Paul.

—No es a ti a quien pregunto —dijo severamente, e insistió:

—¡Responde, vieja!

La madre, invadida por un sentimiento de odio instintivo hacia este hombre, se irguió de pronto, presa de un temblor como si hubiese caído en agua helada; su cicatriz se volvió púrpura y su ceja descendió.

—¡No grite! —dijo extendiendo un brazo hacia el oficial—. Usted es joven aún, no conoce la desgracia...

—¡Cálmate, mamá! —la detuvo Paul.

—¡Espera, Paul! —gritó ella abalanzándose a la mesa—. ¿Por qué detiene a esta gente?

—Eso no le incumbe, ¡cállese! —exclamó el oficial levantándose—. ¡Traed a Vessovchikov!

Se puso a leer un papel, alzándolo a la altura de su cara. Introdujeron a Nicolás.

—¡Descúbrase! —gritó el oficial, interrumpiendo su lectura. Rybine se acercó a Pelagia, y empujándola con el hombro, le dijo en voz baja:

—¡No te acalores, madre!

—¿Cómo voy a descubrirme si tengo sujetas las manos? —preguntó Nicolás, turbando la lectura del proceso verbal.

El oficial arrojó el papel sobre la mesa:

—¡Firmad!

La madre miró a los asistentes firmar el proceso verbal; su excitación había desaparecido y su corazón desfallecía: lágrimas de humillación e impotencia subían a sus ojos. Estas lágrimas las había derramado durante los veinte años de su vida conyugal, pero en estos últimos tiempos, había olvidado su quemadura corrosiva.

El oficial la miró y dijo con una mueca de desdén:

—Es todavía muy pronto para llorar, mi buena señora. Tenga cuidado, o no le quedarán lágrimas para más adelante.

Ella le respondió, encolerizada de nuevo:

—Las madres tienen lágrimas suficientes para todo..., para todo. Si usted tiene una, ella debe saberlo.

El oficial recogió rápidamente sus papeles en una cartera nueva, de brillante cerradura, y ordenó:

—¡Adelante, marchen!

—Hasta la vista, Andrés; hasta la vista, Nicolás —dijo Paul en voz baja, pero calurosamente, estrechando la mano de sus camaradas.

—Sí, desde luego, ¡hasta la vista! —repitió el oficial irónicamente.

Vessovchikov resollaba penosamente: su ancho cuello estaba congestionado y sus ojos centelleaban de rabia. El Pequeño Ruso era todo sonrisas, e inclinó la cabeza diciendo algunas palabras a la madre, que lo bendijo con la señal de la cruz, y dijo:

—Dios ve a los justos...

Por fin, el pelotón de hombres con capotes grises se replegó a la entrada, con un tintinear de espuelas, y desapareció. El último en salir fue Rybine: envolvió a Paul en la escrutadora mirada de sus ojos negros, y dijo soñador:

—Bien..., adiós.

Y salió sin prisa, tosiendo tras la barba.

Las manos cruzadas a la espalda, Paul recorrió lentamente la habitación, de largo a ancho, entre los libros y la ropa que yacían sobre el suelo, el aire sombrío:

—¿Has visto lo que es esto?

Mirando con indecisión el cuarto en desorden, la madre murmuró angustiada:

—¿Por qué Nicolás ha sido grosero?

—Tenía miedo, sin duda —dijo dulcemente Paul.

—Han venido, los detuvieron, se los han llevado... —masculló Pelagia con gesto impaciente.

Le quedaba su hijo. Su corazón comenzó a latir con más calma, mientras su pensamiento se concentraba en vano, ante aquella realidad, que no podía concebir.

—Ese hombre se burla de nosotros, nos amenaza...

—¡Basta, madre! —dijo súbitamente Paul con decisión—. Vamos, arreglemos todo esto.

Le había dicho "madre" y "tú", como solamente hacía cuando se sentía muy próximo a ella. La madre hizo un movimiento hacia él, lo miró a los ojos y preguntó muy bajo:

—¿Te han humillado?

—¡Sí! Es duro... ¡Hubiera preferido ir con ellos!

Le pareció a la madre que tenía lágrimas en los ojos, y' para consolarlo, sintiendo confusamente su dolor, dijo en un suspiro:

—Espera..., a ti también te prenderán.

—Sí.

Después de una pausa, observó ella tristemente:

—Ves qué duro es, mi pequeño Paul... ¡Si al menos me consolaras! Al contrario: yo digo cosas horribles y tú dices cosas peores aún.

La miró él, se acercó, y dulcemente:

—¡Es que no sé, mamá! Tengo que acostumbrarte...

Ella suspiró y guardó silencio: luego, reteniendo un estremecimiento de terror:

—Y, ¿puede ser que torturen a la gente? ¿Que desgarren la carne, que rompan los huesos? Cuando lo pienso... ¡Oh, Paul, querido Paul, es horrible!

—Torturan el alma... Es mucho peor, con sus manos sucias...

XI

Al día siguiente se supo que Bukine, Somov y otros cinco habían sido detenidos. Por la noche, Théo Mazine pasó como un vendaval: habían registrado también su casa, y se sentía un héroe.

—¿Has tenido miedo, Théo? —preguntó la madre.

El palideció, se arrugó su rostro y le temblaron las ventanas de la nariz.

—He tenido miedo de que el oficial me pegase. Era gordo, de barba negra, con patillas, y llevaba en la nariz unos lentes negros, como si no tuviera ojos. Gritaba, daba patadas en el suelo... Decía que me pudriría

42

en la cárcel. A mí no me pegaron nunca, ni mi padre ni mi madre: soy hijo único, y me querían...

Cerró los ojos un segundo, apretó los labios, se encrespó el cabello con un rápido gesto de las manos, y dijo, mirando a Paul, entornando los enrojecidos párpados:

—Si alguien me golpea alguna vez, me tiro a él como un cuchillo y lo destrozo con los dientes... Harán mejor matándome inmediatamente.

—¡Tan flaco, tan poca cosa como eres! —exclamó Pelagia—. ¿Cómo ibas a hacer para luchar?

—Lo haré —respondió Théo entre dientes. Cuando salió, la madre dijo a Paul:

—Este se derrumbaría antes que los demás. Paul guardó silencio.

Unos instantes más tarde, la puerta de la cocina se abrió lentamente y entró Rybine.

—¡Salud!—dijo sonriendo—. Bueno, aquí estoy otra vez. Anoche me trajeron, pero hoy vengo por mí mismo. —Estrechó vigorosamente la mano de Paul y cogió a la madre por el hombro—. ¿No me ofreces té?

Paul examinó en silencio el ancho y bronceado rostro, de espesa barba negra y ojos sombríos. Había algo de grave en su tranquila mirada.

Pelagia se fue a la cocina a preparar el samovar. Rybine se sentó, alisó su barba y, colocando los codos sobre la mesa, envolvió a Paul en su mirada negra.

—Pues así es... —dijo, como si reanudase una conversación interrumpida—. Tengo que hablarte con franqueza. Te vengo observando hace mucho tiempo. Somos casi vecinos. He notado que recibes mucha gente, pero nada de borracheras ni de escándalos. Esto es lo primero. Si la gente no hace ruido, se hace notar en seguida. ¿De acuerdo? Bueno. La gente habla también de mí, porque vivo apartado.

Su tono era grave pero hablaba con soltura. Atusaba la barba con su mano morena, y su mirada no se separaba de los ojos de Paul.

—Se han dedicado a hablar de ti. Mis patronos te llaman hereje, porque no vas a la iglesia. Yo no voy tampoco. Además, hay lo de esas hojas que han aparecido. ¿Son idea tuya?

—Sí.

—Pero tú... —exclamó alarmada la madre, saliendo de la cocina—. ¡No eres tú solo! Paul sonrió, y Rybine también.

—¡Bueno! —dijo éste.

La madre, un poco molesta porque no hubiesen prestado atención a sus palabras, resopló ruidosamente y volvió a la cocina.

—Las hojas son una buena idea. Esto espabila a la gente. ¿Había diecinueve?

—Sí.

—Las he leído todas. Bien... Hay cosas que no se comprenden, ni es necesario, porque cuando un hombre habla demasiado, hay palabras que no sirven para nada...

Rybine sonrió: tenía una dentadura blanca y fuerte.

—Después..., el registro. Esto me ha predispuesto a vuestro favor. Tú, el Pequeño Ruso y Nicolás, habéis estado...

No encontrando la palabra, se calló, echó una ojeada a la ventana y; tamborileando con los dedos sobre la mesa:

—Habéis mostrado vuestra decisión. Como si hubieseis dicho: "Excelencia, haced vuestro trabajo que nosotros haremos el nuestro". El Pequeño Ruso es un buen muchacho. Muchas veces he oído cómo habla en la fábrica, y he pensado: "A éste no lo hundirán: no podrá con él más que la muerte. Tiene nervio". ¿Me crees, Paul?

—Sí —dijo el joven, inclinando la cabeza.

—Bueno. Mira: tengo cuarenta años, te doblo la edad y he visto veinte veces más cosas que tú. He sido soldado más de tres años, estuve casado dos veces y mi primera mujer está muerta, a la otra la he abandonado. He estado en el Cáucaso, conozco a los "dock douk"

—La vida, hijo mío: creen ser los dueños, y no lo son...

La madre escuchaba ávidamente aquellas palabras firmes. Le agradaba ver a un hombre maduro venir junto a su hijo y hablarle como para una confesión, pero le parecía que Paul trataba al huésped con demasiada frialdad, y para borrar esta impresión, preguntó a Rybine:

—¿Comerás algo, Michel?

—¡Gracias, madrecita! Ya he cenado... Así pues, Paul, ¿tú piensas que la vida no es lo que debe ser?

Paul se levantó y se puso a pasear por la habitación, las manos a la espalda.

—No: es buena. Ya ve, es ella quien le ha traído a mi casa, con el corazón abierto. Nos une poco a poco: trabajamos durante toda nuestra existencia, y llegará el tiempo en que nos una a todos. Es injusta, dura para nosotros, pero es ella misma quien nos abre los ojos, nos descubre su sentido amargo y muestra al hombre cómo debe apresurar su ritmo.

—¡Justo! —interrumpió Rybine—. Hay que renovar al hombre. Si tiene sarna, llévalo al baño, lávalo, ponle ropa limpia y se curará, ¿no es cierto? Pero, ¿cómo limpiarlo por dentro? Esa es la cuestión.

Paul se puso a hablar, con calor y energía, de las autoridades, de la fábrica, del modo cómo los obreros defendían sus derechos en otros países. A veces, Rybine golpeaba la mesa con el dedo, como puntuando. Pero ni una vez gritó: "¡Eso es!".

En un momento dado, se rió brevemente y dijo con dulzura:

—¡Tú eres joven! No conoces a la gente.

Entonces Paul, deteniéndose ante él, le replicó gravemente:

—No hablemos de vejez ni de juventud. Veamos, más bien, qué ideas son las más justas.

—Entonces, según tú, ¿se nos ha engañado, incluso con Dios? Eso es. Yo creo que nuestra religión no es la verdadera.

En este momento intervino la madre. Cuando su hijo hablaba de Dios y de todo lo que para ella iba asociado a la fe y le era querido y sagrado, buscaba siempre la mirada de Paul, para pedirle tácitamente que no hiriese su corazón con brutales profesiones de incredulidad. Pero, tras su escepticismo, ella creía sentir la fe, y esto la tranquilizaba. "¿Cómo podría yo comprender su pensamiento?", decíase. Había creído que sería desagradable y ofensivo para Rybine, hombre de edad madura, escuchar los discursos de Paul. Pero cuando el huésped planteó tranquilamente su pregunta, no pudo contenerse, y dijo, breve pero firmemente:

—Con respecto al Señor, debéis tener más cuidado. Vosotros. desde luego, haced lo que os parezca...

Tomó aliento y continuó con más fuerza todavía:

—¡Pero una vieja como yo, en qué se apoyaría en sus penas, si le quitáis al Buen Dios! Sus ojos se llenaron de lágrimas. Lavaba la vajilla con manos temblorosas.

—No has comprendido, mamá —dijo Paul dulce y tiernamente.

—Perdóname, madrecita —añadió Rybine con voz lenta y significativa; y miró a Paul sonriendo—. He olvidado que eres ya un poco vieja para quitarte las verrugas...

—Yo hablaba —continuó Paul—, no del Dios bueno y misericordioso en el cual crees, sino de aquél con quien los popes nos amenazan como con un bastón; de un Dios en cuyo nombre quieren obligar a todos a someterse a la voluntad cruel de unos cuantos.

—¡Sí, eso es, ahí está! —gritó Rybine, golpeando la mesa—. Nos han cambiado incluso a Dios: todo lo que toman entre sus manos es para dirigirlo contra nosotros. ¿Te acuerdas, madrecita? Dios ha creado al hombre a su imagen y semejanza: luego, ¡Él se parece al hombre, si el hombre se parece a El! Pero nosotros no nos parecemos a Dios, sino a las bestias. En la iglesia nos muestran un espantajo. ¡Hay que transformar a Dios, madrecita, purificarlo! Lo han vestido de mentira y de calumnia, han mutilado su rostro para matar nuestra alma...

Hablaba bajo, pero cada palabra que pronunciaba caía sobre la cabeza de la madre, como un rudo puñetazo que la aturdía. Y aquel ancho rostro, en el marco negro de la barba, la asustaba; el reflejo sombrío de sus ojos se le hacía insoportable y despertaba en su corazón un miedo doloroso.

—¡No, prefiero marcharme! —dijo, sacudiendo la cabeza—. Oír estas cosas... ¡está por encima de mis fuerzas!

Y huyó a la cocina mientras Rybine gritaba:

—¡Lo ves, Paul! No es la cabeza, sino el corazón lo que está en la base de todo. Es ése un lugar del hombre donde nadie podrá penetrar jamás.

—Solamente la razón liberará al hombre —sentenció Paul.

—La razón no da la fuerza —gritó Rybine, con acento seguro—. El corazón da la fuerza, pero no la razón. ¡Eso es!

La madre se desnudó y se acostó sin hacer su oración. Tenía frío, se sentía incómoda. Y Rybine, que al principio le había parecido tan sereno, tan sensato, despertaba ahora su hostilidad.

"¡Hereje! Sembrador de desorden... —pensaba, oyendo la voz de él—. ¡También tenía que venir éste!".

Pero él hablaba, seguro y tranquilo:

—Un lugar santo no debe permanecer vacío. Nuestra alma es un punto doloroso: la morada de Dios. Si El la abandona, se formará una llaga. Hay que inventar una fe nueva, Paul, crear un Dios que sea amigo de los hombres.

—Lo que fue Cristo —exclamó Paul.

—Cristo no tenía una voluntad firme. "Aleja de mí este cáliz", decía. Reconocía al César. Dios, que es todo Poder, no puede reconocer el poder de un hombre sobre los otros. No comparte su alma, no dice: "esto es divino, esto es humano". Pero Cristo admitía el comercio, admitía el matrimonio. Y maldijo la higuera:

Fue injusto. ¿Era culpa de ella el ser estéril? Si el alma no da buenos frutos, no es culpa de ella. ¿Soy yo quien ha sembrado el mal dentro de mí? ¡Está claro!

La voz de los dos hombres no cesaba de resonar en la habitación, apagándose y combatiendo, como en la excitación de un juego. Paul iba y venía, el suelo crujía bajo sus pasos. Cuando hablaba, todos los sonidos se fundían en el de su voz, y cuando Rybine replicaba, en su tono grave y tranquilo, se oía el "tic—tac" del reloj y el seco chasquido del hielo que arañaba con sus agudas garras los muros de la casita.

—Voy a decírtelo a mi modo, como fogonero que soy: Dios es como el fuego. Así es.

Vive en el corazón. Lo ha dicho El: Dios es el Verbo... y el Verbo es el espíritu.

—¡La razón! —repitió Paul obstinadamente.

—¡Así es! Lo cual quiere decir que Dios está en el corazón y en la razón, pero no en la iglesia. La iglesia es la tumba de Dios...

La madre se durmió y no oyó salir a Rybine.

Comenzó a venir con frecuencia, y si alguno de los camaradas de Paul estaban allí, el fogonero se sentaba en un rincón y guardaba silencio, diciendo solamente de cuando en cuando:

—¡Eso! Así es.

Una vez, paseó su sombría mirada sobre los asistentes, y dijo con aire gruñón:

—Hay que hablar de lo que es, pero lo que será no lo sabemos, ¡eso es! Cuando el pueblo sea libre, él mismo verá lo que sea mejor hacer. Le han metido en la cabeza demasiadas cosas que no quería: es bastante. Que vea todo por sí mismo. Quizá querrá rechazarlo todo, toda la vida y todas las ciencias; quizá vea que todo ha sido dirigido contra él, como por ejemplo, el Dios de la iglesia. No tenéis sino poner todos los libros entre sus manos, y él responderá por sí mismo. ¡Eso es!

Pero si Paul estaba solo, se lanzaban inmediatamente a una discusión interminable, pero siempre tranquila, y la madre los escuchaba inquieta, siguiéndolos con la mirada, tratando de comprender lo que decían. A veces, le parecía que, tanto el mujik de anchos hombros y negra barba, como su hijo, fuerte y apuesto, estaban ciegos. Se hundían, de una y otra parte, a la busca de una salida, se agarraban a todo y sacudían todo de sus manos, vigorosas pero torpes, desplazaban las cosas de un lado a otro, las dejaban caer en tierra y las pisoteaban después. Desfloraban esto, palpaban esto otro, lo rechazaban, y todo ello sin perder la fe ni la esperanza.

La habían acostumbrado a escuchar un montón de palabras, terribles por su franqueza y su audacia, pero estas palabras no la herían ya con la misma violencia que la primera vez y había aprendido a defenderse de ellas. Y, algunas veces, tras las frases que negaban a Dios, Pelagia sentía una sólida fe dentro de sí. Entonces, sonreía con una dulzura indulgente. Si Rybine seguía sin gustarle, tampoco sentía hostilidad hacia él.

Una vez por semana iba a la prisión a llevar ropa limpia y libros al Pequeño Ruso: En una ocasión obtuvo autorización para verlo. Al volver, dijo enternecida:

—Sigue siendo el mismo que en casa. Amable con todo el mundo, todos bromean con él. Es duro y penoso, pero no lo demuestra.

—Es lo que hay que hacer —dijo Rybine—. Vivimos en el dolor como en nuestra piel, lo respiramos, es como una vestidura. No hay por qué alabarse. No todos tienen los ojos cerrados: hay quien los cierra voluntariamente; eso es. Pero cuando uno es estúpido, no hay sino tener paciencia...

XII

La casita gris de los Vlassov atraía cada vez más la atención del barrio. En el interés que se le prestaba, había mucho de desconfianza, prudencia y hostilidad inconsciente, pero poco a poco nacía también un sentimiento de confiada curiosidad. Alguna vez, venía un desconocido que, examinando todo con circunspección, decía a Paul:

—Bueno, muchacho, tú que lees libros de leyes, debes conocerlas. Entonces, mira, explícame...

Y contaba a Paul alguna injusticia de la policía o de la administración de la fábrica. En los casos complicados, Paul escribía unas palabras y enviaba al hombre a la ciudad, a un abogado a quien conocía; cuando le era posible, explicaba por sí mismo las cosas.

Poco a poco, crecía un sentimiento de respeto hacia este muchacho serio, que hablaba de todo con sencillez y audacia, miraba y escuchaba todo con atención, tomaba como propio cualquier asunto particular y siempre descubría el hilo común y sin fin que unía a las gentes, por millares de tenaces nudos.

Paul creció aún más en la opinión pública después del asunto del "kopek del pantano".

Un vasto pantano plantado de abetos y abedules se extendía tras la fábrica, rodeándola casi completamente con un anillo pútrido. En verano, vapores espesos y amarillentos se desprendían de él, con nubes de mosquitos que se esparcían por el suburbio, sembrando las fiebres. El pantano pertenecía a la fábrica, y el nuevo director, queriendo sacar partido de él, concibió el proyecto de desecarlo y, al mismo tiempo, extraer la turba. Esta operación, según explicó a los obreros, sanearía el lugar y mejoraría las condiciones de existencia para todos; y dio la orden de retener un kopek por rublo sobre los salarios, para dicha obra.

Gran emoción entre los obreros. Les irritaba, sobre todo, el que la nueva contribución no se aplicaría a los empleados.

El sábado en que la decisión del director se dio a conocer, Paul estaba enfermo: no había ido a trabajar y no sabía nada de la historia. Al día siguiente, después de la Misa, el fundidor Sizov, un viejo arrogante, y el cerrajero Makhotine, un hombre alto e irascible, vinieron a contarle lo que sucedía.

—Los más viejos de entre nosotros, se han reunido —dijo tranquilamente Sizov—, lo hemos discutido y los camaradas nos han mandado a preguntarte, ya que eres un hombre ilustrado, si hay alguna ley que permita al director hacer la guerra a los mosquitos con nuestros kopeks.

—Te acordarás —dijo a Makhotine, haciendo girar sus ojos oblicuos—, hace cuatro años, los sinvergüenzas habían recogido dinero para construir baños. Reunieron tres mil ochocientos rublos. ¿Dónde están? Y de baños, ni uno.

Paul explicó la injusticia de este descuento y mostró el gran provecho que la fábrica sacaría de la operación. Después de lo cual, se marcharon los dos, el aspecto irritado. Después de acompañarlos, la madre dijo sonriendo:

—Ya ves, Paul, también los viejos vienen junto a ti a hacer provisión de inteligencia.

Sin responder, el joven, preocupado, se sentó a la mesa y se puso a escribir. Unos minutos después, le dijo:

—Hazme el favor: ve en seguida a la ciudad y entrega este papel...

—¿Es peligroso?

—Sí. Hay que ir donde se imprime nuestro periódico. Es absolutamente necesario que esta historia del kopek aparezca en este número...

—¡Está bien, está bien! —dijo ella—, voy inmediatamente.

Era la primera comisión que su hijo le confiaba. Se sintió muy contenta al ver que le decía abiertamente de qué se trataba. —Lo comprendo, Paul —dijo, mientras se vestía—. ¡Es, ni más ni menos, que un robo! ¿Cómo se llama ese hombre: Iégor Ivanovitch?

Volvió ya tarde, de noche, fatigada pero satisfecha.

—He visto a Sandrina —dijo a Paul—. Te manda sus saludos. Y ese Iégor, no es nada orgulloso. Bromea constantemente.

—Me alegra que te gusten —dijo dulcemente Paul.

—¡Qué gente tan sencilla, hijo mío! Cuando la gente es sencilla, está bien... Y todos te quieren.

El lunes, Paul no fue tampoco a trabajar: tenía jaqueca. Pero a mediodía, Théo Mazine vino corriendo, agitado y feliz; cuando recuperó el aliento, anunció:

—¡Ven! Toda la fábrica está alborotada. Me han mandado a buscarte. Sizov y Makhotine dicen que tú puedes explicar el asunto mejor que nadie. ¡Si vieras lo que pasa!

Paul se vistió sin decir palabra.

—Las mujeres se han reunido: ¡esto marcha!

—Yo voy también —declaró la madre—. ¿Qué están tramando t allí? Voy a ir.

—Ven —dijo Paul.

Caminaron en silencio, rápidamente. La madre desfallecía de emoción y sentía que algo grave iba a suceder. A las puertas de la fábrica, una masa de mujeres chillaba y discutía. Cuando los tres consiguieron entrar en el patio, cayeron de pronto entre una muchedumbre compacta, negra, llena de excitación. La madre vio que todas las cabezas estaban vueltas del mismo lado, hacia el muro del taller de forjas: allí, en pie sobre un montón de chatarra y destacándose sobre el fondo de ladrillo rojo, estaban, gesticulantes, Sizov, Makhotine, Vialov y otros cinco o seis obreros influyentes, de edad madura.

—¡Aquí está Vlassov! —gritó alguien.

—¿Vlassov? Que venga.

—Silencio —gritaron al mismo tiempo desde varios puntos.

En alguna parte, muy cerca, sonó la voz monótona de Rybine:

—No es por un kopek por lo que debemos resistir, sino por la justicia, eso es. Lo que interesa no es nuestro kopek, que no es más grueso que los otros, pero sí más pesado: contiene mayor cantidad de sangre humana que un rublo de director, eso es. Y no es el kopek lo que nos preocupa, sino la sangre y la verdad..., ¡eso es!

—¡Cierto! ¡Bravo, Rybine!

—Tiene razón el fogonero.

—¡Aquí está Vlassov!

Ahogando el sordo estrépito de las máquinas, los profundos suspiros del vapor y el gorgoteo de las canalizaciones, las voces se fundían en un torbellino de sonidos tumultuosos. De todas partes venían corriendo gentes que agitaban los brazos y se excitaban mutuamente, con palabras febriles y mordientes. La irritación que siempre duerme en los pechos fatigados, se despertaba ahora buscando una salida. La cólera volaba, triunfante, extendiendo cada vez con mayor amplitud sus alas sombrías, apoderándose de la gente con una fuerza creciente, levantando y haciendo chocar a unos contra otros, animándolos de una ardiente rabia. Sobre la multitud planeaba una nube de hollín y polvo, los rostros congestionados estaban cubiertos de un sudor que corría en lágrimas negras, sobre las atezadas mejillas; centelleaban los ojos, relucían los dientes.

Paul apareció al lado de Sizov y Makhotine, y se oyó su llamada:

—¡Camaradas!

La madre observó que el rostro de su hijo estaba pálido, y que sus labios temblaban. Involuntariamente se colocó delante, abriéndose paso entre la muchedumbre. Le decían ásperamente: "¿Dónde quieres ir?", pero esto no la detenía. Con los hombros y los codos, separaba a la gente, y lentamente se aproximó a su hijo, impulsada por el deseo de estar a su lado.

Cuando Paul hubo lanzado aquella palabra, en la que ponía un sentido tan profundo y grave, sintió en su garganta el espasmo de la alegría del combate; le invadía el deseo de arrojar a los suyos su corazón, ardido en su abrasador sueño de verdad y justicia.

—¡Camaradas! —repitió, poniendo en la palabra toda su energía y entusiasmo—. Somos nosotros quienes construimos las iglesias y las fábricas, quienes forjamos las cadenas y fundimos las monedas. Nosotros somos la fuerza vital que da a todos el pan y los placeres, desde la cuna hasta la tumba...

—¡Eso es! —gritó Rybine.

—Siempre, y en todas partes, somos los primeros en el trabajo y los últimos en la vida.

¿Quién se preocupa de nosotros? ¿Quién busca nuestro bien? ¿Quién nos mira como a seres humanos? ¡Nadie!

—¡Nadie! —dijo una voz como un eco.

Recuperando el dominio de sí mismo, Paul se puso a hablar con más sencillez y calma. Lentamente, la multitud se acercaba a él, se aglomeraba como un cuerpo oscuro de múltiples cabezas. Lo miraba con centenares de ojos atentos, sorbía sus palabras.

—No mejoraremos nuestra suerte mientras no nos sintamos camaradas, mientras no formemos una familia de amigos, estrechamente unidos en el mismo deseo: el de combatir por nuestros derechos.

—¡Al grano! —gritaron cerca de la madre unas voces groseras.

—¡Dejad hablar! —se oyó aquí y allá.

Los rostros, negros y ceñudos, parecían desconfiar: solamente algunas miradas graves y pensativas se fijaban en Paul.

—¡Es un socialista, pero no un imbécil! —dijo alguien.

—¡Bueno, no tiene miedo! —contestó un mocetón tuerto, empujando a la madre por los hombros.

—Es hora, camaradas, de comprender que nadie nos ayudará, excepto nosotros mismos.

Uno para todos, todos para uno: ¡he aquí nuestra ley si queremos vencer al enemigo!

—¡Tiene razón, muchachos! —gritó Makhotine. Y en amplio gesto, sacudió su puño en el aire.

—Hay que hacer venir al director —continuó Paul.

Hubiérase dicho que un huracán se abatía sobre la muchedumbre. Se puso a oscilar, y decenas de voces gritaron juntas:

—¡El director! ¡El director!

—Que se le envíen delegados.

Pelagia estaba en primera fila, y, desde abajo, miraba a su hijo, llena de orgullo. Paul estaba allí, entre los viejos obreros, los más estimados: todo el mundo le escuchaba y le aprobaba. La colmaba s de satisfacción ver que no perdía los estribos, que no juraba como los otros.

Como granizo en un tejado de zinc, llovían las exclamaciones entrecortadas, los juramentos, las invectivas. Desde su altura. Paul miraba a la multitud con los ojos muy abiertos, y parecía buscar algo.

—¡Delegados!

—¡Sizov!

—¡Vlassov!

—¡Rybine! Es duro de pelar.

De pronto, se oyeron algunas exclamaciones menos sonoras:

—¡Ahí viene!

—¡El director...!

La masa se abría, dejando paso a un hombre de alta estatura, con una barbita puntiaguda en su cara alargada.

—Permitan —decía, separando de su camino a los obreros con un medio gesto de la mano, pero sin tocarlos. Guiñaba los ojos, y con la mirada escrutadora de quien está acostumbrado a manejar hombres, estudiaba las fisonomías de los obreros. Algunos se quitaban la gorra a su paso, se inclinaban, mientras él caminaba sin responder a estas muestras de respeto, sembrando en la multitud el silencio y la emoción, sintiéndose ya, bajo las sonrisas confusas y el tono sordo de las exclamaciones, un arrepentimiento de niños, conscientes de haber hecho tonterías.

Pasó ante la madre, dirigiéndole una mirada severa, y se detuvo ante el montón de chatarra. Alguien, desde arriba, le tendió una mano, pero no la tomó; con un impulso vigoroso y flexible, se encaramó y se colocó ante Paul y Sizov:

—¿Qué significa esta reunión? ¿Por qué habéis dejado el trabajo?

Durante algunos segundos reinó el silencio. Las cabezas ondulaban como espigas.

Sizov hizo ademán de sacudir su gorro en el aire, alzó los hombros e inclinó la cabeza.

—Responded —dijo el director.

Paul se puso a su lado, y mostrando a Sizov y Rybine, dijo con voz fuerte:

—Nosotros tres hemos sido comisionados por nuestros camaradas para exigir que vuelva usted sobre su decisión de retener un kopek...

—¿Por qué? —preguntó el director, sin mirar al joven.

—Consideramos injusto el impuesto —dijo Paul con voz sonora.

—Así, en mi proyecto de desecar el pantano, ¿no veis más que el deseo de explotar a los obreros, y no el cuidado de mejorar su existencia? ¿No es eso?

—Sí —respondió Paul.

—¿Usted también? —preguntó el director a Rybine.

—Todos somos de la misma opinión —respondió éste.

—¿Y usted, amigo? —interrogó el director, volviéndose a Sizov.

—Yo también le ruego que nos deje nuestro kopek.

Y, bajando nuevamente la cabeza, Sizov sonrió confuso.

El director paseó lentamente la mirada sobre la multitud y alzó los hombros. Después miró a Paul, con mirada penetrante, y le dijo:

—Creo que es usted un hombre instruido. ¿No puede comprender la utilidad de tal medida?

—Si la fábrica hace desecar el pantano a sus expensas, la comprenderemos todos.

—La fábrica no se dedica a la filantropía —replicó secamente el director—. Os ordeno que volváis inmediatamente al trabajo.

Y comenzó a descender, tanteando con precaución la chatarra, con la puntera del zapato y sin mirar a nadie.

Un rumor de descontento recorrió la multitud.

—¿Qué? —dijo el director, deteniéndose.

Todos callaron; solamente resonó una voz lejos, entre los trabajadores:

—¡Trabaja tú!

—Si dentro de un cuarto de hora no está cada uno en su puesto, se impondrán multas — respondió el director, haciendo caer cada palabra como un martillazo.

Reanudó su camino en medio de la masa, pero tras él se elevó un sordo murmullo, y a medida que se alejaba, crecía el rumor de las voces.

—¡Id ahora a hablar con él!

—Así es como tratan nuestros derechos... ¡Ah, estamos bien! Gritaban a Paul:

—Eh, abogado, ¿qué hay que hacer ahora?

—Hablar, has hablado muy bien, pero vino y no se arregló nada.

—Bien, Vlassov, ¿qué hacemos?

Las preguntas se hacían más apremiantes. Paul declaró:

—Propongo, camaradas, abandonar el trabajo hasta que renuncie a retener nuestro kopek.

La excitación recomenzó con más brío.

—¡Nos tomas por idiotas!

—¿La huelga?

—¿Por un kopek?

—¡Pues claro! Declaremos la huelga.

—Nos pondrán a todos en la calle.

—¿Y a quién emplearán?

—No faltará quien lo haga.

—¡Sí, los Judas...!

XIII

Paul bajó y se puso al lado de su madre. A su alrededor, el zumbido había vuelto a empezar, discutiendo unos con otros, agitados y gritando.

—No declararás la huelga —dijo Rybine a Paul, acercándosele—. El pueblo quiere ganar, pero es abúlico. No habría, quizá, ni trescientos que se pusiesen junto a ti. No es posible levantar semejante estercolero con una sola horquilla.

Paul callaba. Veía la multitud con su enorme rostro negro agitarse y mirarlo, esperando algo de él. Le parecía que sus palabras habíanse esfumado sin dejar huella en aquellos hombres, como gotas aisladas cayendo sobre una tierra extenuada por una larga sequía.

Volvió a casa, triste y fatigado. Su madre y Sizov le seguían; Rybine caminaba a su lado y su voz le zumbaba en el oído.

—Hablas bien, pero no tocas el corazón, eso es. Y es en lo profundo de los corazones donde hay que lanzar la chispa. No conquistarás a la gente con la razón: es demasiado fina, demasiado estrecha para su pie.

Sizov decía a la madre:

—Es momento de que los viejos nos vayamos al cementerio. Es un nuevo pueblo el que se alza ahora. ¿Cómo vivíamos nosotros? Arrastrándonos sobre las rodillas y saludando hasta tocar la tierra. Pero hoy..., yo no sé si los jóvenes han recuperado la conciencia o si se engañan más aún que nosotros; pero no son los mismos, ya lo has visto. Hablan con el director como con un igual, sí... Hasta la vista, Paul. Está bien que tomes la defensa de los tuyos, muchacho. Si Dios te ayuda, puede que encuentres medio de salir de esto... ¡Dios lo quiera!

Se fue.

—¡Ea, lárgate a tu cementerio! —rezongó Rybine—. En estos tiempos, no sois ya ni hombres: sois masilla, buena para tapar grietas. ¿Has visto, Paul, los que gritaron para enviarte como delegado? Eran los que decían que eres un socialista, un enredador. ¡Esos mismos! «Lo expulsarán de la fábrica, dicen, y le estará bien.»

—Tienen razón, desde su punto de vista.

—Los lobos también tienen razón cuando se devoran entre ellos.

La cara de Rybine era sombría, y su voz temblaba de modo desusado.

—La gente no cree en las palabras desnudas. Hay que sufrir y empaparlas en sangre...

Durante todo el día, Paul estuvo triste, cansado, lleno de una extraña inquietud: sus ojos brillantes parecían buscar algo. Su madre lo observó e inquirió alarmada:

—¿Qué te pasa, Paul?

—Me duele la cabeza —dijo él pensativo.

—Debes acostarte; llamaré al doctor.

Él la miró y se apresuró a responder:

—No, no hace falta. Y de pronto, en voz baja:

—Soy joven, me falta fuerza, eso es todo. No han confiado en mí, no me han seguido, y es porque no he sabido decirles la verdad. Es duro... y humillante para mí. '

La madre miró su rostro sombrío y le dijo dulcemente, para consolarlo:

—Espera. Hoy no te comprenden: mañana te comprenderán.

—¡Debían haberme comprendido hoy!

—Desde luego, ya ves..., hasta yo sé entender tu verdad. Paul se acercó a ella.

—Pero tú, madre, eres una magnífica mujer.

Y se volvió. Ella se estremeció como si estas palabras fuesen una quemadura, se llevó la mano al corazón y se separó llevando consigo como algo precioso la caricia de su hijo.

Durante la noche, cuando ella dormía y él leía en la cama, volvieron los gendarmes y comenzaron de nuevo a registrar, rabiosamente, por todas partes, en el patio y en el desván. El oficial de tez amarillenta se comportó como la primera vez, hiriente, burlón, complaciéndose en su desconcierto y tratando de herirlos en el corazón. La madre callaba, sentada en un rincón, sin desviar los ojos de su hijo. Este trataba de contener su agitación, pero cuando el oficial reía, sus dedos se contraían de modo extraño, y ella comprendía que le costaba trabajo no contestar, que era duro para él soportar aquella mofa. Pelagia tenía menos miedo que en la primera investigación: más bien sentía odio hacia aquellos hombres, vestidos de gris con espuelas en los tacones, y este odio absorbía el temor.

Paul consiguió susurrarle:

—Van a llevarme...

Ella, bajando la cabeza, respondió muy bajo:

—Comprendo...

Comprendía, sí. Iban a llevarlo a la prisión porque aquel día había hablado a los obreros. Pero todos estaban de acuerdo con lo que había dicho, y tomarían su defensa..., lo soltarían pronto.

Hubiera querido estrecharlo entre sus brazos y llorar, pero el oficial, a su lado, la miraba entornando los ojos; los labios se estremecían y su bigote se agitaba. Pelagia sintió que aquel hombre esperaba lágrimas, lamentos, súplicas. Reuniendo toda su voluntad, esforzándose por no decir nada, mantuvo sujeta la mano de su hijo y, reteniendo el aliento, lentamente, muy bajo, murmuró:

—Hasta la vista, Paul... ¿Has cogido todo lo que necesitas?

—Sí, no te preocupes.

—Que Dios sea contigo.

Cuando se lo llevaron, se sentó en el banco y, cerrando los ojos, sollozó suavemente. Apoyando la espalda contra el muro, como en otro tiempo hacía su marido, contraída por la angustia y la conciencia humillante de su impotencia, la cabeza baja, sollozó largo tiempo, vertiendo en el gemido monocorde todo el dolor de su corazón herido. Veía ante ella, como una mancha inmóvil, el rostro amarillento de bigotes ralos, cuyos ojos entornados expresaban satisfacción. Como una bola negra, se apretaban en su pecho la exasperación y la cólera, contra aquellas gentes que arrancaban un hijo a su madre porque buscaba la verdad.

Hacía frío, la lluvia golpeaba los cristales. Parecía que, en la noche, alrededor de la casa, rondaban acechantes siluetas grises, de largos brazos, de anchas caras rojas sin ojos. Caminaban, y sus espuelas entrechocaban débilmente.

—Si al menos me hubiesen llevado a mí también... —pensaba. La sirena aulló imperiosamente llamando al trabajo. El sonido le pareció sordo, inseguro. La puerta se abrió ante Rybine. Enjugando con la mano las gotas de lluvia de su barba, preguntó:

—¿Se lo han llevado?

—¡Sí, malditos sean! —suspiró ella.

—Así es —dijo Rybine, con una muñeca—. En mi casa han registrado todo, buscado por todas partes, sí... Han salido trasquilados. Pero de todos modos, me han insultado. Así que se llevaron a Paul. Ya comprendo: el director hace un guiño y el gendarme una señal: comprendido, y ¡hale!, un hombre que desaparece. ¡Son compadres! Unos se ocupan de hacer callar al pueblo y otros lo sujetan por los cuernos.

—Tendríais que hacer algo por Paul —dijo la madre levantándose—. Lo que él ha hecho, fue por vosotros.

—¿Y quién tendría que hacer algo?

—Todos.

—¡Ah, eso crees tú! No cuentes con ello.

Y se fue con su pesada marcha. Sus palabras, duras y sin esperanza, aumentaron la congoja de la madre.

—Si le pegan, si lo torturan...

Imaginó el cuerpo de su hijo deshecho a golpes, desgarrado, ensangrentado, y el terror, como una arcilla helada, se posó sobre su pecho, aplastándolo. Los ojos le dolían. No encendió el horno, no se preparó comida, no tomó el té; solamente, a última hora de la tarde, comió un trozo de pan. Cuando se acostó, pensó que en toda su vida se había sentido tan sola, tan inerme. Los últimos años se había habituado a vivir en la espera constante de alguna cosa importante y feliz. A su alrededor, los jóvenes se agitaban, ruidosos, llenos de entusiasmo, y tenía siempre ante los ojos el rostro serio de su hijo, el creador de aquella vida, inquieta, pero hermosa. Y ahora, él no estaba y no quedaba nada.

XIV

El día pasó lentamente, seguido por una noche de insomnio, y otro día más largo aún. Ella esperaba a alguien, pero nadie vino. Cayó la tarde y llegó la noche. Una lluvia glacial suspiraba y rezumaba a lo largo de los muros, el viento soplaba en la chimenea. Algo se agitaba en el suelo. El agua goteaba del tejado, y sus, notas melancólicas acompañaban extrañamente el tictac del reloj. Parecía que la casa entera vacilaba, se debilitaba, indiferente a todo, fija en su angustia...

Llamaron al cristal: un golpe, dos...

Estaba acostumbrada a esta señal y ya no la asustaba, pero esta vez tuvo un gozoso sobresalto. Una confusa esperanza la hizo saltar del lecho. Arrojó un chal sobre sus hombros y abrió.

Samoilov entró, seguido de un personaje que ocultaba el rostro dentro del cuello subido de su abrigo; el gorro le caía sobre los ojos.

—¿La hemos despertado? —preguntó Samoilov, sin saludarla; contra su costumbre, tenía el aire sombrío y preocupado.

—No dormía —dijo ella; y, silenciosa, clavó sobre los visitantes unos ojos llenos de ansiedad.

El compañero de Samoilov, con un profundo suspiro ronco, se quitó el gorro, tendió a la madre una ancha mano de dedos cortos, y le dijo cordialmente, como a una antigua amiga:

—Buenas noches, mamá. ¿No me reconoce?

—¿Usted? —gritó Pelagia, en una súbita explosión de alegría—. ¡Iégor Ivanovitch!

—En carne y hueso —dijo éste, inclinando su gruesa cabeza, de cabellos largos como los de un pope.

Una franca sonrisa iluminaba su rostro redondo; sus ojillos grises envolvían a la madre en una mirada afectuosa y clara. Recordaba un samovar, con su grueso cuello y los cortos brazos. Su cara relucía, respiraba ruidosamente y una especie de resuello ronco se escapaba de su pecho.

—Pasad, voy a vestirme inmediatamente —dijo la madre.

—Tenemos algo que decirle.

—Samoilov parecía preocupado. Le dirigía una mirada oblicua. Iégor Ivanovitch entró en la habitación y dijo:

—Esta mañana, Nicolás Ivanovitch, a quien usted conoce, ha salido de la cárcel.

—¿Estuvo preso?

—Dos meses y once días. Ha visto al Pequeño Ruso y a Paul, que la saludan; su hijo le ruega que no se inquiete y dice que, en el camino que ha escogido, la prisión sirve de lugar de reposo, según han decidido nuestras benévolas autoridades. Ahora, madre, vamos al grano.

¿Sabe a cuántas personas han detenido ayer?

—No. ¿Hay otros, además de Paul?

—Paul hizo el número cuarenta y nueve —interrumpió tranquilamente Iégor—. Y cabe esperar que la policía encerrará a otra docena. Por ejemplo, este caballero, entre otros...

—Sí, a mí también —dijo Samoilov con aire sombrío. Pelagia sintió que respiraba mejor.

"No está solo allí", pensó en un relámpago.

Cuando se hubo vestido, volvió a la habitación y dirigió a sus huéspedes una valerosa sonrisa.

—Seguramente no los tendrán allí mucho tiempo, si son tantos...

—Justo —dijo Iégor Ivanovitch—. Y si conseguimos embrollar un poco el asunto será mejor. Se trata de esto:

"Si ahora dejamos de propagar nuestros folletos en la fábrica, los malditos gendarmes sacarán lamentables consecuencias, y se servirán de esto contra Paul y sus camaradas de prisión".

—¿Cómo? —gritó la madre, sobresaltada.

—Es muy sencillo —dijo dulcemente Iégor—. Los gendarmes pueden razonar, a veces. Piense: cuando está Paul, hay folletos y letreros; cuando Paul no está, no hay folletos ni letreros. ¿Qué quiere decir? Que era él quien los repartía, ¿no? Entonces, los gendarmes empezarán a actuar: les gusta mucho probar sus dientes en alguien hasta que no queda más que el polvo.

—¡Comprendo, comprendo! —dijo ella, angustiada—. ¡Dios mío! ¿Qué puede hacerse? Samoilov elevó la voz.

—Los muy cerdos han cogido a casi todo el mundo. Tenemos que seguir el asunto como antes, no solamente por nuestra causa, sino para salvar a los compañeros.

—Pero no hay nadie para hacer el trabajo —añadió Iégor, con una risita—. Tenemos una literatura excelente; la he escrito yo mismo. Pero cómo introducirla en la fábrica..., ahí está el quid.

—Ahora registran a todo el mundo al entrar —dijo Samoilov. La madre adivinó que se esperaba algo de ella, y se apresuró a inquirir:

—Entonces, ¿qué hay que hacer, y cómo? Samoilov apareció en el dintel:

—¿Está a bien con la vendedora María Korsounov?

—Sí, ¿y qué?

—Háblele: ella puede hacer pasar la propaganda. La madre hizo con su mano un gesto negativo.

—¡Oh, no! Es una charlatana, ¡no! Se sabría que fui yo..., que esto viene de mi casa, no, no...

Y de pronto, iluminada por una repentina idea, dijo en voz baja:

—Dádmelos a mí. ¡A mí! Ya me las arreglaré, encontraré medio... Pediré a María que

me tome como ayudante. Porque, si quiero comer, es preciso que trabaje. Mirad: yo llevaré las comidas a la fábrica. ¡Ya me las compondré!

Las manos sobre el pecho, aseguró con volubilidad que lo haría todo muy bien, sin ser notada, y concluyó triunfalmente:

—Verán que, aunque no esté Paul, su mano los alcanza desde la cárcel. ¡Ya verán!

Los tres se sintieron más animados. Iégor sonreía y se frotaba vigorosamente las

manos:

—¡Maravilloso, madre! Si supiese lo que esto significa... Sencillamente, ¡formidable!

—Si sale bien, me sentiré tan contento en la prisión como en una butaca —dijo

Samoilov.

—¡Es un tesoro, Pelagia! —añadió Iégor con su ronca voz.

La madre sonrió. Había comprendido: si las hojas aparecían en la fábrica, la dirección admitiría que no era su hijo quien las llevaba. Y, sintiéndose capaz de asumir la tarea, se sentía estremecer de júbilo.

—Cuando vaya a ver a Paul —dijo Iégor a Samoilov—, le dirá que tiene una madre extraordinaria.

—Lo veré pronto —prometió Samoilov esbozando una sonrisa.

—Dígale que haré cuanto haga falta. Que lo sepa.

—¿Y si no lo detienen? —dijo Iégor señalando a Samoilov.

—¿Qué vamos a hacer? Tanto peor.

Los dos hombres rompieron a reír. Ella, comprendiendo su estupidez, se echó también a reír, con una carcajada contenida y confusa, un poco maliciosa.

—Uno tiene bastante con sus propias preocupaciones como para pensar en los demás —dijo bajando la vista.

—Es natural —exclamó Iégor—. Y, volviendo a Paul, no se inquiete ni se entristezca. Saldrá de la cárcel mejor que entró. Allí se descansa, se lee, y, en libertad, nunca hay tiempo para eso. Yo, por ejemplo, estuve preso tres veces, sin gran placer, desde luego, pero para el corazón y el espíritu, me fue muy útil.

—Respira muy mal —dijo ella, mirando amistosamente aquel rostro ingenuo.

—Tengo mis razones particulares —explicó él, alzando entonces un dedo—. Bueno, ¿de acuerdo, mamá? Mañana le procuraremos el material, y la máquina, que disipará las tinieblas seculares, volverá a ponerse en marcha. ¡Viva la palabra libre y el corazón de las madres! Mientras tanto, ¡hasta la vista!

—Hasta la vista —dijo Samoilov, estrechándole fuertemente la mano—. A mí no me pasa lo mismo: no puedo decir a mi madre ni una palabra de todo esto.

—Todos acabarán por comprender —respondió Pelagia, para consolarlo.

Cuando se marcharon, cerró la puerta y, arrodillándose en medio de la habitación, se puso a rezar, mientras fuera batía la lluvia. Oraba sin palabras, uniendo en un solo pensamiento a todos aquellos que, por Paul, habían entrado en su vida. Los veía pasar entre ella y las santas imágenes, todos sencillos, tan extrañamente próximos los unos a los otros; y tan solos.

Al día siguiente, muy temprano, fue a ver a María Korsounov. La vendedora, siempre manchada de grasa, siempre expresiva, la acogió con simpatía.

—¿Te aburres? —preguntó, con un golpecito de su sebosa mano en el hombro de Pelagia— No te inquietes. ¡Se lo han llevado: bonito lío!

No hay mal en ello. Antes metían en la cárcel a la gente cuando robaba, pero ahora es cuando dicen la verdad. Quizá Paul ha dicho lo que no debía decir, pero ha sido en defensa de todos, y todo el mundo lo comprende, no te preocupes. No lo dicen todos, pero las personas honradas lo saben. Quise ir a tu casa, pero ya ves, no tengo tiempo. Hago mis trabajos, vendo, y , moriré vagabunda. Son mis condenados cortejos los que me comen todo. Devoran como cucarachas en miga de pan. Ahorro diez rublos, pues cualquiera de esos herejes viene y se los traga en un minuto. Es una desgracia ser mujer. ¡Qué asco de vida! Vivir sola es duro..., y ser dos, es aguantar palos.

—He venido a pedirte que me lleves de ayudante —dijo Pelagia, interrumpiendo aquella oleada de palabras.

—¿Cómo? —preguntó María; luego, cuando su amiga acabó de hablar, bajó la cabeza asintiendo.

—Puede hacerse. ¿Te acuerdas cuántas veces me defendiste de mi marido? Bueno, ahora te defenderé yo de la necesidad. Todos deben ayudarte, porque tu hijo sufre por una causa que atañe a todo el mundo. Es un buen muchacho: todos lo dicen y lo compadecen. Yo no creo que estos arrestos traigan bien a la fábrica, ¿no ves lo que ocurre? No están contentos, querida. En la dirección se dicen «se ha herido al hombre en el talón: no podrá andar mucho». Pero el resultado es que, por diez que se ha alcanzado, hay centenares encolerizados.

Las dos mujeres se pusieron de acuerdo. Al día siguiente, a la hora del almuerzo, Pelagia estaba en la fábrica con los manjares preparados por María en dos recipientes, en tanto que María, por su parte, iba a vender al mercado.

XV

Los obreros vieron en seguida a la nueva cantinera. Algunos se acercaban para animarla:

—¿Has encontrado trabajo, Pelagia?

Y la consolaban diciéndole que Paul estaría pronto libre; otros alarmaban con palabras de condolencia su corazón herido. Otros se deshacían en invectivas contra la dirección y los gendarmes, y esta cólera encontraba eco profundo en la madre. No faltaban quienes la mirasen con maligna alegría, e incluso el punzador Isaías Gorbov le dijo, apretando los dientes:

—Si yo fuese el gobernador, haría ahorcar a tu hijo. Así aprendería a no desviar al pueblo del buen camino.

Esta odiosa amenaza la heló con un frío mortal. No contestó a Isaías, se limitó a echar una ojeada sobre su rostro estrecho, cubierto de manchas rojizas, y bajó los ojos suspirando.

En la fábrica había agitación: los obreros se reunían en pequeños grupos, discutían entre sí a media voz; preocupados, los capataces rondaban por todas partes, y a cada momento estallaban juramentos y burlas irritadas.

Pelagia vio pasar junto a ella a Samoilov, entre dos policías. Llevaba una mano en el bolsillo y pasaba la otra por sus cabellos, de un rubio cobrizo. Les daba escolta un centenar de obreros, que abrumaban a los policías con ironías e insultos:

—¿Vas a dar un paseo? —gritó alguien.

—¡Qué honra para los obreros! —dijo otro—. Se les concede escolta... Y lanzó un vigoroso juramento.

—Ya se ve que es menos provechoso atrapar a los ladrones —gruñó encolerizado uno grande y tuerto—. Ahora detienen a las gentes honradas.

—¡Si siquiera fuese de noche! —prosiguió otra voz entre la multitud—. Pero, ¡no les da vergüenza, en pleno día, los bribones...!

Los policías andaban de prisa, el aspecto sombrío; se esforzaban en no ver nada y parecían no oír las exclamaciones que los acompañaban. Tres obreros avanzaron hacia ellos, llevando una gruesa barra de hierro con la que los amenazaron, gritando:

—¡Atención los aficionados a la pesca!

Al pasar cerca de Pelagia, Samoilov, riendo, le hizo una seña con la cabeza y dijo:

—¡Me atraparon!

Silenciosa, respondió con un gran saludo, conmovida por el espectáculo de aquellos jóvenes valerosos, que no bebían e iban a la prisión con la sonrisa en los labios. Comenzaba a sentir hacia ellos un comprensivo amor de madre. De regreso de la fábrica, pasó toda la tarde en casa de María, ayudándola en su trabajo y escuchando su charla. Volvió entrada la noche a su casa vacía, fría, hostil. Largo rato anduvo de aquí para allá, sin encontrar dónde acomodarse ni saber qué hacer. La inquietaba ver llegar la noche sin que Iégor hubiese aparecido con los folletos, como le había prometido.

Tras la ventana danzaban los pesados copos grises de la nieve de otoño. Se pegaban a los cristales, se deslizaban sin ruido y se fundían, dejando una huella húmeda. Ella pensaba en su hijo.

Llamaron cautelosamente a la puerta. Corrió vivamente a abrir el cerrojo y entró Sandrina. Hacía tiempo que la madre no la veía, y lo primero que le chocó fue el anormal engrosamiento de la muchacha.

—Buenas noches —dijo, feliz de tener compañía y no pasar tan sola aquella parte de la velada—. Hace mucho que no nos veíamos. ¿Estaba de viaje?

—No, en la cárcel —dijo la joven sonriendo—. Con Nicolás Ivanovitch, ¿se acuerda de él?

—¡Cómo podría olvidarlo! —exclamó la madre—. Iégor me ha dicho ayer que lo habían soltado, pero de usted no sabía... Nadie me dijo que usted estaba...

—¡Bah! ¿a qué hablar de ello? Tengo que cambiarme mientras viene Iégor —dijo la muchacha, mirando a su alrededor.

—Está empapada...

—He traído las hojas y los folletos.

—¡Démelos! —dijo vivamente la madre.

La joven desabrochó rápidamente su abrigo, se sacudió y de su cuerpo se desprendieron, como hojas de árbol, fajos de papeles. La madre los recogió riendo:

—Estaba diciéndome al verla tan gruesa, "seguro que está casada y espera un niño". ¡Todo lo que ha traído! ¿No habrá venido a pie?

—Sí —dijo Sandrina. Estaba esbelta y fina como antes.

La madre observó sus mejillas hundidas: los ojos, cercados de negro, parecían inmensos.

—Acaban de ponerla en libertad..., debería descansar —dijo la madre moviendo la cabeza—. Y en vez de eso...

—Hay que hacerlo... Dígame, ¿cómo está Paul? ¿No está demasiado deprimido?

Hablaba sin mirar a la madre: inclinando la cabeza arreglaba sus cabellos con dedos temblorosos.

—¡No! Por supuesto que aguantará.

—Tiene buena salud, ¿verdad? —preguntó muy bajo la muchacha.

—Nunca ha estado enfermo. ¡Cómo tiembla usted! Voy a darle té con confitura de frambuesa.

—¡Eso estará bien! Pero, ¿por qué darle ese trabajo? Es tarde. Traiga, lo haré yo misma.

—¿Cansada como está? —replicó la madre en tono de reproche, y comenzó a preparar el samovar. Sandrina la siguió a la cocina, se sentó en el banco con las manos tras la nuca, y dijo:

—De todas maneras, la prisión agota. ¡Maldita inacción! No hay nada más penoso.

Sabiendo todo lo que hay que hacer, estar allí, enjaulada, como una fiera...

—¿Quién los recompensará por todo esto?

Y, suspirando, la madre respondió a su propia pregunta:

—Nadie, sino el buen Dios. ¿Seguramente usted tampoco es creyente?

—No —dijo secamente la joven, sacudiendo la cabeza.

—Bueno, pues no la creo —declaró la madre, con una súbita animación.

Secó en el delantal sus manos, sucias de carbón, y continuó con convicción ardiente:

—Usted no conoce su fe. ¿Cómo puede vivirse una vida semejante, sin creer en Dios?

Unos pasos ruidosos se arrastraron en la entrada, y una voz gruñó. La madre fue presa de un estremecimiento, y la joven, saltando sobre sus pies, cuchicheó rápidamente:

—¡No abra! Si son los gendarmes, no me conoce. Me he equivocado de casa y he entrado aquí por casualidad, me desvanecí, usted me desabrochó el vestido y encontró los folletos, ¿comprende?

—Querida niña, ¿para qué...? —preguntó enternecida la madre.

—¡Espere! —Sandrina escuchaba—. Me parece que es Iégor. Era él, empapado y abrumado de fatiga.

—¡Ah, ah! ¡Un buen samovar! —gritó—. ¡Es lo que hay de mejor en el mundo, mamá! ¿Ya aquí, Sandrina?

Llenando la estrecha cocina con el sonido de su ronca voz, se quitaba lentamente el pesado abrigo, sin dejar de hablar:

—¡Bueno, mamá, aquí tenemos a una señorita muy desagradable para las autoridades! Como la insultó un guardián de la cárcel, declaró que se dejaría morir de hambre si no se le presentaban excusas, y durante ocho días no comió: faltó nada para que saliese con los pies por delante. ¿No está mal, eh? Y de mi pequeña barriga, ¿qué dicen ustedes?

Charlando, y sosteniendo con sus cortos brazos el vientre, que pendía desmesuradamente, pasó a la habitación y cerró la puerta tras él.

—¿Es posible que no haya comido durante ocho días? —se asombró la madre.

—Era necesario que me presentase sus excusas —respondió la muchacha, agitando violentamente los hombros.

Su calma y su austera obstinación, suscitaron en el alma de la madre un sentimiento mezclado de reproche.

"Así son...", pensó, y preguntó de nuevo:

—¿Y si hubiese usted muerto?

—¡Qué remedio! —replicó Sandrina en voz baja—. De todas maneras se disculpó. No debe perdonarse una ofensa.

—Sí..., sí... —dijo lentamente la madre—. Pero a las mujeres, la vida nos ofende siempre.

—He desempaquetado el cargamento —declaró Iégor abriendo la puerta—. ¿Está listo el samovar? Permítanme, voy a buscarlo.

Cogió el samovar y añadió:

—Mi digno padre no bebía menos de veinte vasos de té al día, y por eso pasó en este bajo mundo setenta y tres años sin enfermedad y tranquilísimamente. Pesaba ciento veintiséis kilos, y era sacristán de la aldea de Voskressenski...

—¿Es usted hijo del Padre Juan? —gritó Pelagia.

—Exactamente. ¿Pero cómo lo sabe?

—Porque yo también soy de Voskressenski.

—¿Paisana mía? ¿De qué familia?

—Vecina suya. Soy una Seréguine.

—¿La hija de Nil el cojo? Ya lo conozco: me tiró de las orejas más de una vez...

Uno frente al otro reían, bajo el fuego cruzado de las preguntas y las respuestas. Sandrina, que estaba haciendo el té, los miraba sonriendo. El tintineo de los vasos recordó a la madre sus deberes.

—¡Oh, perdón! Hablo y hablo... ¡Es tan agradable encontrar un paisano!

—Soy yo quien tiene que pedirle perdón por hacer como en mi casa. Pero son ya las once, y tengo mucho camino por delante.

—¿Dónde va? ¿A la ciudad? —se extrañó la madre.

—Sí.

—¿Cómo? Es de noche, llueve y está usted rendida. Quédese a dormir aquí. Iégor dormirá en la cocina y nosotras dos aquí.

—No, tengo que irme —dijo sencillamente la muchacha.

—Sí, paisana, es preciso que esta señorita desaparezca. Aquí la conocen. Y si mañana la ven en la calle, hará feo —declaró Iégor.

—Pero es que... ¿va a irse sola?

—Sí —dijo Iégor, esbozando una sonrisa.

La muchacha se sirvió té, cogió un trozo de pan de centeno y se puso a comer, mirando pensativamente a la madre.

—¿Cómo puede...? Y Natacha hacía igual. Yo no iría, tendría miedo...

—Ella también tiene miedo —dijo Iégor—. ¿No es verdad, Sandrina?

—Desde luego.

La madre miró sucesivamente a ambos y exclamó muy bajo:

—¡Qué duros sois!

Después de haber tomado su té, Sandrina estrechó en silencio la mano de Iégor y se dirigió a la cocina, seguida por la madre:

—Si ve a Paul, salúdele de mi parte, se lo suplico.

Tenía ya la mano en el picaporte de la puerta, cuando se volvió bruscamente y preguntó a media voz:

—¿Puedo abrazarla?

Sin responder, la madre la abrazó y besó calurosamente.

—¡Gracias! —dijo la joven, y saludándola con la cabeza, salió.

De nuevo en la habitación, la madre lanzó una ojeada de angustia por la ventana. En las tinieblas, copos de nieve semifundidos caían lentos y pesados.

—¿Se acuerda de los Prozorov? —preguntó Iégor.

Se había sentado con las piernas muy abiertas, bebiendo ruidosamente su té. Su rostro estaba rojo, cubierto de sudor y satisfecho.

—Sí, los recuerdo —dijo ella absorta, yendo hacia él con su andar oblicuo. Se sentó, fijó en el hombre una mirada triste, y dijo en tono compasivo:

—¡Ay! ¿Cómo llegará Sandrina?

—Se fatigará mucho —asintió Iégor—. La cárcel la ha quebrantado; estaba mejor antes..., sobre todo, que no ha sido educada en la vida dura. Yo creo que tiene ya algo en los pulmones...

—¿De qué familia es? —preguntó muy bajo la madre.

—Hija de un terrateniente. Su padre es un crápula, como ella dice. ¿Sabe, mamá, que querían casarse?

—¿Quién?

—Ella y Paul. Pero ahí está, nunca hay manera..., cuando él está en libertad, es ella quien está presa, o al contrario.

—¡No lo sabía! —respondió la madre, después de una pausa—. Paul nunca habla de sí mismo.

Sintió mayor piedad aún por la muchacha, y con una mirada de involuntaria animosidad hacia su huésped, añadió:

—¡Tendría que haberla acompañado!

—Imposible —respondió él tranquilamente—. Tengo muchas cosas que hacer aquí, y me hará falta todo el día para caminar, caminar... Ocupación poco agradable, con mi asma.

—Es una buena muchacha —dijo la madre en tono indefinible. Pensaba en lo que le había dicho Iégor y la ofendía haber sabido la noticia, no por su hijo, sino por un extraño. Apretó los labios y frunció el entrecejo.

—¡Muy buena! —Iégor inclinó la cabeza—. Ya veo que le da a usted lástima. ¿Por qué? No habrá piedad que le llegue si va a ponerse a compadecernos a todos los revolucionarios. La vida es dura para todos, esa es la verdad. Mire, no hace mucho que uno de mis camaradas volvió del destierro. Cuando llegó a Nijni Novgorod, su mujer y su hijo lo esperaban en Smolensk, y cuando llegó a Smolensk, ellos estaban ya presos en Moscú. Ahora le tocó la vez a la mujer de ir a Siberia. Yo también tuve una mujer, una esposa excelente, pero cinco años de esta vida la han conducido al cementerio...

Vació de un trago su vaso de té y continuó hablando. Enumeró sus años y meses de prisión o destierro, contó diferentes desgracias, los golpes en las cárceles, el hambre en Siberia. La madre lo miraba y lo escuchaba, admirándose de la tranquila sencillez con que pintaba aquella vida llena de sufrimientos, de persecución, de humillaciones...

—Pero hablemos de nuestro asunto.

La voz se transformó y la expresión se hizo grave. Le preguntó primero cómo pensaba introducir los folletos en la fábrica, y Pelagia se asombró del preciso conocimiento que él tenía sobre toda clase de detalles.

Cuando terminaron, volvieron a evocar su aldea natal. Mientras Iégor bromeaba, Pelagia remontaba el curso del tiempo: los años le parecían extrañamente semejantes a un pantano, sembrado de iguales montoncillos de turba, plantado de arbustos de temerosos estremecimientos, de pequeños abetos y blancos abedules perdidos entre los oteros. Los abedules crecían lentamente, y tras permanecer cinco o seis años en aquel terreno movedizo y pútrido, caían para pudrirse a su vez. La madre se representó este cuadro, presa de una dolorosa piedad. Ante ella, veía una silueta de muchacha, de rostro duro y obstinado. Marchaba bajo los copos de nieve, solitaria, fatigada. Y su hijo estaba en la cárcel. Quizá no dormía aún, meditando. Pero no pensaba en su madre: había ya alguien, todavía más próximo... Como nubes de reflejos multicolores y formas inestables, sombríos pensamientos ascendían hacia ella y oprimían fuertemente su corazón.

—Está cansada, mamá. Vamos a acostarnos —dijo Iégor sonriendo.

Ella le dio las buenas noches y entró en la cocina, con su andar oblicuo, silenciosamente, llevando en su corazón aquella hiriente amargura.

Por la mañana, mientras tomaban el té, Iégor le preguntó:

—Y si la cogen y le preguntan dónde ha obtenido todos esos heréticos folletos, ¿qué va a decir?

—Diré que eso no les importa.

—Sí, pero ellos no estarán de acuerdo —replicó Iégor—. Están plenamente convencidos de que, precisamente, les importa muchísimo. Y la interrogarán con insistencia, y durante mucho tiempo.

—Pero no lo diré.

—La llevarán a la cárcel.

—¿Ah, sí? Gracias a Dios que por lo menos serviré para algo —dijo ella suspirando—. ¿Quién me necesita? Nadie. Y dicen que no torturan...

—¡Hummmmm! —señaló Iégor, después de mirarla, atentamente—. Torturar, no... Pero una mujer valerosa como usted, debe tener cuidado.

—No es usted el más indicado para darme lecciones —dijo la madre con amarga sonrisa. Por un instante, Iégor guardó silencio, dio unos pasos por la habitación y se acercó a ella:

—¡Es duro, paisana! Sé hasta qué punto es duro para usted.

—Lo es para todos —respondió ella con un gesto de la mano—. Quizá es más fácil para los que comprenden... Pero también yo voy comprendiendo poco a poco lo que quieren las gentes de bien...

—Si lo comprende, mamá, nos es necesaria a todos —dijo Iégor en tono grave. Ella lo miró y sonrió en silencio.

A mediodía, tranquila y práctica, cubrió su pecho de folletos, con tal destreza que Iégor chasqueó la lengua satisfecho y dijo:

—¡Sehr gut! —como dice todo buen alemán, cuando bebe un bock de cerveza—. La Literatura no la ha cambiado, mamá: sigue siendo una excelente mujer de mediana edad, alta y fuerte. Que los innumerables dioses la bendigan en esta empresa.

Media hora más tarde, curvada bajo el peso de su carga, serena, calmosa, llegó a la puerta de la fábrica. Dos guardias, irritados por las burlas de los obreros, cacheaban sin miramientos a todos los que entraban en el patio, dirigiéndoles insultos. A su lado estaban un policía y un individuo, de piernas flacas, rostro encarnado y mirada huidiza. Al cambiar de hombro su zurrón, Pelagia siguió sus movimientos con el rabillo del ojo: presintió que era un espía.

Un muchacho alto, de cabellos rizados, el sombrero sobre la nuca, gritaba a los guardias que lo registraban:

—¡Hay que buscar dentro de la cabeza, demonios, y no en los bolsillos! Uno de los guardias, respondió:

—En la cabeza no hay nada, fuera de los piojos.

—Pues cogedlos: es todo lo que sabéis hacer.

El espía lo envolvió en una ojeada rápida y escupió.

—¿Queréis dejarme pasar? —dijo la madre—, ya veis cómo vengo de cargada: ¡tengo rota la espalda!

—Anda, anda —le gritó furioso el guardia—. No hables tanto.

Llegada a su puesto, la madre puso en el suelo sus bolsas y echó una mirada a su alrededor, secándose el sudor de la cara.

Inmediatamente dos cerrajeros, los hermanos Goussev, se le acercaron, y Vassili, el mayor, preguntó en alta voz, frunciendo las cejas:

—¿Hay pasteles?

—Los traeré mañana —respondió ella.

Era una contraseña. El rostro de los dos hombres se iluminó. No pudiendo contenerse, el más joven dijo:

—Ah, madre, eres una buena mujer...

Vassili se puso en cuclillas, miró en una bolsa y un paquete de hojas se deslizó bajo su chaqueta.

—Juan —dijo en voz alta—, no vayamos a casa. Comeremos lo que trae. —Y escondió rápidamente los folletos en el tubo de sus botas—. Hay que ayudar a la nueva cantinera.

—¡Cierto!, aprobó Juan, y rompió a reír.

La madre miraba atentamente en torno suyo, y de cuando en cuando, gritaba:

—Sopa, pasta caliente...

Y sacando subrepticiamente los folletos, paquete tras paquete, los deslizaba en la mano de los trabajadores amigos. A cada paquete que salía, el rostro del oficial de la gendarmería se presentaba ante sus ojos, como una mancha amarilla, semejante a la llama de un fósforo en una habitación oscura, y se decía mentalmente con perverso júbilo:

—Toma, por ti, hijo mío...

Al entregar el paquetito siguiente, añadía satisfecha:

—Toma, ahí va otro...

Cuando los obreros se acercaban con su plato en la mano, Juan Goussev se echaba a reír ruidosamente, y Pelagia, cesando en la distribución, servía sopa de coles y pasta, mientras que los Goussev bromeaban:

—Es hábil, la Pelagia.

—La necesidad enseña a cazar ratas —dijo un fogonero con aire sombrío—. Se han llevado a quien te sostenía... ¡Canallas! Dame tres kopeks de pasta. No te preocupes, madre. Saldrás adelante.

—Gracias por tus palabras. —Y Pelagia sonrió. El obrero se alejó gruñendo:

—Una buena palabra no cuesta dinero. Pelagia volvió a vocear.

—¡Sopa caliente! ¡Pasta! ¡Sopa de coles!

Y se decía que tenía que referir a su hijo aquel primer paso. El rostro amarillo del oficial, perplejo y malvado, estaba continuamente ante ella. Los bigotes negros se agitaban traicionando su confusión, y bajo el labio superior, contraído en un rictus de cólera, brillaba el marfil de los dientes apretados. La alegría cantaba como un pájaro en el corazón de la madre, sus ojos se arrugaban maliciosos, y mientras distribuía hábilmente sus mercancías, se hablaba a sí misma:

—Toma..., otro más..., otro más...

XVI

Por la tarde, mientras tomaba su té, resonó ante la ventana el ruido de los cascos de un caballo en el fango, y se oyó una voz conocida. Dio un salto desde la cocina a la puerta: alguien atravesaba a grandes zancadas el vestíbulo. Su vista se nubló y, apoyándose en el montante, empujó la puerta con el pie.

—¡Buenas noches, madrecita! —dijo una voz que ella conocía bien, y unas manos secas y largas, se posaron en sus hombros. Se sintió dividida entre la amargura de la decepción y la alegría de volver a ver a

Andrés. Ambos sentimientos estallaron, mezclándose en uno solo, profundo y quemante, que la llenó con su ola ardiente, la alzó y la arrojó sobre el pecho de Andrés. Este la estrechó entre sus brazos temblorosos: la madre lloraba dulcemente, sin decir palabra. Andrés le acarició los cabellos y le dijo, con voz cantarina:

—No llore, madrecita, no agote su corazón. Le doy mi palabra de que lo soltarán muy pronto. No tienen ninguna prueba contra él; todos los muchachos están mudos como pescados fritos.

El brazo en torno a los hombros de la madre, la condujo a la habitación; apretándose contra él, ella enjugó las lágrimas de su rostro con un vivo gesto de ardilla, y todo su ser, ávido de escuchar lo que Andrés iba a decirle, pareció suspenderse de los labios de éste.

—Paul la abraza. Está bien, y todo lo contento que cabe. ¡Qué estrecho se está en la cárcel! Entre esto y la ciudad, han arrestado a más de cien: hay tres o cuatro en cada celda. No hay nada que decir de la dirección de la prisión: no son malos, pero están desbordados, ¡los endemoniados gendarmes les dan tanto trabajo! En todo caso, no son demasiado severos: se pasan el tiempo diciendo: "Vamos, señores, calma: no nos busquen conflictos". De modo que no está mal. Se charla, se intercambian libros, se comparte la comida... ¡Es una buena cárcel! Muy vieja, y sucia, pero por lo menos es tranquila, no se altera la bilis. Los de delitos comunes, también son buena gente, y nos ayudan mucho. Nos han puesto en libertad a mí, a Boukhine y a otros cuatro. A Paul también lo soltarán pronto, es completamente seguro. Vessovchikov estará más tiempo: están furiosos con él. Se mete constantemente con todo el mundo. Los gendarmes no pueden ni verlo. Quizá, pasará a los tribunales, o le darán una paliza. Paul trata de calmarlo:

"¡Déjalo ya, Nicolás! No se volverán mejores por más que les chilles". Pero él mascula. "He de hacerlos reventar como conejos". Paul está muy bien, firme y tranquilo con todo el mundo. Vuelvo a decirle que lo liberarán muy pronto...

—¡Muy pronto! —dijo la madre, tranquilizada y sonriente—. ¡Sí, muy pronto, lo sé!

—Bueno, pues si lo sabe, perfecto. Ea, déme té y cuénteme cómo va todo.

La miraba sonriente, junto a ella, y por sus ojos redondos, de buena persona, brillaba danzando una llama afectuosa, un poco triste.

—Le quiero mucho, Andrés —dijo la madre con un profundo suspiro, mirando aquel rostro flaco, cómico, con los mechones de pelo oscuro, salpicados aquí y allá.

—Con un poco me conformo. Ya sé que me quiere. Usted puede amar a todo el mundo: tiene un gran corazón —dijo el Pequeño Ruso, balanceándose en su silla.

—No, a usted lo quiero particularmente —insistió ella—. Si tuviese madre, la gente la envidiaría por tener un hijo así.

—También tengo una madre... en alguna parte —dijo él en voz muy baja.

—Y, ¿sabe lo que he hecho hoy? —exclamó ella; y tartamudeando de satisfacción, le contó vivamente, adornando un poco su relato, cómo había hecho pasar los folletos a la fábrica.

Primero, el Pequeño Ruso abrió asombrado los ojos, luego, estalló en una carcajada, agitando las piernas, golpeándose la cabeza con la mano, y gritó lleno de júbilo:

—¡Oh, oh ...! Pero, ¡no es una broma! ¡Es auténtico trabajo! ¡Cómo se alegrará Paul!

Muy bien, madrecita... Por Paul, y por todos.

Chasqueaba sus dedos con entusiasmo, silbaba y se columpiaba en la silla. Su contento deportaba en ella un eco potente.

—Mi querido Andrés... —dijo como si su corazón se abriese y brotasen de él, como de un manantial cantarín, palabras que expresaban la serena alegría que la colmaba—. He pensado en mi vida. ¡Jesús mío! ¿Para qué he vivido? Los golpes..., el trabajo..., no he visto a nadie más que a mi marido, ni he conocido otra cosa que el miedo. Ni siquiera he visto cómo crecía Paul. ¿Le quería mientras vivió mi marido? Ni siquiera lo sé. Todos mis cuidados, todos mis pensamientos, se referían a una sola cosa: alimentar a aquella bestia para que estuviese satisfecho y repleto, servirle a tiempo para que no se encolerizase y me pegara..., que me respetase al menos alguna vez. Pero no recuerdo que me haya respetado nunca. Me pegaba..., quizá no por mí, sino por todos aquellos a quienes odiaba. Veinte años he vivido así, y ya no recuerdo cómo era yo antes de mi matrimonio. Iégor Ivanovitch, que es del mismo pueblo que yo, estuvo aquí hablando de una cosa y otra; yo recuerdo las casas, la gente..., pero cómo vivía, lo que decían, lo que ocurrió, se me ha olvidado. No me acuerdo más que de incendios, dos incendios... Lo demás, se alejó de mí: tengo el alma, cerrada como una casa en ruinas, ciega, sorda...

La madre tomó aliento y aspiró el aire ávidamente, como un pez fuera del agua, se inclinó y continuó en voz más baja:

—Cuando murió mi marido, me aferré a mi hijo, pero él comenzó a ocuparse de... estas cosas. Entonces, me pareció mal, y sentía piedad por él... ¿Cómo viviré sola si él muere? Qué angustias, qué inquietudes he sufrido; mi corazón se desgarraba cuando pensaba en lo que podía ocurrirle...

Calló, moviendo dulcemente la cabeza, y prosiguió en tono grave:

—El amor de las mujeres no es puro. Amamos lo que tenemos necesidad de amar. Y, mire, cuando pienso que usted suspira por su madre..., ¿qué necesidad tiene de ella? Y todos los demás que sufren por el pueblo, que van a la cárcel o a Siberia, que mueren... Estas muchachas que parten solas en la noche, entre el fango, entre la nieve, bajo la lluvia, andando siete kilómetros para venir aquí, ¿qué las empuja, qué las mueve? ¡El amor! ¡Eso es el amor puro! Creen: tienen fe, Andrés. Pero yo no sé amar así. Amo lo que es mío, lo que me toca...

—Sí puede —dijo el Pequeño Ruso, que, sin mirarla, se rascó la cabeza, se frotó la mejilla y los ojos enérgicamente, según su costumbre—. Todos aman lo que está próximo a ellos, pero para un gran corazón, todo está próximo. Usted puede amar mucho. Su gran corazón maternal...

—¡Si Dios quiere! —dijo ella en voz baja—. Seguramente, lo comprendo, es bueno vivir así. Mire, quizá lo quiero a usted más que a Paul. Está encerrado... Sabe, quiere casarse con Sandrina, y no me lo ha dicho, a mí, su madre...

—¡No es cierto! Yo lo sé, y no es cierto. Que se aman, es verdad. Pero casarse, no...

Ella querría, pero Paul no quiere.

—¿Cómo es posible? —dijo la madre, pensativa, y su mirada triste se dirigió nuevamente a Andrés—. ¿Cómo es eso? Las personas renuncian a sí mismas...

—Paul es un ser de excepción —dijo Andrés en voz queda—. Una naturaleza férrea.

—Y ahora está en prisión —siguió Pelagia en igual tono—. Alarma, da miedo, pero de diferente modo. La vida no es ya la misma, ni el miedo tampoco; yo me alarmo por todos. Mi corazón es también otro, el alma ha abierto los ojos, mira, siente pena pero también alegría. Comprendo muy pocas cosas, y es para mí tan duro, tan amargo, que no creáis en Dios... En fin, es así y no hay nada que hacer. Pero sois buenas gentes.

Os habéis comprometido a una vida penosa, por el pueblo: a una vida dura, por la verdad. Vuestra verdad yo también la comprendo: mientras haya ricos, el pueblo no tendrá nada, ni justicia, ni alegría, ¡nada! Mirad—vivo en medio de vosotros, y, a veces, de noche, recuerdo mi vida pasada, mi fuerza pisoteada, mi joven corazón aplastado..., me compadezco a mí misma, y es amargo... Pero de todos modos, la vida es ahora mejor para mí. Me veo mejor...

El Pequeño Ruso se levantó, empezó a pasear de largo a ancho, esforzándose por no arrastrar los pies, alto, flaco...

—Lo que ha dicho está bien. Está bien... Había en Kertch un judío muy joven que hacía versos, y un día escribió:

Y a los inocentes ejecutados
los resucitará la fuerza de la verdad.

Fue muerto por la policía, en Kertch, pero eso no tiene importancia. Él sabía la verdad y la sembró entre los hombres. Y usted es también una criatura inocente, condenada a muerte...

—Aquí estoy hablando —continuó la madre—, hablo, me escucho y no creo a mis oídos. En toda mi vida no pensé sino en una cosa: quedarme de lado, al margen, desapercibida, con tal de que no me maltrataran. Y ahora pienso en todo el mundo; tal vez no comprendo bien vuestras cosas, pero todo el mundo es mi prójimo, tengo piedad de todos, afecto por todos.

¡Sobre todo, Andrés, por usted!

Él se acercó y dijo:

—¡Gracias!

Tomóle una mano entre las suyas, la apretó mucho y la sacudió, luego se separó vivamente. Fatigada por la emoción, la madre lavó la vajilla lentamente; callaba ahora, y un sentimiento de valentía le confortaba dulcemente el corazón.

El Pequeño Ruso le dijo:

—Mire, madrecita, debía ir un día a mimar un poco a Vessovchikov. Su padre está también en la cárcel; es un vejete repugnante. Si Nicolás lo ve desde la ventana, lo insulta, eso no está bien. Nicolás es bueno, ama los perros, lo; ratones y todas las criaturas, solamente no ama a la gente. Tanto puede corromperse a un hombre.

—Su madre desapareció, su padre es un ladrón y un borracho... —dijo Pelagia pensativa. Cuando Andrés fue a acostarse, la madre lo bendijo sin que él se diera cuenta.

Llevaba en la cama una media hora, cuando ella le preguntó dulcemente:

—¿No duerme, Andrés?

—No, ¿por qué?

—¡Buenas noches!

—Gracias, madrecita, gracias —respondió él con ternura.

XVII

Al día siguiente, cuando Pelagia, cargada con su fardo, llegó a la puerta de la fábrica, los guardias la detuvieron violentamente, le ordenaron dejar sus cacerolas en el suelo y la examinaron con minuciosidad.

—Vais a hacer que se enfríe la comida —dijo ella tranquilamente, mientras registraban sus ropas con todo descaro.

—¡Cállate! —replicó un guardia, con voz áspera.

El otro, empujándola ligeramente por un hombro —dijo con convicción:

—Te digo que los echan por la valla.

El primero que se acercó a Pelagia, fue el viejo Sizov. Miró cautelosamente en torno y le dijo en voz baja:

—¿Has oído lo que dicen, madrecita? —¿Qué?

—Resulta que las hojas han vuelto. Las hay por todas partes, cubren todo como sal en el pan. Se han lucido con sus arrestos y sus registros... A Mazine, mi sobrino, lo metieron en la cárcel. ¡Bueno! ¿Y ahora? Han cogido a tu hijo. Pues ha quedado bien claro que no eran ellos.

Recogiéndose la barba en la mano, miró a Pelagia y dijo, alejándose:

—Vete por casa. Tú sola, debes aburrirte.

Ella le dio las gracias, y, pregonando su mercancía, observaba, con mirada vigilante la anormal agitación que reinaba en la fábrica. Todos los obreros parecían excitados, formando grupos que se dispersaban en seguida, corriendo de un taller a otro. En el aire, cargado de hollín, había un soplo de coraje, de audacia. Aquí y allá se oían gritos de aliento, exclamaciones irónicas. Los de edad madura, se contentaban con sonreír. Los capataces iban y venían, preocupados. Los policías corrían. A su vista, los trabajadores se separaban lentamente o, quedándose donde estaban, cesaban en sus conversaciones y miraban en silencio aquellos rostros malignos y furiosos.

Los obreros parecían todos recién lavados. La alta silueta del mayor de los Goussev aparecía en todas partes; su hermano lo seguía como una sombra, y reía a carcajadas.

El maestro carpintero Vavilov y el punzonador Isaías, pasaron junto a la madre sin apresurarse. El punzonador, menudo, delgado, la cabeza levantada y el cuello inclinado a la izquierda para mirar al carpintero, de rostro abotargado e impasible, hablaba con vivacidad, y su barba se agitaba:

—Mira, Ivan Ivanovitch, se ríen y están contentos, aunque todo esto conduzca a la ruina del Estado, como dice el señor Director. Aquí, Ivan Ivanovitch, lo que hace falta no es escardar, sino arar...

Vavilov caminaba, con las manos a la espalda, y se veían sus dedos crispados.

—Imprime todo lo que quieras, hijo de puta —dijo en voz muy alta—, pero no se te ocurra hablar de mí.

Vassili Goussev se acercó a la madre:

—Vuelvo a comer de lo que traes: es bueno lo que vendes. Después, bajando la voz, añadió guiñándole un ojo:

—Ha dado en el clavo, madre: lo hace muy bien.

Pelagia le hizo un amistoso signo de cabeza. Le gustaba ver a aquel muchacho, el más bromista del suburbio, hablarle en secreto tratándola de "usted"; se sintió feliz con la excitación general, y se dijo:

—Seguro que si no hubiese venido yo...

Tres operarios se detuvieron no lejos de ella, y uno dijo a media voz, como lamentándose:

—No he encontrado nada en ninguna parte.

—Habrá que leerlas en alta voz. Yo no sé leer, pero ya veo que ha sido un golpe en las costillas...

El tercero lanzó una mirada a su alrededor y propuso:

—Vamos a las calderas.

—Hacen efecto —susurró Goussev guiñándole un ojo. Pelagia volvió a su casa muy alegre. olvidé.

—Sienten no saber leer —le dijo a Andrés—. Yo sabía cuando era joven, pero luego lo

—Hay que volver a aprender.

—¿A mi edad? ¡Para qué hacer reír a la gente!

Pero Andrés cogió un libro del estante y le mostró una letra de la cubierta señalándola con la punta de su navaja:

—¿Qué letra es ésta?

—¡R! —respondió ella riendo.

—¿Y ésta?

—¡A!

Se sentía incómoda y ofendida. Creía ver risa y burla en los ojos de Andrés, y desvió la mirada. Pero la voz de él sonó dulce y tranquila, y su rostro estaba serio.

—¿Es posible, Andrés, que piense verdaderamente en enseñarme? —preguntó con forzada sonrisa.

—¿Por qué no...? Ya que sabía leer, podrá recordar fácilmente. El proverbio dice: Ningún milagro, malo. Un milagro, eso vale más.

—También se dice:

No se vuelve uno santo a fuerza de mirar los conos.

—Ah, sí —dijo el Pequeño Ruso, moviendo la cabeza—. Los refranes no faltan: Menos se sabe, mejor se duerme. ¿Es verdad eso? En los proverbios es el estómago el que piensa; hace de ellos un bozal para el alma, para tenerla mejor sujeta. ¿Y esta letra?

La mirada tensa, fruncidas las cejas, ella se esforzaba en recordar las letras olvidadas, y, completamente absorbida por esta tarea, olvidaba todo lo demás. Pero la vista se le fatigó pronto. Primero aparecieron lágrimas de cansancio; luego, más rápidas, lágrimas de despecho.

—¡Aprender las letras! —dijo, estallando en sollozos—. ¡Aprender a leer a los cuarenta

años!

—No hay que llorar —dijo el Pequeño Ruso en voz baja y acariciadora—. Usted no podía vivir de otro modo, y, sin embargo, ahora comprende que las gentes viven mal. Hay miles de personas que podrían vivir mejor que usted y, sin embargo, son como bestias, y se alaban de ello. ¿Qué hay de bueno en sus existencias? Hoy trabajan y comen, mañana igual, y así todos los días de su vida: trabajar, comer... Mientras tanto, echan hijos al mundo, y si primero se divierten, cuando los niños a su vez se ponen a comer con apetito, los padres se irritan, los maltratan: de prisa, creced más de prisa, tragones, ¡hay que trabajar! Querrían hacer de sus crías animales domésticos, pero las crías se ponen a pensar en sus propias tripas y arrastran a su vez una vida miserable, como el forzado arrastra sus grillos. No hay más hombres verdaderos, que los que rompen las cadenas de la razón humana. Ahora, también usted, en la medida de sus fuerzas, se ha unido a esta tarea.

—No hable de mí —suspiró ella—. ¿Qué puedo hacer yo?

—¿Por qué no puede? Es como la lluvia: cada gota da de beber a un grano. Y cuando sepa leer...

Se echó a reír, se levantó y comenzó a pasearse.

—¡Sí que aprenderá! Y cuando venga Paul... ¿eh?

—Ah, Andrés —dijo ella—, cuando uno es joven, todo es sencillo. Pero con la edad se vuelve uno rico de penas, pobre de fuerzas, y dentro de la cabeza ya no hay nada...

XVIII

Por la noche, el Pequeño Ruso salió. Pelagia encendió la lámpara y se sentó junto la mesa para calcetar medias. Pero en seguida se levantó, dio algunos pasos indecisos, fue a la cocina, cerró la puerta con cerrojo, y, la frente cruzada por un pliegue de preocupación, volvió al cuarto. Corrió las cortinas; después tomó un libro del estante, se sentó de nuevo a la mesa, paseó su mirada por la habitación y se inclinó sobre las páginas, moviendo los labios. Cuando de la calle llegaba algún ruido, cerraba temblorosa el libro y escuchaba atentamente. Y de nuevo, con los ojos tan pronto cerrados como abiertos, murmuraba:

"Nuestra tier—ra..., tier—ra...".

Llamaron a la puerta. Se levantó con precipitación, arrojó el libro sobre el estante y preguntó ansiosa:

—¿Quién es?

—Yo...

Entró Rybine. Alisó gravemente su barba, y dijo:

—Antes dejabas entrar a las personas sin preguntar quién era... ¿Sola? Bien. Creía que estaría aquí el Pequeño Ruso. Le he visto hoy. La prisión no mejora a un hombre.

Se sentó.

—Bueno, hablemos un poco...

Tenía un aire grave y misterioso que causó a la madre una vaga impresión.

—Todo cuesta dinero—comenzó con su pesada voz—. Nada se hace por nada, ni siquiera nacer o morir. Los folletos y las hojas, cuestan. ¿Sabes de dónde sale el dinero, quién las paga?

—No lo sé —dijo dulcemente Pelagia, adivinando un peligro.

—Justamente. Yo tampoco sé nada. Segundo, ¿quién las escribe?

—Gentes que saben...

—¡Señores! ¡Eso es! —profirió Rybine, y su rostro barbudo enrojeció bajo su tensión—. Así que son señores los que escriben y distribuyen los folletos. Y en esos libros se escribe contra los señores. Ahora dime, ¿qué provecho sacan de gastar el dinero en levantar al pueblo contra ellos mismos, eh?

La madre agitó los párpados y gritó espantada:

—¿Qué estás pensando...?

—¡Hum! —masculló Rybine moviéndose pesadamente en la silla, como un oso—. ¡Eso es! A mí también me dio frío cuando llegué a este pensamiento.

—¿Es que has oído algo...?

—¡Son mentira! ¡Huelo el engaño! Yo no sé nada, pero estoy seguro de que son una engañifa. Y yo necesito la verdad, y la he comprendido. No iré con los señores. Cuando me necesitan, me empujan ante ellos para que mis huesos les sirvan de puente para ir más lejos.

Sus sombrías palabras atenazaban el corazón de la madre.

—¡Señor! —exclamó transida de angustia—. ¿Es posible que Paul no lo comprenda?, y todos los demás que...

Los rostros serios y honrados de Iégor, de Nicolás Ivanovitch, de Sandrina, parecieron alzarse ante ella, y su corazón se enterneció.

—¡No, no! —dijo, moviendo negativamente la cabeza—. No puedo creerlo. Ellos siguen su conciencia.

—¿De quién estás hablando?

—De todos, de todos los que conozco, sin excepción.

—No es ahí donde hay que mirar, madre, sino más lejos —dijo Rybine, bajando la cabeza—. Los que han venido, los que conocemos de cerca, quizá no saben nada tampoco. Ellos creen que es lo que hace falta. Pero puede que detrás de ellos, haya otros que no buscan más que ventajas. Un hombre no va así como así contra su interés...

Y con su obstinada convicción de aldeano, añadió:

—Nunca hay que esperar nada bueno de los señores.

—¿Qué has decidido? —preguntó la madre, nuevamente presa de la duda.

—¿Yo? —Rybine la miró, calló un momento y repitió—: ¡No hay que ir con los señores, eso es!

Guardó nuevamente silencio, el aire torvo.

—Quería unirme a tus chicos para trabajar con ellos. Para eso sirvo: sé lo que hay que decir a la gente. Eso es. Pero ahora me largo. No puedo tener confianza, y debo irme.

Bajando la cabeza, reflexionó.

—Me iré yo solo, por las aldeas, por las cabañas... Levantaré al pueblo. Hace falta que sea el propio pueblo quien actúe. Si comprende, encontrará su camino. Yo trataré de hacerlo comprender, no tiene esperanza sino en sí mismo, y no hay más razón que la suya. ¡Es así!

La madre sintió por él lástima y miedo. Nunca le había sido muy simpático, pero, de pronto, le pareció muy próximo. Le dijo dulcemente:

—Te cogerán...

El la miró y respondió tranquilamente:

—Me cogerán... y me soltarán. Y volveré a empezar.

—Los mismos campesinos te atarán las manos. Y te llevarán a la cárcel.

—Si me llevan, saldré. Y volveré al camino. En cuanto a los campesinos, me atarán las manos una vez, dos, y después, comprenderán que lo que hace falta no es entregarme, sino escucharme. Les diré: "No me creáis, oídme solamente". Y si me escuchan, me creerán.

Hablaba lentamente, como pesando cada palabra antes de pronunciarla.

—Aquí, últimamente, he tragado mucho y comprendido muchas cosas...

—¡Morirás, Michel! —dijo Pelagia, moviendo melancólicamente la cabeza.

Fijó él en ella aquellos ojos negros y profundos, que parecían esperar una respuesta. Su cuerpo vigoroso se inclinaba hacia adelante, y su bronceado rostro palidecía en el oscuro marco de su barba.

—Tú sabes lo que Cristo dijo del grano de trigo: "debe morir para resucitar en una nueva espiga". Me falta mucho aún para morir. ¡Soy muy astuto!

Se removió en la silla y se levantó despaciosamente.

—Me voy a la posada, estaré allí un rato, en compañía. El Pequeño Ruso no tiene trazas de venir. ¿Ha vuelto a ocuparse...?

—Sí —dijo sonriente la madre.

—Es lo que hace falta. Repítele lo que te he dicho.

Salieron lentamente a la cocina y cambiaron algunas palabras sin mirarse.

—Adiós, entonces.

—Adiós. ¿Cuándo te despides del trabajo?

—Ya está hecho.

—¿Y cuándo te vas?

—Mañana temprano. ¡Adiós!

Rybine se encorvó y salió al vestíbulo como a disgusto, torpemente. Durante un instante, la madre permaneció en el umbral, prestando oído a los que pasaban y a las dudas despertadas en su corazón. Después, volvió silenciosamente a la habitación, levantó una punta de la cortina y miró por la ventana. Tras el cristal, las espesas tinieblas se inmovilizaban.

—Vivo de noche —se dijo.

Tenía compasión por aquel campesino de espíritu reflexivo: era tan grande, tan fuerte...

Andrés llegó, animoso y alegre.

Cuando ella le contó la visita de Rybine, él exclamó:

—Muy bien: que vaya por las aldeas a proclamar la verdad y a despertar al pueblo. Con nosotros no se sentía a gusto. Sus ideas campesinas han germinado dentro de su cabeza, y no hay sitio para las nuestras...

—Mire, en lo que ha dicho de los señores hay algo de cierto —dijo ella prudentemente—.

Con tal que no nos engañen...

—¿Eso la preocupa? —exclamó riendo el Pequeño Ruso. ¡Ah, madrecita, si tuviéramos dinero! Vivimos del de los demás. Mire, Nicolás Ivanovitch, que cobra setenta y cinco rublos al mes, nos da cincuenta. Y así todos. Hay estudiantes que pasan hambre y que nos mandan cuando pueden un poco de dinero, reunido céntimo a céntimo. Hay señores de todas clases, desde luego. Unos engañan, otros se dejan llevar, pero los mejores están con nosotros.

Se frotó las manos y prosiguió con vehemencia:

—¡Nuestra victoria no es todavía para mañana, pero, en la espera, el primero de mayo organizaremos una fiestecita! Será muy alegre...

Su animación desterró la inquietud que Rybine había sembrado. El Pequeño Ruso paseaba por la habitación pasándose la mano por la cabeza, y decía, mirando al suelo:

—Sabe, a veces siento en mi corazón tina vitalidad extraordinaria. Me parece que, allá donde vaya, encuentro camaradas ardiendo en el mismo fuego, todos alegres, buenos, serviciales... Nos comprendemos sin palabras. Vivimos en buena armonía y cada pecho canta su canción.

Todas estas canciones corren como arroyos que se vierten en un solo río, que marcha ancho y libre hasta el mar, ¡el mar de la clara alegría de la vida nueva!

Pelagia se esforzaba en no moverse para no turbarlo ni interrumpirlo. Lo escuchaba siempre con más atención que a los demás: hablaba con mayor sencillez y sus palabras conmovían el corazón con mayor fuerza. Paul no decía nunca cómo veía el porvenir, en tanto que, para Andrés, ese porvenir era una parte de su ser; en sus discursos, la madre creía escuchar un hermoso cuento, el de la gran fiesta, que llegaría de todos los hombres sobre la tierra. Esta ilusión aclaraba ante sus ojos el sentido de la vida y la acción de su hijo y los camaradas de éste.

—Y cuando se vuelve a la realidad —dijo el Pequeño Ruso sacudiendo la cabeza—, y uno mira a su alrededor, todo es frío y fangoso, la gente está cansada e irritada...

Continuó con profunda tristeza:

—Es humillante, pero hay que desconfiar del hombre, temerlo... e, incluso, odiarlo. El hombre es complejo. Desearíamos amarlo solamente, pero, ¿cómo es posible? ¿Cómo perdonar a quien se precipita sobre ti como una bestia salvaje, que no reconoce la existencia de tu alma viva, y que hiere a puñetazos tu fisonomía de hombre? Imposible de perdonar. No por mí: yo soportaría todos los ultrajes si sólo existiera yo, pero no quiero ceder ante los que usan la fuerza, no quiero que aprendan sobre mi espalda a pegar a los otros.

Ahora brillaba en sus ojos un resplandor frío. Inclinó la cabeza con aire obstinado y continuó con más firmeza:

—No debo perdonar ninguna mala acción, incluso si no me daña a mí personalmente. No estoy solo sobre la tierra. Admitamos que hoy me dejo ultrajar sin responder al ultraje, que incluso río, que no me ofende... Pero mañana, el ofensor que ha probado su fuerza conmigo, la experimentará sobre la piel de otro. Por eso hay que distinguir entre las gentes, hay que tener un corazón firme y decirse: éstos son mis hermanos, aquéllos no... Es justo, pero doloroso.

La madre pensó; involuntariamente, en el oficial y en Sandrina, y suspiró:

—¡Cómo puede hacerse pan con trigo que no ha sido sembrado...!

—Esa es la desgracia —dijo Andrés.

—Sí...

De pronto, se le presentó la imagen de su marido, torva y pesada como una gruesa piedra cubierta de musgo. Pensó en el Pequeño Ruso, unido a Natacha, y su hijo a Sandrina.

—¿Y de qué viene eso?—prosiguió Andrés, entusiasmándose—. Es tan claro que resulta casi cómico. Viene simplemente de que no todos son iguales. Pues bien, pongamos a todos en un mismo plano. Compartamos equitativamente todo lo que ha sido hecho por la razón, todo lo que ha sido fabricado con las manos. ¡Nos liberaremos de la esclavitud del miedo y de la envidia, de las cadenas de la ambición y la estupidez!

El Pequeño Ruso y la madre conversaban frecuentemente así.

Andrés, que había sido readmitido en la fábrica, entregaba todo su salario a Pelagia, quien aceptaba este dinero con la misma naturalidad que el de Paul.

Algunas veces, Andrés, risueña la mirada, proponía:

—¿Leemos un poco, madrecita?

Ella se negaba bromeando, pero obstinada. La sonrisa de Andrés la confundía, y, un poco irritada, pensaba:

"¿Para qué, si te hace reír?".

Pero le preguntaba, cada vez con más frecuencia, lo que significaba tal o cual palabra más culta y que le era desconocida. Preguntaba sin mirarlo, con una voz que trataba de ser indiferente. El comprendió que ella misma se instruía a hurtadillas. Se dio cuenta de su vergüenza y cesó de proponerle leer juntos. No tardó la madre en confesarle:

—Pierdo vista, Andrés. Necesito lentes.

—Muy sencillo. El domingo iremos a la ciudad, la llevaré al médico y tendrá usted sus lentes.

XIX

Por tres veces ya había ido a pedir autorización para ver a Paul, y cada vez había recibido una negativa benévola del general de la gendarmería, un viejecillo agudo, con mejillas rojas y gran nariz.

—Dentro de una semana, buena mujer, no antes. Dentro de una semana, veremos, pero ahora es imposible.

Era redondo y gordito, y recordaba una ciruela madura que, habiendo estado demasiado tiempo en la tienda, se hubiese cubierto de una pelusa de musgo. Escarbaba continuamente sus dientes, blancos y menudos, con un afilado trocito de madera amarilla. Sus ojuelos redondos y verdosos, sonreían afectuosamente, y su voz tenía una entonación amable, amisto.

—Es muy educado —dijo la madre al Pequeño Ruso—. Siempre sonríe.

—¡Oh, sí! Son muy educados y muy sonrientes. Se les dice: "Mirad, he aquí un hombre inteligente y honrado, es peligroso. Ahorcadle". Sonríen, lo ahorcan y vuelven a sonreír.

—El que hizo el registro en casa era menos complicado. Se veía en seguida que era un canalla.

—No son hombres, sino martillos para golpear a la gente y ensordecerla. Instrumentos. Sirven para trabajar al pueblo, a fin de que funcione mejor. Ellos mismos están hechos a la medida de la mano que nos dirige: pueden ejecutar todo lo que se les mande, sin reflexionar, sin preguntar el porqué.

Por fin, se concedió a Pelagia la autorización. El domingo llegó al locutorio de la cárcel y se sentó tímidamente en un rincón. En la sucia y estrecha habitación de techo bajo, había otras personas esperando la hora de la visita. Indudablemente, no era la primera vez que venían: se conocían. Entre ellas se estableció una conversación en voz baja y arrastrada, tejida de quejas y comadreos, viscosa como una tela de araña.

—¿Saben ustedes? —decía una mujer obesa, de rostro marchito, con un saco sobre las rodillas—. Esta mañana, en la primera misa, el maestro de capilla casi arranca una oreja a un niño del coro.

Un hombre de cierta edad, vestido con un uniforme de militar retirado, tosió ruidosamente y replicó:

—Los niños del coro son unos impertinentes.

Un hombrecillo calvo, de piernas cortas y brazos largos, mandíbula saliente, paseaba por la habitación con aire preocupado. Sin detenerse, dijo con voz insegura:

—La vida está cada vez más cara, por eso la gente es cada vez peor. La carne de segunda está a catorce kopeks la libra; el pan cuesta ahora dos kopeks y medio...

A veces, entraban prisioneros uniformemente vestidos de gris, con pesados zuecos de cuero. Cuando penetraban en la penumbrosa habitación, parpadeaban. Uno de ellos llevaba cadenas en los pies.

Todo tenía una extraña calma y una desagradable sencillez. Habríase dicho que toda aquella gente estaba acostumbrada a semejante atmósfera, que les era familiar. Unos se sentaban tranquilamente, otros montaban una perezosa guardia, otros, resignados y puntuales, venían a visitar a los presos. El corazón de la madre palpitaba impaciente: miraba perpleja todo cuanto la rodeaba, admirada de aquella asfixiante simplicidad.

A su lado, había tomado asiento una viejecita de rostro arrugado pero mirada todavía joven. Tendiendo su flaco cuello, prestaba oídos a la conversación y miraba a todo el mundo con pintoresco aire de provocación.

—¿A quién tiene usted aquí? —preguntó dulcemente Pelagia.

—A mi hijo. Es estudiante —respondió rápidamente la vieja en alta voz—. ¿Y usted?

—Mi hijo también: es obrero. —¿Cómo se llama?

—Vlassov.

—No lo conozco. ¿Hace mucho tiempo que está aquí?

—Más de seis semanas...

—¡Y el mío más de diez meses!

Pelagia creyó distinguir en su voz un sentimiento indefinible, cercano al orgullo.

—Sí, sí —decía nerviosamente el viejecillo calvo—. Ya no queda paciencia. Todo el mundo se enfada, grita, todo sube de precio... Y, en consecuencia, la gente vale menos. Ya no se oyen voces conciliadoras.

—Absolutamente cierto —dijo el militar—. ¡Qué desorden! Es hora de que una voz ordene por fin "silencio". Eso es lo que hace falta. Una voz firme.

La conversación se animaba, se hacía generala Cada uno se apresuraba a colocar sus palabras sobre la vida, pero todos hablaban a media voz, y la madre adivinaba en todos algo que le era extraño. En su casa se hablaba de otro modo, un lenguaje más comprensible, más puro, más preciso.

Un vigilante grueso, de barba cuadrada y roja, gritó su nombre, la miró de pies a cabeza y se alejó cojeando, tras haberle dicho:

—Sígueme.

Ella le siguió, con ganas de empujarle la espalda para que fuese más aprisa. En una habitación pequeña, Paul, en pie, sonreía y le tendía la mano. La madre la tomó, se echó a reír, sus párpados se agitaban y no encontraba palabras. Al fin, dijo dulcemente:

—Buenos días..., buenos días...

—Tranquilízate, mamá.

Le estrechó fuertemente la mano.

—¡No es nada!

—Tú, la madre —dijo el vigilante, suspirando—, retírate: que haya distancia entre vosotros.

Y bostezó ruidosamente. Paul le preguntó por su salud, por la ca... Ella esperaba otras preguntas, las buscó en los ojos de su hijo, pero no las encontró. Estaba tranquilo, como siempre, más pálido, eso sí, y los ojos parecían más grandes.

—Sandrina te manda recuerdos.

Los párpados de él temblaron, se dulcificó su expresión y sonrió. Una aguda amargura hirió el corazón de la madre.

—Te soltarán pronto —dijo ella, humillada e irritada—. ¿Por qué te han encerrado? De todos modos, las hojas han vuelto a aparecer.

Los ojos de Paul centellearon de alegría.

—¿Otra vez? —preguntó.

—Está prohibido hablar de esas cosas —declaró el vigilante en tono negligente—.

Solamente asuntos de familia.

—¿Y esto no son asuntos de familia? —replicó ella.

—No sé nada. Lo único que sé es que está prohibido —respondió indiferente el celador.

—Háblame de la familia, mamá —rogó Paul.

Ella sintió que ascendía dentro de sí un sentimiento de audacia juvenil.

—Yo llevo todo a la fábrica...

Se detuvo y continuó, sonriendo:

—Sopa, harina, todo lo que guisa María y otros alimentos...

Paul comprendió. Se mordió los labios para contener la risa, echó su cabello hacia atrás y dijo con una voz acariciadora que su madre no le conocía:

—Está bien que tengas una ocupación, así no te aburres.

—Y cuando volvieron a aparecer las hojas, se pusieron a registrarme a mí también —declaró Pelagia, no sin fanfarronada.

—¡Otra vez! —dijo el vigilante, irritándose—. Os he dicho que está prohibido. Se mete en la cárcel a un hombre porque no sabe nada, y tú ahora no oyes nada. Tenéis que comprender que está prohibido.

—Bueno, no hablemos más de eso, mamá —dijo Paul—.Mathieu Ivanovitch es un buen hombre y no hay que enfadarlo. Nos llevamos bien los dos. Es casualidad que esté hoy aquí: corrientemente es el director quien asiste a las entrevistas.

—La visita ha terminado —declaró el celador, mirando su reloj.

El hijo la abrazó fuertemente y la besó. Emocionada por aquel gesto, dichosa, ella se echó a llorar.

—Separaos —dijo Mathieu. Y gruñendo, acompañó a la madre—. No llores..., lo soltarán.

Sueltan a todos... Ya no se cabe aquí.

De regreso en casa, animada y sonriente, dijo al Pequeño Ruso:

—Le hablé tan hábilmente que comprendió. Y suspiró.

—¡Comprendió! Si no, no me hubiese besado: no lo hace nunca.

—Ah, eso es muy propio de usted —dijo Andrés riendo—. Todo el mundo busca algo, pero una madre..., busca siempre caricias. —¡Oh, Andrés..., las gentes que van allí —exclamó ella con súbito asombro— qué acostumbradas están! Les han arrancado a sus hijos, los han llevado a la cárcel, y a ellos no les inquieta: vienen, se sientan, esperan, charlan... ¿Eh? Si hasta la gente instruida se habitúa ya tan bien, ¿qué no será el pobre pueblo?

—Es muy natural, —dijo Andrés con su sonrisa—, para ellos la ley es siempre más suave que para nosotros, y la necesitan más que nosotros. Tanto, que cuando la ley les da un golpecito, hacen una pequeña mueca, pero nada más. El bastón propio hace menos daño.

XX

Una noche que la madre estaba sentada tejiendo medias, y el Pequeño Ruso leía en voz alta la historia de la sublevación de los esclavos romanos, alguien llamó violentamente a la puerta. Andrés abrió y entró Vessovchikov, un petate bajo el brazo, la gorra sobre la nuca, cubierto de fango hasta las rodillas.

—Pasaba y vi luz en la ventana. Entré a darles las buenas noches. Salgo ahora mismo de la prisión —explicó con voz excitada, y cogiendo la mano de Pelagia la sacudió vigorosamente—. Paul le manda saludos.

Después, vacilante, se dejó caer sobre una silla, recorriendo la habitación con su mirada sombría y desconfiada.

No agradaba a la madre. En su cabeza angulosa y rapada, y en sus ojillos, había algo que la había asustado siempre, pero ahora se alegró, y sonriente y afectuosa, dijo vivamente:

—¡Has adelgazado! Hagámosle té, Andrés...

—Yo prepararé el samovar—dijo éste, dirigiéndose a la cocina.

—¿Y cómo está Paul? ¿Han soltado a otros, o solamente a ti? Nicolás bajó la cabeza y respondió:

—Paul está aún allí: paciencia. No han soltado más que a mí.

Levantó la cabeza, miró a la madre y continuó despacio, apretando los dientes:

—Les he dicho: "ya tengo bastante, soltadme. Si no, mato a alguien, y luego me mato yo...". Y me pusieron en libertad.

—Sí..., sí... —dijo Pelagia, separándose de él. Sus ojos parpadearon involuntariamente cuando se encontraron con los del hombre, pequeños y estrechos.

—¿Y Théo Mazine? —gritó el Pequeño Ruso desde la cocina—. ¿Escribe versos?

—Sí. No lo comprendo (sacudió la cabeza). ¿Es que es un canario? Lo meten en la jaula, y canta. Solamente hay una cosa que comprendo: que no tengo ganas de ir a casa.

—Desde luego. ¿Qué vas a encontrar en ella? —dijo Pelagia pensativa—. Está vacía, la estufa apagada, todo helado...

El guardó silencio un instante, entornando los ojos. Sacó del bolsillo una petaca y se puso a fumar lentamente. Con la mirada seguía la bocanada de humo gris que se disipaba ante su cara, y estalló en una risa sombría, semejante al aullido de un perro.

—Sí... glacial, así debe estar. En el suelo, cucarachas heladas. Hasta los ratones han reventado de frío. Permíteme pasar la noche aquí, ¿quieres? —preguntó con voz sorda, sin mirar a la madre.

—¡Pues claro! —dijo ella vivamente.

Estaba incómoda, desasosegada, con él allí.

—Vivimos unos tiempos en que los hijos se avergüenzan de sus padres...

—¿Qué? —preguntó la madre estremeciéndose.

Él le lanzó una ojeada, cerró los ojos y su rostro picado de viruela pareció, de pronto, el de un ciego.

—Los hijos empiezan a sentir vergüenza de sus padres, ¡eso es lo que digo! —repitió lanzando un suspiro—. No por ti... Paul no se avergonzará nunca de ti. Pero yo tengo vergüenza de mi padre. No iré nunca más a su casa. Ya no tengo padre..., ni casa. Estoy en libertad vigilada, si no, me iría a Siberia. Allí libertaría a los deportados y organizaría la fuga...

Con su sensible corazón, la madre comprendía que el joven sufría, pero su dolor no despertaba compasión en ella.

—Claro. Si es así, vale más que vayas —dijo ella para no herirlo con su silencio. Andrés salió de la cocina, riendo:

—¿Qué andas predicando ahí? La madre se levantó:

—Hay que hacer algo de comer.

Vessovchikov miró fijamente al Pequeño Ruso y declaró de pronto:

—Pienso que hay gentes que es preciso matar.

—¡ Oh, oh ...! ¿Y por qué?

—Para que se acabe su ralea.

El Pequeño Ruso, alto y seco, de pie en medio del cuarto, se balanceaba sobre sus piernas y miraba a Nicolás desde su elevada estatura, con las manos en los bolsillos. Vessovchikov estaba acurrucado en la silla, envuelto en una nube de humo, y unas manchas rojas se destacaban en su fisonomía gris.

—Les arrancaré la lengua a Isaías Gorbov, ya lo verás.

—¿Por qué?

—Para que deje de espiar y de ir con el soplo. Por causa suya es mi padre lo que es, y ahora cuenta con él para hacerse pagar como chivato —dijo Vessovchikov, mirando a Andrés con ojos sombríos y malignos.

—¡Vaya! —exclamó el Pequeño Ruso—. Pero, ¿quién es responsable? ¡Los imbéciles!

—¡Los imbéciles y los inteligentes, son lo mismo! —replicó el otro con firmeza—. Mira, tú eres un tipo inteligente, y Paul también, ¿es que para vosotros soy yo un hombre como Théo Mazine o Samoilov, o como sois el uno para el otro? No mientas: de todos modos no te creeré... ¡todos me echáis a un lado, como algo aparte!

—Estás enfermo, pobre Nicolás —dijo suave y tiernamente el Pequeño Ruso, sentándose al lado de él.

—Enfermo... Y vosotros también estáis enfermos... Solamente que vuestros bubones os parecen más nobles que los míos. Todo él mundo es maldad de unos con otros. ¿Qué puedes contestar?

Clavó en Andrés su aguda mirada y esperó, los dientes descubiertos en una mueca burlona. Su rostro picado era impasible, pero los gruesos labios se agitaban temblorosos como abrasados por un líquido ardiente.

—No te contestaré nada —dijo el Pequeño Ruso, y la sonrisa triste y cálida de sus ojos azules, acariciaba la mirada torva de Vessovchikov—. Sé muy bien que querer discutir con un hombre cuyo corazón sangra, no sirve más que para irritarlo. ¡Lo sé, viejo hermano!

—Conmigo no hay que discutir: no sé discutir —gruñó Nicolás, bajando la vista.

—Pienso que cada uno de nosotros ha marchado descalzo sobre trozos de vidrio — prosiguió Andrés—, que cada uno, en sus horas negras, ha ardido en el mismo fuego que tú en este momento...

—No podrás decirme nada —dijo lentamente Vessovchikov—. ¡En mi interior, el alma aúlla como un lobo!

—No quiero yo eso. Todo lo que sé, es que se te pasará. Quizá no en seguida, pero

pasará.

Se echó a reír y dio un golpecito en el hombro de Nicolás.

—Esto, viejo amigo, es una enfermedad de la infancia, algo así como el sarampión. La

sufrimos todos: los fuertes un poco menos, los débiles un poco más. Ataca a las personas como nosotros, cuando se ha encontrado lo que se quiere, pero no se comprende aún la vida ni se sabe el puesto que ha de ocuparse en ella. Nos figuramos ser únicos en la especie, como una buena fruta o un buen pepino, que todo el mundo quiere morder. Y luego, al cabo de algún tiempo, te darás cuenta de que lo que de mejor hay en ti, se encuentra asimismo en los otros, que no son tan malos..., y esto te consuela. Te avergüenzas un poco por haber trepado al campanario para agitar la campanilla, tan pequeña que ni siquiera se oye cuando suena la campana gorda de los días de fiesta. Luego, te das cuenta de que tu campanilla se oye en el coro general, pero que si suena sola, las campanas mayores la ahogan en su estrépito, como mosca en manteca. ¿Comprendes lo que quiero decir?

—¡Puede que lo comprenda! —Nicolás bajó la cabeza   . Solamente que no lo creo. El Pequeño Ruso rió, saltó sobre sus piernas y se puso a caminar ruidosamente.

—Bueno, yo tampoco lo creía. Eres un zoquete.

—¿Por qué un zoquete? —dijo Nicolás con sonrisa forzada, mirando a Andrés.

—Porque sí: lo pareces.

De pronto, Vessovchikov tuvo una risa sonora, abriendo mucho la boca.

—¿Qué te ha dado ahora? —interrogó el Pequeño Ruso extrañado, deteniéndose frente a él.

—Bueno, me estaba diciendo: el que te insulte será un maldito idiota.

—¿Cómo, insultarme?

El Pequeño Ruso encogió los hombros.

—No sé —dijo Vessovchikov, con aire bonachón, enseñando los dientes—. Quería decir solamente que cualquiera que te insulte, debe sentir luego bien mala conciencia.

—¡Ah, ahí es donde querías llegar...! —dijo Andrés riendo.

—¡Andrés! —llamó la madre desde la cocina.

Salió éste.

Al quedar solo, Vessovchikov lanzó una ojeada a su alrededor extendió su pierna calzada con una pesada bota, la examinó, se inclinó, palpó su gruesa pantorrilla, luego se llevó la mano a la cara, mirando atentamente la palma y luego el dorso. Era una mano robusta, de dedos cortos y recubierta de una pelusa rubia. La agitó en el aire y se puso en pie.

Cuando Andrés volvió con el samovar, Vessovchikov estaba ante el espejo:

—No me veía la jeta desde hacía mucho tiempo. Sonrió con ironía y añadió:

—Es una jeta repugnante.

—¿Qué puede importarte ahora eso? —dijo Andrés, mirándolo con curiosidad.

—¡Sandrina dice que la cara es el espejo del alma! —articuló lentamente Nicolás.

—Pues no es cierto. Ella tiene la nariz aguileña, los pómulos como tijeras y el alma como una estrella.

Vessovchikov lo miró y sonrió. Se sentaron para el té.

Vessovchikov cogió una gruesa patata, echó sal con gesto brusco sobre un trozo de pan y se puso a masticar tranquilamente, como un buey.

—¿Y cómo van las cosas aquí? —preguntó con la boca llena.

Cuando Andrés le hubo contado con satisfacción cómo se esparcía la propaganda en la fábrica, se tornó nuevamente sombrío y dijo con voz sorda.

—Es muy largo todo eso, muy largo. Hay que ir más de prisa.

La madre lo miró y volvió a experimentar una ligera animosidad hacia él.

—La vida no es un caballo que se haga avanzar a latigazos —dijo Andrés. Pero Vessovchikov sacudía tercamente la cabeza.

—Demasiado largo. Yo no tengo paciencia. ¿Qué hacer?

Separó los brazos en un gesto de impotencia, miró al Pequeña Ruso y calló, aguardando una respuesta.

—Todos debemos aprender, y enseñar a los demás, esa es nuestra tarea —pronunció lentamente Andrés.

—¿Y para cuándo el combate?

—Antes recibiremos muchos golpes, no lo ignoro —sonrió el Pequeño Ruso—. Pero cuándo será preciso entablar batalla, no lo sé. Mira, primero hay que armar la cabeza, y luego las manos: esa es mi opinión.

Nicolás continuó comiendo. La madre observaba a hurtadillas su ancho rostro, esforzándose en hallar algo que la reconciliase con él, con aquel tipo macizo, tallado a golpes de escoplo. Y cuando encontraba la mirada penetrante de sus ojillos, sus párpados batían con miedo. Andrés estaba agitado, hablaba, reía y, súbitamente, se interrumpía y silbaba.

La madre creía comprender su turbación, pero Nicolás permanecía sentado y en silencio, y cuando el Pequeño Ruso le preguntaba algo, él respondía brevemente con visible repugnancia.

La madre y Andrés se sentían incómodos y estrechos en la pequeña habitación, y lanzaban sucesivas ojeadas furtivas a su visitante.

Por fin, éste se levantó:

—Voy a acostarme... Siempre encerrado, y luego me sueltan de pronto, he andado...

Estoy rendido.

Cuando estuvo en la cocina se movió aún un poco, y de pronto, quedóse inmóvil como un muerto. La madre, que prestaba oídos, murmuró a Andrés:

—Piensa cosas terribles...

—Un muchacho poco cómodo —asintió el Pequeño Ruso moviendo la cabeza—. Pero se le pasará. Yo también fui así. Cuando el corazón no quema bien, se le acumula el hollín. Ve a acostarte, madrecita: yo me quedaré un rato leyendo.

Ella se fue al rincón donde estaba su cama, cerrado con una cortina de indiana, y Andrés, sentado a la mesa, oyó largo tiempo el tibio murmullo de sus plegarias y suspiros.

Volviendo rápidamente las páginas de su libro, enjugaba febrilmente su frente, acariciaba el bigote con sus largos dedos, removía los pies. El péndulo del reloj latía, el viento gemía en la ventana.

La voz baja de la madre se dejó oír:

—¡Dios mío! Cuánta gente hay en el mundo..., y cada uno se queja a su manera. ¿Hay alguien que tenga alegría?

—¡Los hay, ya los hay! Pronto serán numerosos, sí, ¡numerosos! —respondió como un eco el Pequeño Ruso.

XXI

La vida transcurría rápida, con sus días de varias fisonomías, claros o sombríos. Cada uno de ellos, traía algo nuevo que ya no inquietaba a la madre. Cada vez con más frecuencia, venían desconocidos por la noche; hablaban a media voz con Andrés, el aire inquieto, y muy tarde ya, el cuello levantado, la gorra calada hasta los ojos, marchaban en las tinieblas, sin ruido, para no despertar sospechas. Sentíase que cada uno de ellos ocultaba su excitación, que todos habrían deseado cantar y reír, pero que, siempre con prisa, no tenían tiempo. Unos, irónicos y graves; otros, alegres, llenos de una fuerza desbordante de juventud; otros, pensativos y serenos..., todos tenían, a los ojos de la madre, algo de igualmente obstinado, seguro de sí, y aunque cada uno tenía sus rasgos peculiares, se fundían para la madre en un solo rostro delgado, animado de una tranquila resolución, una fisonomía clara, con ojos sombríos de mirada profunda, acariciadora y severa: la mirada de Cristo dirigiéndose a Emaús.

La madre los contaba y se los representaba como una multitud que rodease a Paul, quien, en medio de ellos, pasaba desapercibido a los ojos de sus enemigos.

Una noche, una muchacha, de cabellos rizados, llegó de la ciudad. Trajo un paquete para Andrés, y al marchar dijo a Pelagia con mirada brillante y alegre:

—¡Hasta la vista, camarada!

—¡Hasta la vista! —respondió la madre, conteniendo una sonrisa.

Y, después de haber acompañado a la joven, se acercó a la ventana para mirar, riendo a su "camarada" marchar por la calle, trotando con su menudo paso, fresca como una flor de primavera, ligera como una mariposa.

"Camarada —se dijo la madre cuando su visitante se perdió de vista—. ¡Ah querida! Que Dios te dé un buen camarada para toda tu vida".

Notaba frecuentemente en todos los que venían de la ciudad, algo de infantil, y sonreía con indulgencia, pero lo que la emocionaba y le causaba una gozosa sorpresa, era su fe, cuya profundidad sentía cada vez más claramente. Sus sueños en el triunfo de la justicia la conmovían y la reconfortaban. Al escucharlos, suspiraba sin quererlo, presa de una vaga tristeza. Pero a lo que más sensible se sentía era a su naturalidad y su hermoso, generoso olvido de sí mismos.

Comprendía ya muchas cosas cuando discutían sobre la vida. Presentía que habían descubierto la verdadera causa de la desgracia de los humanos, y se había acostumbrado a aprobar sus opiniones. Pero en el fondo no creía que pudiesen transformar la existencia a su modo, ni que tuvieran fuerzas suficientes para insuflar su llama a toda la clase trabajadora. Cada cual quiere comer hoy, nadie quiere aplazar su almuerzo, ni siquiera hasta mañana, si puede comérselo al momento. Habría pocos que siguieran aquel camino lejano y difícil. No todos los ojos verían que dicho camino conducía al maravilloso reinado de la fraternidad universal. Era a causa de esto, por lo que todas aquellas gentes, a pesar de sus barbas y sus rostros, frecuentemente fatigados, le parecían niños...

"¡Pobres criaturas! —pensaba ella, moviendo la cabeza".

Pero, sin embargo, todos vivían una vida recta, seria e inteligente, hablaban bien y, deseosos de enseñar a los otros lo que ellos sabían, lo hacían incansablemente. Comprendía que se pudiese amar tal modo de vida, pese a sus riesgos, y, suspirando, recordaba su pasado, que se le aparecía como una ruta sin fin, sombría, estrecha, limitada... sin dudarlo, tomaba tranquila conciencia de su utilidad en la nueva existencia; en otro tiempo nunca se había sentido útil para nadie en tanto que ahora veía con claridad que muchos la necesitaban: una impresión nueva y grata que la hacía erguir la cabeza...

Seguía llevando puntualmente las hojas a la fábrica, con el sentimiento del deber cumplido: era ya una más, a quien los policías no prestaban atención. Muchas veces la habían registrado, pero siempre al día siguiente a aquél en que había aparecido la propaganda. Cuando no traía nada encima, sabía excitar las sospechas de los soplones y de los guardias: la detenían y la cacheaban; entonces, fingía enfadarse, se peleaba con ellos y, habiéndolos engañado, se iba orgullosa de su destreza. El juego comenzaba a agradarle.

Vessovchikov no había sido readmitido en la fábrica. Se colocó como recadero en casa de un vendedor de maderas y conducía por el barrio carga de vigas, de planchas y de leña. La madre lo veía pasar casi todos los días. Las patas temblorosas por la tensión, arqueándose sobre el suelo, avanzaban los dos caballos negros, viejos, huesudos, balanceando las cabezas fatigadas y tristes, los ojos ribeteados guiñando de agotamiento. Tras ellos se estiraba, oscilando al ritmo de los guijarros, una larga viga húmeda, o un montón de planchas cuyos extremos chocaban; mientras que a su lado, sin sujetar las riendas, iba Nicolás, harapiento, cubierto de lodo, calzado con gruesas botas, el sombrero sobre la nuca, rígido y torpe como una raíz saliendo de la tierra. El también balanceaba la cabeza, los ojos fijos en el suelo. Los caballos iban ciegamente sobre los coches, sobre la gente que venía en sentido contrario. A su alrededor, volaban como moscardones juramentos furiosos, y los gritos de cólera desgarraban el aire. El, sin alzar la cabeza, sin contestar, silbaba de manera aguda y ensordecedora, y murmuraba por lo bajo a sus caballos:

—¡Toma, para vosotros!

Cada vez que los camaradas de Andrés se reunían en su casa para leer folletos, o el último número de un periódico impreso en el ' extranjero, Nicolás llegaba, se sentaba en un rincón y escuchaba sin decir nada, una hora o dos. Terminada la lectura, los jóvenes discutían largamente, pero Vessovchikov jamás tomaba parte en la controversia. Se quedaba más tiempo que los otros, y cuando estaba solo con Andrés, le preguntaba con aire hosco:

—¿Y quién es el más culpable de todos?

—El primero que dijo: "Esto es mío". Mira... Alguien que murió hace miles de años, y ya no vale la pena enfadarse con él —dijo Andrés bromeando, pero sus ojos tenían una expresión inquieta.

—Pero... ¿los ricos? ¿Y los que los sostienen?

El Pequeño Ruso se inclinaba, la cabeza entre las manos, retorcía su bigote y hablaba larga y sencillamente de la vida y de los hombres. Pero siempre resultaba de sus palabras que todo el mundo, en conjunto, era falible, y esto no agradaba a Nicolás.

Con los gruesos labios muy apretados, sacudía negativamente la cabeza, y declaraba en tono de desconfianza que eso no era así, luego se iba, descontento y sombrío.

Una vez gritó:

—¡No; tiene que haber responsables, están aquí! Te lo digo yo... Hay que pasar el arado a fondo, por todas partes, como en un campo de grama, ¡sin piedad!

—¡Eso es lo que dijo un día Isaías el punzonador refiriéndose a ti! —observó la madre.

—¿Isaías? —preguntó Vessovchikov, tras una pausa.

—Sí, el malvado... Espía a todo el mundo, hace preguntas, se dedica a venir con frecuencia a nuestra calle, a mirar por la ventana...

—¿Mira? —repitió Nicolás.

La madre estaba ya acostada y no le veía la cara, pero comprendió que había dicho demasiado, porque el Pequeño Ruso replicó vivamente en tono conciliador:

—¡Bah!, déjalo que vaya y que mire. Le sobra tiempo, y se pasea.

—¡No, espera! —dijo sordamente Nicolás—. Él es el responsable.

—¿De qué? —replicó Andrés con viveza—. ¿De ser tonto? Vessovchikov no contestó, y se fue.

El Pequeño Ruso dio unos paseos por la habitación, lentamente, fatigado, arrastrando sus piernas secas y largas como patas de araña. Se había quitado las botas, como de costumbre, para no hacer ruido y no molestar a Pelagia. Pero ésta no dormía.

—¡Me da miedo! —dijo inquieta, después de la partida de Nicolás.

—Sí —dijo Andrés, alargando sus palabras—. Es muy irritable. No le hables de Isaías, madrecita: Isaías es verdaderamente un espía.

—¡Nada de raro! Su compadre es gendarme.

—Puede ser que Nicolás le dé una paliza —continuó Andrés, alarmado—. Esos son los sentimientos que los señores oficiales de nuestra sociedad hacen nacer en los simples soldados. Cuando las gentes como Nicolás tomen conciencia de sus humillaciones y se les acabe la Paciencia, ¿qué ocurrirá? La sangre llegará a las nubes, y la tierra se cubrirá de una espuma roja, como un jabón que se deshace...

—¡Es terrible, Andrés! —dijo dulcemente la madre.

—Si las moscas no les picasen, no darían coces —dijo Andrés, tras un silencio—. Y, sin embargo, cada jota de sangre habrá sido lavada de antemano por los torrentes de lágrimas del pueblo.

Rió brevemente y añadió:

—Será justo..., pero no es consolador.

XXII

Un domingo, cuando la madre, de vuelta de la tienda, abrió la puerta y apareció en el dintel, se sintió súbitamente inundada de alegría como la cálida lluvia de un día de verano: había oído en la habitación la fuerte voz de Paul.

—¡Aquí está! —gritó el Pequeño Ruso.

Notó ella la rapidez con que su hijo se volvió, y cómo los ojos del joven se iluminaban con una emoción prometedora de grandes alegrías.

—Has vuelto... a casa —murmuró. La sorpresa la hizo vacilar, y se sentó.

Él se inclinó sobre su madre: estaba pálido, y unas pequeñas y claras lágrimas brillaban en sus ojos. Los labios le temblaban. El Pequeño Ruso pasó silbando ante ellos, con la cabeza baja. Salió.

—¡Gracias, mamá! —dijo Paul con voz profunda y baja, cogiendo la mano de ella entre sus trémulos dedos—. Gracias, querida madre.

Sacudida de gozo por la expresión del rostro de su hijo y el acento de su voz, le acarició la cabeza, y reprimiendo los latidos de su corazón, le dijo:

—¡Cristo sea contigo! ¿Por qué me das las gracias?

—Por tu ayuda en nuestra gran causa. Cuando un hombre puede decir que también por el espíritu ama a su madre, es una rara felicidad.

Sin decir nada, henchido el corazón, aspiraba la madre ávidamente estas palabras, lo contemplaba embelesada: estaba allí, ante ella, tan abierto, tan próximo...

—Mamá, yo veía que todo esto te lastimaba, que era duro para ti. Pensé que nunca te sentirías en paz con nosotros, que no adoptarías nuestras ideas, pero que las soportarías en silencio, como has soportado siempre todo. Era muy penoso...

—Andrés me ha hecho comprender muchas cosas.

—Sí, ya me lo contó —dijo Paul riendo.

—Iégor también. Los dos somos del mismo pueblo. Andrés quería, incluso, enseñarme a leer.

—Y a ti te dio vergüenza y te pusiste a aprender sola, a escondidas.

—¡Ah!, me ha espiado... —dijo ella confusa. Y agitada en el colmo de su dicha, propuso

—¡Hay que llamarle! Salió adrede para no estorbarnos. Él..., como no tiene madre...

—¡Andrés! —gritó Paul abriendo la puerta de entrada—. ¿Dónde estás?

—Aquí. Voy a partir leña.

—¡Ven acá!

No lo hizo inmediatamente, y al entrar en la cocina dijo en tono de amo de casa:

—Hay que decir a Nicolás que traiga leña: queda poca. ¿Has visto, madrecita, cómo está nuestro Paul? En lugar de castigar a los revoltosos, las autoridades los engordan.

La madre se echó a reír. Lleno el corazón de una dulce euforia, estaba ebria de gozo, pero ya un sentimiento de avara prudencia le hacía desear ver a su hijo tranquilo, como antes. Era demasiada felicidad para ella, y quería que aquella alegría, la primera gran alegría de su vida, se encerrase para siempre en su alma y permaneciese allí, viva y fuerte, como había venido. Y, temiendo ver empalidecerse aquella dicha, se apresuraba a ocultarla rápidamente, como un cazador de aves que hubiese capturado por azar un pájaro maravilloso.

—Vamos a la mesa, Paul, seguramente no has comido —propuso, afanosa.

—No. El celador me anunció ayer que se había decidido soltarme hoy, y hoy no tenía ni hambre ni sed.

"El primero que encontré aquí —seguía refiriendo Paul—, fue el viejo Sizov. En cuanto me vio, cruzó la calle para saludarme. Le dije: "Ahora hay que tener cuidado conmigo: soy un hombre peligroso bajo vigilancia policial". Me contestó: "Da lo mismo". Y, ¿sabéis qué me preguntó con respecto a su sobrino?: "Y Théo, ¿se porta bien en la cárcel?".

—¿Qué entiende usted por portarse bien?

—Bueno..., si no se le ha ido la lengua hablando de sus camaradas." Cuando le dije que Théo es un muchacho inteligente y leal, se acarició la barba y me dijo con orgullo: «Entre nosotros los Sizov, no hay gente mala.»

—No es tonto el viejo —dijo Andrés, inclinando la cabeza—. Charlamos mucho los dos, es un buen hombre. ¿Soltarán pronto a Théo?

—Yo creo que soltarán a todos. No hay nada contra ellos, aparte las denuncias de Isaías, y, ¿qué puede decir éste?

La madre iba y venía, contemplando a su hijo. En pie junto a la ventana, las manos a la espalda, Andrés escuchaba el relato del joven, que paseaba por la habitación. Su barba había crecido, se rizaba en pequeños bucles negros sobre sus mejillas, dulcificando el atezado rostro.

—¡A la mesa! —llamó la madre, sirviendo la comida. Mientras almorzaban, Andrés hizo recaer la conversación sobre Rybine. Cuando acabó su historia, Paul dijo con pena:

—Si yo hubiera estado aquí, no lo hubiera dejado marchar. ¿Qué lleva consigo? Un gran sentimiento de revuelta e ideas embrolladas.

—Sí —dijo sonriendo el Pequeño Ruso—, pero cuando un hombre tiene cuarenta años y lleva mucho tiempo batiéndose contra sus propios fantasmas, es difícil transformarlo.

Entablaron una discusión en la que muchos términos eran incomprensibles para la madre, como de costumbre. Habían acabado el almuerzo y continuaban ametrallándose encarnizadamente con un diluvio de palabras difíciles. A veces, se expresaban más sencillamente.

—Debemos seguir nuestro camino sin desviarnos un punto — declaró Paul con firmeza.

—Y chocar en ese camino con decenas de millones de hombres que nos acogerán como enemigos...

La madre escuchaba. Comprendía que Paul no amaba a los campesinos, en tanto que Andrés tomaba su defensa y trataba de demostrar que también había que enseñarles el bien. Ella comprendía mejor a Andrés, y le parecía que tenía razón, pero cada vez que éste contestaba a Paul tendía el oído y retenía el aliento, esperando con impaciencia la respuesta de su hijo, ansiosa de saber si el Pequeño Ruso lo había ofendido. Pero, aunque discutían con ardor, ninguno se irritaba con el otro.

De cuando en cuando, la madre preguntaba al hijo:

—¿Eso es así, Paul?

Y él respondía sonriente:

—¡Claro que sí!

—Le ruego, caballero —decía Andrés amablemente sarcástico—, se ha comido usted toda su ración, pero no la ha masticado bien. Le ha quedado un trozo en la garganta. Gargarícese.

—No seas idiota —contestaba Paul.

—Estoy tan serio como en un entierro.

La madre movía la cabeza, riendo suavemente.

XXIII

La primavera se acercaba, y se fundía la nieve descubriendo el fango y el hollín que había disimulado bajo su blancura. Cada día, el lodo se hacía más agresivamente presente, y el barrio entero parecía vestido de harapos sucios. Durante la jornada, los tejados goteaban, los muros grises de las casas humeaban sudorosos y fatigados, hasta que el crepúsculo, las estalactitas de hielo de un blanco dudoso, se formaban de nuevo por doquier. El sol se mostraba cada vez con mayor frecuencia. E indecisos, los arroyos comenzaban a murmurar, corriendo hacia el pantano.

Se preparaba la fiesta del Primero de Mayo.

En la fábrica y por el barrio, las hojas circulaban, explicando la significación de esta fiesta, e, incluso, los jóvenes a quienes aún no había conmovido la propaganda, decían al leerlas:

—¡Hay que organizar esto!

Vessovchikov exclamaba, siempre gruñón:

—Va siendo hora. ¡Basta de jugar al escondite!

Théo Mazine se regocijaba. Había adelgazado mucho, y el nerviosismo de sus gestos y sus frases hacía pensar en una alondra enjaulada. Iba siempre acompañado de Jacob Somov, un muchacho taciturno, más serio de lo debido a su edad, que trabajaba ahora en la ciudad. Samoilov, que había salido de la cárcel aún más pelirrojo, Basil Goussev, Boukhine, Dragounov y algunos otros, demostraban la necesidad de proveerse de armas, pero Paul, el Pequeño Ruso, Somov y otros, no estaban de acuerdo.

Iégor llegó, fatigado, sudoroso, jadeante como siempre. Decía bromeando:

—El derrocamiento del orden existente es una gran obra, camaradas, pero para que progrese con más rapidez, es necesario que me compre unas botas nuevas. Y mostraba las suyas, rotas y empapadas—. Mis chanclos padecen la misma enfermedad incurable, y todo el día tengo mojados los pies. No quiero irme de este mundo antes de que hayamos abjurado del viejo, pública y claramente, por lo cual, declino la propuesta del camarada Samoilov sobre una demostración armada, y propongo que se me arme a mí de un par de sólidas botas, lo que estoy plenamente convencido que será más útil al triunfo del socialismo que el más hermoso rompimiento de cabezas...

En el mismo tono irónico, relató cómo el pueblo trataba, en diversos países, de mejorar su existencia. A la madre le gustaba oír sus discursos, que producían en ella una extraña impresión. Los más astutos enemigos del pueblo, los que le engañaban más cruel— mente, eran hombrecillos barrigudos, de piel encarnada, sin escrúpulos, ávidos, falsos y despiadados. Cuando el poder de los zares les hacía difícil la vida, excitaban al bajo pueblo contra él, y cuando el pueblo se sublevaba y arrancaba el poder de las manos del emperador, estos hombrecillos se apoderaban hábilmente de él y devolvían al pueblo a sus perreras: si el proletariado quería discutir con ellos, masacraban a centenares y a millares.

Un día, se atrevió a contarles cómo era la imagen que ella se formaba de las cosas, y preguntó con sonrisa confusa:

—¿Es así, Iégor Ivanovitch?

Este rompió a reír, girando los ojos en las órbitas, recuperó el aliento y se frotó el pecho.

—En verdad que es así, mamá. ¡Ha cogido el toro de la Historia por los cuernos! Hay algunos adornos de fondo, algunos bordados, pero que no cambian nada. Justamente, estos hombrecillos grasientos son los mayores pecadores y los insectos más venenosos que pican al pueblo. Los franceses les llaman plácidamente "burgueses". Recuérdelo, mamá: bur—gue— ses... Nos devoran, nos chupan la sangre...

—¿Los ricos? —preguntó la madre.

—Exactamente. Mire, si poco a poco va poniéndose cobre en la comida de un niño, impedirá el desarrollo del esqueleto y el niño será enano, y si se intoxica a un hombre con oro, su alma se hace pequeña, lívida y gris, como una pelota de goma de cinco céntimos...

Paul dijo una vez hablando de Iégor:

—Sabes, Andrés, la gente que más bromea es la que más sufre...

El Pequeño Ruso permaneció silencioso un momento, y respondió:

—Si eso fuese cierto, Rusia entera moriría de risa.

Natacha reapareció. También había estado en la cárcel, pero en otra ciudad, y ello no la había cambiado. La madre observó que, en su presencia, el Pequeño Ruso era más alegre, bromeaba, dirigía a todos pequeñas chanzas con una malicia sin maldad, y la hacía reír. Pero, cuando ella se iba, se ponía a silbar tristemente sus interminables canciones, y durante largo rato iba y venía por el cuarto arrastrando los pies.

Sandrina venía con frecuencia, siempre sombría, siempre apresurada, y se tornaba cada vez más cortante, más brusca.

Una vez que Paul fue con ella hasta la puerta para acompañarla, y que no cerraron tras ellos, la madre oyó su rápida conversación: —¿Llevará usted la bandera? —preguntó la muchacha en voz muy baja.

—Sí.

—¿Está ya decidido?

—Sí, es mi derecho.

—Y la prisión otra vez. Paul guardó silencio.

—Usted no puede... —se detuvo ella.

—¿Qué?

—Dejar a otro...

—No —dijo él en alta voz.

—Reflexione. Aquí tiene mucha influencia, lo quieren. Usted y Nakhodka son los siguientes, ¡cuántas cosas pueden hacer estando en libertad! Reflexione. Lo desterrarán lejos, y por mucho tiempo.

La madre creyó distinguir en la voz de Sandrina dos sentimientos que ella conocía muy bien: la angustia y el miedo. Y las palabras de la muchacha cayeron sobre su corazón maternal, como gruesos goterones de agua helada.

—No, estoy decidido —dijo Paul—. Nada me hará renunciar.

—¿Ni siquiera si se lo suplico?

Paul respondió en seguida, rápidamente y con voz particularmente severa:

—No debe hablar así. ¿En qué está pensando? No debe...

—Soy un ser humano —dijo ella muy quedo.

—Sí, una buena muchacha —contestó dulcemente Paul, pero con tono extraño, como si le faltara la respiración—. Un ser que me es muy querido. Y precisamente por eso... no debe hablar así.

—Adiós —dijo la joven.

Por el ruido de sus tacones, la madre comprendió que se alejaba rápidamente, casi corriendo. Paul salió tras ella.

Un terror agobiante, asfixiante, le apretaba el pecho a Pelagia. No había comprendido bien la conversación, pero presintió una desgracia.

—¿Qué puede hacerse?

Paul volvía con Andrés, quien decía, moviendo la cabeza:

—¿Qué hacer con ese maldito Isaías?

—Aconsejarle que renuncie a sus empresas de chivato —dijo sombríamente Paul.

—Hijo, ¿qué quieres hacer? —preguntó la madre, la cabeza baja.

—¿Cuándo? ¿Ahora?

—El..., el Primero de Mayo.

—¡Ah!—exclamó Paul en tono más bajo—. Llevaré la bandera, me situaré con ella al frente de todos... Por lo cual, es probable que me lleven de nuevo a la cárcel.

Los ojos de la madre llamearon, una sequedad desagradable le llenó la boca. Paul le tomó la mano y la acarició.

—Compréndelo. Es necesario.

—Yo no digo nada —murmuró levantando la cabeza, y cuando sus ojos encontraron la mirada brillante y obstinada de Paul, inclinó nuevamente el cuello.

Él abandonó su mano, suspiró y dijo en tono de reproche:

—No deberías entristecerte, sino alegrarte. ¿Cuándo habrá madres que envíen valerosamente a sus hijos incluso a la muerte...?

—¡Oh, oh! —gruñó el Pequeño Ruso—. He aquí a Monseñor partiendo a estandarte desplegado...

—¿He dicho yo algo? —repitió la madre—. No te lo impido. Y si tengo pena por ti, es cosa de mi corazón de madre.

Él se separó, y ella escuchó estas palabras duras, cortantes:

—Hay cariños que matan..., o que no dejan vivir.

Ella se estremeció por miedo a que dijese algo que pudiese herirla, y gritó vivamente:

—¡No hables así, Paul! Comprendo que no puedes hacer otra cosa..., por los camaradas...

—¡No! Por mí mismo.

Andrés se detuvo en el umbral: era tan alto como la puerta, en la que aparecía como en un marco. Doblaba pintorescamente las rodillas, apoyando un hombro contra el montante y proyectando hacia adelante el cuello, la cabeza y el otro hombro.

—Harías mejor dejando de charlar, caballero —dijo con aire sombrío, mirando a Paul con sus ojos salientes.

Parecía un lagarto en la grieta de una piedra.

La madre sintió deseos de llorar, pero no quiso que su hijo se apercibiera, y masculló apresuradamente:

—Dios mío, había olvidado...

Entró en el vestíbulo y allí, la cabeza contra el ángulo de la pared, dio libre curso a sus lágrimas: lloraba dulcemente, sin gemido, desfalleciendo como si la sangre se escapara de su corazón, al mismo tiempo que su llanto. Por la puerta entreabierta llegaba hasta ella el sordo rumor de una discusión.

—Bueno, qué, ¿te diviertes en atormentarla? —decía el Pequeño Ruso.

—No tienes ningún derecho para hablar así —respondió Paul.

—No sería un buen camarada si me callase ante tus estúpidos alardes. ¿Por qué razón le has dicho eso? ¿Lo sabes?

—Hay que decir siempre firmemente lo que se tenga que decir, si es sí como si es no.

—¿A tu madre?

—¡A todos! No quiero amor ni amistad que se agarren a mis piernas para retenerme.

—¡Héroe! Suénate la nariz. Y ve a decir todo eso a Sandrina, que es quien debe oírlo.

—Ya se lo he dicho.

—Pero no así. Mientes. A ella le has hablado con dulzura, tiernamente; no te he oído pero lo sé. Pero ante tu madre, has desplegado el heroísmo. Comprende, animal, que tu heroísmo no vale un centavo.

Pelagia enjugó vivamente las lágrimas de sus mejillas. Temía que el Pequeño Ruso ofendiese a Paul; se apresuró a abrir la puerta y, entrando en la cocina, dijo, temblando de frío y de miedo:

—¡Qué frío hace! Sin embargo, estamos en primavera...

Revolviendo entre los cacharros sin saber qué hacía, continuó, alzando la voz para tratar de dominar el tono más bajo de ambos jóvenes:

—Todo cambia, las gentes se acaloran y el tiempo se enfría. Normalmente, en esta época hacía ya calor, el cielo era claro y lucía el sol...

Se hizo el silencio en la habitación. Se detuvo en la cocina, esperando no sabía qué.

—¿Has oído?—preguntó en voz baja el Pequeño Ruso—. ¡Hay que comprender, diablos!

Tiene más corazón ella que tú...

—¿Tomaréis té? —preguntó la madre con voz insegura. Y sin esperar la respuesta, gritó para ocultar su temblor:

—No sé qué tengo, para estar tan helada.

Paul se acercó lentamente a ella. La miró a hurtadillas y una sonrisa culpable agitó sus labios.

—Perdóname, madre —dijo a media voz—. Sigo siendo un chiquillo, un bobo...

—¡No me riñas! —dijo ella tristemente, atrayendo la cabeza de Paul contra su pecho—. ¡No digas nada! Haz como quieras. Tu vida, es cosa tuya... Pero no me digas palabras duras. ¿Es que una madre puede ser despiadada? No. Yo siento piedad por todos vosotros. A todos os quiero, ¡y lo merecéis tanto! ¿Quién sino yo, os compadecerá? Ya ves, detrás de ti hay otros que han dejado todo, que han partido... ¡pequeño Paul...!

Sentía en su corazón un gran pensamiento ardiente que le daba alas, la inspiraba (alegría mezclada de angustia y sufrimiento), pero no encontraba palabras y en su tormento por no poder expresarse, agitaba la mano y miraba a su hijo con ojos abrasados por un agudo dolor.

—Es cierto, mamá. Perdóname, lo comprendo —murmuró Paul, bajando la cabeza y dirigiéndole una rápida mirada sonriente. Luego añadió, separándose confuso, pero alegre—: Mi palabra de honor que jamás olvidaré esto.

Ella retrocedió a su vez, buscó con los ojos a Andrés que estaba en la habitación, y le dijo con voz implorante y afectuosa:

—Andrés... No le riña. Claro que es usted el mayor...

El Pequeño Ruso que estaba de espaldas, no se volvió, y rugió con voz curiosamente cómica:

—¡Oh, sí! Me enfadaré con él e incluso le daré una paliza. La madre fue lentamente hacia él, tendida la mano.

—Mi bueno, mi querido Andrés...

El Pequeño Ruso se separó, bajó la cabeza como un toro, y con las manos a la espalda, pasó al lado de ella hacia la cocina, donde su voz resonó en tono de amarga ironía:

—Lárgate, Paul, si no quieres que te arranque la cabeza... Bromeaba, madrecita, no crea nada. Voy a preparar el samovar. ¡Ah, qué porquería de carbón tenemos..., completamente húmedo! ¡Qué basura!

Calló. Cuando la madre entró en la cocina, estaba en cuclillas preparando el samovar.

Sin mirarla, continuó:

—No tenga miedo..., no lo tocaré. Soy dulce como un plumón mullido. Y tú, héroe, no escuches. Lo prefiero. Ya sé lo que no me gusta, su chaleco. Se ha puesto un chaleco nuevo, fíjese, y está encantado: anda sacando el pecho y empujando a todo el mundo, «¡mire qué precioso chaleco llevo! Claro que es bonito, Pero, ¿a qué viene atropellar a la gente? Bastante estrechos estamos ya.

Paul sonrió:

—¿Vas a seguir protestando mucho tiempo? Una buena contestación debería bastarte.

El Pequeño Ruso, que seguía en el suelo, había colocado el samovar entre sus piernas y lo miraba. La madre, en pie junto a la puerta, fijaba sus ojos, afectuosos y tristes, sobre la nuca redonda y el largo cuello inclinado de Andrés. Este se echó hacia atrás, apoyando las manos en el piso, miró a la madre y al hijo, guiñando sus ojos ligeramente enrojecidos, y dijo:

—Sois buena gente. Es la verdad.

Paul se acercó y lo cogió por un brazo.

—¡No tires! Voy a caerme.

—¿Por qué estáis enfadados? —dijo tristemente la madre—. Si os abrazaseis bien fuerte...

—¿Quieres? —preguntó Paul.

—¿Por qué no? —respondió Andrés, levantándose.

Se abrazaron manteniéndose un instante inmóviles. Sus dos cuerpos no eran más que una sola alma que ardía en imperecedera amistad.

Las lágrimas corrían por el rostro de la madre, pero esta vez no eran amargas. Las enjugó, confusa:

—A las mujeres nos gusta llorar: tanto lloramos de pena como de alegría...

El Pequeño Ruso rechazó a Paul con gesto ligero, secándose a su vez los ojos:

—Basta. Cuando las terneras han saltado bastante, están listas para el asador.

—¡Maldito carbón! He soplado tanto para encenderlo que lo tengo hasta en los ojos. Paul se sentó junto a la ventana, mirando al suelo:

—No hay que avergonzarse de estas lágrimas... —dijo suavemente.

La madre vino a sentarse a su lado. Una sensación de valor tibio y dulce henchía su corazón. Se sentía triste, pero feliz y serena.

—Yo pondré la mesa, quédate tranquilamente sentada, madrecita —dijo el Pequeño Ruso dirigiéndose a la habitación—. Descansa. Ya te han atormentado bastante.

Y su voz cantarina se hizo más sonora al desaparecer de la vista.

—Es bueno sentirse vivir así, como seres humanos.

—Sí —dijo Paul con una ojeada a su madre.

—Todo ha cambiado —dijo ésta—. El dolor es otro, y la alegría también.

—Como debe ser —replicó el Pequeño Ruso—. Un nuevo corazón, madrecita crece en la vida. Llega un hombre que la ilumina con el fuego de la razón, que grita, que llama: "¡Eh! ¡Gentes de todos los países, uníos en una sola familia!".

Y a su llamada, todos los corazones, en lo que tienen de mejor, se reúnen en un solo inmenso corazón, fuerte, sonoro como una campana de plata...

La madre apretó fuertemente los labios para impedir su temblor y cerró los ojos para retener el llanto.

Paul levantó la mano para decir algo, pero la madre se la bajó, murmurando:

—Déjalo hablar...

—¿Saben? —dijo Andrés, de pie en la puerta—. Hay todavía mucho dolor en reserva para la humanidad, se les sacará aún mucha sangre, pero todo esto, todo mi dolor y mi sangre, es un débil rescate por lo que ya hay en mi pecho y en mi cerebro... Soy rico, centelleo como una estrella... Soportaré todo, aguantaré todo, porque ha nacido en mí una alegría que nadie ni nada pueden matar. Y la fuerza está en esta alegría.

Tomaron el té y, sentados a la mesa hasta medianoche, continuaron charlando afectuosamente sobre la vida, la humanidad, el porvenir.

Cuando comprendía un pensamiento, Pelagia, suspirando, elegía un recuerdo en su pasado, penoso siempre y siempre grosero, y se servía de él como de una piedra de toque, para contrastar este pensamiento.

En el cálido torrente de la entrevista, se había fundido su temor, se sentía ahora como el día en que su padre le había dicho duramente:

—¡No hagas remilgos! Has encontrado un imbécil que quiere casarse contigo: cógelo. Todas las muchachas se casan, todas las mujeres hacen hijos, todos los hijos son una carga para sus padres. ¿Es que tú no eres un ser humano?

Vio entonces ante ella el sendero inevitable que se extendía, sin horizonte, en torno a un lugar desierto y sombrío. Y la fatal necesidad de tomar este camino, había llenado su corazón de una calma resignada y ciega. Ahora sentía lo mismo. Pero, presintiendo la llegada de una nueva desgracia, decía para sí, sin saber a quién:

—¡Toma, aguántate!

Esto aliviaba el secreto dolor que, estremecido, cantaba dentro de su pecho como una tensa cuerda.

Y en la profundidad de su alma, turbada por la ansiedad de la espera, ardía la llama de una esperanza, débil pero viva, la esperanza de que no lo prendieran, que no le arrebatasen todo. Algo tendría que quedar.

XXIV

Por la mañana, cuando Paul y Andrés acababan apenas de salir, María Korsounov llamó ansiosamente a la ventana y gritó despavorida:

—¡Han matado a Isaías! Vamos a verlo...

La madre tembló. El nombre del asesino atravesó su mente como un relámpago.

—¿Quién? —preguntó concisa, echándose un mantón sobre los hombros.

—¡No se ha quedado a mirar, caramba: dio el golpe y se escapó! —respondió María.

Por el camino, prosiguió:

—Ahora empezarán a indagar, a buscar al culpable. Menos mal que tus hombres estaban en casa esta noche, puedo atestiguarlo. Pasé delante de vosotros a medianoche, miré por la ventana y estabais todos sentados a la mesa.

—¿Qué dices, María? ¿Cómo podrían acusarlos? —exclamó la madre, aterrada.

—¿Quién lo habrá matado? Seguro que han sido los vuestros —dijo María con convicción—. Todo el mundo sabe que les espiaba.

La madre se detuvo sin aliento, y puso la mano sobre el pecho.

—¿Qué te pasa? ¡No tengas miedo! Quien lo hizo no fue para robarlo. De prisa, antes de que se lo lleven...

El pesado recuerdo de Vessovchikov hacía titubear a Pelagia.

"Así que lo hizo...", pensaba aturdida.

No lejos del muro de la fábrica, en el solar de una casa que hacía poco se había quemado, una multitud de gente reunida zumbaba como un enjambre de abejorros, pisoteando los restos calcinados y la ceniza que volaba. Había allí muchas mujeres, todavía más chiquillos, tenderos, mozos de la posada, agentes y el gendarme Petline, un viejo de barba plateada, con medallas sobre el pecho.

Isaías estaba medio recostado en el suelo. La espalda se apoyaba en una viga, ennegrecida por el fuego, y su cabeza desnuda caía sobre el hombro derecho. Tenía la mano diestra en el bolsillo del pantalón, y los dedos de la izquierda se asían a la tierra semihelada.

La madre le miró la cara: los ojos vidriosos parecían fijarse en el gorro, colocado entre sus piernas, negligentemente estiradas, la boca se entreabría en una expresión de asombro, la barba roja se erizaba sobre el costado. El cuerpo flaco, con la cabeza puntiaguda y el rostro huesudo cubierto de manchas parecía más pequeño, encogido por la muerte. La madre se santiguó, suspirando. Vivo, le repugnaba, pero ahora le inspiraba una cierta conmiseración.

—No hay sangre —observó alguien a media voz—. Seguramente lo golpearon con el puño.

Una voz maligna dijo muy alto:

—Han cerrado el pico a un soplón...

El gendarme tuvo un sobresalto y, separando con las manos la masa de las mujeres, preguntó, con aire amenazador:

—¿Quién ha dicho eso, eh?

La gente se separó a su impulso. Algunos huyeron rápidamente. Se escuchó una risa malévola.

La madre volvió a su casa.

—Nadie lo llora —pensaba.

Y la silueta maciza de Nicolás se alzaba ante ella como una sombra. Los estrechos ojillos tenían una mirada fría y cruel, la mano derecha se balanceaba como si se la hubiese lastimado...

Cuando Paul y Andrés volvieron para comer, les acogió preguntándoles:

—¿Y qué?... ¿No han detenido a nadie... por lo de Isaías?

—No hemos oído nada —replicó el Pequeño Ruso. Vio que ambos estaban abrumados.

—¿No se dice nada de Nicolás? —inquirió en voz baja.

La mirada severa de su hijo se posó sobre ella, y le respondió recalcando bien las palabras:

—Nadie dice nada. Ni siquiera piensan en él. No está aquí. Ayer a mediodía marchó al río y aún no ha vuelto. He pedido noticias suyas...

—Bueno... ¡Gracias a Dios! —dijo la madre, con un suspiro de alivio—. ¡Gracias a Dios!

El Pequeño Ruso le lanzó una ojeada, y bajó la cabeza.

—Está tendido... —continuó la madre, pensativa—, tiene una cara... de asombro. Y nadie lo llora, nadie ha tenido una buena palabra para él. Es tan pequeño que casi no se ve. Como una brizna desprendida de algo, que cayese a la tierra...

Durante la comida, Paul rechazó súbitamente la cuchara, y exclamó:

—¡No lo comprendo!

—¿Qué? —preguntó el Pequeño Ruso.

—Matar un animal, simplemente porque hay que comer, es ya repugnante. Matar un animal salvaje, un pájaro de presa..., es comprensible. Yo mismo podría matar a un hombre, que fuese como una bestia salvaje para sus semejantes. Pero matar a alguien tan miserable... ¿cómo se puede alzar la mano para eso?

Andrés se encogió de hombros; luego dijo:

—No era menos dañino que un animal feroz. Matamos al mosquito que chupa un poco de nuestra sangre...

—¡Desde luego! No quería decir eso. Lo que digo, es que me repugna.

—¿Qué puede hacerse? —replicó Andrés, encogiéndose nuevamente de hombros. Hubo un largo silencio.

—¿Podrías matar a alguien así? —preguntó pensativo Paul.

El Pequeño Ruso lo miró con sus ojos redondos. Luego, lanzó a la madre una rápida ojeada y respondió tristemente, pero con firmeza:

—Por los camaradas..., por nuestra causa, lo puedo todo. Y mataría. Incluso, a mi propio hijo.

—¡Oh, Andrés...! —exclamó débilmente la madre. Este sonrió:

—No se puede obrar de otro modo. La vida manda.

—Sí... —repitió lentamente Paul—. La vida... .

Súbitamente, presa de excitación, obedeciendo a un impulso exterior, Andrés se levantó, agitando los brazos.

—¿Qué puede hacerse? Estamos obligados a odiar a la humanidad, para que venga más pronto el tiempo en que pueda admirársela sin reservas. Hay que destruir al que obstaculiza la marcha de la vida, al que vende a su prójimo por dinero, por ventajas o por honores. Si en el camino de los justos se encuentra un Judas que los espera para traicionarlos, yo sería otro Judas si no lo destruyese. ¿Que no tengo derecho? Y nuestros amos, ¿tienen el derecho de disponer de soldados y de verdugos, de casas de prostitución y de prisiones, de penales y de todo lo que es infame, para proteger su seguridad y su bienestar? ¿Y si llega el día en que me veo obligado a tomar su látigo entre mis manos? ¿Qué haré? No rehusarlo, cogerlo. Nos asesinan por decenas y por centenares..., esto me da derecho a levantar mi brazo y abatirlo sobre la cabeza de un enemigo, de quien avanza contra mí para dañar la obra de mi vida... La existencia está hecha así. Lucho contra ella, aun sin desearlo. ¡Sé que la sangre del enemigo no crea nada, que no es fecunda! La verdad crece cuando nuestra sangre riega la tierra como una espesa lluvia, pero la de ellos está podrida, desaparece sin dejar huella: esto lo sé también. Pero tomaré sobre mí el crimen: ¡mataré si es necesario! Pues no hablo más que en mi nombre. El crimen morirá conmigo, no manchará el porvenir ni con la más leve partícula, no ensuciará a nadie... ¡a nadie, sino a mí!

Iba y venía agitando la mano ante su rostro como si hubiese cortado, despedazado y arrojado lejos de sí alguna cosa. Llena de alarma y tristeza, la madre lo miraba: comprendía que algo se había roto en él, y que sufría. Sus pensamientos sombríos y temerosos cuando recordaba el asesinato, habían desaparecido. Si Vessovchikov no era el asesino, ninguno de los otros camaradas de Paul podía serlo, se decía. Su hijo escuchaba al Pequeño Ruso con la cabeza baja, y aquél continuaba con fuerza y obstinación:

—Cuando se marcha hacia adelante, hay que luchar incluso contra uno mismo. Hay que saber sacrificarlo todo, hasta el corazón. Consagrar la vida a una causa, morir por ella, no es difícil. Sacrifica más, sacrifica también lo que te es más querido que la vida: entonces, crecerá con fuerza lo que de más caro hay en ti, ¡tu verdad!

Se detuvo en medio de la habitación; estaba pálido, los ojos entornados. Prosiguió, alzando la mano en un gesto de promesa solemne:

—Sé que vendrá el tiempo en que los hombres se admirarán mutuamente, en que cada uno será como una estrella a los ojos de los otros. Habrá sobre la tierra hombres libres, hombres engrandecidos por la libertad: cada cual marchará a corazón descubierto, puro de todo odio, y todos carecerán de maldad. Entonces, la vida no será sino un culto rendido al hombre, su imagen se elevará muy alta: para los seres libres todas las cumbres son accesibles. Entonces, se vivirá en la verdad y la libertad, para la belleza, y serán estimados los mejores, los que mejor sepan abarcar el mundo en su corazón, los que más profundamente lo amen; los mejores serán los más libres, pues en ellos habrá más belleza. Grandes serán los humanos que vivan esta vida...

Guardó silencio, se irguió y dijo con voz salida de lo más profundo de su ser:

—Y por esta vida, estoy dispuesto a todo...

Su rostro se contrajo. Una tras otra, pesadas lágrimas cayeron de sus ojos.

Paul alzó la cabeza y lo miró; él también estaba pálido y tenía los ojos dilatados. La madre se enderezó en su silla; sentía crecer y cercarla la oscura angustia.

—¿Qué tienes, Andrés? —preguntó Paul en voz baja.

El Pequeño Ruso hizo un brusco movimiento de cabeza, su cuerpo se tensó como una cuerda y dijo mirando a 'a madre:

—Yo he visto..., yo sé.

Ella se levantó, se acercó vivamente a él, tomó sus manos... El trató de desprender su mano derecha, pero la madre la sujetaba con fuerza y murmuró con calor:

—Hijo, cálmate... Querido...

—¡Esperad! —dijo él sordamente—. Voy a deciros lo que ocurrió...

—No —murmuró ella, mirándolo con lágrimas en los ojos—. No es preciso, Andrés... Paul se acercó lentamente, húmeda la mirada. Estaba pálido y sonreía:

—La madre tiene miedo de que hayas sido tú.

—¡No tengo miedo! ¡No lo creo! ¡Aunque lo hubiese visto, no lo creería!

—Esperad —dijo el Pequeño Ruso sin mirarlos, bajando la cabeza, intentaba desasir su mano—. No fui yo... pero hubiera podido impedirlo.

—¡Cállate, Andrés! —dijo Paul.

Estrechando con su mano la del Pequeño Ruso, le puso la otra en el hombro como para detener el temblor del largo cuerpo. Andrés se inclinó sobre él y continuó en voz baja y entrecortada:

—Yo no quería, tú lo sabes, Paul. Sucedió así: tú ibas delante, y yo me quedé en la esquina de la calle con Dragounov... Isaías apareció por la otra calle. Se paró a distancia. Se burlaba mirándonos. Dragounov me dijo: "¿Tú ves? Espía todas las noches. Voy a darle...". Y se marchó, creo que a su casa. Isaías se acercó a mí.

Lanzó un suspiro.

—Nunca, nadie me ha humillado tan vilmente como ese perro.

Sin hablar, la madre lo atraía por el brazo hacia la mesa hasta que consiguió sentar a Andrés en la silla; ella tomó asiento a su lado. Paul permaneció en pie ante ellos, tirándose de la barba con aire dubitativo.

—Me dijo que nos conocía a todos, que los gendarmes no nos quitaban ojo y que nos encerrarían antes del Primero de Mayo. No le contesté, me reí, pero comencé a hervir por dentro. Inmediatamente, me dijo que yo era un chico inteligente, que no debería seguir este camino, sino más bien...

Se detuvo enjugándose el rostro: sus ojos lanzaron un frío destello.

—Comprendo —dijo Paul. —Extendió el brazo y sacudió el puño cerrado. —...sino más bien, entrar al servicio de la Ley...

¡Al servicio de la Ley... maldita sea su alma! —murmuró entre dientes—. Habría hecho mejor golpeándome en la cara..., hubiera sido menos penoso para mí..., y quizá para él. Pero cuando me escupió en el corazón su infecta saliva, perdí la paciencia.

Febrilmente, desasió su mano de la de Paul, y con asco, con voz sorda, añadió:

—Le golpeé en pleno rostro y me fui. Detrás de mí oí a Dragounov decir suavemente:

"¿Tiene bastante?".

Se había quedado en el rincón de la calle, sin duda...

Tras un instante de silencio, continuó:

—Yo no me volví, y, sin embargo, pude oír... Oí un golpe, seguí tranquilamente como si acabase de aplastar un sapo con el pie. Estaba en el trabajo cuando gritaron: "¡Han matado a Isaías!": No lo creí. Pero la mano me hacía daño..., no podía manejarla bien. No es que me doliese, es como si se hubiese encogido...

Miró de reojo su mano:

—Seguramente que en toda la vida no lograré lavar esta asquerosa mancha.

—¡Con tal que tu corazón sea puro, hijo mío! —dijo dulcemente la madre.

—¡No me acuso, no! —afirmó el Pequeño Ruso—. Pero me repugna. Yo no necesitaba...

—No comprendo bien —dijo Paul, alzando los hombros—. No eres tú quien lo ha matado, pero aun en ese caso...

—Saber que asesinan y no impedirlo...

—No lo comprendo en absoluto —dijo Paul con firmeza, y tras una breve reflexión, añadió:

—Es decir, puedo comprenderlo, pero sentirlo... no.

Aulló la sirena. El Pequeño Ruso inclinó la cabeza sobre el hombro para escuchar mejor el imperioso mugido, y dijo con una sacudida:

—No iré a trabajar.

—Yo tampoco —replicó Paul.

—Iré a los baños —declaró Andrés sonriendo. Se preparó rápidamente, sin decir palabra y salió sombrío.

—Di lo que quieras, Paul. Ya sé... Ya sé que es pecado matar a un hombre, y sin embargo, encuentro que nadie es culpable. Me dio pena Isaías cuando lo vi..., pequeño como una pulga... cuando lo miré, recordé que había amenazado con hacerte ahorcar, y ya no sentía cólera contra él ni alegría de que estuviese muerto. La piedad me invadía por completo. Y ahora, ni siquiera siento piedad.

Calló, pensó un instante y observó, sonriendo con extrañeza:

—Señor Jesús... ¿Oyes lo que digo, Paul?

Indudablemente, él no la había escuchado. Con la cabeza baja, paseaba lentamente por el cuarto, pensativo y sombrío.

—Esto es la vida —dijo el joven—. ¿Ves cómo los hombres se levantan unos contra otros? De bueno o mal grado nos vemos obligados a golpear. ¿Y quién golpea? Un hombre tan privado de derechos como los demás, aún más desgraciado porque es estúpido. La policía, los gendarmes, los espías, son nuestros enemigos, y, sin embargo, son gente como nosotros: también a ellos se les hace sudar sangre y agua, y tampoco se les considera seres humanos. Y siempre igual. Así se oponen unos hombres a otros: se los ciega por la estupidez y el miedo, se les atan pies y manos, se les oprime, se les hace sudar, se les aplasta y hiere a unos por medio de otros. Se les transforma en fusiles, en mazas, en hierro, y se dice: "Es el Estado...".

Se acercó a ella.

—¡Es un crimen, madre! Un atroz asesinato de millones de seres humanos, el asesinato de las almas... Comprende: es el alma lo que se mata. Tú ves la diferencia entre nosotros y ellos: ¡cuando uno de nosotros golpea a un hombre, siente vergüenza, le repugna, sufre, su corazón vacila! Pero los otros matan a las gentes por millares, tranquilamente, sin piedad, sin estremecerse: ¡matan por placer! Estrangulan únicamente para conservar el dinero, el oro, insignificantes trozos de papel, todas las miserables baratijas que les dan el poder sobre el género humano. Reflexiona... No es para protegerse ellos mismos, ni para defenderse, por lo que asesinan al pueblo y mutilan las almas, no lo hacen por ellos mismos, sino por amor a sus bienes. No es del interior de lo que se guardan, sino del exterior...

Tomando las manos de su madre, se inclinó estrechándolas:

—¡Si pudieras sentir toda esta abominación, esta infame podredumbre, comprenderías nuestra verdad y sabrías hasta qué punto es grande y bella!

La madre se levantó, emocionada, invadida por el deseo de fundir su corazón y el de su hijo en una sola y única llama:

—¡Espera, Paul, espera! —murmuró jadeante—. Comienzo a sentirlo, ¡espera!

XXV

Se oía ruido en la entrada. Los dos se estremecieron, mirándose. La puerta se abrió lentamente y Rybine entró con su pesado paso.

—¡Bueno! —dijo sonriente, alzando la cabeza—. Soy yo, saludadme. Y hacedme los honores de vuestra mesa.

Vestía una corta pelliza de carnero, manchada de alquitrán, y calzaba unos zapatones de corteza de tilo; de su cinturón pendían unos garfios y se tocaba con un gorro de pelo.

—¿Qué tal va la salud? ¿Te han soltado, Paul? Bueno. ¿Cómo va eso, Pelagia?

Su sonrisa era amplia, mostrando sus blancos dientes. La voz tenía un timbre más dulce, y el rostro desaparecía aún más bajo la barba.

Feliz de volver a verlo, la madre se acercó a él, estrechó su gran mano negra y dijo, aspirando el fuerte y sano olor a brea que traía:

—¿Eres tú ...? ¡Cuánto me alegro...! Paul examinó a Rybine sonriendo:

—¡Haces un espléndido mujik!

Rybine se quitó lentamente la pelliza:

—Sí, he vuelto a ser mujik: vosotros avanzáis un poquito hacia los señores y yo vuelvo atrás, ¡eso es!

Estirándose la blusa de cutí, entró en la habitación que observó con mirada circular.

—Veo que no han aumentado los muebles, pero sí los libros. Bueno, ¿cómo van las

cosas?

Se sentó abriendo ampliamente las piernas, apoyó la palma de las manos en las

rodillas y clavando en Paul la mirada inquisitiva de sus ojos negros, esperó la respuesta, sonriendo bondadosamente.

—Los asuntos no marchan del todo mal —dijo Paul.

—Se trabaja y se siembra sin alabarse de ello, a fe mía, y se recogerá, se cosechará, se destilará y saldrá un buen licor, ¿no es cierto? —bromeó Rybine.

—¿Cómo te va a ti, Michel? —preguntó Paul, sentándose enfrente del visitante.

—Tampoco mal del todo. Hice un alto en Eguildievo, ¿conoces Eguildievo? Una encantadora aldea. Dos ferias al año, más de dos mil habitantes: mala gente. No hay tierras.

Las arriendan, pero el suelo no vale nada. Me coloqué como recadero en casa de una de esas sanguijuelas..., allá hay tantas como moscas sobre un cadáver. Se extrae brea, se carbonea... Cobro cuatro veces menos que aquí y me rompo la espalda el doble, eso es. Hay siete obreros en casa de este explotador, todos jóvenes del lugar, aparte de mí, y todos saben leer. Hay un muchacho, Efime, que es un entusiasta, ¡buen Dios...!

—¿Y habla usted con ellos? —preguntó animadamente Paul.

—No me callo. He llevado conmigo todas vuestras hojas de aquí, treinta y cuatro. Pero prefiero servirme de mi Biblia, donde se encuentra todo lo que hace falta, un grueso libro autorizado e impreso por la Iglesia se hace creer.

Guiñó un ojo a Paul y sonrió:

—Pero es poco, y he venido a tu casa para llevarme folletos. Hemos venido dos, Efime y yo, para traer brea, y hemos dado un rodeo para verte. Dame unos cuantos antes de que venga Efime: no es necesario que sepa demasiado.

La madre miraba a Rybine y le parecía que, al cambiar de atuendo, había cambiado también de otra forma. Había perdido gravedad, y su mirada era más astuta, menos franca que antes.

—Mamá —dijo Paul—, ve a buscarnos libros. Ya saben lo que tienen que darte. Diles que es para el campo.

—Bueno —dijo la madre—. El samovar va a hervir. Iré en seguida.

—¡También tú, Pelagia, te ocupas de estas cosas! —dijo Rybine riendo—. ¡Bueno! Hay muchos aficionados a los libros en nuestra aldea. El maestro lo cultiva: me parece un buen chico, aunque haya sido educado en el seminario. Tenemos también una maestra de escuela, a siete u ocho kilómetros. Peno no quieren utilizan libros prohibidos: a esa gente la paga el gobierno y tienen miedo... Me haría falta uno de esos libros clandestinos, uno bien subver— sivo, pana hacerles una jugada... Si la policía o el pope ven que está prohibido, pensarán que son los maestros quienes hacen la propaganda. ¡A mí, de momento, no me conocen: no estoy en el juego! Y, satisfecho de su malicia, rió, dejando ven sus dientes.

"¡Habráse visto!, pensó la madre, parece un oso y es un zorro...".

—¿Piensa, entonces —preguntó Paul—, que si se sospecha que los maestros distribuyen libros prohibidos los encarcelarán pon eso?

—Claro. ¿Entonces...?

—Peno sería usted quien hubiese repartido los libros, no ellos. ¡Sería usted quien debería in a prisión!

—¡Maldito astuto! —exclamó Rybine riendo y golpeándose las rodillas—. ¿Quién va a pensar que un simple mujik como yo, se ocupe de semejante cosa? Eso no se ha visto nunca. Los libros son asunto de caballeros, y son ellos quienes deben responder...

La madre sintió que Paul no comprendía a Rybine, lo veía fruncir las cejas e irritarse.

Se interpuso, en tono dulce y conciliador:

—Michel Ivanovitch quiere ocuparse de esas cosas, peno castigarán a otros en su lugar...

—¡Eso es! —afirmó Rybine, acariciándose la barba—. Pon el momento...

—Mamá —replicó secamente Paul—, si cualquiera de nosotros, Andrés, por ejemplo,

hiciese algo en mi nombre y me detuviesen a mí, ¿qué dirías?

La madre se estremeció, minó desconcertada a su hijo y respondió sacudiendo negativamente la cabeza:

—¿Cómo se puede obrar así contra un camarada?

—¡Ah! —dijo Rybine, arrastrando las sílabas—. Ahora te comprendo, Paul. Con un guiño malicioso, se dirigió a Pelagia:

—Esto, madre, es un asunto delicado.

Se volvió a Paul, adoptando un tono sentencioso:

—Tú enes aún un inocente, muchacho. En las; cosas ilegales, no hay puntos de honor. Ragna un poco: primero se mete en la cárcel a las gentes a quienes se les encuentran los libros, y no a los maestros de escuela. Segundo, en los libros autorizados que éstos manejan, vienen las mismas cosas que en los prohibidos, aunque no con las mismas palabras y sí con menos verdad. Esto quiere decir que ansían alcanzarle mismo objetivo que yo, solamente que ellos toman un camino con muchos rodeos, en tanto que yo voy derecho al grano.; pana la autoridades, la culpabilidad es parecida, ¿no es ciento? Y tercero, hijo, yo no tengo nada que ven con ellos, el peatón es mal compañero pana el jinete. Contra un aldeano, es posible que no obrase así Pero uno es hijo de un pope, y la otra lo es de un gran propietario así que no sé para qué tratan de sublevan al pueblo. Yo, mujik, no puedo penetrar sus pensamientos de seres instruidos. Sé lo que halo yo, peno lo que ellos, hacen, no quiero saberlo. Durante mil años, los grandes han hecho con todo cuidado su oficio de señores y han desollado al campesino y de pronto, se rebelan y quieren abrir los ojos del mujik. Yo no creo en los cuentos de hadas, muchacho, y como puedes ven, esto es algo parecido. Esos señores, V sea como sea, están demasiado lejos de mí. Si voy en invierno por el campo y veo agitarse algo delante de mí, ¿qué puede ser? Un lobo, un zorro, o simplemente un perno, no puedo percibirlo. Está demasiado lejos.

La madre lanzó una ojeada a su hijo. Parecía disgustado. Los ojos de Rybine brillaban con fulgor sombrío, minaba a Paul con expresión insatisfecha y pasaba febrilmente los dedos pon su barba.

—No tengo tiempo de galanteos. La vida no gasta bromas. Una perrera no es un idilio pastoril, y cada chucho aúlla a su modo.

—Hay "señores" que se sacrifican pon el pueblo, que sufren toda la vida en las cárceles... —dijo la madre, pausando en rostros familiares.

—Para ellos es distinto Cuando el mujik se enriquece, asciende hacia el señor, cuando el señor se empobrece, desciende al mujik. El alma se purifica a la fuerza, porque la bolsa está vacía. Acuérdate, Paul, tú me has explicado que uno piensa según su forma de vivir, que si el obrero dice "sí", el patrono debe decir "no", y si el obrero dice "no", el patrono, por su misma naturaleza de patrono, grita forzosamente que "sí". Bien pues el mujik y el señor no son de la misma naturaleza. Cuando el mujik come a gusto, el señor no duerme de noche. Por supuesto que cada clase tiene sus sinvergüenzas, y no trato de defender a todos los mujiks...

Se irguió, negro, poderoso. Su rostro se había ensombrecido, su barba temblaba como si su dueño chocase los dientes. Continuó, bajando la voz:

—He ido botando, de fábrica en fábrica, durante cinco años, y me había desacostumbrado al campo, eso es. He vuelto, veo lo que en él pasa y me digo: "yo no puedo vivir así". ¿Comprendes? ¡No puedo! Aquí no tenéis ni idea de tales humillaciones. Pero en la aldea, el hambre sigue al ser humano como una sombra, y no hay esperanza de encontrar suficiente pan. El hambre devora las almas, crea espectros que no tienen ni figura de hombre, no viven, se pudren en una miseria increíble... Y alrededor de ellos, las autoridades montan guardia, acechan como cuervos para saber si tienes un mendrugo de sobra... Si lo ven, te lo arrancan y te golpean en la cara...

Rybinc pasó su mirada en torno y se inclinó hacia Paul, apoyando las manos en la mesa:

—Tuve ganas de vomitar cuando volví a ver de cerca esta vida. Pensaba que no podría soportarla. Sin embargo, me dominé, "no hagas chiquilladas", me dije. "Me quedaré aquí. No les daré pan, pero sembraré desorden", ¡y así lo haré! Siento rencor contra los que hacen daño. La humillación está hincada en mi corazón como un cuchillo cimbreante...

Su frente se cubría de sudor, se acercó lentamente a Paul y le puso una mano en el hombro. Aquella mano temblaba.

—¡Ayúdame! Dame libros que no dejen reposar más a quien los lea. Hay que meterles un erizo bajo el cráneo, un erizo que pinche bien. Di a esa gente de la ciudad que escribe para vosotros, que deben escribir también para los campesinos. ¡Que nos preparen una salsa con tantas especias, que vuelva de arriba a abajo las aldeas, para que nuestros mujiks combatan a muerte!

Levantó el brazo y añadió con voz sorda, dejando caer cada palabra:

—¡Curar la muerte con la muerte, eso es! Esto quiere decir que hay que morir para que el mundo resucite. Y que morirán millares para que millones vivan sobre la tierra. Eso es. Morir es fácil. ¡Si los hombres resucitasen, si se alzasen...!

La madre trajo el samovar dirigiendo miradas disimuladas a Rybine, cuyas palabras brutales y violentas la herían. En aquel hombre, había algo que le recordaba a su marido; éste había tenido los mismos rictus, los mismos gestos de las manos recogiendo las mangas; estuvo animado de idéntica rabia impotente, pero muda. Rybine hablaba y ahora parecía menos terrible.

—Sí, es necesario dijo Paul, bajando la cabeza—. Dénos hechos concretos y les imprimiremos un periódico.

La madre miró sonriendo a su hijo, luego se vistió sin decir nada y salió.

—¡Hazlo! Te proporcionaremos cuanto te haga falta. No escribáis cosas complicadas, tienen que entenderlo hasta los becerros —exclamó Rybine.

La puerta del vestíbulo se abrió y entró alguien.

—Es Efime —dijo Rybine, yendo a mirar a la cocina—. Ven aquí, Efime... Este muchacho es Paul; ya te he hablado de él.

Un mocetón robusto, de rostro ancho, cabellos rojizos y ojos grises, vestido con una media pelliza de carnero, el gorro en la mano, estaba delante de Paul y lo miraba de arriba abajo. —¡Salud! —dijo con voz ronca. Estrechó la mano de Paul y se alisó los ásperos cabellos. Recorrió la habitación con una mirada y se dirigió en seguida, a paso lento y como furtivo, a la estantería cargada de libros.

—¡Los ha visto! —dijo Rybine guiñando un ojo a Paul. Efíme se volvió, lo miró y se puso a examinar los volúmenes, diciendo:

—Bueno, aquí tenéis qué leer. Pero no tendréis tiempo de leer, seguramente. En el campo hay más tiempo.

—¿Y menos gana? —preguntó Paul.

—¿Por qué? ¡Al contrario! —respondió el muchacho, frotándose la barbilla—. La gente empieza a usar un poco el cerebro. Geología, ¿qué es esto?

Paul se lo explicó.

—No lo necesitamos —dijo Efime, volviendo el libro a su sitio—. Al mujik no le interesaba saber cómo nació la tierra, sino cómo ha sido distribuida, cómo los poderosos la han arrancado bajo los pies del pueblo. Que gire o que no se mueva, eso no importa. Por mí que la cuelguen de una cuerda, con tal que dé de comer, que alimente a los suyos.

—Historia de la esclavitud —siguió leyendo Efime, y preguntó de nuevo:

—¿Habla de nosotros?

—Aquí hay uno sobre la servidumbre —dijo Paul, dándole otro volumen.

El campesino lo cogió y lo hizo girar entre sus manos. Luego, lo dejó y dijo tranquilamente:

—Eso es cosa pasada.

—¿Tiene usted tierra en arrendamiento?

—¿Nosotros? Sí, la tenemos. Somos tres hermanos y tenemos cuatro hectáreas. Arena útil para limpiar cobres, pero que no vale nada para trigo...

Continuó después de un silencio:

—Me he liberado de la tierra, ¿de qué sirve eso? No alimenta al hombre, pero le ata las manos. Hace cuatro años que trabajo como peón agrícola. En otoño me iré soldado. El padrecito Michel me dice: "¡no vayas!". Dice que ahora mandan a los soldados a combatir al pueblo. Pero pienso ir. La tropa combatía también al pueblo en tiempos de Pougatchev y de Stenka Razine2. Hay que poner fin a eso. ¿Qué opina usted? —dijo, mirando fijamente a Paul.

—Sí, es el momento —respondió el joven con una sonrisa. Solamente que no es fácil.

Hay que saber qué va a decirse a los soldados, cómo hablarles...

—Se aprenderá y se sabrá hacer —dijo Efime.

—Si lo cogen, pueden fusilarlo —concluyó Paul, mirando al campesino con curiosidad.

—¡No me perdonarán, desde luego! —asintió tranquilamente el muchacho, y volvió a mirar los libros.

—¡Tómate el té, Efime, tenemos que irnos pronto! —dijo Rybine.

—Ahora mismo... Revolución, ¿quiere decir "revuelta"?

Llegó Andrés, rojo, acalorado y torvo. Estrechó en silencio la mano de Efime, se sentó al lado de Rybine y, después de mirarlo bien, se echó a reír.

—Pues no pareces muy contento —dijo Rybine, golpeándole una rodilla con la mano.

—Regular... —respondió el Pequeño Ruso.

—¿Obrero también? —interrogó Efime, designando a Andrés con un movimiento de cabeza. aparte.

—Sí —dijo Andrés—. ¿Y qué?

—Es la primera vez que ve obreros de fábrica —explicó entonces Rybine—. Él dice que son gente

—¿Por qué? —preguntó Paul.

Efime miró atentamente a Andrés, y dijo:

—Tenéis los huesos puntiagudos. El mujik los tiene más redondos.

—El mujik se mantiene más sólidamente sobre sus piernas — añadió Rybine—. Siente la tierra bajo los pies, aunque no sea suya, pero es la tierra. Pero el obrero ciudadano es como un pájaro: no tiene patria ni casa, hoy está aquí y mañana allá. Ni siquiera una mujer lo ata a un lugar, a la primera disputa con ella... adiós, preciosa..., un golpe en las costillas. Y se va a buscar algo mejor en otro sitio. Mientras que el mujik prefiere permanecer en su casa, sin cambiar de centro. ¡Ah, aquí viene la madre!

Efime se acercó a Paul y le preguntó:

—¿Va a darme quizá algún libro?

—Con mucho gusto —respondió Paul.

Los ojos del muchacho tuvieron un brillo de anhelo, y añadió vivamente:

—¡Lo devolveré! Los compañeros traen brea cerca de aquí, y se lo entregarán. Rybine había vuelto a ponerse su abrigo, ciñéndose bien el cinturón.

—¡Vamos, es el momento!

—Así ya tengo qué leer —exclamó Efime, mostrando los dientes en una amplia sonrisa. Cuando hubieron partido, Paul dijo a Andrés:

—¿Has visto semejantes diablos...?

—Sí... —dijo lentamente el Pequeño Ruso—. Están en las nubes.

—¿Habláis de Rybine? —interrumpió la madre—. Es como si nunca hubiera estado en la fábrica: ha vuelto a ser un completo mujik. ¡Y es terrible...!

—Lástima que no estuvieras aquí —dijo Paul a Andrés, que sentado junto a la mesa, contemplaba sombríamente su vaso de té—. Tú que siempre hablas del corazón, habrías podido ver el juego de un corazón... Rybine ha expresado ideas tan absurdas que me sentí trastornado, sofocándome... Ni siquiera pude contestarle. ¡Qué hostil hacia la humanidad, y qué poco la ama! La madre dice la verdad: este hombre lleva dentro de sí una fuerza terrible...

—¡Ya lo he visto! —dijo Andrés, siempre ceñudo—. El género humano está envenenado. Cuando se alce, derribará todos los obstáculos, uno tras otro; necesitan la tierra desnuda, y arrancarán todo lo que la cubre.

Hablaba lentamente, y podía verse que pensaba en otra cosa. La madre le dijo con ternura:

—Olvida un poco, Andrés.

—Espera, madrecita, espera —replicó él dulce y afectuosamente.

Y, reaccionando súbitamente, dijo, golpeando la mesa con el puño:

—¡Sí Paul, el campesino quemará todo si se levanta! Como después de una peste, arrasará todo para hacer desaparecer entre las cenizas las huellas de sus humillaciones...

—Y después se cruzará en nuestro camino —observó suavemente Paul.

—Nuestra misión es no permitirlo. Nuestro papel es contenerlo. Somos los más próximos a él, y nos creerá. Nos seguirá.

—¿Sabes que Rybine nos propone editar un periódico para el campo?

—Hay que hacerlo.

—Me siento avergonzado —dijo riendo Paul—, por no haber discutido con él. El Pequeño Ruso observó calmosamente:

—Ya habrá otra ocasión. Toca la flauta, y quienes no tengan los pies clavados a la tierra, bailarán al son de tu música. Rybine dice la verdad: no sentimos la tierra bajo nosotros, y tampoco debemos sentirla, puesto que estamos llamados a ponerla en movimiento. La sacudiremos una vez y nos seguirán, luego otra vez, y volverán a seguirnos.

La madre sonrió:

—Andrés, para ti todo es sencillo.

—Pues sí —replicó él—, sencillo. Como la propia vida. Unos instantes después, dijo:

—Voy a dar un paseo por el campo.

—¡Después del baño! Hace un viento que traspasa —dijo la madre.

—Es justamente lo que me hace falta.

—Ten cuidado, te enfriarás —dijo Paul solícito—. Harías mejor acostándote.

—No, quiero salir.

Se vistió y salió sin decir palabra.

—Está disgustado —observó la madre, suspirando.

—Sabes —dijo Paul—, después de esa historia... haces bien en tutearlo. Ella lo miró asombrada:

—¡Pero lo hago sin darme cuenta! Él es algo mío, no sé cómo explicártelo.

—Tienes buen corazón, madre —dijo en voz baja Paul.

—Si pudiera ayudarte, por poco que fuese.

—No temas. , ya sabrás.

Ella se echó a reír dulcemente:

—¡Bueno, hay algo que no sé: no tener miedo!

—No hablemos más, mamá. Pero debes saber que te estoy muy agradecido. La madre se fue a la cocina, para no turbarlo con sus lágrimas.

El Pequeño Ruso volvió de noche, ya tarde, fatigado, y fue inmediatamente a acostarse, diciendo:

—Creo que he hecho por lo menos diez kilómetros.

—¿Te ha sentado bien? —preguntó Paul.

—Voy a dormir, no me molestes.

Calló y se quedó dormido como un tronco.

Algún tiempo después vino Vessovchikov, harapiento, sucio y malhumorado, como siempre.

—¿No has oído nada acerca de quién mató al bandido de Isaías? —preguntó paseando torpemente por el cuarto.

—No —dijo secamente Paul.

—Bueno, algún tipo a quien no le disgustó hacerlo. Y yo que estaba siempre pensando en estrangularlo... Es lo que mejor me iba.

—No digas semejantes cosas, Nicolás —le dijo Paul, en tono amistoso.

—¡Es cierto! —intervino afectuosamente la madre—. Tienes un buen corazón, y, sin embargo, no cesas de amenazar. ¿Por qué? En aquel momento, le complacía ver a Nicolás: incluso su rostro marcado por la viruela le parecía hermoso.

—Soy un inútil que dice tonterías —contestó éste encogiéndose de hombros—. Pienso y pienso, y, ¿cuál es mi sitio? No veo ninguno. Hay que hablar a la gente, y yo no sé. Veo todo, todas las miserias que se hacen a los hombres, las siento, pero no puedo expresarlas. Tengo el alma muda.

Se acercó a Paul, y con la cabeza baja, arañando la mesa con el dedo, dijo con voz quejumbrosa, como la de un niño, una voz que no era la suya habitual:

—Dadme un trabajo duro, no importa cuál sea. No puedo vivir así, sin hacer nada. Vosotros estáis todos en actividad. Yo veo que las cosas marchan, pero estoy al margen. Cargo vigas, planchas...

No puede vivirse para eso. ¡Dadme un trabajo duro! Paul le cogió una mano, atrayéndolo hacia sí:

—¡Se te dará!

Pero, detrás del tabique, se oyó la voz del Pequeño Ruso:

—Nicolás, yo te enseñaré los caracteres de imprenta y serás uno de nuestros cajistas, ¿de acuerdo?

Vessovchikov se acercó al tabique:

—Si me enseñas, te regalaré un cuchillo...

—¡Vete al diablo con tu cuchillo! —exclamó el Pequeño Ruso, rompiendo a reír.

—¡Un buen cuchillo! —insistió Nicolás.

Paul reía también. Entonces, Vessovchikov se detuvo y preguntó:

—¿Os reís de mí?

—¡Naturalmente! —respondió Andrés saltando de la cama—. Ven, vamos a pasear por el campo, hay un hermoso claro de luna. ¿Vamos?

—Bueno —dijo Paul.

—Yo también voy —declaró Nicolás—. Me gustas cuando te ríes, Pequeño Ruso.

—Y tú a mí... cuando ofreces regalos.

Mientras se vestía en la cocina, la madre le dijo con aire gruñón:

—Abrígate más.

Y cuando los tres salieron, fue a mirarlos desde la ventana, luego echó una ojeada a las santas imágenes y dijo:

—¡Señor..., ayúdales!

XXVI

Los días se sucedían con tal rapidez, que no dejaban a la madre tiempo para pensar en el Primero de Mayo. Sólo por la noche, cuando fatigada de la ruidosa agitación y las emociones del día, se retiraba a su lecho, sentía oprimirse melancólicamente su corazón.

—Qué pronto viene...

Al amanecer, la sirena de la fábrica aullaba: Paul y Andrés bebían rápidamente su té, comían un bocado y se iban, dejando a la madre una multitud de encargos. Y durante todo el día, ella daba vueltas como un pájaro enjaulado: hacía la comida, preparaba una especie de gelatina violeta para la impresión de las proclamas y la cola para pegarlos; recibía a desconocidos que le entregaban unas notas para Paul y desaparecían tras haberle contagiado su excitación.

Los carteles que llamaban á los obreros a festejar el Primero de Mayo, aparecían casi cada noche pegados en las vallas e, incluso, Puerta de la gendarmería; cada día se los veía en la fábrica.

Por la mañana, los policías iban y venían por el barrio, arrancando y raspando entre juramentos, las hojas violetas, pero a la hora del almuerzo, volaban de nuevo por la calle, cayendo a los pies de los transeúntes. De la ciudad vino policía secreta: apostados en las esquinas de las calles, registraban con la mirada a los obreros que iban a comer, ruidosos y animados, o que se reintegraban al trabajo. Todo el mundo se alegraba de ver la impotencia policial e, incluso, los obreros de más edad decían, con la sonrisa en los labios:

—Bueno, ¿para qué sirven?

Por doquier se formaban pequeños grupos, discutiendo calurosamente acerca del inquietante llamamiento. La vida hervía aquella primavera, les parecía a todos más interesante, traía a cada uno algo nuevo: a unos, una razón más para irritarse contra los sediciosos y colmarlos de insultos; a otros, una vaga inquietud y una esperanza; a los menos, la punzante alegría y la conciencia de ser la fuerza que despertaba a las masas.

Paul y Andrés apenas dormían: volvían un momento antes de la llamada de la sirena, cansados, roncos, pálidos. La madre sabía que organizaban reuniones en el bosque, en el pantano, no ignoraba que, por la noche, destacamentos de la policía montada rondaban alrededor del suburbio, que los chivatos vigilaban también, deteniendo y registrando a los obreros que iban solos, dispersando grupos, y cogiendo alguna vez a éste o al otro. Comprendía que su hijo y Andrés podían ser presos cada noche, y casi lo deseaba, pareciéndole que sería mejor para ellos.

Sobre el asesinato de Isaías había caído un silencio extraño. Durante dos días, la policía local había interrogado sobre el asunto a una decena de personas; luego, parecía haberse desinteresado del caso.

María Korsounov, en una charla con la madre, le contó lo que se decía en la policía, con la cual como todo el mundo, estaba en excelentes términos:

—¿Cómo van a encontrar al culpable? Aquella mañana vieron a Isaías quizá cien personas, de las cuales, noventa por lo menos, le habrían dado con gusto una buena paliza. Molestó bastante al prójimo durante siete años...

El Pequeño Ruso cambiaba a ojos vistas. Sus mejillas se habían hundido, y sus pesados párpados caían sobre los ojos salientes, semicerrándolos. Una tina arruga descendía de las aletas de la nariz a las comisuras de los labios. Hablaba menos de las cosas, los gestos y los hechos cotidianos, pero se inflamaba cada vez más, presa de un entusiasmo que contagiaba a sus oyentes, celebrando el porvenir, la fiesta luminosa y magnífica del triunfo de la libertad y la razón.

Cuando la muerte de Isaías pareció olvidada, dijo un día, con tono desdeñoso y sonrisa triste:

—Si no aman al pueblo, nuestros enemigos tampoco aprecian a aquéllos que les sirven de perros para acosarnos. No echan de menos a su fiel Judas, sino a las monedas de plata.

—No hables de eso, Andrés —dijo firmemente Paul. La madre añadió a media voz:

—Se ha golpeado un tronco podrido, y se deshizo en polvo. —¡Es justo... pero no es consolador! —replicó taciturno Andrés.

Repetía con frecuencia estas palabras que, en su boca, tomaban un sentido particular, que abarcaba todo, amargo y cáustico.

Y, al fin, llegó el tan esperado Primero de Mayo.

La sirena llamó como de costumbre, imperiosa y dominadora. La madre, que no había pegado ojo en toda la noche, saltó de la cama y encendió el samovar preparado la víspera. Iba, como siempre, a llamar a la puerta de su hijo y de Andrés, pero se detuvo, dejó caer el brazo y se sentó junto a la ventana, apoyando la mejilla en la mano como si le dolieran las muelas.

En el cielo, de un pálido azul, bogaba rápidamente un rebaño de ligeras nubes blancas y rosa: hubiérase dicho un vuelo de pájaros que huían espantados por el sordo mugido del vapor. La madre miraba las nubes y prestaba oído a los movimientos de su corazón. Sentía la cabeza pesada, y sus ojos enrojecidos por el insomnio, estaban secos. En su pecho reinaba una extraña calma, los latidos eran regulares y ella pensaba en cosas rutinarias.

—He encendido el samovar demasiado pronto, va a evaporarse. Que duerman hoy un rato más. Están agotados los dos...

Un joven rayo de sol, alegre y familiar, entró por la ventana. La madre, extendió la mano, y cuando se posó, luminoso, sobre sus dedos, lo acarició dulcemente con la otra mano, sonriente y pensativa. Luego, se levantó, quitó el tubo del samovar y, esforzándose en no hacer ruido, se lavó y se puso a rezar, persignándose con fervor y moviendo silenciosamente los labios. Su rostro se iluminaba, mientras que, bajo la cicatriz, la ceja se elevaba lentamente y caía de nuevo.

Sonó la segunda llamada de la sirena, menos fuerte, menos segura, en un sonido que temblaba denso, concentrado. La madre tuvo la impresión de que era también más largo que de costumbre. Resonó la clara voz del Pequeño Ruso:

—¡Paul! ¿Oyes?

Uno de ellos arrastró sus pies desnudos sobre el suelo, otro bostezó satisfecho.

—El samovar está listo —dijo la madre.

—¡Ya nos levantamos! —respondió alegremente Paul.

—Hace ya sol —dijo Andrés—, y las nubes corren. Las nubes están hoy de más. Entró en la cocina, despeinado, con ojos de sueño, pero alegre.

—¡Buenos días, madrecita! ¿Cómo ha dormido? Ella se acercó y le dijo en voz baja:

—Andrés, estarás a su lado, ¿verdad?

—Por supuesto —susurró el Pequeño Ruso—. Vamos juntos y juntos seguiremos a donde sea, puede estar segura.

—¿Qué estáis conspirando? —preguntó Paul.

—¡Nada!

—Está diciéndome que me lave. Las chicas van a mirarnos —respondió Andrés, saliendo al pequeño vestíbulo para hacer su "toilette".

—"Arriba los pobres del mundo"... —canturreó Paul.

El día iba haciéndose claro, y las nubes desaparecían barridas por el viento. La madre miró la mesa, movió la cabeza pensando que todo era extraño; los dos amigos bromeando, sonriendo en aquella mañana..., sin que nadie pudiera saber qué les esperaba a mediodía.

Ella misma se sentía rara, casi alegre.

Permanecieron todo el tiempo posible en la mesa, esforzándose en hacer más breve la espera. Paul, como siempre, removía lenta y minuciosamente su cuchara para deshacer el azúcar en el vaso, salando con esmero la corteza de pan que era su trozo favorito. El Pequeño Ruso agitaba los pies bajo la mesa; nunca conseguía acomodarlos bien cuando se sentaba, y, mirando un rayo de sol que corría por el techo y la pared, contó:

—Cuando yo era un niño de unos diez años, tuve un día el impulso de cazar al sol en un vaso. Cogí uno, me acerqué de puntillas a la pared, y... ¡zás!, me corté la mano y, además, me pegaron. Luego, salí al patio, vi el sol en un charco, fui a pisarlo y me salpiqué de fango de arriba a abajo. Me pegaron otra vez. Entonces, me puse a gritarle al sol: "¡Pues no me duele, diablo colorado, no me duele!". Y le sacaba la lengua..., esto me consolaba.

—¿Por qué te parece rojo? —dijo riendo Paul.

Porque frente a nuestra casa vivía un herrero, con un rostro rubicundo y una barba rojiza: era un mujik alegre y bondadoso. Y yo encontraba que el sol se le parecía.

No pudiendo más, dijo la madre:

—¡Haríais mejor hablando de lo que va a ocurrir!

—Hablar de lo que está decidido no sirve más que para embrollarlo —observó dulcemente Andrés. En caso de que nos cojan, madrecita, Nicolás vendrá a decirle lo que tiene que hacer.

—¡Bueno! —suspiró la madre.

—Debíamos estar en la calle —dijo pensativo Paul.

—No, vale más que te quedes en casa esperando —aconsejó Andrés—. No sirve de nada que la policía te vea. Ya te conoce bastante.

Théo Mazine llegó corriendo, resplandeciente, las mejillas encendidas. La emoción y el júbilo que rebosaba, disipó la tensión de la espera.

—¡Ya ha empezado! La gente se mueve... Bajan por la calle, con unas lenguas... ¡como hachas! Vessovchikov, Basile Goussev y Samoilov están desde el amanecer hablando a la gente a la puerta de la fábrica. Muchísimos se han vuelto ya a sus casas. Vamos, es el momento. Son ya las diez.

—Yo voy —dijo Paul en tono resuelto.

—Ya veréis —afirmó Théo—, a estas horas, toda la fábrica estará en pie. —Y salió corriendo.

—Arde como un cirio al viento —dijo dulcemente la madre. Levantándose, fue a vestirse.

—¿Dónde va, madrecita?

—¡Con vosotros!

Andrés miró a Paul, retorciéndose el bigote. Con gesto vivo, Paul echó su cabello hacia atrás y siguió a su madre a la cocina.

—No te digo nada, mamá... Y tú, tampoco me dirás nada. ¿Entendido?

—Sí, sí..., ¡y que Cristo sea con vosotros! —murmuró ella.

XXVII

Cuando al salir oyó el rumor de las voces, inquieto, estremecido en la espera, y cuando vio en todas las ventanas y las puertas grupos de gente que seguían a Andrés y Paul con mirada curiosa, apareció en sus ojos una mancha brumosa y ondulante, que cambiaba de color del verde transparente al gris nublado.

La gente saludaba a los dos jóvenes, y en aquellos saludos había algo especial. El oído de la madre aprehendía fragmentos de reflexiones hechas en voz baja:

—Ahí van los cabecillas.

—¡No sabemos quiénes son los cabecillas!

—Bueno, no he dicho nada malo. Más lejos, gritó una voz irritada:

—¡Si la policía los coge, están perdidos!

—Eso ya se sabe.

Un exasperado grito de mujer saltó, aterrado, desde una ventana, y llegó hasta la calle:

—¡Has perdido la cabeza! ¿Te crees aún joven, o qué?

Cuando pasaban ante la casa de un tal Zossimov, que había perdido ambas piernas en accidente de trabajo y recibía por ello una pensión, éste asomó la cabeza por la ventana, y exclamó:

—¡Eh, Paul! Maldito imbécil, te retorcerán el cuello por esas historias, ¡puedes estar seguro!

La madre se detuvo, estremeciéndose. El grito había despertado en ella una aguda cólera. Fijó los ojos en la redonda cara hinchada del enfermo, que se retiró blasfemando. Ella apresuró el paso para reunirse con su hijo, y caminó tras él esforzándose en no separarse.

Paul y Andrés parecían no ver nada, no oír las exclamaciones que les acompañaban. Caminaban tranquilamente, sin apresurarse. Mironov, un hombre maduro, modesto y respetado de todos por su vida pura y sobria, los detuvo.

—¿Tampoco usted trabaja, Danilo Ivanovitch? —preguntó Paul.

—Mi mujer está a punto de dar a luz. Y, además, hay hoy mucha agitación en el aire —explicó Mironov mirando fijamente a los dos camaradas—. Y vosotros, los jóvenes..., se dice que queréis dar un escándalo en la dirección y romper los cristales.

—¿Acaso estamos borrachos? —preguntó Paul.

—Iremos sencillamente por la calle, con banderas, y cantaremos himnos —dijo Andrés—. Escúchelos, proclaman nuestra fe.

—Ya la conozco —respondió Mironov pensativo—. Leí vuestros papeles... Y que, Pelagia,

¿tú también con los rebeldes? —dijo, con una sonrisa en sus ojos inteligentes.

—¡Hay que estar al lado de la verdad, incluso cuando se tiene la tumba cerca!

—Vaya... Parece que tienen razón los que dicen que tú llevas a la fábrica los folletos prohibidos.

—¿Quién ha dicho eso? —preguntó Paul.

—Por ahí... se dice. Bueno, pues hasta luego, y no hagáis tonterías.

La madre se echó a reír dulcemente, le halagaba que hablasen así de ella. Paul dijo sonriendo:

—Acabarás en la cárcel, mamá.

El sol ascendente mezclaba su calor a la estimulante frescura del día primaveral. Las nubes bogaban más lentamente, y su sombra se hacía más delgada, más transparente. Estas sombras que se arrastraban perezosas por la calle y sobre los tejados, envolvían a las gentes: parecían purificar el barrio, secando el lodo y barriendo el polvo de los muros y los techos; y el tedio de los rostros. La alegría se contagiaba, las voces eran más sonoras, ahogando el eco lejano del estrépito de las máquinas.

Nuevamente, de todas partes, ventanas, patios, las palabras huían y volaban hasta los oídos de la madre: inquietas o malignas, resueltas o alegres. Pelagia, ahora, hubiera querido replicar, dar las gracias, explicar, mezclarse a la vida inusitadamente coloreada de aquel día.

En un rincón de la calle principal, en un callejón estrecho, había reunido un centenar de personas, y se oía tronar a Vessovchikov:

—¡Os exprimen la sangre como se exprime el jugo de las grosellas! Y sus torpes expresiones caían sobre la cabeza de sus oyentes:

—¡Es cierto! —respondieron al mismo tiempo varias voces que se mezclaron en un rumor confuso.

—¡El muchacho está haciendo lo suyo! —señaló el Pequeño Ruso—. Vamos a ayudarle.

Se inclinó, y antes de que Paul tuviese tiempo de detenerlo, hendió con su largo cuerpo la multitud, como un sacacorchos. Su voz cantarina se hizo oír:

—¡Camaradas! Dicen que hay muchos pueblos sobre la tierra: Judíos y alemanes, ingleses y tártaros. Yo no lo creo. Hay solamente dos pueblos, dos razas irreconciliables: ¡los ricos y los pobres! Los hombres se visten de modo diferente y hablan de distinto modo, pero cuando se ve cómo los ricos franceses, alemanes, ingleses, tratan a los trabajadores, nos damos cuenta de que todos son verdugos para los obreros. Son una espina clavada en el paladar.

Alguien se rio entre la masa.

—Y cuando miramos hacia el otro lado, vemos que el obrero francés, lo mismo que el tártaro y el turco, lleva la misma vida de perro que nosotros, los proletarios rusos.

La multitud aumentaba continuamente a su alrededor: uno tras otro, iban deslizándose los obreros en la callejuela, trabajosamente, se acercaban en silencio, tendían el cuello, se erguían sobre la punta de los pies.

Andrés alzó la voz:

—En el extranjero, los trabajadores han comprendido esta verdad tan sencilla, y hoy, en esta luminosa jornada del Primero de Mayo...

—¡La policía! —gritó alguien.

Cuatro policías a caballo volvían la esquina del callejón dirigiéndose sobre el grupo y, agitando sus látigos, gritaban:

—¡Circulen!

Los rostros se ensombrecieron: la gente se separaba, a regañadientes, ante los caballos. Algunos treparon sobre las empalizadas.

—Han montado a caballo a los cerdos y éstos gruñen: "somos grandes jefes" —aulló una voz fuerte y provocativa.

El Pequeño Ruso quedó solo en medio de la calle: dos caballos, moviendo las cabezas, venían hacia él. Se separó, mientras la madre, cogiéndolo por un brazo, lo llevó con ella, mascullando:

—¡Has prometido estar con Paul y ahora tú mismo te expones a los golpes!

—Perdón —dijo él sonriendo.

Un cansancio, mezclado de angustia y abatimiento, se apoderó de Pelagia; lo sentía crecer, dándole vueltas la cabeza, la pena y la alegría alternaban extrañamente en su corazón. Deseaba oír lo antes posible la sirena de mediodía.

Llegaron a la plaza, ante la iglesia. En ella se apretaban, sentados o en pie, unos quinientos jóvenes y muchachos, ardorosos y alegres. La muchedumbre ondulaba. Las gentes levantaban la cabeza y miraban a lo lejos, a uno y otro lado, en una actitud de espera impaciente. Se percibía una especie de exaltación: algunos parecían desorientados, otros afectaban indiferencia. De cuando en cuando se oían débiles voces femeninas, ahogadas. Los hombres se separaban con desprecio, estallando en aislados juramentos a media voz. Un sordo rumor de palabras hostiles envolvía la multitud.

—¡Mitri —temblaba una voz de mujer—, ten mucho cuidado!

—¡Déjame en paz!

Se escuchó la voz de Sizov, grave, persuasiva:

—¡No, no hay que dejar solos a los jóvenes! Su audacia es más sensata que nuestra prudencia. ¿Quiénes lo han hecho todo en la historia del kopek del pantano? ¡Ellos! No debemos olvidarlo. Los han encarcelado por algo de lo que todos hemos obtenido provecho.

El sombrío mugido de la sirena ahogó el rumor de las conversaciones. Un estremecimiento recorrió la muchedumbre, los que estaban sentados se levantaron, en un momento todo quedó inmóvil, en una espera tensa, y muchos rostros palidecieron.

—¡Camaradas!

Era la voz de Paul, sonora y firme. Una seca niebla veló los ojos de la madre, y, recuperando de un solo golpe todas sus energías, se colocó al lado de su hijo. Todos se volvieron hacia Paul, rodeándolo como limaduras de hierro atraídas por un imán. La madre miraba a su hijo y sólo veía sus ojos, orgullosos, audaces, ardientes...

—¡Camaradas! Nosotros, que hemos decidido declarar abiertamente quiénes somos, levantamos hoy nuestra bandera, la bandera de la razón, de la verdad, de la libertad.

Un asta larga y blanca apareció en el aire, se inclinó, desapareció entre la multitud y, un instante después, se irguió desplegando, como un pájaro escarlata, la ancha bandera del pueblo trabajador.

Paul levantó el brazo. El asta vaciló. Decenas de manos asieron la madera lisa y blanca, y entre estas manos estaba la de la madre.

—¡Viva el pueblo trabajador! —gritó.

Centenares de voces le respondieron en un eco sonoro.

—¡Viva el partido obrero socialdemócrata! ¡Nuestro partido, camaradas, nuestra Patria espiritual!

La multitud hervía; quienes comprendían el significado del estandarte se abrieron camino hasta él. Mazine, Samoilov, los dos Goussev, se situaron al lado de Paul. Nicolás Vessovchikov, la cabeza baja, ordenaba a la gente. Otros que la madre no conocía, jóvenes de mirada inflamada, iban rechazando la masa.

—¡Vivan los obreros de todos los países! —gritó Paul.

Y con una fuerza y alegría crecientes, mil voces le respondieron, cuyo eco sacudía el alma.

La madre tomó la mano de Nicolás y la de algún otro, las lágrimas la ahogaban sin

llorar, y le temblaban las piernas. Dijo balbuceante:

—Hijos míos...

Una amplia sonrisa se esparció por el picado rostro de Nicolás, miraba a la bandera y gritaba algo que no se entendía, tendiendo la mano hacia ella. De pronto, esta mano se bajó, cogió por el cuello a la madre, la besó y se echó a reír.

—¡Camaradas! —comenzó el Pequeño Ruso, cubriendo, con su voz dulce y cantarina, el ruido de la multitud—. Nuestra procesión marcha en nombre de un nuevo Dios: el dios de la luz y la libertad. Nuestro objetivo está aún lejos, y la corona de espinas muy cerca. Los que no creen en la fuerza de la verdad, los que no tienen el valor de defenderla hasta la muerte, los que no tienen confianza en sí mismos y temen el sufrimiento, deben marcharse. Llamamos a los que creen en la victoria; quienes no tengan fe en nuestro anhelo, que no nos sigan. Solamente les espera la desgracia. ¡Formad las filas, camaradas! ¡Viva la fiesta de los hombre libres! ¡Viva el Primero de Mayo!

La muchedumbre se hizo más compacta. Paul agitó la bandera, que se desplegó flotando, estallando bajo el sol en una amplia sonrisa roja.

—Arriba los pobres del mundo... —entonó Théo Mazine con voz fuerte. Decenas de voces continuaron, en una ola suave y poderosa:

—En pie los esclavos sin pan...

Con una sonrisa ardiente en los labios, la madre caminaba detrás de Mazine, y por encima de las cabezas veía a su hijo y a la bandera. A su alrededor danzaban caras alegres, ojos de todos los colores... Su hijo y Andrés iban al frente. Oía sus voces; la de Andrés, dulce y velada, se mezclaba amistosamente con la de Paul, llena y más baja:

—Agrupémonos todos — en la lucha final...

Y todo el mundo corría gritando al encuentro del estandarte rojo, se mezclaba a la multitud y seguía con ella, y los gritos se apagaban entre el sonido del canto, aquel cántico que en casa se entonaba más bajo que cualquier otro y que en la calle corría como un río igual y sin meandros, de una potencia terrible, parecía la voz de la audacia, que si llamaba a los hombres a seguir el largo camino que conduce al futuro, también hablaba lealmente de las pesadas Pruebas que en dicho camino les aguardaban. En su enorme llama serena se fundían las sombrías escorias del pasado, la dura cadena de los sentimientos rutinarios, y el maldito temor de lo nuevo se reducía a cenizas.

Un desconocido, a la vez atemorizado y alegre, se balanceaba al ritmo del cántico, al lado de la madre, y una voz temblorosa de sollozos, le interpeló:

—Mitri, ¿a dónde vas?

Pelagia respondió sin detenerse:

—Déjelo ir y no se inquiete. Yo también llevo mi miedo en primera fila. ¡El que lleva la bandera es mi hija!

—¡Bandidos!, ¿dónde váis? ¡Hay soldados ahí abajo!

Y, cogiendo súbitamente con su mano huesuda el brazo de Pelagia, la mujer, alta y flaca, exclamó:

—¡Cómo cantan...! Y Mitri también.

—No se inquiete —susurró la madre—. Es una cosa santa... Diga que no existiría Cristo,, si las gentes no muriesen por su amor.

Este pensamiento había nacido bruscamente en su espíritu, y la había sorprendido por su verdad, clara y sencilla. Miró el rostro de la mujer que le apretaba el brazo, y repicó con sonrisa atónita:

—¡No habría Cristo, si las gentes no muriesen por amor de Nuestro Señor! Sizov apareció a su lado. Se quitó el gorro y lo agitó al ritmo del canto:

—Van derechos, ¿eh, madre? ¡Han inventado un himno..., y qué himno, madrecita! No tienen miedo de nada... Pero mi hijo está en la sepultura...

El corazón de la madre latió más fuerte y se detuvo un instante. La rechazaron a un lado y se encontró acorralada contra una valla; mientras la espesa ola humana pasaba ante ella, vio cuán numerosa era la muchedumbre, y esto la alegró.

—Arriba los pobres del mundo...

Hubiérase dicho que un clarín gigantesco cantaba en el aire, reanimando a los hombres, despertando en unos la combatividad, en otros una confusa satisfacción, el presentimiento de algo grande y nuevo, una curiosidad ardiente: aquí hacía nacer una turbadora esperanza, allí liberaba el áspero torrente de la ira acumulada en el curso de los años.

Todos miraban hacia adelante, al lugar donde se balanceaba y flotaba la bandera roja.

—¡Ya están en marcha! —aulló una voz entusiasmada—. ¡Bravo, muchachos!

Y el hombre, experimentando sin duda un sentimiento demasiado grande para expresarlo en palabras corrientes, se puso a jurar con energía. Pero también el odio, el odio sombrío y ciego del esclavo silbaba como una serpiente, se retorcía en términos rabiosos, alarmado por la luz que lo delataba.

—¡Herejes! —gritó alguien con voz cascada, agitando desde una ventana su puño amenazador. Y un murmullo penetrante, obsesivo, hirió los oídos de la madre:

—¿Contra el Emperador? ¿Contra Su Majestad el Zar? ¿Revolución...?

Rápidas figuras pasaban a su lado, hombres y mujeres saltaban, corrían; la multitud semejaba una oscura lava arrastrada por el cántico, cuyos acentos poderosos parecían derribar y trastornar todo a su paso. La madre miraba a lo lejos el estandarte rojo, no veía a su hijo, pero tenía la visión de su rostro bronceado y de su mirada ardiendo en la devoradora llama de la fe.

Se encontraba ahora en las últimas filas, entre gentes que caminaban sin apresurarse, que miraban hacia adelante con la indiferencia y la fría curiosidad del espectador, para el cual el desenlace de la obra no tiene secretos; marchaban diciéndose a media voz, con seguridad:

—Hay una compañía junto a la escuela y otra en la fábrica.

—Ha venido el gobernador...

—¿Es verdad?

—Lo he visto con mis propios ojos.

Alguien profirió unos pintorescos juramentos, y dijo:

—De todos modos, empiezan a tenernos miedo. Si han venido tropas, y el gobernador...

—Queridos, hijos míos... —estas palabras latían en el pecho de la madre.

Pero los que estaban en torno a ella eran seres fríos y sin vida. Apresuró el paso para alejarse de estos compañeros casuales, y no le costó gran trabajo superar su marcha lenta y perezosa.

De pronto, la cabeza del cortejo pareció tropezar con un obstáculo. El largo cuerpo vaciló sin detenerse, y un inquieto rumor lo recorrió. La canción se estremeció también; luego, continuó más fuerte, más de prisa. Y de nuevo, la densa ola de sonidos disminuyó, se deslizó hacia atrás. Las voces callaron una tras otra, las exclamaciones brotaron, aquí y allá, para devolver al coro la misma plenitud, para empujarlo hacia adelante:

—Arriba, los pobres del mundo...

—En pie, los esclavos sin pan...

Pero ya no había en esta llamada la misma unidad llena de viril seguridad, y se sentía el estremecimiento de la ansiedad.

La madre no veía nada, no sabía qué pasaba en la primera fila. Separando a la masa, se abría rápidamente un camino. Las gentes confluían hacia ella, las cabezas se inclinaban, las cejas se fruncían, algunos sonreían embarazosamente, otros silbaban burlones. Ella examinaba angustiada los rostros, sus ojos preguntaban, suplicaban, llamaban...

La voz de Paul resonó:

—¡Camaradas! Los soldados son gente como nosotros. No nos atacarán. ¿Por qué habrían de hacerlo? ¿Porque llevamos a todos la verdad? Ellos también necesitan esta verdad. No la comprenden todavía, pero se acerca el tiempo en que se levantarán también a nuestro lado, para marchar, no bajo las banderas del pillaje y el asesinato, sino bajo nuestro estandarte, ¡el de la libertad! Y para que comprendan antes nuestra verdad, debemos seguir adelante. ¡Adelante, camaradas! ¡Siempre adelante!

La voz de Paul era firme, y sus palabras sonaban, en el aire, limpias y claras, pero la multitud se disolvía. Unos tras otros, se iban, quién hacia la derecha, quién hacia la izquierda, camino de sus casas, deslizándose a lo largo de los muros. El cortejo tenía ahora la forma de una cuña de la que Paul era la punta, y sobre su cabeza llameaba, roja, la bandera del pueblo obrero. La muchedumbre parecía un pájaro negro que, desplegando ampliamente sus alas, se mantenía al acecho, pronto a alzarse y volar, y Paul era el pico.

XXVIII

Al extremo de la calle, cerrando el acceso a la plaza, la madre vio un muro gris de hombres sin rostro, uniformes. Sobre el hombro de cada uno de ellos, la hoja fina y acerada de la bayoneta lanzaba un frío destello. Y desde este muro silencioso, inmóvil, parecía soplar, sobre los obreros, un viento helado que penetraba hasta el corazón de la madre.

Se hundió entre la masa para alcanzar a los que ella conocía; estaban delante, junto a la bandera, y se confundían, con los desconocidos como para apoyarse en ellos. Se encontró oprimida contra un hombretón sin barba, era tuerto y volvió bruscamente la cabeza para mirarla:

—¿Qué haces aquí? ¿Quién eres? —preguntó él.

—La madre de Paul Vlassov —respondió ella.

Sentía que le temblaban las piernas y el labio inferior descendió involuntariamente.

—¡Ah! —dijo el tuerto.

—¡Camaradas! —volvía a decir Paul—, la vida entera está ante nosotros..., no tenemos otro camino.

Se siguió un silencio expectante. La bandera se alzó, se balanceó, flotó calmosamente sobre las cabezas y llegó sin tropiezo hasta la muralla de soldados. La madre se estremeció, cerró los ojos y lanzó un gemido. Paul, Andrés, Samoilov y Mazine se destacaron de la multitud.

La clara voz de Théo Mazine vibró lenta:

—Agrupémonos todos... —entonó.

—... en la lucha final... —respondieron como un eco dos voces bajas, sordas, como dos pesados suspiros.

Las gentes volvieron a ponerse en marcha, hiriendo cadenciosamente el suelo. Y un nuevo canto se elevó, con acento arrebatador y resuelto:

—Y se alcen los pueblos con valor... —moduló la voz fuerte y límpida de Théo.

—... en la Internacional... —concluyeron en coro los camaradas.

—¡Ah, ah!—gritó alguien malignamente—, ¡empezáis a cantar el oficio de difuntos, hijos de puta!

—¡Matadlo! —resonó una exclamación de rabia.

La madre oprimió su pecho con ambas manos; miró en torno y vio que la multitud que llenaba la calle, antes una masa compacta, Permanecía quieta e indecisa; de ella se destacaron los hombres con la bandera. Solamente unas decenas de personas los siguieron; a cada paso había alguno que saltaba a un lado, como si el pavimento estuviese incandescente y abrasase las suelas.

—Y la injusticia caerá... —profetizó el canto en los labios de Théo.

—... y el pueblo se levantará... —le respondió un coro de voces fuertes, seguras y amenazadoras.

Pero a través de la armonía del himno, resonaron unas palabras frías:

—¡Preparados!

Y un grito brutal:

—¡Bayonetas, cierren!

Las bayonetas describieron una curva en el aire, bajaron y se tendieron en dirección a la bandera, burlonas, irónicas.

—¡Adelante!

—¡Ya están andando! —dijo el tuerto y, hundiendo las manos en los bolsillos, se alejó a grandes zancadas.

Fijos los ojos, la madre miraba.

La ola gris de los soldados se alzó, y extendiéndose en todo el ancho de la calle, vino hacia adelante con un movimiento regular de autómata, proyectando ante sí la red perforada de los centelleantes dientes de acero. A grandes pasos, la madre se aproximó a su hijo; vio a Andrés dar también un paso para colocarse ante él y protegerlo con su largo cuerpo.

—¡A mi lado, camarada! —gritó Paul, en tono rudo.

Andrés cantaba, las manos cruzadas a la espalda, erguida la cabeza. Paul lo empujó por un hombro y exclamó de nuevo: —¡A mi lado! ¡No tienes derecho! ¡La bandera debe ir delante!

—Dispersaos —gritó un alfeñique de oficial, con voz aguda, agitando el sable desnudo.

Caminaba levantando mucho los pies, sin doblar las rodillas, hiriendo el suelo de modo provocador. A la madre le dio en los ojos el brillo de sus botas.

A su lado, un poco más atrás, caminaba pesadamente un hombre bien afeitado, de alta estatura y espeso bigote gris; vestía un largo abrigo gris forrado en rojo, y unas franjas amarillas ornaban sus pantalones. Como el Pequeño Ruso, cruzaba las manos a la espalda y, levantando las espesas cejas grises, miraba a Paul.

La madre miraba más de lo que sus ojos podían abarcar; en su pecho estaba clavado un grito, pronto a estallar, a liberarse en cada suspiro. Este grito la ahogaba pero ella lo contenía comprimiéndose el pecho con ambas manos. Atropellada por todas partes, vacilaba pero continuaba avanzando sin pensar, casi sin conciencia. Sentía que detrás de ella el número de personas disminuía sin cesar; la ola glacial venía a su encuentro y los dispersaba.

Los jóvenes de la bandera roja y la espesa cadena de los hombres grises se acercaba rápidamente, se percibía con claridad el rostro de los soldados, que parecían estirarse a todo lo ancho de la calle, unificados en una banda estrecha de un amarillo sucio. Ojos, de colores varios, miraban de modo desigual, y las delgadas puntas de las bayonetas brillaban con destello cruel. Dirigidas contra los pechos, separaban y desmigaban de la masa a las gentes, sin tocarlas siquiera.

La madre oyó a su espalda las pisadas de los que huían. Voces inquietas, ahogadas, gritaron:

—¡Escapad, muchachos!

—¡Vlassov, escapa!

—¡Atrás, Paul!

—Dame la bandera, Paul —dijo Vessovchikov con cierto aire sombrío—. Dámela, yo la esconderé.

Con una mano cogió el asta; la tela osciló retrocediendo.

—¡Suelta! —gritó Paul.

Nicolás retiró la mano como si se hubiese quemado. El canto se extinguía. Los jóvenes se detuvieron rodeando a Paul en un círculo compacto, pero él logró franquearlo. El silencio se hizo de golpe, bruscamente, como si una nube invisible y transparente hubiese bajado a envolver a los manifestantes.

Bajo la bandera se mantenían no más de una veintena de hombres, pero éstos resistían; la madre tembló por ellos y sintió el vago deseo de decirles algo.

—Coja... eso, teniente —ordenó la monótona voz del anciano alto. Tendiendo la mano, designó la bandera.

El oficialillo corrió hacia Paul, cogió el asta y gritó con voz chillona:

—¡Suéltala!

—¡Baja las manos! —dijo Paul con fuerte voz.

La bandera tembló, roja, en el aire, inclinándose a derecha e izquierda, hasta alzarse de nuevo. El pequeño oficial saltó hacia atrás y cayó al suelo. Vessovchikov pasó ante la madre con una rapidez inusitada, extendido el brazo, cerrado el .puño.

—¡Qué los prendan! —rugió el viejo, golpeando el suelo con el pie.

Algunos soldados se adelantaron. Uno de ellos blandió la culata; la bandera se estremeció, se inclinó y desapareció en el grupo gris de la tropa.

—¡Ay! —suspiró alguien tristemente.

La madre lanzó un grito, un aullido animal. Pero la dominante voz de Paul respondió en medio de los soldados:

—¡Hasta la vista, mamá! ¡Adiós, madre querida...!

"¡Está vivo! ¡Piensa en mí!".

Estos dos pensamientos llamaron a su corazón.

Se irguió sobre la punta de los pies, agitando el brazo, se esforzó en verlos, percibió sobre las cabezas de los soldados el redondo rostro de Andrés que le sonreía y la saludaba...

—¡Hijos míos...! Andrés..., Paul... —exclamó. —¡Hasta la vista, camaradas!

Un eco multiplicado, desgarrado, les respondió. Venía de las ventanas, de los tejados.

XXIX

Sintió un golpe en el pecho. A través de la bruma que velaba sus ojos, vio ante ella al oficialito que con la cara roja y congestionada, le gritaba:

—¡Lárgate, vieja!

La mirada de Pelagia descendió hacia él; vio a sus pies el asta de la bandera partida en dos, en uno de los trozos quedaba unido un jirón de tela roja. Se bajó y lo cogió. El oficial le arrancó el madero de las manos, la tiró hacia un lado y gritó golpeando el suelo con el pie:

—¡Te estoy diciendo que te largues!

De entre el pelotón de soldados, un canto brotó y creció:

—Arriba, los pobres del mundo...

Todo pareció girar, vacilar, estremecerse. El aire silbaba como en los hilos del telégrafo. El oficial dio un salto y gruñó furioso:

—¡Hágalos callar, ayudante Krainov!

Titubeando, la madre se acercó al jirón que el teniente había tirado y lo recogió de nuevo.

—¡Ciérreles el pico!

La canción se embrolló, se entrecortó, desgarrándose y apagándose. Alguien cogió a la madre por los hombros, le hizo dar media vuelta y la empujó hacia adelante...

—Vete, vete...

—¡Limpien la calle! —gritó el oficial.

La madre vio, a unos diez pasos, una multitud de nuevo compacta. La gente rugía, gruñía, silbaba y, retrocediendo lentamente hacia el fondo de la calle, se esparcía por los patios vecinos.

—¡Vete, demonio! —dijo en su oído un joven soldado bigotudo, llegando al lado de ella, y la empujó hacia la acera.

Pelagia se fue, apoyada en el trozo de asta, las rodillas doblándosele. Para no caer, se agarraba con la otra mano a las paredes y las vallas. Ante ella, las gentes retrocedían, y tras ella y a su lado, los soldados avanzaban gritando:

—Vamos, vamos...

La dejaron atrás, y se detuvo mirando a su alrededor. Al extremo de la calle, en un cordón espaciado, los soldados permanecían estacionados, cerrando el acceso a la plaza desierta. Delante, las siluetas grises caminaban sin prisa sobre la multitud.

Ella quiso volver sobre sus pasos, pero, sin darse cuenta, continuó avanzando; al llegar a una callejuela, estrecha y vacía, se metió por allí.

Volvió a pararse. Suspiró profundamente y prestó oídos. En alguna parte zumbaban voces.

Siempre apoyada sobre su trozo de asta, se puso de nuevo en marcha, moviendo las cejas. De pronto, su frente se humedeció, removiéronse sus labios, se agitó su mano. Una oleada de palabras brotó en su corazón, se acumuló en él y encendió en la madre un deseo ardiente, imperioso, de gritarlas...

El callejón torcía bruscamente a la izquierda; la madre vio un grupo denso y bastante numeroso del que se elevaba una voz fuerte:

—¡Por una chiquillada, muchachos, no se desafían las bayonetas!

—¿Los visteis, eh? Los soldados cargan sobre ellos, y ellos ni moverse. Los chicos no saben qué es miedo.

—El Paul Vlassov es todo un tipo.

—Y el Pequeño Ruso.

—¡Qué animal...! Las manos a la espalda, sonriendo...

—¡Amigos! ¡Buenas gentes! —gritó la madre, abriéndose camino entre ellos.

Le abrieron paso con deferencia. Alguien se echó a reír:

—¡Mirad, lleva la bandera! ¡La tiene en la mano!

—¡Cállate! —dijo alguien con severidad. La madre abrió los brazos de par en par.

—¡Escuchad, por el amor de Cristo! Vosotros sois de los nuestros... Sois todos gentes de corazón... Abrid los ojos, mirad sin temor, ¿qué ha pasado? Nuestros hijos, nuestra sangre, se alzan por la verdad, ¡por todos! Por vosotros y por vuestros hijos se han condenado al camino del Calvario... Buscan los días de luz... Quieren otra vida, en la verdad, en la justicia. Quieren el bien de todos.

Su corazón se desgarraba, sentía el pecho oprimido, la garganta seca y febril. De lo más hondo de sí misma nacían las palabras de un inmenso amor que abrazaba todas las cosas y todos los seres, palabras que le quemaban la boca y se atropellaban cada vez con mayor fuerza y facilidad.

Vio que la escuchaban, que callaban. Comprendió que, alrededor de ella, reflexionaban, y sintió crecer un deseo del que ahora tenía plena conciencia: el de impulsarlos más allá, hacia su hijo, hacia Andrés, hacia todos los que habían abandonado en manos de los soldados, hacia quienes habían dejado solos.

Paseando la mirada sobre los rostros sombríos y atentos, continuó con dulzura y

fuerza:

—Nuestros hijos van por el mundo hacia la alegría, por el amor de todos, por el amor

de la verdad de Cristo; marchan contra todas las cosas por medio de las cuales los malvados, los mentirosos, los ladrones, nos tienen aprisionados, nos encadenan, nos aplastan. ¡Amigos, nuestra juventud se ha levantado por todo el pueblo, nuestra sangre se alza por el mundo entero, por todos los obreros que en él viven! ¡No les abandonéis, no reneguéis de ellos, no dejéis a vuestros hijos que sigan el camino solos! Tened piedad de vosotros mismos. Tened fe en los corazones de vuestros hijos, ellos han hecho nacer la verdad y mueren por ella. ¡Tened fe en ellos!

Su voz se quebró, vaciló, al límite de sus fuerzas, y alguien la sostuvo por los brazos.

—¡Es la voz de Dios la que habla! —exclamó alguien, con acento emocionado y velado—. ¡Escuchad la voz de Dios, buenas gentes!

Otro la compadecía.

—¡La pobre se está matando!

—No es que ella se mate, es que nos abofetea a nosotros, pobres imbéciles. ¡Compréndelo!

Una voz aguda, estremecida, se elevó por encima de la multitud:

—¡Cristianos! Mi Mitri, esa alma pura, ¿qué ha hecho? Ha seguido a sus camaradas, a sus amados camaradas...

—Dice la verdad. ¿Por qué abandonamos a nuestros hijos? ¿Qué mal nos han hecho?

—Vuélvete a casa, Pelagia. ¡Vete, madre! Estás agotada —dijo Sizov.

Estaba pálido, su erizada barba se agitaba. Súbitamente, frunció las cejas, paseó una mirada severa sobre el grupo, se irguió y dijo con clara voz:

—Mi hijo Mathieu murió en accidente en la fábrica, ya lo sabéis, pero si estuviera vivo, yo mismo lo habría hecho alistarse en sus filas, con ellos... Le habría dicho: «¡Ve, Mathieu! Es una causa justa, ve y cumple con tu deber.

Se interrumpió. Todos callaron, taciturnos, dominados por un sentimiento grande y nuevo que había dejado de asustarlos. Sizov levantó el brazo, lo agitó y continuó:

—Es un viejo quien os lo dice, bien me conocéis. Hace treinta y nueve años que trabajo aquí, cincuenta y tres que vivo en este bajo mundo. Mi sobrino, un muchacho sano, inteligente, ha vuelto a ser detenido hoy. Iba delante, al lado de Vlassov, junto a la bandera...

Agitó el brazo, se replegó sobre sí mismo y tomó una mano de la madre.

—Esta mujer ha dicho la verdad. Nuestros hijos quieren vivir en el honor y la razón, y nosotros los hemos abandonado, hemos huido... Vete, Pelagia.

—¡Amigos míos! —dijo ella mirando a todos con sus ojos anegados en llanto—. ¡La vida está hecha para nuestros hijos, la tierra está hecha para ellos...!

—Vete, Pelagia. Toma, llévate el bastón —dijo Sizov, dándole el trozo de asta.

Miraban a la madre con dolor, con respeto; un rumor dé simpatía la acompañaba. Silencioso, Sizov le abrió paso, las gentes se separaban sin decir palabra y, obedeciendo a una fuerza misteriosa, la seguían sin apresurarse, cambiando a media voz breves frases.

Cerca de la puerta de su casa, ella se volvió, y apoyándose en el trozo del asta, los saludó y dijo dulcemente, con voz agradecida:

—Gracias a todos...

Y recordando de nuevo el pensamiento, el nuevo pensamiento, que según le parecía había florecido en su corazón, dijo:

—Nuestro Señor Jesucristo no existiría si las gentes no murieran por su gloria... La multitud la miró en silencio.

Ella se inclinó nuevamente y entró en la casa, donde Sizov la siguió encorvando su alta estatura.

La gente permaneció unos momentos allí, intercambiando aún algunas reflexiones. Después, se dispersaron lentamente.

SEGUNDA PARTE

I

El resto de la jornada flotó en una bruma multicolor de recuerdos, en una pesada laxitud que oprimía el cuerpo y el alma. La mancha gris del pequeño oficial saltaba en la imaginación de la madre. El rostro bronceado de Paul se iluminaba, reían los ojos de Andrés...

Iba y venía por la habitación, se sentaba junto a la ventana, miraba la calle, caminaba de nuevo frunciendo las cejas temblando. Lanzando una ojeada a su alrededor, vacía la cabeza, buscaba algo, sin saber qué. Bebió agua sin calmar su sed; no podía apagar dentro de su pecho el ardiente brasero de angustia y humillación que la consumía. El día se había dividido en dos partes: la primera tuvo un sentido, un contenido, pero en la segunda se había hundido todo. Ante la madre se abrían las fauces del vacío, y una pregunta sin respuesta la torturaba:

—¿Qué haré ahora?

María Korsounov vino. Gesticuló ampliamente, gritó, lloró, se exaltó, golpeó el suelo con los pies, propuso y prometió algo confuso y amenazó a no se sabía quién. La madre permaneció indiferente.

—¡Ah, ah! —decía la voz chillona de María—. Esto ha picado a la gente, ¿has visto? La fábrica se ha levantado en masa.

—Sí, sí —respondía dulcemente Pelagia, inclinando la cabeza, y su mirada fija veía de nuevo lo que ya pertenecía al pasado, lo que de sí misma se había ido con Andrés y Paul. No podía llorar, en su corazón oprimido no quedaban lágrimas, sus labios también estaban secos y su boca tampoco tenía saliva. Le temblaban las manos y unos ligeros estremecimientos recorrían, helándola, su espalda.

Por la noche vinieron los gendarmes. Los acogió sin extrañeza y sin temor. Entraron ruidosamente, con aire alegre y satisfecho. El oficial de tez amarilla, dijo burlonamente:

—Muy líen, ¿cómo está usted? Es la tercera vez que nos vemos, ¿no?

Ella callaba, pasando la lengua seca por sus labios. El oficial habló mucho, en tono pedantesco, y ella comprendía que sentía placer escudándose. Pero las palabras no llegaban hasta ella, no le afectaban solamente la alcanzaron cuando él dijo:

—Tú, madre, también eres culpable por no haber sabido inspirar a tu hijo el respeto a Dios y al Zar...

De pie unto a la puerta, ella respondió sordamente y sin mirarlo:

—Sí, nuestros hijos son nuestros jueces. Y con toda justicia, nos condenarán por haberlos abandonado en su camino...

—¿Qué?—gritó el oficial—. ¡Habla más alto!

—Digo: nuestros jueces son nuestros hijos —repitió ella suspirando.

Entonces, él se puso a perorar con voz rápida e irritada, pero el torbellino d' sus palabras no rozaba siquiera a la madre.

María Kirsounov había sido convocada como testigo. Se mantenía al lado de la madre, pero tampoco la miraba, y cuando el oficial le hacía cualquier pregunta, ella se inclinaba profundamente y respondía con voz monótona:

—No losé, Excelencia. Soy una mujer sin instrucción, me ocupo de m comercio todo lo que mi estupidez me permite, y no sé nada de nada...

—Bien, pues cállate —ordenó el oficial, retorciéndose el bigote. Ella se inclinó, y haciéndole la higa a sus espaldas, susurró a Pelagia:

—¡Toma que coja esto!

Le dieron orden de registrar a la madre. Sus ojos pestañearon y se clavaron en el oficial. Dijo en tono quejumbroso:

—No sé cómo se hace, Excelencia.

El golpeó el suelo con impaciencia y se puso a gritar. María bajó los ojos y dijo suavemente a la madre:

—Bueno pues desabróchate, Pelagia...

Miró y palpó sus ropas; subiéndosele la sangre a la cabeza, murmuró:

—¡Perros...!

—¿Qué masculla tú? —preguntó severamente el oficial, mirando hacia el rincón donde María realizaba su tarea.

—Cosas de mujeres, Excelencia —contestó ella atemorizada. Cuando el oficial ordenó a la madre que firmase el proceso verbal, ella, con mano torpe, trazó, en letras de imprenta, caracteres brillantes y visibles: "Pelagia Vlassov, viuda de un obrero".

—¿Qué has escrito ahí? ¿Por qué pones eso? —exclamó el oficial con una mueca de desdén. Luego dijo, irónico:

—Salvajes...

Se fueron. La madre se colocó ante la ventana, los brazos cruzados sobre el pecho, y los ojos fijos ante sí sin ver nada, permaneciendo allí mucho tiempo. Sus cejas se alzaban, apretaba los labios y las mandíbulas con tal fuerza, que no tardaron en dolerle los dientes. El petróleo se agotó en la lámpara y la luz se apagó, titilante. Ella sopló la mecha y permaneció en la oscuridad. Un sopor angustioso la inundó como una nube sombría, paralizando los latidos de su corazón. Permaneció así largo tiempo, sintiendo la fatiga de sus piernas y de sus ojos. Oyó a María detenerse ante la ventana y exclamar con voz vinosa:

—¿Duermes, Pelagia? Pobre mártir...

Se echó en la cama sin desnudarse y, muy pronto, como si rodase en el centro de un torbellino, cayó en un profundo sueño.

En sueños vio el terraplén de arena amarilla, al otro lado del pantano, en el camino de la ciudad. En lo alto de la pendiente que llevaba al lugar de donde se extraía la arena, estaba Paul cantando dulcemente con la voz de Andrés:

—Arriba, los pobres del mundo...

Ella pasaba ante el montículo y miraba a su hijo con la mano sobre la frente. La silueta del joven se destacaba, nítida sobre el fondo azul del cielo. Le daba vergüenza acercarse a él, porque estaba encinta. En brazos llevaba otro chiquillo. Continuó su camino. En los campos, los niños jugaban a la pelota; eran muchos, y la pelota era roja. El bebé que llevaba tendió los brazos hacia ellos y se echó a llorar ruidosamente. Le dio el pecho y volvió sobre sus pasos. El montículo estaba ahora ocupado por soldados que dirigían contra ella sus bayonetas. Corrió velozmente hasta una iglesia que se alzaba en medio del campo, una iglesia blanca, ligera, como hecha de nubes, y desmesuradamente alta. Había un entierro: el ataúd era grande, negro, con la tapa clavada. Pero el sacerdote y el diácono iban por la iglesia vestidos de blanco y cantaban:

—Cristo ha resucitado de entre los muertos...

El diácono agitó el incensario, la saludó sonriente. Tenía los cabellos de un rojo resplandeciente y un rostro alegre como el de Samoilov. De lo alto de la cúpula descendían rayos de sol, anchos como sábanas. A ambos lados del coro, los niños cantaban dulcemente:

—Cristo ha resucitado de entre los muertos...

—¡Detenedles! —gritó súbitamente el sacerdote parándose en medio del templo. El alba que vestía desapareció, y sobre su rostro aparecieron severos bigotes color de pimienta y sal. Todos echaron a correr, incluso el diácono, que arrojó a un rincón el incensario y se cogió la cabeza con las manos como el Pequeño Ruso. La madre dejó caer el niño a los pies de los fieles: éstos, corriendo, evitaban pisarlo y miraban temerosamente el pequeño cuerpecito desnudo, en tanto que ella, arrodillándose, les gritaba:

—¡No abandonéis al niño! Lleváoslo...

—Cristo ha resucitado de entre los muertos... —cantaba el Pequeño Ruso, las manos a la espalda y sonriendo.

Ella se inclinó, recogió a la criatura y la colocó sobre una carreta de planchas de madera, al lado de la cual caminaba lentamente Nicolás, que decía riendo:

—Me han dado un trabajo pesado...

La calle era fangosa. La gente se asomaba a las ventanas y silbaba, gritaba, gesticulaba. El día era claro, un ardiente sol, y ninguna sombra.

—¡Canta, madrecita! —decía el Pequeño Ruso—. ¡Es la vida!

Y él cantaba, dominando con su voz todos los ruidos. La madre lo seguía. De pronto, tropezó y voló en un abismo sin fondo, que aullaba mientras ella caía...

Se despertó, temblando. Se habría dicho que una mano pesada y rugosa rodeaba su corazón y lo apretaba suavemente en un juego cruel. La sirena de la fábrica sonaba obstinadamente, y reconoció la segunda llamada. En la habitación en desorden, los libros se mezclaban, revueltos, todo estaba patas arriba, y el suelo mostraba la suciedad de las pisadas de los gendarmes.

Se levantó y comenzó a poner todo en orden, sin lavarse ni hacer sus oraciones. En la cocina vio el trozo de madero con el jirón de algodón rojo, lo cogió malhumorada y quiso echarlo al horno, pero separó, suspirando, el trocito de tela, que plegó cuidadosamente y ocultó en su bolsillo, rompiendo luego en la rodilla el resto del palo y arrojando los dos pedazos en el arcón de la leña. Después, lavó los cristales y fregó el suelo, preparó el samovar, se vistió, se sentó en la cocina junto a la ventana, y de nuevo se planteó la cuestión de la víspera:

—¿Qué haré ahora?

Recordando que no había rezado aún, permaneció de pie durante unos instantes ante los iconos, y volvió a sentarse; sentía el corazón vacío.

Reinaba una extraña calma. Le parecía que las gentes que la víspera habían gritado tanto en las calles, se escondían hoy en sus casas para reflexionar en silencio acerca de la extraordinaria jornada.

De pronto, recordó una escena que había visto una vez cuando era joven: en el añoso parque de la familia Zaoussailov había un gran estanque, completamente cubierto de nenúfares. Un día gris de otoño, ella había pasado por allí, y vio un bote en el centro. El estanque estaba sombrío, tranquilo, y la embarcación parecía literalmente pegada al agua negra y al melancólico adorno de hojas amarillentas. Una tristeza profunda, un misterioso dolor se desprendía de aquella barca sin remero ni remos, inmóvil sobre el agua opaca entre las hojas muertas. Pelagia había permanecido allí mucho tiempo, preguntándose quién habría podido empujar el bote tan lejos, y por qué motivo. Aquella noche se supo que la esposa del intendente del castillo se había ahogado en el estanque: una mujercita de ágil caminar y cabellos negros, siempre desordenados.

La madre pasó la mano por los ojos, y en su pensamiento se deslizó el recuerdo de los acontecimientos de la víspera; la invadieron y permaneció largo rato inmóvil en su silla, los ojos fijos sobre la taza de té, ya frío. Sintió el deseo de ver a alguien, sencillo e inteligente, y preguntarle un montón de cosas.

Como si hubiera escuchado este ruego, Nicolás Ivanovitch vino por la tarde. Pero al verlo, se sintió presa de inquietud, y sin responder a su saludo, le dijo en voz baja:

—Ah, querido mío, ha cometido un error viniendo aquí. Es imprudente, y seguro que lo detendrán si lo ven...

Él le estrechó vigorosamente la mano y acomodó mejor sus lentes. Luego, inclinando el rostro sobre el de la madre, le; explicó en rápidas palabras:

—Paul, Andrés y yo habíamos convenido que si los detenían, yo debía venir al día siguiente para llevarla a usted a instalarse en la ciudad. —Hablaba con voz afectuosa y preocupada—. ¿Han venido a registrar?

—Sí. Han mirado por todas partes, me han registrado a mí... ¡Esa gente no tiene pudor ni conciencia!

—¿Por qué iban a tenerlos? —dijo Nicolás, alzando los hombros. A continuación se dedicó a exponerle las razones por las cuales debía irse a vivir a la ciudad.

Ella escuchaba con simpatía aquella voz llena de solicitud, mirándolo con una pálida sonrisa, y, si no comprendía del todo sus demostraciones, la tranquilizaba sentir la tierna confianza que él le inspiraba.

—Desde el momento que Paul lo quiere, y si no voy a estorbarle...

—No se preocupe por eso. Vivo solo, únicamente mi hermana viene alguna rara vez.

—Quiero ganarme el pan —objetó ella.

—Si es su gusto... Ya le encontraremos alguna ocupación.

Para ella, la idea de trabajo estaba ya indisolublemente unida al género de actividad de su hijo, de Andrés y de sus camaradas. Se acercó a Nicolás y le preguntó, mirándole a los ojos:

—¿Me lo encontrarán?

—Mi casa es pequeña, la de un soltero.

—No hablo de ese trabajo —dijo ella dulcemente.

Suspiró, un poco picada de que él no la hubiese comprendido. Pero Nicolás, sonriendo sus ojos miopes, le dijo en tono soñador:

—Si cuando vea a Paul puede pedirle la dirección de esos campesinos que han pedido un periódico...

—¡Yo los conozco! —dijo ella alegremente—. Los encontraré y haré todo lo que usted me diga. ¿Quién va a pensar que yo llevo papeles prohibidos? ¡Dios sabe cuántos he llevado a la fábrica!

Súbitamente, la invadió el deseo de ir a cualquier parte, por las carreteras, los bosques y las aldeas, la mochila al hombro, el bastón en la mano.

—¡Encárgueme de ese asunto, se lo suplico! —dijo—. Iré allí donde me manden, encontraré el camino en todas las provincias. Iré verano e invierno..., hasta la tumba, como un peregrino. ¿No es un destino envidiable para mí?

Pero sintió angustia cuando se vio, en el pensamiento, sin hogar, errante, pidiendo limosna en nombre de Cristo, bajo las ventanas de las isbas.

Nicolás le tomó dulcemente una mano y la acarició con sus cálidos dedos. Después, mirando el reloj, dijo:

—Hablaremos de eso más tarde.

—¡Amigo mío! —exclamó ella—. Nuestros hijos, que tienen el más querido lugar en nuestro corazón, sacrifican su libertad y su vida, mueren sin sentir lástima de sí mismos, y yo, una madre, ¿qué no haría?

Nicolás palideció, y dijo muy quedo, mirándola con una atención que era casi una caricia:

—Sabe que es la primera vez que oigo palabras semejantes... —¿Qué puedo decir yo? —preguntó Pelagia, inclinando tristemente la cabeza y dejando caer los brazos en gesto de impotencia—. Si encontrara palabras para decir todo lo que hay en mi corazón de madre...

Se levantó, impulsada por una fuerza que crecía en su pecho y la embriagaba en un torrente de palabras indignadas:

—Muchos llorarían... Incluso los malvados, las gentes sin conciencia... Nicolás se levantó también y, una vez más, miró la hora.

—Entonces, queda decidido. ¿Viene a vivir conmigo? Ella asintió en silencio.

—¿Cuándo? Lo más pronto posible. Y añadió con dulzura:

—Estoy inquieto por usted.

Ella le miró extrañada. ¿Qué interés podía inspirarle? El se mantenía ante la madre, la cabeza baja, una embarazosa sonrisa en los labios, encorvado, miope, vestido con una modesta chaqueta negra, todo lo que llevaba parecía prestado...

—¿Tiene usted dinero? —preguntó él tímidamente.

—No.

El sacó vivamente su monedero del bolsillo, lo abrió y se lo tendió:

—Tome, por favor, coja lo que necesite...

La madre tuvo una sonrisa involuntaria, y observó:

—Todo ha cambiado. El dinero no tiene valor para vosotros. La gente pierde su alma por él, y a vosotros no os importa. Parece que sólo lo tenéis para socorrer a los demás...

Nicolás rió suavemente.

—El dinero es una cosa muy incómoda y muy desagradable. Siempre es molesto, tanto recibir como dar...

Le tomó la mano, la apretó con fuerza, y repitió:

—Vendrá lo antes posible ¿verdad?

Y, tranquilo como siempre, se marchó. Cuando volvió de acompañarle, pensó Pelagia:

—Es tan bueno..., pero no nos ha compadecido.

Y no pudo saber si esto le parecía desagradable o simplemente asombroso.

II

Se puso en camino el cuarto día a partir de su visita. Cuando el coche que la conducía con sus dos maletas salió del barrio para adentrarse en el campo, ella se volvió y sintió, de pronto, que dejaba para siempre aquellos lugares en que había transcurrido el período más sombrío y penoso de su vida y donde había comenzado una nueva era, llena de nuevos dolores y alegrías diferentes, que devoraban rápidamente los días.

Semejante a una inmensa araña de un rojo oscuro, la fábrica se extendía sobre el suelo negro de hollín, elevando hacia el cielo sus chimeneas. A su alrededor se apretaban las casitas obreras de una sola planta. Grises, aplastadas, se estrechaban, compactas, al borde del pantano mirándose lastimosamente unas a otras con sus pequeñas ventanas descoloridas. Más allá se elevaba la iglesia, de un rojo sombrío, como la fábrica, pero su campanario era más bajo que las chimeneas de ésta.

La madre suspiró y desabotonó el cuello de su blusa, que le oprimía la garganta.

—¡Anda! —mascullaba el cochero, agitando las riendas sobre el lomo del caballo. Era un hombre de edad incierta, de cabellos ralos y esparcidos y ojos incoloros. Cojeando de una pierna, caminaba al lado del coche, y se veía en seguida que el objeto del viaje le era totalmente indiferente.

—¡Anda! —decía con voz blanda, estirando cómicamente sus piernas torcidas, calzadas con pesadas botas cubiertas de un barro seco. La madre lanzó una ojeada a su alrededor. Los campos estaban desiertos, vacíos como su alma...

El caballo balanceaba lamentablemente la cabeza, hundiendo pesadamente sus herraduras en la arena profunda, calentada por el sol, que chirriaba... La carreta, mal engrasada y bamboleante, rechinaba también, y todos esos ruidos quedaban en el polvo, detrás de la viajera.

Nicolás Ivanovitch habitaba en el extremo de la ciudad, en una calle desierta, un pequeño pabellón verde unido a una sombría casa de dos pisos, carcomida de vejez. Delante había un jardincillo salvaje, y las ramas de las lilas, de las acacias, las hojas plateadas de los jóvenes abedules lanzaban tiernas miradas por las ventanas de las tres habitaciones de la vivienda. Estas habitaciones eran silenciosas, limpias. La sombra de la vegetación se recortaba sobre el suelo, y las paredes estaban cubiertas de estanterías sobrecargadas de libros, bajo los retratos de severos personajes.

—¿Estará bien aquí? —preguntó Nicolás, conduciendo a la madre a una pequeña habitación, una de cuyas ventanas daba al jardín y la otra al patio, donde crecía una espesa hierba. También en aquel cuarto las paredes estaban cubiertas de armarios y estantes repletos de libros.

—Me gusta más la cocina—dijo ella—. Es clara y limpia...

Le pareció que Nicolás tenía miedo de algo. Pero cuando, confuso y embarazado, quiso disuadirla y consiguió hacerla renunciar a la cocina, recuperó instantáneamente toda su alegría.

En las tres habitaciones reinaba una atmósfera particular. Se respiraba un aire ligero y agradable, pero involuntariamente se hablaba en voz baja como si no se desease hablar alto ni turbar la apacible meditación de los personajes que miraban desde lo alto de las paredes, con aire concentrado.

—Hay que regar las flores —dijo la madre, después de tocar la tierra de las macetas de las ventanas.

—Sí, sí —dijo el dueño de la casa con aspecto contrito—. A mí, sabe, me gustan las flores, pero no tengo tiempo de ocuparme... Pelagia observó que, incluso en su confortable alojamiento, Nicolás se movía con precaución, distante, como extraño a cuanto le rodeaba. Acercaba la cara a los objetos que miraba, ajustándose los lentes con los finos dedos de su mano derecha, guiñaba los ojos y dirigía la mirada en muda interrogación sobre aquello que le interesaba. A veces, tomaba en sus manos el objeto, lo acercaba al rostro y lo palpaba suavemente. Se habría dicho que acababa de llegar con la madre, y que todo dentro de la habitación le resultaba tan desconocido, tan desusado como a ella. Viéndolo tan distraído, la madre se sintió en seguida como en su casa. Seguía a Nicolás anotando el lugar de cada cosa, y le hacía preguntas sobre su modo de vivir. El respondía en el tono de un hombre que pide perdón por no obrar como debe, pero que no sabe hacer otra cosa.

Ella regó las flores y reunió, en un montón ordenado, los cuadernos de música, revueltos sobre el piano; luego miró el samovar.

—Hay que limpiarlo —dijo.

El pasó el dedo por el empalidecido metal, luego lo acercó a su nariz y lo examinó gravemente. La madre sonrió con indulgencia.

Cuando se acostó e hizo el balance de su jornada, levantó la cabeza de la almohada, con asombro y miró a su alrededor. Por primera vez en su vida, se encontraba bajo el techo de un extraño, y no se sentía molesta. Pensó solícitamente en Nicolás y sintió el deseo de hacer todo lo posible por ayudarle, por poner en su vida un poco de cálido afecto. Estaba conmovida por la torpeza, la cómica timidez de su huésped, por su desconocimiento de todo lo que era de orden práctico, por la expresión a la vez prudente e infantil de sus claros ojos. Después, su pensamiento se dirigió a su hijo, volvió a ver aquel Primero de Mayo que se le aparecía lleno de resonancias nuevas, animado de un sentido nuevo. Y el dolor de aquella jornada era de un carácter tan particular, como la jornada en sí misma. No hacía curvar la cabeza hacia el suelo como un puñetazo que aturde, sino que, hiriendo el corazón con mil pinchazos, provocaba una tranquila cólera que erguía la encorvada espalda.

—Los hijos se van por el mundo... —pensaba, escuchando los ruidos desconocidos de la vida nocturna de la ciudad, que penetraban por la ventana abierta, agitando el follaje del jardín: venían de lejos, fatigados, debilitados, para morir dulcemente en la habitación.

Al día siguiente, muy temprano, limpió el samovar, lo encendió, recogió silenciosamente la vajilla. Luego, se sentó en la cocina esperando el despertar de Nicolás. Oyó su tos, y lo vio aparecer llevando los lentes en una mano y abrigándose la garganta con la otra. Después de contestar a su saludo, trajo el samovar a la habitación mientras él se lavaba, salpicando el suelo, dejando caer el jabón y el cepillo de dientes, y refunfuñando contra sí mismo.

Mientras desayunaba, Nicolás le contó:

—Tengo un empleo bien triste en la administración provincial. Veo cómo se arruinan nuestros campesinos...

Sonrió con aire culpable.

—Estas pobres gentes, debilitadas por un hambre crónica, mueren antes de tiempo, los niños nacen raquíticos y caen como moscas en otoño. Nosotros lo sabemos, conocemos las causas de tal calamidad y cuando las hemos analizado bien, recibimos nuestro sueldo. A decir verdad, es todo lo que hacemos.

—¿Es que es usted estudiante? —preguntó ella.

—No, soy maestro de escuela. Mi padre es director de una fábrica en Viatka, y yo me hice profesor. Pero me puse a repartir libros entre los de la aldea y me metieron en la cárcel. Después estuve empleado en una librería, pero fui poco prudente y me detuvieron de nuevo, luego me mandaron a Arkhangel... Allí también tuve disgustos con el gobernador, y me enviaron a una cabaña a orillas del Mar Blanco, donde estuve cinco años.

Su voz sonaba igual y tranquila en la clara habitación inundada de sol. La madre había oído ya muchas historias del mismo tipo, y nunca había podido comprender por qué los amigos de Paul las referían con tanta calma, como si se tratase de hechos inevitables.

—Mi hermana llegará hoy —anunció él.

—¿Está casada?

—Es viuda. Su marido fue desterrado a Siberia, pero huyó y murió de tuberculosis en el extranjero, hace dos años.

—¿Es más joven que usted?

—Tiene seis años más. Yo le debo mucho. ¡Ya la oirá tocar! Ese piano es suyo, como otras muchas cosas de aquí; los libros son míos.

—¿Dónde vive?

—En todas partes —respondió él, sonriendo—. En todas partes donde hay necesidad de alguien audaz, se la encuentra.

—¿Ella se ocupa también... de la causa?

—¡Desde luego!

Se marchó a la oficina, en tanto que la madre se ponía a pensar en "esta causa" que unos cuantos hombres sostenían, día tras día, con obstinación y serenidad. Se sentía ante ellos como ante una montaña nocturna.

Hacia el mediodía llegó una señora alta y esbelta, vestida de negro. Cuando la madre le abrió la puerta, la visitante dejó en el suelo una pequeña maleta amarilla y tomó vivamente la mano de Pelagia.

—Es usted la madre de Paul, ¿verdad?

—Sí —respondió ella, intimidada por la elegancia de aquellas ropas.

—Es usted como yo me la imaginaba. Mi hermano me escribió que vendría usted a vivir con él —dijo la dama, quitándose el sombrero delante del espejo—. Paul y yo somos amigos hace tiempo. Me ha hablado frecuentemente de usted.

Su voz era mate, y hablaba despacio, pero sus movimientos eran vivos y enérgicos. Sus grandes ojos grises tenían una sonrisa joven y franca. Sobre las sienes se percibían ya finísimas y pequeñas arrugas, y por encima de las menudas orejas, unas mechas de cabellos grises brillaban como plata.

—Tengo hambre —dijo—. Me gustaría tomar una taza de café.

—Voy a hacerlo en seguida —replicó la madre. Y sacando del armario una cafetera, preguntó muy bajo:

—¿Es cierto que Paul habla de mí?

—Y no poco...

Sacó un pequeño estuche de cuero del que extrajo un cigarrillo, lo encendió y, yendo y viniendo por el cuarto, preguntó:

—¿Está muy inquieta por él?

Mientras miraba la llama azul del infiernillo de alcohol, que temblaba bajo la cafetera, la madre sonreía. Su turbación ante la dama había desaparecido en la profundidad de su alegría.

"Así que habla de mí el chico...", pensó, y dijo lentamente:

—Desde luego, es duro, pero antes era peor; ahora ya sé que no está solo... Y fijando los ojos en el rostro de la visitante, la interrogó:

—¿Cómo se llama usted?

—Sofía.

La madre la observaba con atención. Había en ella algo de inmoderado, de demasiado audaz, de precipitado...

Sofía hablaba en tono de seguridad:

—Lo principal es que no estén mucho tiempo en la cárcel, que los juzguen pronto. Y en cuanto Paul esté en el destierro, le haremos escapar; no podemos pasarnos mucho tiempo sin él aquí.

Incrédula, la madre miró a Sofía mientras ésta buscaba con los ojos un sitio para tirar su cigarrillo. Lo hundió en la tierra de un tiesto.

—¡Va a estropear las flores! —observó maquinalmente la madre.

—Perdón —dijo Sofía—. Nicolás me lo dice siempre. —Y retirando la colilla, la arrojó por la ventana.

La madre se sintió confusa, la miró a los ojos y dijo, con aire culpable:

—¡Excúseme! Lo dije sin pensarlo. ¿Acaso soy quién para hacerle observaciones?

—¿Por qué no, si soy descuidada? —respondió Sofía, encogiéndose de hombros—. ¿El café está listo? ¡Gracias! ¿Por qué una sola taza? ¿No va usted a tomarlo?

Y súbitamente, cogió a la madre por los hombros, la atrajo hacia sí y, mirándola francamente, le preguntó, asombrada:

—¿Es que la cohíbo? Pelagia dijo, sonriendo:

—¡Acabo de llamarle la atención y me pregunta si me cohíbe!

Y, sin ocultar su propia extrañeza, continuó como interrogándose:

—He llegado a esta casa ayer, y estoy en ella como en la mía, no tengo miedo de nada, digo lo que quiero...

—Como debe ser —dijo Sofía.

—Ya no sé dónde tengo la cabeza, no me reconozco yo misma —añadió la madre—. Antes, daba vueltas alrededor de las personas antes de decirles algo con franqueza, y ahora... mi corazón se abre en seguida y digo de golpe cosas que en otro tiempo ni siquiera habría pensado...

Sofía encendió otro cigarrillo. Sus ojos grises se posaron sobre la madre, con una mirada clara y afectuosa.

—Dice usted que organizará la evasión de Paul. Sí, pero, ¿cómo vivirá luego?

La madre planteó por fin la cuestión que la atormentaba.

—Un juego de niños —respondió Sofía, sirviéndose más café—. Vivirá como viven decenas de evadidos... Mire, yo vuelvo ahora' de instalar a uno, otro hombre imprescindible que fue desterrado por cinco años y ha estado... allí, tres meses y medio.

La madre la miró fijamente, sonrió y dijo en voz baja, moviendo la cabeza:

—Ha sido la jornada del Primero de Mayo la que me ha; trastornado. Me siento insegura, como si siguiese dos caminos a la vez: tan pronto me parece que comprendo todo, como vuelvo a perderme en la niebla. Ahora mismo, cuando la miro a usted..., es una dama de calidad, y, sin embargo, se ocupa de la causa. Usted conoce a Paul y le aprecia, y yo se lo agradezco...

—Bueno, es a usted a quien hay que darle las gracias —dijo Sofía, riendo.

—¿Por qué a mí? No fui yo quien le enseñó todo eso... —respondió, suspirando, la madre.

Sofía dejó su cigarro en el platillo, sacudió la cabeza haciendo que sus cabellos dorados cayeran en espesa cascada sobre los hombros, y salió, diciendo:

—Creo que ya es hora de que se cambie de ropa y deje todos estos esplendores...

III

Nicolás volvió a mediodía. Comieron y, mientras tanto, Sofía contó, riendo, cómo había encontrado y ocultado al fugitivo. Ella tenía miedo de los espías y los veía por todas partes, y el camarada evadido era de lo más pintoresco. El tono de su voz recordaba a la madre la vanidad del obrero que ha hecho bien un trabajo difícil y está satisfecho de ello.

Sofía vestía ahora un traje ligero y amplio, gris plata. Parecía más alta con aquel atavío, sus ojos eran más oscuros y sus gestos más tranquilos.

—Sofía —dijo Nicolás, cuando terminaron el almuerzo—, hay un nuevo trabajo para ti. Hemos emprendido la tarea de hacer un periódico para los campesinos, pero hemos perdido el contacto después de los últimos arrestos. Solamente Pelagia puede ayudarnos a encontrar al hombre que se encargará de la difusión. Ve con ella es urgente.

—Bueno —dijo Sofía, fumando su cigarrillo—. ¿Vamos, Pelagia?

—¿Por qué no? Vamos.

—¿Es lejos?

—Unos ochenta kilómetros.

—Perfecto. Ahora voy a tocar el piano. ¿Puede soportar un Poco de música, Pelagia?

—No me lo pregunte... Haga como si yo no estuviera aquí —dijo la madre, sentándose en una esquina del sofá. Veía que el hermano y la hermana, sin aparentar prestarle atención, hacían siempre de modo que ella se encontrase mezclada en su conversación.

—Bien, pues escucha, Nicolás. Es Grieg. Lo he traído hoy... Cierra las ventanas.

Abrió la partitura e hirió dulcemente el teclado con la mano derecha. Las cuerdas vibraron, blandas y densas. Primero, un profundo suspiro, luego otra nota, de un sonido lleno de riqueza, se unió a las primeras. Bajo los dedos de aquella mano, extraños gritos transparentes tomaron impulso para su vuelo inquieto, los claros sonidos revolotearon, batieron alas como pájaros asustados sobre el fondo sombrío de las notas bajas.

Al principio, aquella música no dijo nada a la madre. En semejante serie de sonidos no veía sino una cacofonía. Su oído no podía captar la melodía en la confusa vibración del torrente de notas. Medio dormida, miraba a Nicolás sentado en la otra esquina del ancho diván, replegadas las piernas: observaba el severo perfil de Sofía y su cabeza cubierta por el pesado vellón de sus cabellos rubios. Un rayo de luz iluminó la cabeza y el hombro, luego, cayendo sobre el teclado, flotó sobre los dedos de la pianista, envolviéndolos. La música llenaba la habitación cada vez más, y el corazón de la madre se despertaba a la melodía, sin que ella misma se diese cuenta.

De pronto, desde el oscuro trasfondo de su pasado, subió el recuerdo de una humillación, olvidada hacía mucho tiempo y que resucitaba ahora con cruel nitidez.

Una noche, su marido había vuelto muy tarde, completamente borracho, la había cogido por un brazo y, arrojándola fuera del lecho, la había golpeado a puntapiés, diciéndole:

—¡Largo de aquí, carroña, estoy harto de ti!

Para huir de los golpes, ella había cogido a su hijo, que tenía dos años, y, de rodillas, se protegía con el pequeño cuerpo como con un escudo.

Paul lloraba y se debatía, aterrado, desnudo y tibio.

—¡Fuera los dos! —rugía Michel.

Ella dio un salto y corrió a la cocina, echó algo de ropa sobre sí, envolvió al niño en una toquilla y, sin gritos ni miedo, descalza y en camisa, se fue a la calle. Estaban en mayo y la noche era fresca, el frío polvo se pegaba a sus pies, acumulándose entre los dedos el niño lloraba, debatiéndose. Pelagia descubrió su seno, apretó la criatura contra su cuerpo y, asustada ahora, caminó meciéndole y canturreándole muy bajo.

Ya apuntaba el día. Sintió miedo y vergüenza de que pudieran encontrarla casi desnuda. Bajó a la orilla del pantano y se sentó en la tierra, bajo un apretado grupo de arbolillos jóvenes. Permaneció mucho tiempo allí, envuelta por la oscuridad, los ojos dilatados, fijos en las tinieblas y cantando medrosamente para mecer a un mismo tiempo a su niño y a su humillado corazón.

De pronto, un pájaro negro, silencioso, se agitó sobre su cabeza, tomó impulso y voló a lo lejos. Ella sintió una sacudida y se levantó. Temblando de frío se dirigió a su casa, al encuentro del terror habitual, de los golpes y de los renovados insultos...

Por última vez, un acorde sonoro, indiferente y frío, suspiró y se fijó. Sofía se volvió preguntando a media voz a su hermano:

—¿Te ha gustado?

—Mucho —dijo él, estremeciéndose, como si despertara súbitamente—. Mucho...

En el pecho de la madre cantaba el eco de los recuerdos: cantaba y temblaba. Le vino un pensamiento:

"Estas son gentes que viven tranquilamente, en buena armonía. No juran, no beben aguardiente, no se pelean por una nadería. como hace el pueblo bajo".

Sofía fumaba un cigarrillo; fumaba mucho, casi continuamente.

—Era el fragmento preferido del pobre Kostia —dijo, aspirando vivamente el humo, y repitió un acorde ligero y triste—. Me gustaba tocarlo para él... Era fino, sensible, abierto a todo...

"Sin duda piensa en su marido", se dijo la madre. Y sonrió.

—Me dio tanta felicidad... —continuó Sofía, en voz baja, acompañando sus pensamientos de ligeras notas—. Sabía vivir...

—Sí —dijo Nicolás, mesándose la barba—. Su alma cantaba.

Sofía tiró el cigarrillo que había empezado y se volvió hacia la madre.

—¿Mi ruido no la molesta?

—No me lo pregunte, yo no entiendo nada —dijo Pelagia, con un leve despecho que no conseguía ocultar por completo—. Yo estoy aquí escuchando, rumiando pensamientos...

—Sí, seguramente que usted comprende —replicó Sofía—. Una mujer no puede dejar de comprender la música, sobre todo si sufre...

Hirió las teclas con fuerza, .y un sonoro grito clamó, el grito del que oye algo terrible para él, que alcanza su corazón y le arranca un gemido punzante. Jóvenes voces palpitaron asustadas y huyeron en una desbandada rápida. De nuevo se elevó una voz fuerte y áspera, cubriendo todo lo demás... Sin duda, había ocurrido una desgracia, pero que provocaba la cólera y no la queja. Después sobrevino otra voz, tierna, fuerte, que se puso a cantar una canción hermosa y sencilla, persuasiva y arrebatadora.

El corazón de la madre se inundó con el deseo de decir su afecto a ambos hermanos.

Sonreía embriagada por la música, sintiéndose capaz de ser útil.

Buscó con los ojos qué podría hacer y se fue de puntillas a la cocina, a preparar el samovar.

Pero su ansia de ser útil no se extinguía. Mientras servía el té, hablaba con una sonrisa confusa, como si quisiese enjugar su corazón con palabras de cálida ternura, que se dirigía a sí misma, tanto como a sus compañeros.

—Nosotros, las gentes del pueblo, sentimos todo, pero nos cuesta trabajo expresarlo: tenemos vergüenza de comprender y no poder decirlo. Y muchas veces, a causa de esto, nos encolerizamos contra nuestras ideas. La vida nos golpea y nos desgarra por todas partes, querríamos reposar, pero los pensamientos no nos dejan.

Nicolás escuchaba, limpiando sus lentes. Sofía la miraba con los ojos muy abiertos, olvidando su cigarrillo, que se había apagado. Sentada ante el piano, a medias vuelta hacia el instrumento, rozaba de cuando en cuando el teclado con los finos dedos de su mano derecha. El acorde se mezclaba suavemente con las palabras de la madre, que se apresuraba a revestir sus sentimientos, de expresiones simples y sinceras.

—Y ahora empiezo a poder hablar, por poco que sea, de mí, de los otros..., porque he comenzado a comprender y puedo comparar. Antes no tenía nada para comparar. En nuestra condición todos viven del mismo modo. Pero ahora veo cómo viven los otros, recuerdo cómo he vivido yo, y es amargo, es duro.

Bajó la voz.

—Quizá digo cosas que no debiera, y no vale la pena, porque ustedes lo saben todo... Las lágrimas temblaban en su voz. Los miró con una sonrisa de ternura en los ojos:

—Pero quisiera abrir mi corazón para que viesen cuánto les quiero.

—Lo vemos —dijo dulcemente Nicolás.

Pelagia no podía calmar su deseo, y les habló una vez más de lo que era nuevo para ella y le parecía de una importancia inapreciable. Les contó su vida de humillaciones y resignado sufrimiento. Contaba sin cólera, con una sonrisa de conmiseración en los labios, devanando la madeja gris de sus días tristes, enumerando los golpes recibidos de su marido, asombrada ella misma de la futilidad de los pretextos que los provocaban, extrañándose de su incapacidad de evitarlos...

Sofía y Nicolás la escuchaban en silencio, oprimidos por el sentido profundo de aquella historia de un ser humano que había sido considerado como una bestia y que durante tanto tiempo, y sin quejarse, se había sentido así ella misma. Parecía que por su boca hablaban millares de vidas; todo era banal y corriente en su existencia, pero esta sencillez y banalidad eran el fardo de una innumerable cantidad de seres sobre la tierra, y la historia de la madre adquiría el valor de un símbolo. Nicolás, acodado en la mesa, sostenía la cabeza entre las manos, y miraba a la madre a través de sus lentes, con ojos pestañeantes de atención. Sofía, echada hacia atrás sobre el respaldo de su silla, se estremecía de cuando en cuando y movía negativamente la cabeza. Su rostro parecía haberse vuelto más delgado y más pálido. No fumaba. Dijo en voz baja:

—En una ocasión me sentí desgraciada, me parecía que mi vida era como una fiebre. Fue en el destierro, en un miserable poblachón provinciano, donde yo no tenía nada que hacer, nada en qué pensar, excepto en mí misma. En la ociosidad, me puse a sumar todas mis desgracias y pasarles revista: me había enfadado con mi padre a quien tanto quería, me habían expulsado del Liceo, luego la cárcel, la traición de un camarada en quien confiaba, la prisión de mi marido, y de nuevo la prisión, la deportación, la muerte de mi esposo. Entonces me parecía que yo era la criatura más desdichada de la tierra. Pero todas mis desgracias, incluso multiplicadas por diez, no llegan a un mes de su vida, Pelagia. Esta tortura diaria durante años... ¿De dónde saca la gente esa fuerza para sufrir?

—¡Se acostumbran! —dijo la madre, suspirando.

—Yo creía conocer la vida —dijo pensativo Nicolás—. Pero, cuando no la encuentro en un libro o en mis impresiones difusas, cuando es ella misma..., ¡entonces es terrible! Y lo peor son los detalles, las naderías, los minutos que forman los años...

La conversación tomaba vuelo, se animaba, descubriendo todos los aspectos de aquella ingrata existencia. La madre, hundida en sus recuerdos, sacaba de las tinieblas de su pasado los cotidianos ultrajes que componían el sombrío cuadro del mudo horror en que su juventud había naufragado. Por fin dijo:

—¡Oh! Ya los he aturdido bastante con mi charla, y es hora de descansar. No se puede contar todo...

El hermano y la hermana se levantaron sin decir palabra. Pelagia tuvo la impresión de que Nicolás se inclinaba ante ella más profundamente que de costumbre, y le estrechaba la mano con mayor fuerza. Sofía la acompañó hasta su dormitorio, y en el umbral le dijo dulcemente:

—Descanse bien... ¡Buenas noches!

Su voz era cálida. Su mirada gris acariciaba el rostro de la madre. Esta tomó la mano de Sofía, y oprimiéndola entre las suyas, contestó:

—¡Gracias...!

IV

Unos días después, Nicolás vio aparecer ante sí a la madre y a Sofía pobremente vestidas con trajes de indiana usados, una mochila al hombro y el bastón en la mano. Aquel atuendo hacía parecer más pequeña a Sofía, y hacía su rostro pálido aún más severo.

Al decir adiós a su hermana, Nicolás le estrechó calurosamente la mano, y la madre observó una vez más qué poco aparatoso era su afecto. No se prodigaban los besos ni las palabras cariñosas, y, sin embargo, eran sinceros y llenos de ternura el uno hacia el otro. Donde ella había vivido, las gentes se abrazaban mucho y se decían frecuentemente cosas afectuosas, lo que no les impedía morderse entre sí como perros rabiosos.

Las dos mujeres atravesaron la ciudad en silencio, llegaron al campo y tomaron una ancha carretera de tierra apisonada, entre dos filas de viejos abedules.

—¿No se cansará? —preguntó la madre a Sofía.

—¿Cree que no tengo costumbre de andar? Ya sé lo que es. Alegremente, como si relatase travesuras de su infancia, Sofía se puso a contarle a la madre sus actividades revolucionarias. Tenía que vivir bajo un nombre falso, utilizando una carta de identidad falsificada, disfrazarse para escapar a los espías, transportar decenas de kilos de libros prohibidos a distintas ciudades, organizar la evasión de camaradas deportados, hacerles cruzar la frontera. Tuvo instalada en su casa una imprenta secreta, y cuando los gendarmes, que lo supieron, se presentaron a registrar, apenas tuvo tiempo de disfrazarse de criada unos segundos antes de su llegada. Había salido cruzándose con los visitantes en la puerta del edificio, con el abrigo, el pañuelo a la cabeza y un bidón de petróleo en la mano, y en aquel riguroso frío de invierno había atravesado la ciudad de un extremo a otro. Otra vez había llegado a un lugar desconocido, para ir a casa de unos amigos; subía ya la escalera, cuando se dio cuenta de la presencia de un funcionario de la policía. Era demasiado tarde para volverse atrás; entonces, llamó audazmente a la puerta del piso de abajo y, entrando con su maleta en la vivienda de unos desconocidos, les explicó francamente su situación.

—Pueden entregarme si quieren, pero creo que no lo harán —dijo con firmeza.

Aterrada, aquella gente no durmió en toda la noche, esperando a cada momento que llamasen a su puerta, pero no se decidieron a entregarla a los gendarmes, de lo que rieron todos juntos cuando llegó el día. Otra vez, vestida de monja, había viajado en el mismo vagón y en el mismo banco que un inspector que trataba de encontrarla y que se alababa de su habilidad, al explicar cómo iba a dar con ella. Estaba seguro de que iba en aquel tren, en segunda clase. A cada parada salía, diciendo al volver:

—No la veo..., debe ir durmiendo. ¡También ellos se cansan, llevan una vida dura, del estilo de la nuestra!

La madre reía escuchando estos relatos, y la miraba con ojos de afecto. Alta, delgada, Sofía caminaba con el paso firme y ligero de sus esbeltas piernas. En su modo de andar, en sus palabras, en el tono mismo de su voz, levemente opaca pero resuelta, en toda su silueta elegante, había una bella salud moral, una alegre osadía. Posaba sobre todas las cosas su mirada nueva y joven, y en cualquier parte encontraba detalles que excitaban su juvenil alegría.

—¡Mire qué abeto más bonito! —exclamó, mostrando a la madre un árbol que ésta se detuvo a mirar. No era ni más alto ni más recio que los otros.

—¡Una alondra!

Los ojos grises de Sofía tuvieron un resplandor de ternura y su cuerpo pareció querer lanzarse delante del claro cantar de la alondra invisible, en el cielo luminoso. A veces, con un ágil movimiento, se bajaba a coger una flor silvestre cuyos pétalos temblorosos acariciaba amorosamente, con el ligero roce de sus delgados y nerviosos dedos. Y canturreaba alguna hermosa música.

Todo ello acercaba a la madre a aquella mujer de ojos claros, se apretaba involuntariamente contra ella, esforzándose en ir a su mismo paso. Pero, a veces, en las frases de Sofía, había algo de demasiado vivo, que parecía superfluo y que suscitaba en Pelagia un pensamiento inquieto.

—No va a gustarle a Michel.

Un instante más tarde, Sofía hablaba de nuevo, sencillamente, cordialmente, y la madre, sonriendo, la miraba con ternura.

—¡Qué joven es usted aún! —suspiró.

—¡Oh, tengo ya treinta y dos años! —dijo Sofía. Pelagia sonrió:

—No es eso lo que quiero decir...; por su aspecto se puede pensar que tiene más. Pero cuando se la mira a los ojos, cuando se la escucha..., es asombroso, parece una muchachita. Ha llevado una vida agitada y difícil, peligrosa, y, sin embargo, su corazón sonríe siempre.

—No creo que mi vida sea difícil, y no puedo imaginar ninguna mejor ni más interesante... Voy a llamarla por su patronímico, Nilovna. Pelagia no le va.

—Como quiera. Si eso le gusta... —dijo la madre pensativa. La miro a usted, la escucho, y reflexiono. Me gusta ver cómo conoce el camino que lleva al corazón de las gentes. Se abren ante usted sin vacilación, sin temor: el alma se descubre por sí sola y va a su encuentro. Yo pienso en todos ustedes, y me digo: vencerán al mal, es seguro que lo vencerán.

—Tendremos la victoria porque estamos con los trabajadores —dijo Sofía con fuerza y seguridad—. El pueblo decide; con él todo es realizable. Solamente hay que despertar su conciencia, que no tiene libertad para desarrollarse...

Sus palabras despertaron en la madre un sentimiento complejo. Sofía le daba pena, sin saber por qué; era una piedad amistosa que no hería, y le habría gustado oírle decir otras palabras, más sencillas.

—¿Quién os recompensará de vuestros trabajos? —preguntó dulce y tristemente.

—Ya estamos recompensados —respondió Sofía, en un tono que pareció a la madre lleno de orgullo—. Hemos encontrado una vida que nos satisface, y donde podemos desplegar todas las fuerzas de nuestra alma, ¿hay algo mejor?

La madre le lanzó una ojeada y bajó la cabeza, pero pensó de nuevo: "No gustará a Michel".

Aspirando a pleno pulmón el aire tibio, no caminaban muy aprisa, sino con paso sostenido, y la madre tenía la sensación de efectuar un peregrinaje. Recordaba su niñez, y la alegría que la animaba cuando, en alguna fiesta, dejaba su aldea para ir a algún monasterio lejano, a visitar algún milagroso icono.

Algunas veces, Sofía cantaba con voz no muy potente, pero muy bella, canciones nuevas que hablaban de cielos o de amor, o se ponía a declamar versos celebrando los campos, el Volga, y la madre sonreía, escuchaba balanceando involuntariamente la cabeza al ritmo de la poesía, cuya música le encantaba.

Su corazón se bañaba en la tibieza, la paz y el ensueño como en un viejo jardín una tarde de estío.

V

Al tercer día llegaron a una aldea. La madre preguntó a un campesino qué trabajaba en el campo, dónde se encontraban los alquitraneros. Luego, descendieron por un caminito escarpado, en el bosque, donde las raíces de los árboles formaban escalones, y llegaron a un claro como una plazoleta, llena de carbón de madera y virutas, con charcos de alquitrán.

—Hemos llegado —dijo la madre, examinando el lugar con inquietud.

Junto a una cabaña formada por tablas y ramas, alrededor de una mesa hecha con tres planchas de madera sin desbastar, colocadas sobre pies hincados en el suelo, estaban sentados, comiendo, Rybine, todo negro, con la camisa abierta sobre el pecho, Efime y otros dos muchachos jóvenes. Rybine fue el primero que vio a las dos mujeres, y, con la mano en visera, esperó en silencio.

—¡Buenos días, amigo Michel! —gritó la madre desde lejos.

Él se levantó y vino a su encuentro sin apresurarse. Cuando reconoció a Pelagia, se detuvo y sonrió, acariciando la barba con su negra mano.

—Vamos en peregrinación —dijo la madre, acercándose—. Me dije: "Pues mira, vamos a hacerle una visita al pasar". Esta es mi amiga, se llama Ana.

Orgullosa de su inventiva, miró con el rabillo del ojo a Sofía, que permanecía grave y severa.

—¡Buenos días! —respondió Rybine, con una sombría sonrisa. Le estrechó la mano, saludó a Sofía y continuó—: Aquí es inútil que mientas. Esto no es la ciudad, no hace falta disimular. Estamos en familia.

Efime, sentado a la mesa, examinaba atentamente a las viajeras y murmuraba algo a los compañeros. Cuando las mujeres se acercaron, se levantó y las saludó en silencio. Los otros dos permanecieron inmóviles, como si no hubiesen visto a las visitantes.

—Aquí vivimos como monjes —dijo Rybine, dando un golpe cito en el hombro de la madre—. Nadie viene a vernos, el patrón no está en el pueblo, la patrona está en el hospital y yo soy una especie de intendente. Siéntate. ¿Té? ¿Comeréis algo? ¿Quieres traer leche, Efime?

Efime se dirigió lentamente hacia la cabaña. Las viajeras dejaron sus mochilas. Uno de los jóvenes, alto y seco, se levantó para ayudarlas. El otro, regordete y harapiento, se había acodado en la mesa y las miraba pensativamente, rascándose la cabeza y canturreando.

El pesado olor de la brea se mezclaba al olor dulzón de las hojas podridas y mareaba un poco.

—Mira, este es Jacob —dijo Rybine, señalando al más alto de los dos obreros—, y este, Ignace. Bueno, ¿y tu hijo?

—En la cárcel —suspiró la madre.

—¿Otra vez? —exclamó Rybine—. Habrá que creer que le gusta...

Ignace dejó de cantar. Jacob tomó el bastón de manos de la madre, y dijo:

—Siéntate.

—Y usted, siéntese también —dijo Rybine a Sofía, que, sin responder, se sentó en un tronco de árbol y examinó atentamente a su interlocutor.

—¿Cuándo se lo han llevado? —preguntó éste, tomando asiento frente a la madre, y moviendo la cabeza, dijo—: No tienes suerte. Pelagia.

—No tiene importancia.

—Vaya, ¿te acostumbras?

—No, pero veo que no hay otro remedio.

—¡Eso es! —dijo Rybine—. Bien, pues cuenta.

Efime trajo un cacharro con leche, cogió de la mesa una taza, la enjuagó y la puso delante de Sofía, mientras escuchaba el relato de la madre. Se movía y lo hacía todo sin ruido, con precaución. Cuando la madre terminó, todos permanecieron silenciosos, sin mirarse. Ignace dibujaba algo con una uña sobre la madera de la mesa; Efime, en pie detrás de Rybine, se apoyaba en el hombro de éste. Jacob, adosado al tronco de un árbol, cruzaba los brazos sobre el pecho y bajaba la cabeza. A hurtadillas, Sofía observaba a los campesinos.

—¡Sí! —dijo Rybine en tono arrastrado y lúgubre—, así es como actúan, abiertamente.

—Si hubiésemos organizado aquí un desfile de ese tipo —dijo Efime con sombría sonrisa—, los mujiks nos hubiesen molido a palos.

—Nos habrían matado a golpes —afirmó Ignace, con un movimiento de cabeza—. No, yo me iré a la fábrica, es mejor. —¿Dices que van a juzgar a Paul?—preguntó Rybine—. ¿No te han dicho qué condena le saldrá?

—El penal, o la deportación a Siberia —dijo ella en voz baja.

Los tres muchachos alzaron hacia ella los ojos. Rybine bajó la cabeza y prosiguió:

—Y cuando se metió en esto, ¿sabía lo que le esperaba?

—¡Lo sabía! —dijo Sofía enérgicamente.

Todos callaron, sin moverse, como si un mismo pensamiento los hubiese helado.

—¡Eso es! —continuó Rybine, severo y grave—. Yo también pienso que lo sabía. Si no hubiese medido el foso, no habría saltado, es un hombre serio. ¡Mirad, chicos, eso es! Ahí tenemos un muchacho que sabía que podían clavarle una bayoneta u obsequiarlo con la penitenciaría, y ha seguido adelante. Habría pasado sobre el cuerpo de su madre... ¿Habría pasado sobre ti, Pelagia?

—¡Sí! —dijo ésta, con un estremecimiento.

Los miró a la cara y suspiró. Sofía, silenciosa, le acarició la mano, y con las cejas fruncidas miró a Rybine francamente a los ojos.

—¡Eso es un hombre! —dijo él a media voz.

Sus oscuros ojos se fijaron en sus compañeros. De nuevo, permanecieron todos en silencio. Finos rayos de sol colgaban del aire como cintas de oro. En alguna parte, un cuervo lanzaba convincentes graznidos. La madre miró a su alrededor: sus recuerdos del Primero de Mayo, el pensamiento angustioso de su hijo y de Andrés la trastornaban. En el pequeño claro yacían bidones vacíos de alquitrán, se amontonaban troncos descortezados. Los robles y los abedules se apretaban alrededor, por todas partes avanzaban insensiblemente sobre el claro, y, unidos por el silencio, lanzaban sobre el suelo unas sombras profundas y tibias.

De pronto, Jacob se separó del árbol en el cual se apoyaba, dio un paso hacia un lado, se detuvo y preguntó con voz seca y fuerte, inclinando la cabeza:

—¿Y es contra gente así contra quien a Efime y a mí se nos ordenará marchar?

—¿Contra quién crees tú? —respondió socarrón Rybine— Nos ahogan con nuestras propias manos, en este juego del ratón y el gato.

—Bueno, yo iré soldado de todas maneras —declaró Efime tercamente.

—¿Quién te lo impide? —exclamó Ignace—. ¡Vete!

Y mirando al fondo de los ojos de Efime, le dijo riendo:

—Solamente, cuando dispares sobre mí, apunta a la cabeza. No me dejes mutilado, mátame sobre el terreno.

—¡Ya me lo has dicho! —gritó bruscamente Efime.

—¡Esperad, muchachos! —dijo Rybine, mirándolos y alzando el brazo en un gesto pausado—. Mirad a esta mujer (y señaló a la madre). Seguramente, su hijo está ya perdido...

—¿Por qué dices eso? —preguntó la madre, en voz baja y angustiada.

—Tiene que ser. Tu pelo tiene que haber encanecido por algo. También si matan a uno, es por algo. Pelagia, ¿has traído libros?

La madre le lanzó una ojeada y respondió, tras un silencio:

—Sí, los he traído...

—¡Eso es! —dijo Rybine, golpeando la mesa con la mano—. Lo comprendí al verte, ¿para qué ibas a venir si no era por eso? ¡Ya lo veis: arrancan al hijo de las filas y la madre ocupa su puesto!

Agitó amenazadoramente el puño, profiriendo juramentos.

La madre estaba asustada. Miró a Rybine y vio que su rostro había cambiado mucho: había adelgazado, su barba era desigual, dejando adivinar los huesos de los pómulos. Sobre la córnea azulada de sus ojos aparecían finas venillas rojas, como si no hubiese dormido en mucho tiempo; la nariz era huesuda y encorvada como el pico de un ave de presa. El cuello desabrochado de su camisa cubierta de alquitrán, descubría las clavículas secas y el espeso vellón negro de su pecho. En toda su persona había algo de aún más sombrío, aún más fúnebre. El resplandor de sus ojos inflamados, iluminaba su rostro con el oscuro fuego de la ira. Sofía, más pálida, callaba sin separar la vista de los campesinos.

Ignace inclinaba la cabeza, frunciendo las cejas, mientras Jacob, de pie junto a la choza, arrancaba rabiosamente trozos de corteza de la madera. Efime paseaba lentamente por detrás de la madre.

—El otro día —continuó Rybine—, el jefe del distrito me hizo llamar y me dijo: "¿Qué has ido diciendo al cura, canalla?". "¿Por qué soy un canalla? Trabajo para ganar mi pan, y no he hecho mal a nadie, eso es lo que digo, ¡eso es!". Se puso a gruñir y me dio un puñetazo en plena cara..., me tuvo encerrado tres días. ¡Ah!, ¿es así como habláis al pueblo? ¿Así? ¡No esperes perdón, demonio! Si no soy yo, será otro quien vengará mi ofensa, y si no es sobre ti, será sobre tus hijos, ¡recuérdalo! Habéis desgarrado el vientre del pueblo con vuestras garras de hierro y habéis sembrado en él el odio; ¡no esperéis piedad, malditos! ¡Eso es!

Hervía de rabia, y en su voz temblaban ecos que aterraban a la madre.

—¿Y qué es lo que yo había dicho al pope? —continuó, más tranquilo—. Después de una reunión, estaba en la calle con los campesinos, y les decía, así mismo, que la gente es igual que un rebaño y que siempre hace falta un pastor, ¡eso es! Yo lo tomé a broma: «si se nombra al zorro jefe del bosque, dije, habrá muchas plumas, pero ni un pájaro». Me miró de través y volvió a hablar, diciendo que el pueblo debía tener paciencia, resignarse y pedir a Dios fuerzas para sufrir. Y yo le dije, eso es, que el pueblo rezaba mucho, pero que, sin duda, Dios no tiene tiempo, porque no lo escucha. Se volvió hacia mí, ¿qué oraciones digo yo? Le contesto: "En toda mi vida he aprendido más que una plegaria, la de todo el pueblo: Señor, enséñame a cargar ladrillos para el castillo, a comer piedras, a escupir troncos". No me dejó acabar. ¿Usted es una dama de la nobleza? —preguntó bruscamente a Sofía, interrumpiendo su narración.

—¿Por qué cree eso? —dijo ella, con un sobresalto de sorpresa.

—Porque... —dijo Rybine riendo—. Es su destino, ha nacido usted así. ¿Cree que el pecado de nobleza puede ocultarse cubriéndose la cabeza con un pañuelo de algodón? Se reconoce a un pope, incluso sin sotana. Ha puesto usted el codo en la mesa mojada, Y lo retiró en seguida haciendo una mueca. Y tiene la espalda demasiado erguida para una obrera...

Temiendo que fuese a ofender a Sofía con su áspera voz, su ironía y sus palabras, la madre intervino viva y serenamente:

—Es mi amiga, Michel, y una buena persona. Sus cabellos se han vuelto grises trabajando por nuestra causa. No debes...

—¿Es que estoy diciendo algo ofensivo? Sofía le miró y le preguntó secamente:

—¿Quiere usted decirme algo?

—¿Yo? ¡Sí! Mire, no hace mucho tiempo que ha venido aquí un muchacho nuevo, un primo de Jacob. Está enfermo, tuberculoso. ¿Puedo llamarlo?

—Por supuesto, llámelo.

Rybine la miró guiñando los ojos. Bajó la voz:

—Efime, ve a buscarle y dile que venga esta tarde.

Efime se puso la gorra sin decir nada ni mirar a nadie, y desapareció con paso lento en el bosque. Rybine lo señaló con la cabeza, y dijo:

—Sufre. Tiene que irse soldado, y Jacob también. Jacob dice: "No puedo". Y el otro tampoco puede, pero quiere ir... Tiene la idea de que puede hacer propaganda entre los soldados. Yo creo que no es fácil derribar un muro con la frente... No hay más que verlos, les ponen una bayoneta en la mano, y marchan... Sí, Efime sufre. E Ignace le revuelve el cuchillo en la herida, lo que no sirve de nada.

—Desde luego que sí sirve —dijo Ignace sombríamente, sin mirar a Rybine—. Lo trabajarán en el regimiento, y tirará sobre los obreros tan bien como los demás.

—No lo creo —respondió pensativamente Rybine—. Pero valdría más evitarlo. Rusia es grande..., ¿cómo encontrar en ella a un hombre? No tiene más que procurarse una buena tarjeta de identidad y marcharse por las aldeas.

—Es lo que pienso hacer yo —declaró Ignace, golpeándose la Pierna con unas virutas—. Desde el momento que uno decide no batirse, no hay que dudarlo.

La conversación decayó. Las abejas y las avispas volaban afanosas, y su zumbido subrayaba el silencio. Los pájaros piaban y en alguna parte, a lo lejos, una canción erraba sobre el campo. Tras un instante, Rybine dijo:

—Bueno, tenemos que trabajar. Ustedes descansarán. Hay jergones en la choza, y tú recoge hojas secas, Jacob. Madre, trae acá los libros.

La madre y Sofía abrieron sus mochilas. Rybine se inclinó para mirar, y dijo satisfecho:

—¡Vaya, habéis traído un buen paquete! ¿Hace mucho tiempo que trabajáis en esto?

¿Cómo se llama usted? —preguntó dirigiéndose a Sofía.

—Ana Ivanovna..., desde hace doce años. ¿Y bien?

—Bueno... ¿Tal vez ha estado en prisión?

—He estado.

—¿Lo ves? —dijo dulcemente la madre, en tono de reproche—. Y tú te muestras grosero con ella...

El calló un instante, tomó un paquete de libros que puso bajo su brazo y dijo, descubriendo los dientes:

—¡No se enfade conmigo! El mujik y el señor son como la resina y el agua, que no van bien juntos, se rechazan.

—No soy una "dama", sino un "ser humano" —replicó Sofía, con una suave sonrisa.

—Puede ser... Se dice que el perro fue antes lobo... Me voy a esconder todo esto. Ignace y Jacob se le acercaron.

—Danos alguno —dijo Ignace.

—¿Son todos los libros lo mismo? —preguntó Rybine a Sofía.

—No, todos no. Hay también un periódico.

—¡Ah!

Los tres entraron apresuradamente en la cabaña.

—Se excita pronto el mujik —dijo muy bajo la madre, siguiéndolos con mirada pensativa.

—Sí —murmuró Sofía—. Nunca había visto un rostro como el suyo... parece un mártir.

Vamos nosotras también, quiero echar un vistazo.

—No se enfade con él..., es duro —musitó la madre. Sofía sonrió.

—Qué buena es usted, Nilovna...

Al ver a las dos mujeres en el umbral de la cabaña, Ignace levantó la cabeza, y luego, hundiendo la mano en sus rizados cabellos, volvió a inclinarse sobre el periódico que tenía en las rodillas. Rybine, en pie, había colocado la hoja bajo un rayo de sol que se deslizaba en la choza por una rendija del techo, y desplazando el periódico según la luz iba iluminándolo, leía moviendo los labios. Jacob, arrodillado, apoyaba el pecho en el borde de la cama de tablas, y leía también.

La madre fue a sentarse en un rincón, mientras Sofía, pasándole el brazo por los hombros, observaba en silencio a sus compañeros.

—Padrecito Michel, nos insultan a los mujiks —dijo Jacob a media voz, sin volverse. Rybine lo miró y respondió sonriendo:

—Porque nos quieren.

Ignace resopló y alzó la cabeza:

—Aquí han escrito: "El campesino ha dejado de ser un hombre...". Desde luego que ya no lo es.

Sobre su rostro, franco y abierto, apareció una sombra de humillación:

—Ven a vernos, maldito sabio, métete en nuestra piel, muévete dentro y veremos lo que tú serías.

—Voy a echarme un rato —dijo muy bajo la madre a Sofía—. Estoy un poco cansada, y este olor me marea el estómago. ¿Y usted?

—No.

Se echó en la cama de tablas y se adormiló inmediatamente. Sofía se sentó a su cabecera. Seguía observando a los lectores, y, cuando un moscardón o una avispa volaba sobre la cabeza de la madre, los espantaba solícitamente. Con los ojos semicerrados, Pelagia se daba cuenta, y esta atención le era dulce.

Rybine se acercó y murmuró con su gruesa voz:

—¿Duerme?

—Sí.

Calló un instante, miró fijamente a la madre, suspiró y dijo blandamente:

—Quizá es la primera que ha seguido a su hijo en este camino..., la primera.

—No la molestemos, vamos afuera —propuso Sofía.

—Sí, tenemos que ir a trabajar. Me gustaría que hablásemos, pero será esta noche. ¡Vamos, muchachos!

Salieron los tres, dejando a Sofía delante de la cabaña. La madre pensó:

—Bueno, pues esto marchará, gracias a Dios. Se entienden bien...

Y se durmió apaciblemente, respirando el aire picante del bosque y la brea.

VI

Los carboneros volvieron, contentos de haber terminado el trabajo. Despertada por sus voces, la madre salió de la cabaña, bostezando y sonriendo.

—Habéis ido a trabajar, y yo, durmiendo como una dama... —dijo, mirándolos con ternura.

—Te lo perdonamos —respondió Rybine.

Estaba más tranquilo, disipado por la fatiga su exceso de agitación.

—Ignace —dijo—, date prisa con la cena. Aquí nos ocupamos de la casa por turno, y hoy le toca a Ignace.

—Cedería con gusto mi vez —dijo éste, que, prestando oídos a la conversación, se puso a recoger virutas y ramas para encender el fuego.

—Las visitas interesan a todo el mundo —dijo Efime, sentándose al lado de Sofía.

—Te ayudaré, Ignace —dijo Jacob.

Se fue a la cabaña, de donde trajo un bollo de pan que cortó en trozos, que dispuso sobre la mesa.

—Calla —dijo suavemente Efime—. Oigo toser. Rybine escuchó:

—Sí, ahí viene.

Y dirigiéndose a Sofía, explicó:

—Va a ver un testimonio. Me gustaría pasearlo por las ciudades, mostrarlo eh las plazas, para que la gente le oyera. Dice siempre lo mismo, pero sería necesario que todos lo escucharan. El silencio y la oscuridad se hacían más profundos, y las voces más dulces. Sofía y la madre observaban a los campesinos, todos se movían lenta y pesadamente, con una especie de pintoresca prudencia. Ellos también seguían los gestos de las dos mujeres.

Un hombre alto, encorvado, salió del bosque. Caminaba lentamente, apoyándose con fuerza en su bastón, y se oía su respiración jadeante.

—Aquí estoy —dijo, y se puso a toser.

Vestía un levitón raído que le llegaba hasta los talones. Bajo su sombrero negro y deshilachado, se escapaban eh ralos mechones unos cabellos de un rubio descolorido, tiesos. Una barba clara cubría su rostro amarillo y huesudo. Tenía la boca entreabierta, y eh sus hundidas órbitas, los ojos brillaban febriles, como eh el fondo de sombrías cavernas.

Cuando Rybine le hubo presentado a Sofía, el recién llegado preguntó:

—¿Parece ser que ha traído usted libros?

—Sí.

—Gracias. ¡Por el pueblo! Aún no puede comprender la verdad por sí mismo. Y yo, que la he comprendido, le doy las gracias eh su hombre.

Respiraba rápidamente, aspirando el aire a pequeñas bocanadas anhelantes. La voz era entrecortada, los descarnados dedos de sus manos sin fuerza, resbalaban sobre su pecho, tratando de abrochar el abrigo.

—No es sano para usted venir tan tarde por el bosque. La vegetación está húmeda, y esto se agarra a la garganta —observó Sofía.

—Para mí ya no hay nada sano —respondió él jadeando—. Lo único que me curará será la muerte.

Era penoso oírle, y toda su persona provocaba esta piedad superflua, que reconoce su impotencia y hace hacer un resignado despecho. Se sentó sobre un barril, doblando las rodillas con precaución, como si temiese que se le rompieran las piernas, y se enjugó la frente sudorosa. Sus cabellos estaban secos, muertos.

El fuego se encendió. Todo pareció sobresaltarse, moverse.

173

Las sombras lamidas por las llamas se dispersaron, aterradas, por el bosque. Por encima del fuego se vio, por un momento, la cara redonda de Ignace, hinchando las mejillas. El resplandor se apagó. Se sintió un olor a humo. De nuevo, el silencio y la bruma cercaron el pequeño claro, como si acechasen las roncas palabras del enfermo.

—Pero todavía puedo ser útil al pueblo, como testigo de un crimen. Mire, míreme... Tengo veintiocho años y estoy muriéndome. Hace diez años levantaba y llevaba sobre mis espaldas, sin esfuerzo, ¡hasta doscientos kilos! Con esta salud, pensaba yo, llegaré hasta más de los setenta años sin quebrantarme. Pero han pasado diez y no puedo ir más lejos. Los amos me han desvalijado, me han robado cuarenta años de vida, ¡cuarenta años!

—Esa es su cantinela —dijo sordamente Rybine.

Un haz de llamas brotó, ya más fuertes, más claras. Las sombras retrocedieron nuevamente hacia la espesura y temblaron alrededor de la hoguera, en una danza silenciosa y hostil. El follaje de los árboles murmuraba y gemía, alarmado por la bocanada de aire caliente. Alegres y vivas, las lenguas de fuego jugaban y se abrazaban, amarillas y rojas, elevándose en el aire en diminutas llamaradas. Una hoja calcinada voló, y en el cielo las estrellas sonreían a las chispas a las que parecían llamar...

—No es mi cantinela. Miles de seres la cantan sin comprender que su vida desdichada es una saludable lección para el pueblo. Cuántos hombres, agotados o mutilados por el trabajo, mueren de hambre...

Rompió a toser, partido en dos, tiritando...

Jacob puso sobre la mesa una damajuana de aguardiente, y colocando a su lado un bote de cebollas blancas, dijo al enfermo:

—Ven, Saveli, te he traído leche.

Sacudió el otro negativamente la cabeza, pero Jacob lo tomó del brazo y lo acercó a la
mesa.

—Escuche —dijo Sofía a Rybine, en voz baja y en tono de reproche—, ¿por qué lo ha hecho venir aquí? Puede morir de un momento a otro...

—Es posible —asintió Rybine— Mientras tanto, hay que dejarlo hablar. Ha arruinado su salud por nada, y puede ahora sufrir un poco por la humanidad. No es tan grave. ¡Eso es!

—¡Parece que usted se complace... no sé en qué! —exclamó Sofía. Rybine le lanzó una ojeada y respondió acerbamente:

—Los señores se deleitan con Cristo, cuando lo ven sufrir en la Cruz pero nosotros pedimos lecciones al hombre, y queremos que usted las aproveche.

Asustada, la madre le dijo:

—¡Vamos, ya basta!

El enfermo, sentado a la mesa, había reanudado su charla:

—Se destruye al hombre por el trabajo. ¿Por qué? Se le roba su vida. ¿Por qué? Es lo que pregunto. Nuestro patrono (fue en la fábrica Nefedov donde he perdido mi vida), nuestro patrono regaló a su amante una jofaina de oro para su tocador, e incluso, ¡un orinal de oro! En este oro estaban mi fuerza y mi vida. Y se fueron en eso: un hombre me ha matado a trabajar para complacer a su amante, ¡con mi sangre le regaló un orinal de oro!

—El hombre fue creado a imagen y semejanza de Dios —dijo Efime sonriendo—, y ya vemos para lo que sirve.

—¡Pero tienes que proclamarlo! —gritó Rybine, golpeando la mesa con el puño.

—No hace falta que lo animes —añadió Jacob en voz baja. Ignace sonrió.

La madre observó que los tres hombres escuchaban con una insaciable atención de almas hambrientas, y cada vez que Rybine hablaba, parecían acecharlo, espiarlo.

Las palabras de Saveli provocaron en sus rostros una sonrisa extraña, aguda. No había en ella compasión por el enfermo.

La madre se inclinó hacia Sofía, preguntándole muy quedo:

—¿Es verdad lo que dice?

—Sí, es verdad. Los periódicos hablaron de ese regalo. Fue en Moscú...

—Y no fue castigado —dijo Rybine—. Habría que vengarse, conducirlo a una plaza pública, descuartizarlo y arrojar a los perros su carne infecta. Los grandes castigos los hará el pueblo cuando se alce. Verterá mucha sangre para lavar sus humillaciones. Pero, esa sangre ha sido bebida de sus venas, le pertenece.

—Hace frío —dijo el enfermo.

Jacob lo ayudó a levantarse y aproximarse al fuego.

La hoguera ardía clara, y sombras informes temblaban a su alrededor, observando admiradas el alegre juego de las llamas. Saveli se sentó en un tocón y tendió hacia el calor sus manos secas y trasparentes. Rybine lo señaló a Sofía con un ademán de su cabeza.

—Esto es más fuerte que los libros. Cuando una máquina arranca un brazo o mata a un obrero, se explica: la culpa ha sido de él. Pero cuando se chupa la sangre de un hombre y luego se lo arroja a un lado como una carroña, no hay explicación. Puedo comprender cualquier asesinato, pero torturar por placer, no lo comprendo. ¿Por qué se martiriza al pueblo, por qué se nos tortura? Por bromear, por divertirse, para entretenerse sobre la tierra, para que con nuestra sangre se pueda comprar todo: caballos, una cantante, cubiertos de plata, vajillas de oro, juguetes caros para los niños. Y tú trabaja, trabaja más, que yo pueda acumular la moneda de tu esfuerzo para ofrecer a mi amante un orinal de oro.

La madre escuchaba, miraba, y una vez más vio brillar en las tinieblas y extenderse, como una cinta luminosa, el camino que Paul había escogido con todos sus camaradas.

Terminada la cena, se agruparon en torno a la hoguera. El fuego ardía devorando rápidamente la leña seca. Tras ellos, las tinieblas estancadas envolvían el bosque y el cielo. El enfermo, los ojos muy abiertos, miraba las llamas, tosía sin parar, agitado de estremecimientos. Diríase que los restos de vida que le quedaban se arrancaban de su pecho con impaciencia, con prisa de abandonar aquel cuerpo agotado por la enfermedad. Los reflejos de las llamas danzaban sobre su rostro sin vivificar la piel muerta. Únicamente, sus ojos brillaban con ardor inextinguible.

—¿Quieres entrar en la cabaña, Saveli? —preguntó Jacob, inclinándose hacia él.

—¿Por qué? —preguntó penosamente—. Prefiero quedarme aquí. No tengo ya tanto tiempo para estar entre los hombres. Su mirada se paseó sobre sus camaradas, permaneció silencioso un instante y continuó, con pálida sonrisa:

—Estoy a gusto con vosotros. Os miro y me digo que tal vez vosotros venguéis a todos los que han sido robados, a aquéllos que han sido asesinados por avaricia...

Nadie le contestó. Se adormilaba, la cabeza caída sobre el pecho. Rybine le miró y dijo muy bajo:

—Viene a vernos, se sienta y cuenta siempre lo mismo, siempre su misma historia de hombre escarnecido, poniendo en ella toda el alma, como si esta sucia farsa lo hubiese dejado ciego para cualquier otra cosa.

—¿Qué puede decírsele? —dijo pensativa la madre—. Si millares de hombres se matan trabajando día tras día para que el amo pueda tirar el dinero en cosas semejantes, ¿qué puede pedírseles?

—Es agobiante oírlo —dijo Ignace, también en voz baja—. Su historia no podría olvidarse aunque sólo se oyese una vez, ¡pero él la repite, siempre lo mismo!

—Es que para él contiene toda su vida, compréndelo —observó malhumorado Rybine—. Le he oído contar su historia diez veces, por lo menos; pues bien, de todas maneras hay momentos en que se duda... Buenos momentos en la vida, en que no se quiere creer en la suciedad humana, en la locura..., en que se siente piedad de todo el mundo, de los ricos como de los pobres. Los ricos también se han equivocado de camino. A unos los ciega el hambre, a otros el oro. ¡Eh!, los hombres, mis hermanos, como tú dices, ¡reflexionad! ¡No tengáis miedo de reflexionar!

El enfermo tuvo un sobresalto, abrió los ojos y se tendió en el suelo. Jacob se levantó sin ruido, entró en la cabaña y trajo una piel de carnero con la que cubrió a Saveli; luego, volvió a sentarse al lado de Sofía.

La hoguera, de rostro bermejo y sonrisa provocativa, iluminaba las negras siluetas que la rodeaban, y las voces de los amigos se mezclaban pensativas con el dulce crepitar y el chisporroteo de las llamas.

Sofía se puso a hablar de la lucha de los pueblos del mundo, por su derecho a la vida, de las antiguas luchas de los campesinos alemanes, de las desgracias de los irlandeses, de las grandes hazañas de los obreros franceses en sus continuas batallas por la libertad.

En el bosque, revestido del terciopelo nocturno, en el pequeño claro entre los árboles, bajo el techo oscuro del firmamento, ante el rostro riente de la hoguera, en el círculo de sombras admiradas y hostiles, resucitaban los acontecimientos que habían quebrantado el mundo de los ahitos y los ambiciosos, desfilaban los pueblos de la tierra, ensangrentados, agotados por los combates, se evocaban los nombres de los soldados, de la verdad y la libertad.

La voz un poco ronca de Sofía sonaba dulcemente, una voz que parecía venir del pasado, que despertaba esperanzas e inspiraba confianza, y el auditorio escuchaba en silencio la historia de sus hermanos por el espíritu. Miraban el delgado y pálido rostro de la mujer. Y una luz más viva iluminaba para ellos la causa sagrada de todos los pueblos del mundo, la lucha sin fin por la libertad. Cada uno encontraba de nuevo sus aspiraciones, sus pensamientos, en un pasado remoto, cubierto de un velo sombrío, ensangrentado, entre otros pueblos desconocidos, se integraba en el mundo por el corazón y el pensamiento, apercibiendo ya, en aquel universo, amigos que desde hacía ya mucho tiempo habían decidido, unánimes y firmes, instaurar la justicia sobre la tierra, santificando su resolución con innumerables sufrimientos, vertiendo ríos de su sangre por el triunfo de una vida nueva, clara y alegre. El sentimiento del parentesco espiritual con todos ellos se elevaba y crecía; un corazón nuevo nacía sobre la tierra, lleno de una ardiente ansia de comprender todo y reunir todo en sí mismo.

—Llegará el día en que los trabajadores de todos los países alzarán la cabeza y dirán firmemente: "¡Basta! ¡No continuaremos viviendo así!" —decía Sofía con voz plena de certeza—. Entonces, se hundirá el ilusorio poderío de los que no tienen más fuerza que su avaricia. La tierra cederá bajo sus pies y no tendrán nada en qué apoyarse...

—¡Eso es lo que ocurrirá! —dijo Rybine, inclinando la cabeza—. Si el valor no falta, puede superarse todo.

La madre escuchaba, levantando las cejas, una sonrisa de gozoso asombro fija en los labios. Veía que todo lo que Sofía pareció tener de cortante, de petulante en demasía, había desaparecido ahora, fundiéndose en torrente cálido, igual, de su relato. El silencio de la noche, los juegos de las llamas, el rostro de Sofía y, más que nada, la extrema atención de los campesinos le gustaban. Permanecían inmóviles; esforzándose en no turbar el tranquilo curso de sus palabras, temiendo romper el claro hilo que los unía al mundo. A veces, uno de ellos, añadía cuidadosamente un leño al fuego y, cuando se elevaban los enjambres de chispas y humo, agitaba la mano para desviarlos de las dos mujeres.

En un momento dado, Jacob se levantó y dijo en voz muy queda:

—Esperad un poco...

Corrió a la cabaña y trajo ropas con las que Ignace y él envolvieron en silencio las piernas y los hombros de las mujeres. Sofía volvió a hablar, describía el día de la victoria, inyectaba en los oyentes la fe en sus propias fuerzas, despertaba en ellos la conciencia de una comunidad, con todos los que sacrifican sus vidas a una labor que parecía estúpida a las vacías diversiones de los ahitos. Las palabras no turbaban a la madre, pero el sentimiento de que el discurso de Sofía provocaba algo grande que penetraba a todos, le inundaba el alma con un pensamiento piadoso y agradecido, hacia aquéllos que iban a través del peligro a buscar a los seres encadenados al rudo trabajo, y les llevaban el regalo de sus razones, de su honradez, de su amor a la verdad.

"Ayúdales, Señor", pensó, cerrando los ojos.

Al amanecer, Sofía, fatigada, calló y miró sonriente los rostros pensativos y tranquilizados que la rodeaban.

—Es hora de irnos —dijo la madre.

—Sí, ya es tiempo —respondió con cansancio Sofía. Uno de los jóvenes suspiró ruidosamente.

—Lástima que os marchéis —declaró Rybine, con una dulzura rara en él—. Habla usted bien. Es una gran cosa emparentar a las gentes entre sí. Cuando se sabe que hay millares que quieren lo mismo que nosotros, el corazón se vuelve mejor. Y la bondad es una gran fuerza.

—Si les hablas de bondad, te responden con un golpe de horquilla —bromeó en voz baja Efime, levantándose ágilmente—. Vale más que se vayan, padrecito Michel, antes de que nadie las vea. Cuando distribuyamos los folletos, las autoridades investigarán, "y esto, ¿de dónde ha salido?". Alguien recordará, "bueno, pasaron por aquí dos mujeres...".

Rybine le interrumpió:

—Bueno, madrecita, pues gracias por tu trabajo. Cuando te miro pienso todo el tiempo en Paul. Has tomado un buen camino.

Amansado, tenía una ancha y bondadosa sonrisa. Hacía frío y él estaba con sólo la blusa, el cuello abierto, el pecho al aire. La madre examinó la maciza figura y le aconsejó amistosamente:

—Debes ponerte algo encima, hace frío.

—El calor está dentro —respondió él.

Los tres jóvenes, en pie junto al fuego, hablaban en voz baja, mientras, a sus pies, dormía el enfermo, cubierto de pieles. El cielo palidecía, las sombras se fundían y temblaban las hojas esperando el sol.

—Bien, adiós —dijo Rybine, estrechando la mano de Sofía—, ¿Cómo puedo encontrarla en la ciudad?

—No tienes más que buscarme —dijo la madre.

Lentamente, los tres muchachos, uno al lado del otro, se acercaron a Sofía y le dieron la mano sin decir nada, con una torpeza afectuosa. Se veía claramente que todos estaban penetrados de gratitud y amistad, y este sentimiento los turbaba, sin duda, por su novedad. Con una sonrisa en los ojos, enrojecidos por el insomnio, miraban en silencio a Sofía, apoyándose alternativamente sobre uno y otro pie.

—¿No tomarán un poco de leche antes de marcharse? —preguntó Jacob.

—¿Es que la hay? —dijo Efime.

Ignace pasó la mano por sus cabellos y, con aire confuso, declaró:

—No hay..., se me ha vertido. Y los tres se echaron a reír.

Hablaban de la leche, pero la madre comprendía que pensaban en otra cosa; que, sin palabras, deseaban a ambas, Sofía y ella, todo el bien posible. Esto conmovió visiblemente a Sofía, provocándole una turbación, una especie de pudorosa modestia, que no le permitió decir más que un débil "Gracias, camaradas".

Se miraron unos a otros como si esta palabra los hubiese hecho vacilar gratamente. La ronca tos del enfermo resonó. En la lumbre, se apagaban los rescoldos.

—Adiós —dijeron a media voz los campesinos, y esta melancólica palabra acompañó largo tiempo a las mujeres.

Sin apresurarse, tomaron un camino forestal, en la primera luz de la mañana, y la madre, caminando detrás de Sofía, decía:

—Todo ocurrió tan bien como en un sueño, era igual de bueno. Quieren saber la verdad, amiga mía, ¡lo quieren! Recordaba la iglesia antes de la misa de alba en un día de fiesta mayor. El cura no ha llegado aún, está oscuro, tan tranquilo todo que da miedo. Empieza a venir gente, uno enciende un cirio ante un icono, otro ante otra imagen..., y poco a poco se destierran las tinieblas y se ilumina la casa de Dios.

—¡Es verdad! —respondió alegremente Sofía—. Sólo que ahora la casa de Dios es la tierra entera.

—La tierra entera —repitió la madre, moviendo pensativamente la cabeza—. Eso es tan bueno que cuesta trabajo creerlo. Habló usted muy bien, querida Sofía, muy bien. Y yo que tenía miedo de que no les gustase...

Sofía tardó un instante en responder, luego dijo en voz baja y sin alegría:

—Al lado de ellos se simplifica uno.

Mientras caminaban hablaron de Rybine, del enfermo, de los muchachos que escuchaban con tanta atención, y que tan torpe como elocuentemente habían sabido expresar, en delicados cuidados, su amistad agradecida. Llegaron a campo abierto. El sol se elevaba ante ellas. Invisible aún, desplegaba en el cielo un abanico transparente de rayos rosados, y las gotas de rocío en la hierba centelleaban en chispas multicolores de audaz alegría primaveral. Los pájaros se despertaban, animando la mañana con sus jubilosos gritos. Con graznidos apresurados volaban grandes cuervos, agitando pesadamente sus alas. En alguna parte, una oropéndola silbaba inquieta. La lejanía iba descubriéndose, desnudando las cumbres de la sombra nocturna y yendo al encuentro del sol.

—Hay veces en que alguien habla y habla y no se le comprende, hasta que llega el momento en que dice algo, alguna palabra, la más sencilla, y de pronto, esa palabra ilumina todo —dijo soñadoramente la madre—. Es como ese enfermo... He oído muchas veces, y lo sé por mí misma, cómo se explota a los obreros en la fábrica y en todas partes. Se acostumbra una desde pequeña, Y no afecta demasiado. Y, de pronto, él ha dicho algo tan humillante, tan repulsivo... ¡Señor! ¿Es posible que los hombres pasen toda su vida trabajando para que los amos se permitan semejantes disparates? Esto no puede justificarse.

El pensamiento de la madre se detuvo en la historia que el enfermo había referido, cuya estupidez e insolencia le aclararon muchas extravagancias que en otro tiempo ella había conocido y olvidado.

—Ya se ve que están tan repletos que les ha enfermado el corazón. Hubo un jefe de distrito que obligaba a los mujiks a saludar a su caballo cuando lo paseaban por la ciudad, y al que no lo saludaba lo metía en la cárcel. Bueno, ¿y qué necesidad tenía de hacer eso? ¡No es posible comprenderlo, no!

Sofía comenzó a canturrear una canción alerta y triunfante como la mañana.

VII

La vida de Pelagia transcurría en una extraña calma, cuya tranquilidad no dejaba de asombrarla. Su hijo estaba preso, ella sabía que le esperaba una dura condena, pero cada vez que pensaba en ello, su memoria se representaba, a despecho de su voluntad, las imágenes de Andrés y Théo y de tantos otros. Resumiendo, para ella, todos los que compartían la suerte de su hijo hacían crecer su figura a sus ojos, suscitaba un estado contemplativo que le impedía a su vez concentrar sus pensamientos en Paul y los dispersaba en todas direcciones. Estos pensamientos se fraccionaban, a veces, en pequeños rayos desiguales, desfloraban todo, querían iluminarlo todo, reunir todo en un solo cuadro, prohibiéndole detenerse en ningún detalle aislado, distrayéndola de su dolor y del miedo que el destino de su hijo le inspiraba.

Sofía salió pronto de viaje, reapareciendo cinco o seis días después, vivaz y contenta, para desaparecer de nuevo unas horas más tarde, no volviendo sino al cabo de quince días. Se hubiera dicho que vivía la vida en grandes círculos, entrando, al pasar, en casa de su hermano para llenarla de actividad y de música.

Esta música placía ahora a la madre. Al escucharla, sentía cálidas ondas que golpeaban su pecho, penetrando en su corazón que latía a un ritmo más acompasado. Como germen de grano nacido en una tierra bien cultivada y copiosamente regada, nacían ahora en ella pensamientos vivos y audaces, y florecían palabras ligeras y bellas, despertadas por la fuerza de los sonidos.

La madre se resignaba difícilmente al desorden de Sofía, que dejaba por todos los rincones sus objetos personales, colillas y ceniza, y se acostumbraba aún más difícilmente a su osada manera de hablar; era demasiado grande el contraste con la gravedad inalterable y dulce de Nicolás, la tranquila serenidad de sus palabras. Sofía le parecía una adolescente que tuviera prisa en parecer una persona mayor y que mirase a las gentes como curiosos juguetes. Hablaba mucho de la santidad del trabajo y aumentaba tontamente la tarea de la madre con su negligencia, discurría sobre libertad y la madre veía que cohibía a todos por su impaciencia tajante, por sus incesantes discusiones. Había en Sofía mucho de contradictorio, y la madre mantenía hacia ella una tierna prudencia, con atención vigilante y sin el calor humano que tenía por Nicolás.

Siempre preocupado, éste llevaba día tras día la misma existencia uniforme y reglamentada: a las ocho desayunaba y leía el periódico, cuyas noticias transmitía a la madre. Al oírlo, ésta se daba cuenta con cruda claridad de cómo la pesada máquina de la vida aplastaba sin cesar a los hombres para convertirlos en monedas. Encontraba en Nicolás rasgos comunes con Andrés. Como éste, hablaba de la humanidad sin odio, estimaba a todos los hombres responsables de la mala organización social, pero su fe en una vida nueva no era tan ardiente ni tan luminosa. Hablaba siempre apaciblemente, con la voz de un juez íntegro y severo, incluso cuando contaba cosas terribles tenía una dulce sonrisa de compasión, si bien, entonces, sus ojos brillaban con una luz fría y dura. Viendo esta mirada, la madre comprendía que aquel hombre no perdonaría nada ni a nadie, que no podía perdonar. Pero sabía que esta dureza le era penosa, y compadecía a Nicolás, cada día más querido para ella.

A las nueve se iba a la oficina. Ella arreglaba la casa, preparaba la comida, se lavaba, se ponía un vestido limpio y, sentada en la salita, miraba los grabados de los libros. Ahora sabía leer bien, pero la lectura exigía una tensión que la fatigaba pronto y le borraba el sentido de las palabras. Por el contrario, las imágenes la distraían como a un niño, le descubrían un mundo comprensible, casi palpable, nuevo y maravilloso. Veía surgir ciudades inmensas, magníficos edificios, máquinas, navíos, monumentos, las incalculables riquezas creadas por el hombre, las obras de la naturaleza cuya diversidad emocionaba su espíritu. La vida se extendía hasta el infinito, revelándole cada día cosas enormes, inauditas, mágicas, y ante la abundancia de tales riquezas, la infinitud de tanta belleza, sentía excitarse el hambre de su alma que despertaba. Le gustaba, sobre todo, hojear un libro de láminas de zoología; aunque estuviese escrito en una lengua extranjera, era el que mejor representaba para ella la hermosura, la riqueza, la inmensidad de la tierra.

—¡Qué grande es el mundo! —decía a Nicolás.

Lo que más la enternecía eran los insectos, sobre todo las mariposas. Miraba sorprendida los dibujos que las representaban, y discurría:

—Cuánta belleza, ¿verdad Nicolás? Por todas partes hay muchas cosas hermosas, pero siempre se ocultan a nuestros ojos, pasan ante nosotros tan aprisa que ni las vemos. La gente se afana, no sabe nada, no puede ver nada, y ni tienen tiempo ni ganas para admirar nada. ¡Cuántas alegrías podrían tener si supiesen qué rica es la tierra, y cuántas admirables cosas se encuentran en ella! Y cada cosa es para todos, y todos son para cada cosa, ¿no es cierto?

—¡Muy cierto! —respondía Nicolás sonriendo. Y le traía más libros con grabados. Frecuentemente, venían visitas por la noche. Entre otros, Alexis Vassiliev, arrogante, grave y taciturno, de pálida fisonomía y negra barba. Roman Petrov, de tez herpética y cabeza redonda, chascando siempre los labios en mueca compasiva. Ivan Danilov, menudo y flaco, con barba puntiaguda y una vocecilla chirriante, agresiva, chillona y aguda como un cuchillo. Iégor, bromeando sobre sí mismo, sobre sus camaradas, sobre su enfermedad, que se agravaba sin cesar. También venían otros que llegaban de lugares lejanos, y con los cuales tenía Nicolás largas entrevistas referidas todas al mismo tema: los obreros de todos los países. Se discutía, se exaltaban, gesticulando ampliamente y bebiendo grandes cantidades de té. Entre el ruido de las conversaciones, Nicolás redactaba llamamientos que leía en seguida a sus compañeros, inmediatamente se los copiaba en caracteres de imprenta y la madre recogía con sumo cuidado los trozos rotos de los borradores y los quemaba.

Mientras les servía el té, se admiraba del ardor con que hablaban de la vida y la suerte de los trabajadores, del medio más rápido de sembrar entre ellos la verdad, de elevarles la moral. Frecuentemente, divergían las opiniones, se querellaban, se acusaban mutuamente, algunos se irritaban, y volvían a empezar la discusión.

A la madre le parecía que ella conocía mejor la vida de los obreros, y que veía con más claridad la inmensidad de la tarea que se habían propuesto, lo que le permitía tratarlos con la condescendencia un poco melancólica de una persona mayor hacia los niños que juegan a los matrimonios, sin comprender sus tragedias. Involuntariamente, comparaba sus peroratas con las de su hijo y las de Andrés, y percibía la diferencia que al principio se le escapaba. A veces, tenía la impresión de que se gritaba aquí más fuerte que en el barrio, lo que se explicaba pensando: "como saben más, hablan más alto".

Pero con mucha frecuencia notaba que aquellas gentes parecían excitarse adrede, que esta excitación era ficticia. Se diría que cada uno de ellos quería demostrar a sus camaradas que la verdad le era más afín y querida que a los demás, los cuales se afanaban, a su vez, para probar hasta qué punto conocían aquella verdad, y recomenzaban la discusión con agria rudeza. Cada uno quería subir más alto que el otro, y la madre experimentaba una inquieta tristeza. Alzaba las cejas mirándolos con aire suplicante y pensaba:

"Han olvidado a mi Paul y los otros camaradas...".

Tenso el espíritu, escuchaba las disputas que, por supuesto, no entendía, tratando de separar los sentimientos de las palabras. Cuando en el barrio hablaban del «bien», lo abarcaban en conjunto, en su totalidad, en tanto que aquí todo se dividía en pequeños trozos y se disminuía, allí se sentía con mayor fuerza y profundidad lo que aquí se desmigajaba en el dominio de los pensamientos sutiles. Se hablaba más de la destrucción del antiguo orden, mientras que allá se soñaba en el nuevo, lo que hacía que las frases de su hijo y de Andrés le fuesen más comprensibles, estuviesen más a su alcance.

Observaba que cuando venía algún obrero, Nicolás parecía más libre. Una expresión dulce asomaba a su rostro, y hablaba de modo diferente, si no con mayor grosería, sí con menos negligencia.

"Hace lo que puede para que lo comprendan", pensaba Pelagia. Pero esto no la consolaba, veía que el visitante no estaba a gusto, que se contraía en su interior y no hablaba tan fácilmente como lo hacía con ella, mujer del pueblo. Un día que Nicolás había salido, hizo la observación a uno de los trabajadores:

—¿Por qué te cohíbes? No eres un chiquillo que está examinándose. El muchacho tuvo una franca sonrisa:

—Hasta los cangrejos se ponen encarnados cuando no están en su ambiente. Él no es de los nuestros...

Algunas veces venía Sandrina. No se quedaba nunca mucho tiempo, hablaba con su aire afanoso, no reía jamás y, al marcharse, preguntaba siempre a la madre:

—¿Y Paul? ¿No estará enfermo?

—Gracias a Dios está bien, y de buen humor.

—Salúdele de mi parte —decía la muchacha, y desaparecía.

La madre le daba quejas de que Paul llevase tanto tiempo en la prisión sin que se fijase fecha para juzgarlo. Sandrina se ensombrecía aún más y callaba, removiendo nerviosamente los dedos.

Pelagia se moría de ganas de decirle:

"Querida mía, ya sé que lo amas...".

Pero no se atrevía. El severo aspecto de la joven, sus labios fuertemente apretados, su tono preocupado y seco, parecían rechazar de antemano cualquier caricia. Con un suspiro, la madre estrechaba su mano sin decir nada, pensando:

"Qué desgraciada te sientes, hija mía...".

Un día vino Natacha. Se alegró mucho de ver a la madre, la besó y, en voz baja, le dijo:

—Mamá se ha muerto... Está muerta, la pobre...

Sacudió la cabeza y se enjugó rápidamente los ojos.

—Estoy muy triste. No tenía aún cincuenta años, habría podido vivir todavía mucho tiempo. Pero, por otra parte, puede decirse que la muerte le será más leve que la vida. Estaba siempre sola, era una extraña para todos. Nadie la necesitaba, todos temían a mi padre... ¿Es que verdaderamente vivía? Se vive cuando se espera algo bueno, pero ella no tenía nada que esperar, sólo humillaciones.

—Eso es muy cierto, Natacha —dijo la madre, tras un momento de reflexión—. Se vive cuando se espera algo bueno y, si no se espera nada, no es una vida.

Acariciando afectuosamente la mano de la muchacha, añadió:

—¿Y ahora está usted sola?

—Sí —respondió suavemente Natacha.

La madre guardó silencio, luego dijo riendo:

—No se preocupe. Cuando se es bueno nunca se está solo, y hay muchas personas que la quieren a usted.

VIII

Natacha fue nombrada maestra en un lugar próximo a una fábrica de tejidos, y Pelagia comenzó a entregarle libros prohibidos, proclamas, periódicos. Esto se había convertido en su trabajo específico. Varias veces al mes, vestida de monja o disfrazada de vendedora de encajes y mercería, de respetable burguesa o de peregrina, recorría la provincia a pie, en tren o en carro, mochila al hombro o maletín en la mano.

En el vagón o en el barco, en los hoteles o las posadas, se comportaba con tranquilidad y sencillez; era la primera en dirigir la palabra a los desconocidos, y atraía sin temor la atención por sus frases amables, sociables, por su seguridad de mujer que ha visto y aprendido mucho.

Le gustaba hablar con la gente, escucharla contar sus vidas, sus quejas, sus problemas. Su corazón se inundaba de alegría cada vez que comprobaba en su interlocutor el vivo descontento que, mientras protesta contra los golpes del destino, busca intensamente respuestas a las preguntas formuladas por su espíritu. Cada vez más ancho y coloreado se desarrollaba ante ella el cuadro de la vida humana con sus cuidados, su inquietud por el pan cotidiano. En todas partes encontraba en toda su cínica desnudez, el encarnizamiento en engañar al prójimo, despojarlo, obtener de él siempre un poco más de provecho, en chuparle la sangre. Veía que la tierra daba todo con abundancia, pero que el pueblo estaba desnudo y vegetaba hambriento al lado de riquezas incalculables. En las ciudades había templos rebosantes de oro y plata que no sirven para nada a Dios, en cuyo pórtico tiritaban los mendigos, esperando vanamente que se dejase en su mano alguna pequeña moneda. En otro tiempo había visto el mismo espectáculo, las ricas iglesias, con las casullas bordadas en oro de los popes, las barracas de los indigentes y sus infames harapos, pero entonces le parecía natural, mientras que ahora juzgaba inadmisible tal estado de cosas, y lo encontraba ultrajante para los pobres, para quienes, como ella sabía muy bien, la iglesia es más necesaria que para los ricos.

Por las imágenes que representaban a Cristo, por los relatos que ella había oído, sabía que Él, el amigo de los pobres, vestía pobremente, en tanto que en las iglesias en que los miserables venían a acercársele para ser consolados, lo veían encadenado a un oro insolente, aprisionado en unas sedas que crujían desdeñosamente a la vista de los mendigos. Le volvían a la memoria las palabras de Rybine:

—Incluso de Dios se sirven para engañarnos.

Sin darse cuenta, rezaba menos, pero pensaba más en Cristo y en los que, sin nombrarlo, hasta fingiendo ignorarlo, vivían (así le parecía a ella) según sus preceptos y semejantes a Él; pensaba que la tierra era el reino de los pobres y quería distribuir por igual entre los hombres todas las riquezas de este mundo. Pensaba mucho en ello, y este pensamiento crecía en su alma, lo profundizaba y refería a él todo lo que veía, y esta idea, desarrollándose, tomaba la forma luminosa de una plegaria que se esparcía en claridad igual sobre el sombrío mundo, sobre toda la vida y todos los seres. Parecía a la madre que él propio Cristo, a quien siempre había amado con un amor confuso, con un complejo sentimiento en que el miedo se mezclaba inextricablemente a la esperanza, este Cristo le era ahora más próximo, que era ya diferente, más alto y más visible para ello, con una faz más alegre y más clara. Se diría que verdaderamente había resucitado, lavado y vivificado por la sangre ardiente que generosamente vierten por el amor del amigo de la humanidad, aquéllos que tienen el pudor de no nombrarlo. La madre volvía siempre de estos viajes alegremente conmovida, por lo que en el camino había visto y oído, animada y satisfecha por haber cumplido su misión.

—Es bueno viajar tanto y ver tantas cosas —decía por la noche a Nicolás—. Se comprende lo que es la vida. El pueblo es mantenido al margen; echado a un lado, hecho a la humillación, lo acepta, pero no lo acepta de buen grado, y se dice: "¿Por qué me aíslan? ¿Por qué tengo hambre? Hay abundancia de todo. ¿Y por qué soy estúpido e ignorante cuando existe por todas partes tanta inteligencia? ¿Dónde está el Dios misericordioso para quien no hay ricos ni pobres, sino que todos somos sus hijos, amados de su corazón?". Poco a poco, el pueblo se revuelve contra la existencia que arrastra..., comprende que la injusticia lo ahogará si él mismo no toma medidas.

Experimentaba cada vez más el imperioso deseo de hablar a las gentes en su lenguaje, en hacerles ver las injusticias de la vida. A veces, le costaba trabajo reprimir estas ansias.

Cuando Nicolás la sorprendía mirando grabados, sonreía y le contaba cualquier cosa que siempre la maravillaba.

Admirada de la audacia de los problemas que los hombres se planteaban, preguntaba a Nicolás en tono incrédulo:

—¿Pero eso es posible?

Y él, pacientemente, con una inquebrantable confianza en la verdad de sus profecías, le mostraba el porvenir como un cuento de hadas, mirándola a través de sus lentes, con sus bondadosos ojos.

—Los deseos del hombre no tienen límites, y su fuerza es inagotable. Pero, sin embargo, el mundo se enriquece en espíritu muy lentamente, porque cada uno, para ser independiente, necesita forzosamente amasar, no conocimientos, sino dinero. Mas, cuando los hombres hayan matado su avaricia, cuando se liberen de la esclavitud del trabajo forzado...

Pelagia comprendía raramente las palabras de Nicolás, pero el sentimiento de serena fe que las informaba, le era cada vez más asequible.

—Hay demasiado pocos hombres libres sobre la tierra, ésa es la desgracia —decía él.

Ella comprendía esto, conocía gentes que se habían liberado de la rapacidad y la maldad, y se daba cuenta de que si el número de estos seres aumentaba, el sombrío y terrible rostro de la existencia sería más acogedor y sencillo, mejor y más claro.

—El hombre se ve precisado a ser cruel a pesar suyo —decía con tristeza Nicolás. La madre asentía inclinando la cabeza, y recordaba las frases del Pequeño Ruso.

IX

Un día Nicolás, tan puntual, volvió de la oficina mucho más tarde que de costumbre.

En vez de quitarse el abrigo dijo vivamente, frotándose las manos con agitación:

—¿Sabe? Uno de nuestros camaradas se ha escapado hoy de la cárcel. Pero, ¿quién? No he conseguido saberlo.

La madre vaciló, invadida por la emoción. Se sentó y preguntó en un susurro:

—¿Puede ser Paul?

—Puede ser... —respondió Nicolás, encogiéndose de hombros—. Pero, ¿cómo ayudarlo a esconderse, dónde dar con él? Vengo de pasear por las calles a ver si lo veía. Es una estupidez, pero hay que hacer algo. Voy a volver a salir.

—Yo también —dijo la madre.

—Vaya a casa de Iégor a ver si hay noticias —propuso Nicolás, y desapareció rápidamente.

Ella se puso un chal sobre la cabeza y, llena de esperanza, salió inmediatamente
detrás.

Se le turbaba la vista, su corazón latía precipitadamente y la obligaba casi a correr.

Caminaba hacia una posibilidad, con la cabeza baja, sin ver nada a su alrededor.

—Llegaré y estará allí... —Esta esperanza intermitente la empujaba.

Hacía calor, jadeaba de fatiga. Al llegar al pie de la escalera que llevaba a la vivienda de Iégor se detuvo, sin fuerzas para ir más lejos, se volvió y profirió un leve grito de asombro, cerrando un instante los ojos. Le había parecido ver a Nicolás Vessovchikov junto a la puerta, las manos en los bolsillos. Pero al abrir de nuevo los ojos no vio a nadie.

—Lo he soñado —se dijo, y subió la escalera tendiendo el oído. Abajo, en el patio, se oía un sordo ruido de pasos. Se detuvo tendiendo el oído. Abajo, en el patio, se oía un sordo ruido de pasos. Se detuvo en un descansillo, se inclinó y miró: vio de nuevo un delgado rostro que le sonreía.

—Nicolás, Nicolás —dijo bajando a su encuentro, mientras su corazón se oprimía por el desengaño.

—No, sube, sube —dijo él a media voz, con un gesto de la mano.

Ella trepó rápidamente la escalera y entró en casa de Iégor, que estaba tendido en un sofá; jadeante murmuró:

—Nicolás se ha escapado... de la cárcel...

—¿Cuál? —preguntó la silbante voz de Iégor, levantando la cabeza del almohadón—. Hay dos Nicolás.

—Vessovchikov... Viene para aquí.

—Perfectamente.

Vessovchikov entraba ya. Echó el cerrojo de la puerta, se quitó el gorro y se puso a reír dulcemente, alisándose los cabellos. Iégor se incorporó apoyándose sobre el codo y tosió, moviendo la cabeza:

—Bienvenido...

Con amplia sonrisa, Vessovchikov se acercó a la madre y le tomó la mano.

—Si no te hubiese visto, no me quedaba más que volver a la cárcel. No conocía a nadie en la ciudad, y si hubiese ido al barrio me habrían pescado inmediatamente. Mientras andaba me decía: "Imbécil, ¿por qué te has escapado?". Y de pronto, veo a Pelagia que corría... la seguí.

—¿Cómo has hecho para huir? —preguntó la madre.

Él se sentó torpemente en el borde del diván y dijo, encogiéndose de hombros, con aire confuso:

—Una oportunidad... Estaba paseando por el patio y a los de dedito común se les ocurre ponerse a pegar a un vigilante. Un antiguo gendarme expulsado por robo, que ahora espía, va con el soplo, hace la vida imposible a todo el mundo. Se de echan encima, un jadeo imponente, dos vigilantes se asustan, corren, silban... Veo la verja abierta, una plaza, da ciudad... Y me marché sin despedirme. Como en un sueño... Cuando me alejé un poco me di cuenta, ¿a dónde ir? Me volví y vi las puertas de la prisión ya cerradas.

—Bien... —dijo Iégor—. Bueno, caballero, tendría que haber llamado cortésmente a da puerta y suplicar que de permitiesen da entrada: "perdón, soy un poco distraído...".

—Sí —dijo Vessovchikov sonriendo—, es una tontería... De todos modos, he obrado mal con dos camaradas, no dije nada a nadie. Entonces, vi un entierro, un niño... Seguí el ataúd con da cabeza baja, sin mirar a nadie. Me quedé un rato en el cementerio para tomar el aire, y se me ocurrió una idea.

—¿Sólo una? —preguntó Iégor, y añadió con un suspiro—. Me imagino que no le faltaría sitio...

Vessovchikov se echó a reír sin ofenderse.

—¡Oh!, ya no tengo da cabeza tan vacía como antes. Y tú, Iégor, ¿sigues enfermo?

—Cada cual hace lo que puede —respondió Iégor con una tos bronca, continua.

—De allí me fui al Museo. Me paseé por él un rato, mirando todo, y pensando siempre, "¿dónde puedo ir yo ahora?". Incluso me encolericé contra mí mismo. Tenía un hambre terrible. Salí, caminé..., me sentía inseguro, veía que los agentes vigilaban a todo el mundo.

"Bueno, me dije, con el aspecto que tengo, dos jueces van a echarme la zarpa muy pronto". Y en esto veo a Pelagia corriendo delante de mí, me disimulé un poco, luego la seguí, y aquí estoy.

—¡Y yo que ni siquiera te había visto! —dijo da madre con aire contrito. Miraba a Vessovchikov y le parecía que se había vuelto menos torpe.

—Es verdad, los camaradas no estarán tranquilos... —dijo Nicolás, rascándose la cabeza.

—Y a los gendarmes, ¿no los echas de menos? Seguramente que también estarán preocupados —observó Iégor. Abrió la boca y se puso a mover los labios como si masticase el aire—. Bueno, basta de bromas.

Hay que esconderte, lo que es muy agradable pero nada fácil. Si yo pudiera levantarme...

Le dio un ahogo, se llevó las manos al pecho y comenzó a friccionárselo.

—Estás muy enfermo, Iégor —dijo Nicolás, bajando la cabeza.

La madre suspiró y paseó una inquieta mirada por la pequeña y estrecha habitación.

—Eso es asunto mío —respondió Iégor—. Pregúntale por Paul, madrecita, no te hagas la tonta.

Vessovchikov sonrió, abriendo la boca de oreja a oreja.

—Paul, bien. Está en buena salud. Es un poco el jefe de todos. Discute con la dirección y, en general, es quien manda. Se le respeta.

Pelagia bebía las palabras del muchacho y miraba a hurtadillas el rostro hinchado y azulado de Iégor. Fijo como una máscara, desprovisto de expresión, parecía extrañamente liso, y sólo dos ojos tenían un resplandor de vida y de alegría.

—Si me dieras de comer... ¡Tengo un hambre terrible! —exclamó súbitamente Nicolás.

—Mamá, hay pan en aquel estante..., y después sal al corredor, da segunda puerta a la izquierda. Llama, te abrirá una mujer, y de dices que venga y que traiga todo lo que tenga de comida.

—¿Por qué todo? —preguntó Nicolás.

—No te hagas mala sangre, que no será gran cosa.

La madre salió, llamó a la puerta indicada y tendió el oído, pensando tristemente:

"Está muriéndose".

—¿Quién es? —preguntaron.

—De parte de Iégor —respondió a media voz da madre—. Le ruega que vaya a su cuarto.

—En seguida —contestaron sin abrir.

Esperó un instante y volvió a llamar. Entonces, la puerta se abrió bruscamente y en el dintel apareció una mujer alta, con lentes. Alisando vivamente das arrugadas mangas de su blusa, preguntó en tono seco:

—¿Qué quiere?

—Vengo de parte de Iégor...

—Ah... Vamos. ¡Oh, pero yo la conozco! —exclamó la mujer—. Buenas tardes... Esto está muy oscuro.

Pelagia comprendía raramente las palabras de Nicolás, pero la casa de Nicolás.

"Siempre los nuestros", pensó.

La mujer hizo pasar a Pelagia ante ella y preguntó:

—¿Está peor?

—Sí, está acostado... Le ruega que lleve comida.

—Es inútil.

Cuando entraron en el cuarto de Iégor, éste dijo entre estertores:

—Voy a ir a reunirme con mis antepasados, querida amiga. Ludmila, este chico ha salido de la cárcel sin el permiso de las autoridades, el impertinente. Ante todo, dele de comer y luego escóndalo en alguna parte.

Ludmila asintió con la cabeza y, examinando atentamente el rostro del enfermo, dijo con severidad:

—Iégor, ha debido mandarme a buscar en cuanto llegaron. Y veo que es la segunda vez que deja sin tomarse su medicina: ¿qué significa este descuido? Camarada, venga conmigo.

Van a venir inmediatamente a recoger a Iégor para llevarlo al hospital.

—¿Es que van a llevarme, por fin? —preguntó Iégor.

—Sí, y yo iré con usted.

—¿También allí? ¡Dios mío...!

—No haga el tonto.

Mientras hablaba, la joven había arreglado la manta sobre el pecho de Iégor, observaba a Nicolás, y medido con la vista la medicina que contenía el frasco. Hablaba con voz baja e igual, y sus gestos eran suaves. En su rostro pálido, las negras cejas casi se unían en lo alto de la nariz. Su aspecto desagradó a la madre, que la juzgó orgullosa; los ojos no tenían ni sonrisa ni brillo, y hablaba en tono de orden

—Vamos —continuó—. Volveré en seguida; dé a Iégor una cucharada sopera de este frasquito y prohíbale que hable.

Y salió, llevándose a Vessovchikov.

—Una mujer maravillosa —dijo Iégor suspirando—. Una criatura admirable. Habría debido venir a vivir con ella, madrecita. Ella está agotándose.

—No hables. Toma, bébete esto... —dijo dulcemente la madre. Tragó él el remedio y prosiguió guiñando un ojo:

—Por más que me calle, moriré lo mismo...

Con el otro ojo miraba a la madre, y sus labios esbozaron una sonrisa. La madre inclinó la cabeza; una aguda piedad traía lágrimas a sus ojos.

—No pasa nada, es natural. La satisfacción de vivir trae consigo la obligación de morir...

La madre puso una mano sobre su cabeza y dijo nuevamente en voz baja:

—Cállate.

El cerró ambos ojos como para mejor escuchar el estertor de su pecho, y continuó tercamente:

—Es estúpido que me calle. ¿Qué ganaría con el silencio? Algunos segundos más de agonía, a cambio del placer de charlar con una buena mujer. Yo creo que en el otro mundo no hay tan buena gente como en éste.

La madre le interrumpió con inquietud:

—La señora va a venir y me reñirá porque hablas.

—No es una "señora", sino una revolucionaria, una camarada, un alma admirable. En cuanto a reñirle, seguramente lo hará. Riñe siempre a todo el mundo...

Y lentamente; moviendo con esfuerzo los labios, Iégor se puso a contar la vida de su vecina. Sus ojos sonreían. La madre comprendía que bromeaba con ella adrede. Miraba aquel rostro cubierto de una humedad azulenca, y pensaba con ansiedad.

"Va a morir...".

Ludmila volvió. Cerró cuidadosamente la puerta detrás de sí y se dirigió a Pelagia:

—Es preciso que su amigo cambie de ropa y se vaya lo antes posible. Procúrele inmediatamente un traje y tráigalo aquí. Lástima que no esté Sofía: su especialidad es esconder a la gente.

—Llega mañana —dijo la madre, echando un chal sobre sus hombros.

Cada vez que se le encomendaba una misión, la acometía el imperioso deseo de realizarla pronto y bien, y no podía pensar en otra cosa que no fuese su tarea. Ahora, frunciendo las cejas preocupadamente, preguntó en tono inquieto:

—¿Cómo piensa disfrazarlo?

—No tiene importancia, saldrá de noche.

—Peor que de día. Hay menos gente por la calle y será más fácil que lo sigan, y no es muy hábil...

Iégor tuvo una risa ronca. La madre preguntó:

—¿Se te podrá ir a ver al hospital?

El asintió, tosiendo. Ludmila fijó en la madre sus negros ojos y propuso:

—¿Quiere que nos turnemos para velarlo? ¿Sí? Bien. Pues ahora, dése prisa.

Y tomando del brazo a la madre, con gesto afectuoso pero autoritario, la hizo salir y le dijo en voz muy baja, ya en la puerta:

—No se ofenda porque la despida. Pero hablar le hace daño. Y tengo la esperanza...

Se retorció las manos, chasqueando los dedos; sus pesados párpados se cerraron sobre los ojos.

Esta explicación turbó a la madre, que murmuró:

—Qué está diciendo...

—Mire si no hay espías —recomendó Ludmila.

Llevándose las manos a la cara se frotó las sienes. Sus labios temblaban, y su expresión se dulcificó.

—Ya sé —respondió la madre, no sin orgullo.

Cuando hubo franqueado el portal de la casa, se detuvo un instante, arregló su toquilla y lanzó a su alrededor una ojeada furtiva, pero vigilante. Sabía ya, con certeza casi absoluta, distinguir un espía entre la multitud. Conocía bien el estudiado descuido de la marcha, la afectada desenvoltura de los ademanes, la expresión de fatiga y aburrimiento pintada en el rostro, el mal disimulado nerviosismo de los párpados, el temor y la confusión en los ojos inquietos y desagradablemente penetrantes.

Aquella vez no divisó la conocida silueta, y caminó por la calle sin apresurarse. Luego tomó un coche y dio al cochero la orden de llevarla al mercado. Compró ropa para Nicolás y regateó despiadadamente, cubriendo de injurias al borracho de su marido, a quien había que vestir de nuevo, casi cada mes. Esta historia no impresionó apenas a los comerciantes, pero le divirtió mucho a ella misma. Por el camino, se dijo que la policía comprendería, con toda seguridad, que Nicolás tendría que disfrazarse, y enviaría espías al mercado. Después de tomar estas ingenuas precauciones, volvió a casa de Iégor. Luego tuvo que acompañar a Nicolás al otro extremo de la ciudad. Cada uno iba por una acera y Pelagia viendo a Vessovchikov caminar pesadamente, con la cabeza baja, incómodo entre los largos faldones de un abrigo rojizo, y echar atrás un sombrero que se le calaba hasta la nariz. En una calle desierta vino Sandrina a su encuentro, y la madre volvió a casa, después de saludar a Vessovchikov con un gesto de cabeza.

"Y Paul está allí... Y Andrés también...", pensaba con tristeza.

X

Nicolás Ivanovitch la acogió con una exclamación de inquietud:

—Sabe, Iégor está muy mal, muy mal. Lo han llevado al hospital. Ha venido Ludmila, que le ruega que vaya allí...

—¿Al hospital?

Él se ajustó los lentes con gesto nervioso y ayudó a Pelagia a ponerse una chaqueta.

Luego, le estrechó la mano entre sus dedos secos y cálidos, y le dijo con voz turbada:

—Sí, llévese este paquete. ¿Han escondido a Vessovchikov?

—Sí, todo va bien.

—Yo iré también a ver a Iégor.

La madre estaba tan cansada que la cabeza le daba vueltas, y el humor inquieto de Nicolás le hacía presentir una desgracia.

"Está muriéndose...". Este sombrío pensamiento le golpeaba el cerebro. Pero cuando llegó al limpio y claro cuartito del hospital y vio a Iégor, con su risa ronca, sentado en medio de un blanco montón de almohadas, se tranquilizó inmediatamente. Sonriente, se mantuvo en el dintel y oyó al enfermo que decía al doctor:

—Un tratamiento es una reforma.

—No te hagas el gracioso, Iégor —dijo el médico con voz chillona e inquieta.

—Y como yo soy un revolucionario, detesto las reformas.

Con precaución, el médico cogió la mano de Iégor y se la colocó sobre la rodilla, luego se levantó, y mesándose pensativamente la barba, tocó con un dedo de la otra mano las protuberancias del rostro del enfermo.

La madre conocía bien al médico, uno de los mejores camaradas de Nicolás, llamado Ivan Danilovitch. Se acercó a Iégor, que le sacó la lengua. El doctor se volvió:

—Ah, Nilovna... Buenos días. ¿Qué trae en la mano?

—Libros, seguramente.

—No debe leer —observó el médico.

—Quiere hacer de mí un imbécil —se lamentó Iégor.

Leves y penosos suspiros, acompañados de un blando y ronco jadeo, se escapaban del pecho del enfermo. Su rostro estaba cubierto de finas gotas de sudor, y levantando lentamente sus manos pesadas y desobedientes, se enjugaba la frente. La extraña inmovilidad de sus mejillas hinchadas, deformaba su ancha y bondadosa fisonomía. Todos sus rasgos habían desaparecido bajo una máscara cadavérica y sólo los ojos, profundamente hundidos, entre la hinchazón, tenían una mirada clara y sonreían con indulgencia.

—Eh, hombre de ciencia... Estoy cansado, ¿puedo acostarme? —preguntó.

—Imposible —respondió concisamente el doctor.

—Pues me acostaré en cuanto te marches.

—No se lo permita. Levántale las almohadas, y, por favor, no le hable, le hace daño.

La madre afirmó con la cabeza. El doctor se marchó a pasitos rápidos. Iégor echó hacia atrás la cabeza, cerró los ojos y no se movió. Solamente sus dedos se agitaban suavemente. Los muros blancos de la pequeña habitación despedían un frío seco, una oscura tristeza. Las exuberantes copas de los tilos miraban por la amplia ventana. En el follaje, polvoriento y sombrío, brillaban unas claras manchas amarillas, frías primicias del otoño incipiente.

—La muerte se me acerca lentamente, con trabajo... —dijo Iégor, sin moverse ni abrir los ojos—. Se ve que le doy pena, que yo era un buen muchacho...

—¡No deberías hablar, Iégor! —suplicó la madre, acariciándole dulcemente la mano.

—Espere..., ya me callaré...

Jadeando, continuó articulando las palabras con esfuerzo, y entrecortándolas de largas pausas.

—Es perfecto que esté usted con nosotros, es tan bueno mirar su rostro... ¿Cómo acabará ella?, me pregunto, cuando la veo. Es triste pensar que le espera la prisión y toda clase de abominaciones..., a usted como a los demás. ¿No tiene miedo de la cárcel?

—No —respondió ella sencillamente.

—Desde luego. Y, sin embargo, la cárcel es horrible, es la que me ha destruido.

Hablando con franqueza, no querría morir.

"Y quizás no mueras aún..." —intentó decirle Pelagia, pero tras una mirada a aquel rostro, guardó silencio.

—Hubiera podido trabajar todavía... Pero si ya no puedo, ¿para qué vivir? Es estúpido. Es justo, pero no es consolador.

—Las palabras de Andrés le vinieron involuntariamente a la memoria, y suspiró con tristeza. Estaba muy cansada de aquel día, y tenía hambre. El ronco y blando estertor del enfermo llenaba el cuarto, se deslizaba impotente sobre las paredes lisas. La silueta de los tilos tras la ventana recordaba a las nubes bajas, y desconcertaba los ojos con su tinte lívido. Todo parecía fijarse extrañamente en una tenebrosa inmovilidad, en la espera desolada de la noche.

—¡Qué mal me siento! —dijo Iégor. Cerró los ojos, y calló.

—Duerme —aconsejó la madre—. Quizá te sientas mejor.

Luego, prestó oído a su respiración, lanzó una mirada en torno, permaneció unos minutos sin moverse, presa de una sombría tristeza, y se adormeció.

Un ruido ahogado en la puerta la hizo sobresaltarse. Vio que Iégor tenía los ojos abiertos.

—Perdóname, me quedé dormida —dijo en voz baja.

—Perdóname tú también —respondió él muy dulcemente.

En la ventana caía la tarde. Un raro frío hacía doler los ojos. Todo parecía borroso sin saber por qué. También el rostro del enfermo se había ensombrecido.

Se oyó un leve roce y luego la voz de Ludmila:

—¿Qué hacen ahí murmurando sentados en la oscuridad? ¿Dónde está el interruptor?

Súbitamente, la habitación se inundó de una luz blanca y desagradable. Ludmila estaba allí, alta, negra, erguida.

Iégor tuvo un estremecimiento y se llevó la mano al pecho.

—¿Qué pasa? —gritó Ludmila, corriendo hacia él.

El enfermo miraba a la madre con ojos fijos que parecían enormemente grandes y brillantes. La boca muy abierta, levantó la cabeza y tendió una mano hacia adelante. La madre tomó dulce—'mente esta mano y le miró conteniendo la respiración. Con un convulso movimiento del cuello, echó la cabeza hacia atrás y dijo en alta voz:

—¡No puedo más..., se termina!

Su cuerpo tuvo una ligera contracción, la cabeza cayó inerte sobre el hombro y en los ojos, muy abiertos, la fría luz de la lámpara encendida a la cabecera de la cama se reflejó con un destello muerto.

—Pequeño, querido Iégor... —murmuró la madre.

Ludmila se separó lentamente del lecho, se detuvo ante la ventana y, con la mirada perdida en el vacío, dijo con una voz extraordinariamente fuerte, que Pelagia no le conocía:

—Está muerto...

Se inclinó, apoyó los codos en el alféizar de la ventana y de pronto, como si hubiese recibido un mazazo, cayó de rodillas, sin fuerzas; se cubrió el rostro con las manos y exhaló un sordo gemido.

La madre cruzó sobre el pecho los pesados brazos de Iégor y acomodó en la almohada aquella cabeza que ahora parecía de plomo. Luego, enjugándose las lágrimas, se acercó a Ludmila, se inclinó sobre ella y acarició dulcemente la espesa cabellera. Lentamente, la joven volvió hacia la madre sus ojos sin brillo y enfermizamente dilatados, se levantó y murmuró con labios temblorosos.

—Habíamos estado juntos en el destierro, hemos vivido juntos, estuvimos en las mismas cárceles... A veces, era insoportable, horrible, muchos perdían el valor...

Un seco sollozo le apretó la garganta. Se dominó con un esfuerzo y, acercando a la madre su rostro, dulcificado por una expresión de ternura y dolor que la rejuvenecía, continuó en un susurro rápido, entre sollozos sin llanto.

—Y él era incansablemente alegre. Bromeaba, reía, ocultaba valerosamente sus sufrimientos, se esforzaba en devolver el valor a los débiles. Era tan bueno, tan sensible... En Siberia, la inacción pervierte a las gentes, hace nacer en ellas sentimientos bajos... ¡Cómo ha luchado contra esto! ¡Si usted viese qué camarada era! Su vida privada era dura, dolorosa, pero nadie le oyó nunca quejarse..., ¡nadie, jamás! Yo era su amiga íntima, debo mucho a su gran corazón, me dio todo lo posible de su espíritu..., pero él era solitario, cansado, y nunca pidió a cambio ni caricias ni solicitud...

Se acercó a Iégor, se inclinó y le besó la mano.

—Camarada, amado camarada —dijo con voz baja y desolada—, te doy las gracias con todo mi corazón, ¡adiós! Trabajaré como tú, sin dudar jamás, sin cansarme, toda mi vida. ¡Adiós!

Ahogada por los sollozos que la sacudían, posó la cabeza en el lecho, a los pies de Iégor. La madre, en silencio, lloraba abundantes lágrimas. Trataba de retenerlas sin saber por qué. Hubiera querido ser cariñosa hacia Ludmila, testimoniarle un afecto particular y profundo, hablarle de Iégor con buenas palabras de ternura Y aflicción. A través de sus lágrimas veía el hinchado rostro del muerto, sus ojos que parecían dormir bajo los párpados cerrados, sus labios lívidos fijos en una ligera sonrisa. Todo estaba en silencio, bajo la hiriente claridad de la lámpara.

El doctor entró a pasitos rápidos, como siempre. Se detuvo bruscamente en medio del cuarto. Con gesto vivo hundió las manos en los bolsillos y preguntó con voz nerviosa y fuerte:

—¿Hace mucho...?

No le contestaron. Vaciló un poco sobre sus piernas y se acercó a Iégor secándose la frente. Le estrechó la mano y se separó.

—No es extraño..., con su corazón... Tenía que haber sucedido hace seis meses, por lo menos.

Su voz aguda de desplazada sonoridad, de forzada calma, se quebró repentinamente.

Apoyado en el muro, retorcía su barba con nerviosos dedos, y pestañeando incesantemente, miraba a las dos mujeres junto al lecho.

—¡Otro más! —dijo dulcemente.

Ludmila se acercó a la ventana y la abrió. Un instante después, los tres, estrechándose uno contra otro, miraban el oscuro rostro de la noche de otoño. Sobre las negras copas de los árboles, las estrellas centelleaban, hundiéndose en el infinito, en la lejanía del cielo.

Ludmila cogió el brazo de la madre y, sin decir palabra, se apretó contra su hombro. El doctor, baja la cabeza, enjugaba sus lentes con el pañuelo. En el silencio suspiraba el ruido nocturno de la ciudad, el fresco aire soplaba en el rostro, agitaba los cabellos. Ludmila tenía estremecimientos, una lágrima corría por su mejilla. En el pasillo del hospital erraban sonidos confusos, asustados; un ruido de pasos, gemidos, un desolado murmullo. Los tres compañeros, inmóviles en la ventana, miraban silenciosos las tinieblas.

La madre sintió que estaba de más allí, y después de haber liberado dulcemente su brazo, se dirigió hacia la puerta inclinándose ante Iégor.

—¿Se marcha? —preguntó el doctor en voz baja, sin mirarla.

—Sí...

En la calle pensó en Ludmila y recordó sus lágrimas avaras.

—Ni siquiera sabe llorar...

Las últimas palabras que Iégor había dicho la hicieron suspirar. Caminando lentamente recordaba sus ojos vivos, sus bromas, sus cuentos...

—Para un hombre de verdad, la vida es penosa y la muerte llevadera. ¿Cómo moriré yo?

Se representó a Ludmila y al doctor de pie junto a la blanca ventana, demasiado clara, los ojos muertos de Iégor detrás de ellos, e invadida por una insoportable piedad, dejó escapar un profundo suspiro y apresuró el paso, impulsada por un sentimiento indefinible y oscuro.

"Tengo que darme prisa" —pensó, obedeciendo a una fuerza interior mezclada de tristeza y de valentía.

XI

Todo el día siguiente lo pasó la madre en gestiones para el entierro de Iégor. Por la tarde, mientras tomaba el té con Nicolás y Sofía, apareció Sandrina, inusitadamente animada y alegre. Las mejillas encendidas, los ojos brillantes, pareció a la madre llena de una gozosa esperanza. Su buen humor hizo una irrupción brutal y tumultuosa en la atmósfera de tristeza que llenaba el recuerdo del desaparecido. Lejos de mezclarse a ella, la turbó como una llama— rada que brotase súbitamente en las tinieblas. Nicolás, pensativo, dijo golpeando suavemente sobre la mesa:

—Viene transformada hoy, Sandrina.

—¿De veras? ¡Puede ser! —respondió ella con una alegre carcajada.

La madre la miró con mucho reproche. Sofía observó en tono significativo:

—Hablábamos de Iégor.

—¡Qué hombre tan admirable!, ¿no es cierto? —exclamó Sandrina—. Jamás lo he visto sin una sonrisa y una broma en los labios. ¡Y cómo trabajaba! Era un artista de la revolución, poseía la teoría revolucionaria como un maestro. Con qué sencillez y fuerza sabía pintar el cuadro de la mentira, de la opresión, de la injusticia...

Hablaba a media voz, con una sonrisa soñadora en los ojos que no apagaba la jubilosa llama que todos veían, pero que ninguno comprendía. Hundidos en el luto que los afligía, rehusaban abandonarse a la alegría que Sandrina aportaba, inconscientemente defendían el amargo derecho de alimentar su dolor, e intentaban involuntariamente hacer compartir a la muchacha su triste estado de ánimo.

—Y ahora está muerto —insistió Sofía, mirando atentamente a Sandrina.

Esta paseó una mirada interrogadora sobre sus camaradas. Sus cejas se fruncieron y bajó la cabeza, silenciosa, echando hacia atrás sus cabellos con ademán pausado.

—¡Está muerto! —repitió en alta voz, tras un instante, y de nuevo su mirada provocadora recorrió a los asistentes—. ¿Qué significa "está muerto"? ¿Qué es lo que está muerto? ¿Mi estimación por Iégor, mi afecto por él, por mi camarada, el recuerdo de la obra de sus pensamientos, esta obra propiamente dicha? ¿Se han extinguido los sentimientos que hizo nacer en mí, se ha borrado la imagen que yo tengo de él como hombre valeroso y honrado? ¿Es que todo eso está muerto? Para mí, sé que esto no morirá jamás. Me parece que nos damos demasiada prisa a decir de un hombre, "está muerto". Sus labios mueren, pero sus palabras viven y vivirán eternamente en el corazón de los vivos.

Muy emocionada, se sentó de nuevo, se acodó en la mesa y más tranquila, más pensativa, continuó sonriente y posando sobre sus camaradas una mirada velada:

—Quizá digo tonterías..., pero, camaradas, yo creo en la inmortalidad de las gentes de bien, de aquéllos que me han concedido el vivir mi magnífica vida, esta vida que me trae la alegría, me deslumbra por su admirable complejidad, por la diversidad de sus manifestaciones y por el progreso de las ideas que amo. Tal vez somos demasiado avaros de nuestros sentimientos, vivimos demasiado para el pensamiento y esto nos deforma un poco, haciéndonos razonar en vez de sentir.

—Algo bueno le ha ocurrido —exclamó Sofía, riendo.

—¡Sí! —dijo Sandrina, asintiendo con la cabeza—. Algo muy feliz, ¡ya lo creo! He estado toda la noche hablando con Vessovchikov. Antes, no me gustaba, me parecía grosero, brutal. Y lo era, desde luego. Había en él una irritación constante y sombría contra todo el mundo, tenía siempre un modo exasperante de colocarse en el centro de todo y decir agriamente: "yo, yo, yo...". Un irritante sentimiento de pequeño burgués.

Sonrió y volvió a pasear en torno suyo su mirada resplandeciente.

—Ahora habla de "sus camaradas". Y hay que oír cómo lo dice, con una especie de emoción, de afectuosa dulzura, que no puede expresarse con palabras. Se ha vuelto admirablemente sencillo y sincero y lleno del deseo de hacer un buen trabajo. Se ha encontrado a sí mismo, conoce su fuerza y sabe lo que le falta, y, sobre todo, el auténtico sentido de la camaradería ha nacido en él.

Pelagia escuchaba a Sandrina, agradándola ver a la severa muchacha dulcificada y contenta. Pero al mismo tiempo, una idea de celos nacía en el trasfondo de su alma: Y Paul, ¿qué tiene que ver en todo esto?»

—Solamente se preocupa de sus camaradas —continuó Sandrina— y, ¿saben lo que me ha persuadido de hacer? Organizar su fuga... él dice que es sencillísimo y fácil.

Sofía alzó la cabeza y dijo animadamente:

—¿Y usted qué piensa, Sandrina? A usted toca reflexionar.

La taza de té que sostenía la madre se puso a temblar. Sandrina pareció ensombrecerse, reprimiendo su excitación. Calló un instante y con voz seria, pero con una sonrisa de alegría, dijo en tono embarazado:

—Si efectivamente es como él dice..., debemos intentarlo, es nuestro deber. Enrojeció y guardó silencio.

"Querida, querida...", pensó la madre sonriendo.

Sofía sonrió también. Nicolás emitió una leve risita y miró dulcemente a la muchacha. Entonces, ésta levantó la cabeza, los miró severamente, y pálida, los ojos centelleantes, dijo en tono ofendido:

—Reís..., ya comprendo. Pensáis que estoy personalmente interesada.

—¿Por qué, Sandrina? —preguntó maliciosamente Sofía, que, levantándose, se acercó a ella. La madre juzgó la pregunta fuera de tono y humillante para Sandrina. Suspiró y miró a Sofía con aire de reproche.

—Pero... ¡me niego! —gritó Sandrina—, me niego a tomar parte en la discusión de este proyecto, si ustedes lo examinan...

—Vamos, basta, Sandrina —dijo tranquilamente Nicolás.

La madre se acercó a su vez, y le acarició suavemente los cabellos. Sandrina le cogió la mano y, alzando el ruborizado rostro, la miró azorada. Pelagia le sonrió y, no sabiendo qué decir, suspiró melancólicamente. Sofía se sentó al lado de Sandrina, le pasó el brazo por el hombro y dijo, mirándola con una sonrisa de curiosidad:

—Qué rara es usted...

—Sí, creo que estoy diciendo tonterías.

—Cómo ha podido pensar... —continuó Sofía. Pero Nicolás la interrumpió, diciendo en tono grave y práctico:

—Si la evasión es posible, hay que organizarla, no cabe la menor duda. Ante todo, debemos saber si los camaradas presos están de acuerdo.

Sandrina bajó la cabeza. Sofía, que encendía un cigarrillo, miró a su hermano y tiró la cerilla a un rincón.

—¡Cómo no van a estar de acuerdo! —suspiró la madre—. Solamente, yo no creo que sea posible.

Todos callaron, en tanto que Pelagia esperaba oír una vez más cómo se afirmaba la posibilidad de la evasión.

—Tendré que ver a Vessovchikov —dijo Sofía.

—Mañana le diré cuándo y dónde puede verlo —respondió Sandrina.

—¿Qué va a hacer? —preguntó Sofía, paseándose por el cuarto.

—Se ha decidido colocarse como cajista en la nueva imprenta. Mientras tanto, se oculta en casa del inspector forestal.

La frente de Sandrina se ensombreció, su rostro recuperó la adusta expresión habitual, y su voz la sequedad. Nicolás se acercó a la madre, que lavaba las tazas:

—Pasado mañana irá usted a la cárcel y hará llegar a Paul una nota, Comprenderá que hay que saber.

—¡Comprendo, comprendo!—replicó vivamente la madre—, se lo haré llegar.

——Me voy —declaró Sandrina, y tras estrechar rápida y silenciosamente la mano a todos, salió erguida y austera, con paso regularmente firme.

Sofía colocó la mano sobre el hombro de la madre y le preguntó con una sonrisa:

—¿Le gustaría tener una hija así?

—¡Oh, Señor! ¡Si pudiera verlos juntos, aunque no fuera más que un día! —exclamó Pelagia, a punto de llorar.

—Sí..., un poquito de felicidad es bueno para todos —dijo Nicolás—. Pero nadie desea un poquito de felicidad. Y cuando ésta es demasiado grande..., no dura mucho.

Sofía se sentó al piano y comenzó a tocar un aire melancólico.

XII

A la mañana siguiente, unas decenas de hombres y mujeres estaban a la puerta del hospital esperando que saliese el féretro de su camarada. En torno a ellos rondaban con precaución algunos policías de paisano, el oído tenso, prontos a percibir cualquier exclamación, clavando los ojos en los rostros, captando gestos y palabras, mientras al otro lado de la calle miraba un grupo de agentes, revólver a la cintura. La impudencia de los soplones, las sonrisas irónicas de los policías, listos para hacer alarde de fuerza, irritaban a la multitud. Unos, ocultando su ira, bromeaban; otros miraban al suelo con aire hosco, para no ver el vergonzoso espectáculo; algunos, dando rienda suelta a su furor, se burlaban de las autoridades, que tenían miedo de gentes que no eran dueños de más arma que la de sus palabras. Un cielo de otoño, de un pálido azul, iluminaba la calle pavimentada de guijarros redondos y grises, semicubiertos de hojas muertas que el viento barría y arrojaba sobre los pies.

La madre estaba entre la gente, y mirando los conocidos rostros, pensaba con tristeza:

"¡No sois muchos, no! Y apenas hay obreros...".

Las puertas se abrieron y la cubierta del ataúd, adornado con coronas de cintas rojas, apareció en la calle. Con gesto unánime, los hombres se quitaron las gorras. Se diría un vuelo de pájaros negros elevándose sobre las cabezas. Un oficial de policía, de alta estatura y espeso bigote oscuro, trazando una línea sobre un rostro escarlata, atravesó vivamente la multitud; tras él, atropellando a la gente sin ceremonia, caminaban los policías, haciendo resonar el pavimento bajo sus pesadas botas. El oficial dijo con voz ronca e imperiosa:

—¡Hagan el favor de quitar las cintas!

Hombres y mujeres lo rodearon en un círculo compacto, hablando todos a la vez, agitando los brazos, excitándose, queriendo pasar cada cual delante de todos. Ante los turbados ojos de la madre danzaron pálidas caras de labios trémulos. Por las mejillas de una mujer rodaban lágrimas de humillación.

—¡Abajo la violencia! —gritó una voz joven, que se perdió, solitaria, en el ruido de la discusión.

La madre también sentía amargura en su corazón. Se dirigió indignada a su vecino, un muchacho pobremente vestido:

—Ni siquiera se permite enterrar a un hombre como quieran sus camaradas, ¡es una desgracia!

La hostilidad crecía. La tapa del féretro se balanceaba sobre las cabezas. El viento jugaba con las cintas, azotaba los rostros, se oía el seco y enervante roce de la seda.

La madre, dominada por el terror de un posible motín, decía a sus vecinos con voz apresurada y baja:

—Tanto peor; si tiene que ser, que quiten las cintas. ¡Hay que ceder, qué remedio! Una voz dura y sonora dominó el tumulto:

—Exigimos que se nos deje en paz para acompañar a su última morada a un amigo que habéis torturado...

Alguien entonó con voz aguda y áspera:

—Entraremos en el combate...

—¡Os pido que quitéis las cintas! Jacovlev, córtalas.

Se oyó el ruido de un sable que salía de la vaina. La madre cerró los ojos, esperando "un grito". Pero el ruido cesó, las gentes gruñeron, mostrando los dientes como lobos hambrientos. Después, en silencio, bajas las cabezas, se pusieron en marcha, llenando la calle con el sonido de sus pasos.

Delante parecía navegar el ataúd, despojado, ajadas las coronas, y los policías seguían balanceándose al paso de sus caballos. La madre iba por la acera, no podía ver el féretro entre la apretada multitud que lo rodeaba, que aumentaba, aumentaba insensiblemente y ocupaba todo el ancho de la calle. Detrás de la masa se erguían, asimismo, siluetas grises de jinetes; a cada lado marchaban policías a pie, la mano en la empuñadura del sable, y por doquier danzaban los penetrantes ojos de los espías, a quienes la madre reconocía y que escrutaban atentamente las fisonomías.

—Adiós, camarada, adiós —cantaron tristemente dos bellas voces.

—¡No hay que cantar! —gritó alguien—. ¡Callémonos, caballeros!

En este grito había algo de grave y severo. El cántico fúnebre se interrumpió, el rumor de las voces perdió volumen y solamente el firme choque de los pasos llenó la calle con un ruido igual, sordo, que se elevaba sobre las cabezas, volaba hacia el cielo transparente, rompía el aire como el eco del primer trueno de una tormenta aún lejana. El viento frío y hostil, cuya violencia aumentaba, arrojaba a la cara de las gentes el polvo y los desperdicios, hinchaba las ropas y revolvía los cabellos, cegaba los ojos, hería los pechos, se enroscaba en las piernas...

Estos funerales silenciosos, sin sacerdote, sin cantos dolorosos, fruncidas las cejas y el recogimiento en los rostros, provocaban en la madre un sentimiento siniestro, y sus pensamientos giraban lentamente, veladas sus impresiones por reflexiones melancólicas:

"Los que lucháis por la verdad, no sois numerosos...".

Avanzaba con la cabeza baja, pareciéndole que no era a Iégor a quien enterraban, sino alguna otra cosa que le era habitual, próxima e indispensable. Estaba triste, inquieta. Su corazón se llenaba de un áspero sentimiento que la preocupaba, no estaba de acuerdo con los que acompañaban a Iégor:

"Claro que Iégor no creía en Dios, y todos éstos tampoco...".

Pero no quiso acabar su pensamiento, y suspiró para aliviar el fardo que pesaba sobre su alma:

—¡Oh, Señor, Señor Jesús! Es posible que a mí un día, también así:..

Llegaron al cementerio. Dieron muchas vueltas por estrechos caminos entre las tumbas hasta alcanzar un emplazamiento vacío, sembrado de cruces blancas profundamente hundidas. Se reunieron alrededor de una fosa y se hizo el silencio. Aquel austero silencio de los vivos entre las sepulturas parecía presagiar algo terrible, y el corazón de la madre se sobresaltó y se fijó expectante. Entre las cruces, el viento silbaba y aullaba. Sobre la caja, las flores marchitas palpitaban tristemente.

Los hombres de la policía, al acecho, miraban a su jefe. Sobre la tumba se alzó un muchacho muy alto, pálido, la cabeza descubierta, de largos cabellos y negras cejas. Y en el mismo momento resonó la bronca voz del oficial:

—Señores...

—¡Camaradas! —comenzó el joven con sonora voz.

—¡Permitan! —gritó el oficial—. Declaro que no puedo autorizar los discursos.

—Sólo diré unas palabras —dijo tranquilamente el muchacho—. ¡Camaradas! Sobre la fosa de nuestro maestro y amigo, hagamos el juramento de no olvidar nunca sus enseñanzas, juremos que cada uno de nosotros, durante toda la vida, trabajará sin descanso para ahogar la fuente de todos los males de nuestra patria, para cavar la sepultura de la fuerza malhechora que nos oprime, la autocracia.

—¡Deténganle! —gritó el oficial.

Pero su voz se perdió en una brutal explosión de gritos:

—¡Abajo la autocracia!

Separando a la multitud, los policías se precipitaron sobre el orador, pero éste, estrechamente rodeado por todos lados, clamaba agitando el brazo:

—¡Viva la libertad!

La madre fue arrojada a un lado. En su terror se apoyó en una cruz y cerró los ojos en espera de un golpe. Un tumultuoso torbellino de sonidos discordantes la ensordeció. La tierra vaciló bajo sus pies; el viento y el miedo le impedían respirar. Desgarraban el aire los silbidos de los agentes de la policía, una grosera voz de mando resonó, las mujeres lanzaron gritos histéricos, crujió la madera de las empalizadas y el pesado ruido de los pies sobre el suelo seco se oía' sordamente. Aquello duró mucho tiempo. La madre no podía mantener más los ojos cerrados, su terror se hacía insufrible.

Abrió los ojos, lanzó un grito y avanzó extendiendo los brazos. No lejos de ella, en un estrecho sendero entre las tumbas, los gantes, rodeando al muchacho de los cabellos largos, se defendían de la multitud que los atacaba por todas partes. Los sables desnudos refulgían en el aire con un destello blanco y frío, se levantaban sobre las cabezas y descendían rápidamente. Volaban cañas y trozos de madera; era un torbellino, una danza desenfrenada de gritos, y por encima de la amenazadora masa se erguía el pálido rostro del joven, cuya fuerte voz tronaba más alto que la desencadenada tempestad de cólera:

—¡Camaradas! ¡No malgastemos nuestras fuerzas!

Se le obedeció. Uno tras otros, los hombres soltaron las improvisadas estacas y abandonaron el combate. La madre, arrastrada por una fuerza invencible, se abría camino hacia adelante. Vio a Nicolás, el sombrero sobre la nuca, rechazar a los manifestantes ebrios de ira, y oyó su voz cargada de reproches:

—¡Estáis locos! ¡Calmaos!

Le pareció que una de sus manos estaba roja.

—¡Nicolás, vete! —gritó lanzándose hacia él.

—¿Dónde va corriendo? La van a llenar de golpes...

Alguien la cogió por un hombro: era Sofía, desnuda la cabeza, esparcidos los cabellos, que sostenía a un muchacho, casi un niño. Este enjugaba con la mano su rostro tumefacto, ensangrentado, y murmuraba con labios trémulos:

—Déjeme..., no es nada.

—Ocúpese de él, llévelo a casa. Tenga un pañuelo y véndele la cara —dijo rápidamente Sofía, poniendo la mano del chico en la de la madre, y huyó diciendo:

—¡Márchense en seguida, están deteniendo gente!

La multitud se dispersaba en todos sentidos. Tras ellos, los agentes de policía se movían pesadamente entre las tumbas, enredándose torpemente en los faldones de sus capotes, jurando y blandiendo los sables. El muchacho los miró con mirada de lobo.

—¡Vamos más de prisa! —dijo débilmente la madre, enjugándole el rostro. El murmuró, escupiendo sangre:

—No se preocupe..., estoy bien. Fue con el puño del sable... Pero yo le di un buen bastonazo... ¡Gritaba!

Y sacudiendo el puño ensangrentado, dijo con voz entrecortada:

—¡Esperad..., no se ha acabado! ¡Os aplastaremos sin lucha, cuando los obreros se alcen!

—¡Vamos! —se apresuró a decir la madre, caminando rápidamente hacia una puertecita abierta en el muro del cementerio. Le parecía que detrás de la cerca los esperaban los policías, ocultos en el campo, y que cuando saliesen se arrojarían sobre ellos para matarlos a golpes. Pero, cuando después de abrir con precaución la pequeña puerta, echó un vistazo al campo revestido del velo gris del crepúsculo otoñal, el silencio y la soledad que allí reinaban la tranquilizaron inmediatamente.

—Espere, voy a vendarle la cara —dijo.

—No hace falta, no me da vergüenza. Es justo, yo he recibido lo mío, y él lo suyo.

Estamos en paz.

La madre vendó rápidamente la herida. La vista de la sangre la llenaba de piedad, y cuando sintió en los dedos la tibia humedad, tuvo un escalofrío de terror. En silencio, condujo al herido a través de la campiña, llevándolo del brazo. El liberó su boca del vendaje y dijo con una pequeña carcajada:

—¿Dónde me lleva, camarada? ¡Puedo andar solo!

Pero ella notó que vacilaba, que su paso no era seguro, que su brazo temblaba. Con voz cada vez más débil, el muchacho hablaba, le hacía preguntas sin esperar la respuesta:

—Me llamo Iván, soy hojalatero, ¿y usted? En el grupo de Iégor éramos tres hojalateros..., somos once en total. Lo queríamos mucho. Dios acoja su alma. Aunque yo no creo en Dios...

En una calle, la madre detuvo un coche e hizo subir a Iván, susurrándole:

—Ahora, cállate. —Y con precaución volvió a cubrirle la boca con el pañuelo. Él se llevó la mano a la cara, pero no consiguió descubrir sus labios. La mano cayó sin fuerza sobre la rodilla. Sin embargo, continuó diciendo a través del vendaje:

—Estos golpes os los cargo en cuenta muchachos... Antes de Iégor, era Titovitch, un estudiante, el que nos enseñaba economía política... Después lo detuvieron.

La madre rodeó a Iván con su brazo y apoyó sobre su pecho la cabeza del joven. De pronto, esta cabeza se hizo más pesada y él se calló. Helada de miedo, la madre miraba temerosamente a todos lados; le parecía que de cada esquina iban a salir policías que verían la cabeza vendada de Iván, y lo matarían.

—¿Ha bebido? —preguntó el cochero con sonrisa comprensiva, volviéndose en su asiento.

—Demasiado... y pierde el sentido —suspiró Pelagia.

—¿Es tu hijo?

—Sí, es zapatero. Yo soy cocinera...

—Oficio duro. ¡Arre...!

Dio un latigazo a su caballo, se volvió de nuevo y continuó más bajo:

—Parece que ha habido jaleo en el cementerio, hace un rato. Enterraban a uno de esos que hacen política, que están contra las autoridades y tienen disgustos con ellas. Los que fueron al entierro eran como él, compañeros del muerto, seguro. Gritaron: «abajo las autoridades, que arruinan al pueblo», eso decían. La policía entró a sablazo limpio. Dicen que hay muertos. Y la policía también recibió lo suyo.

Calló y movió la cabeza con aire desolado. Luego continuó con voz extraña:

—¡Molestan a los muertos y despiertan a los difuntos!

El coche saltaba con estrépito sobre el pavimento. La cabeza de Iván se deslizaba suavemente sobre el pecho de la madre. El cochero, de través en el pescante, mascullaba pensativo:

—Hay agitación entre el pueblo..., el desorden nace de la tierra, sí. Esta noche vinieron los gendarmes a casa de mis vecinos, y no sé qué hicieron allí hasta la mañana. Luego, detuvieron a un herrero y se lo llevaron. Dicen que cualquier noche lo llevarán a la orilla del río y lo ahogarán en secreto. Sin embargo, el herrero era un buen hombre.

—¿Cómo se llama? —preguntó la madre.

—¿Quién, el herrero? Savel. Es joven aún, pero sabe muchas cosas. Pero parece que eso de saber está prohibido. A veces, venía a casa: "¿Qué vida lleváis los cocheros?", decía. Y es verdad lo que decía: vivimos peor que los perros.

—Para —dijo la madre.

La brusca detención despertó a Iván, que se puso a gemir débilmente.

—No aguanta, el chico—dijo el cochero—. ¡Eh, tú, bebedor de vodka!

Tambaleándose, moviendo con dificultad un pie después del otro, Iván atravesaba el patio diciendo:

—No es nada..., puedo andar.

XIII

Sofía estaba ya de vuelta; afanosa y agitada recibió a la madre con un cigarrillo en la boca. Tendió al herido sobre el diván, deshizo con destreza y sin cesar de dar órdenes, el vendaje que envolvía la cabeza. El humo del cigarrillo hacía guiñar los ojos al muchacho.

—¡Doctor, aquí están! ¿Está cansada, Nilovna? Ha tenido miedo, ¿eh? Bueno, repose un poco. Dale un vaso de Oporto, Nicolás.

Aturdida por la aventura, la madre respiraba dificultosamente y tenía un punto en un costado.

—No se preocupen de mí... —murmuró.

Y toda la tensión de su ser imploraba una atención, una caricia apaciguante.

Nicolás salió de la habitación vecina, con la mano vendada, seguido del doctor. Este tenía los cabellos revueltos, como un erizo. Se acercó vivamente a Iván, inclinándose sobre él.

—¡Agua, mucha agua, trapos limpios y algodón!

La madre se dirigió a la cocina, pero Nicolás la cogió del brazo y le dijo cariñosamente, conduciéndola al comedor:

—No se lo dice a usted, sino a Sofía. Usted ha tenido ya bastantes emociones, ¿verdad, amiga mía?

La madre encontró su mirada atenta y compasiva y, con un sollozo que no pudo retener, exclamó:

—¡Ah, Nicolás, era horrible! Golpeaban a la gente con los sables, con los sables...

—Ya lo he visto —dijo Nicolás, moviendo la cabeza mientras le servía vino—. Se calentaron un poco demasiado por ambas partes. Pero tranquilícese, han pegado con el sable plano y no hay más que un herido grave, al parecer. Yo lo vi recibir los golpes y lo saqué de la refriega.

El rostro y la voz de Nicolás, la tibieza y claridad de la habitación, calmaron a Pelagia. Con una mirada de agradecimiento, le preguntó:

—¿Usted también recibió algún golpe?

—Eso me lo hice yo mismo, me he clavado algo sin darme cuenta y se arrancó un poco de piel. Bébase el té; hace frío y va muy desabrigada.

Ella tendió la mano hacia la taza y vio que sus dedos estaban cubiertos de cuajarones sanguinolentos. Con un gesto involuntario dejó caer esta mano en las rodillas. Su falda estaba húmeda de sangre. Los ojos muy abiertos, las cejas levantadas, miraba a hurtadillas sus dedos. La cabeza le daba vueltas y un pensamiento martilleaba su cerebro:

—¡Harán lo mismo con Paul, pueden hacerlo!

El doctor entró en mangas de camisa, los puños remangados. A la muda pregunta de Nicolás, respondió con su voz chillona:

—La herida de la cara es superficial, pero tiene fractura de cráneo, aunque tampoco muy grave; el chico es muy fuerte. De todos modos ha perdido mucha sangre. ¿Lo llevamos al hospital?

—¿Por qué? Que se quede aquí —dijo Nicolás.

—Por hoy es posible, mañana también, pero luego no será cómodo para mí. No tengo tiempo de hacer visitas. ¿Harás un informe sobre los incidentes del cementerio?

—Naturalmente —respondió Nicolás.

La madre se levantó sin ruido y fue hacia la cocina.

—¿Dónde va, Nilovna? —preguntó Nicolás inquieto, deteniéndola—. Sofía se las arreglará bien ella sola.

Pelagia le miró y, temblando, respondió con extraña sonrisa:

—Estoy llena de sangre.

Se cambió de ropa en su cuarto, pensando una vez más en la serenidad de aquella gente, en la facultad que poseían de superar en seguida el horror de una situación. Esta reflexión la hizo volver en sí, expulsando el miedo de su corazón. Cuando volvió a la habitación donde estaba el herido, Sofía, inclinada sobre él, decía:

—Estás diciendo tonterías, camarada.

—Pero voy a molestarles —replicó él, con un hilo de voz.

—Cállate, que será mejor.

La madre se detuvo detrás de Sofía y le puso una mano en el hombro. Miró sonriendo el pálido rostro del herido y se puso a contar cómo había delirado en el coche y lo mucho que sus imprudentes palabras la habían asustado. Iván escuchaba, brillándole febrilmente los ojos, chocaban sus dientes y decía confuso:

—¡Qué idiota soy!

—Bueno, te dejamos —declaró Sofía, después de arreglarle bien la colcha—. Descansa.

Ambas mujeres pasaron al comedor donde hablaron largo rato, con Nicolás y el médico, de los acontecimientos del día. Trataban ya aquel drama como algo remoto, miraban serenamente al porvenir y discutían el trabajo del siguiente día. Si los rostros acusaban la fatiga, los pensamientos estaban pletóricos de entusiasmo, y cuando uno hablaba de su tarea, mostraba el descontento de sí mismo. El doctor se agitaba nerviosamente en la silla, y decía, esforzándose en hacer más grave su voz chirriante y aguda:

—La propaganda. ¡La propaganda! No es suficiente; la juventud obrera tiene razón.

Hay que trazar un plan de agitación más amplio; os repito que el proletariado tiene razón.

Nicolás dijo en tono amargo:

—Todos se quejan de que faltan libros, pero no podemos montar una buena imprenta.

Ludmila está agotada, y caerá enferma si no le proporcionamos ayuda.

—¿Y Vessovchikov? —preguntó Sofía.

—No puede quedarse en la ciudad. No trabajará hasta que tengamos la nueva imprenta, pero para eso nos hace falta alguien más.

—¿Podría servir yo? —preguntó la madre dulcemente. Los tres la miraron en silencio durante unos segundos.

—¡Buena idea! —exclamó Sofía.

—No, es demasiado duro para usted, Nilovna —dijo secamente Nicolás—. Tendría que vivir fuera de la ciudad, no podría ver a Paul, y además...

Ella dijo suspirando:

—Para Paul no es una gran privación, y a mí las visitas me destrozan el corazón. No se puede hablar de nada. Parezco tonta delante de mi hijo, os miran hasta la boca, para ver si no vais a decir algo de más...

Los acontecimientos de los últimos días la habían extenuado, y ahora que se le presentaba la ocasión de vivir lejos de los dramas ciudadanos, la aprovechaba vivamente.

Pero Nicolás cambió el curso de la conversación.

—¿En qué piensas? —preguntó al doctor.

Este levantó la cabeza y respondió acremente:

—Somos pocos, eso es lo que pienso. Hay que trabajar con más energía... y convencer a Paul y Andrés de que se escapen: los dos son demasiado valiosos para permanecer inactivos.

Nicolás frunció las cejas y sacudió la cabeza con aire de duda, lanzando sobre la madre una rápida ojeada. Ella comprendió que los embarazaba para hablar de su hijo delante de ella, y se fue a su habitación llevando en el corazón un ligero resentimiento contra sus amigos, que tan poca atención habían prestado a su deseo.

Se acostó, y con los ojos abiertos, arrullada por el murmullo de las voces, se abandonó a sus inquietudes. La sombría jornada que acababa de transcurrir había sido incomprensible y llena de alusiones siniestras, pero pensar en ella le era penoso, y rechazando sus morbosas impresiones, se puso a pensar en Paul. Habría querido verlo en libertad, y al mismo tiempo esta idea la asustaba; sentía una gran tensión dentro de sí, y la inminencia de duros conflictos. La resignación silenciosa de la gente desaparecía, dejando lugar a un enervamiento. Ásperas palabras resonaban, por doquier soplaba un viento de excitación nueva... Cada folleto provocaba una animada discusión en el mercado, en las tiendas, entre los criados y los artesanos; cada detención que se hacía en la ciudad suscitaba un eco temeroso y perplejo, pero algunas veces, lleno de inconsciente simpatía, de las explicaciones dadas por los revolucionarios sobre las causas de todo aquello. Pelagia oía cada vez con mayor frecuencia cómo las gentes sencillas pronunciaban palabras que en otro tiempo la aterraban: revolución, socialistas, política, se repetían con ironía; pero esta ironía disimulaba mal el deseo de saber; con ira, pero bajo esta ira resonaba el miedo; pensativamente, pero con un matiz de esperanza y de amenaza.

Lentamente, pero en anchos círculos, en la vida estancada y sombría, se esparcía la agitación, el dormido pensamiento se despertaba y la actitud rutinaria, tranquila, hacia los acontecimientos cotidianos, perdía seguridad. Todo esto lo veía Pelagia más claramente que sus amigos, pues conocía mejor que ellos el rostro desolado de la vida, y ahora que veía formarse las arrugas de la reflexión y la irritación, se alegraba y se espantaba al mismo tiempo. Se alegraba, porque lo consideraba obra de su hijo; se espantaba porque sabía que, si salía de la cárcel, se pondría a la cabeza de todos sus camaradas, en el puesto más peligroso. Y moriría.

A veces, la imagen de su hijo adquiría para ella las proporciones de un héroe de leyenda; unía a él todas las palabras leales, audaces, que había oído; todos los seres que había amado, todo lo que conocía de valor y dé claridad. Entonces lo admiraba, enternecida, orgullosa, entusiasta, y pensaba llena de esperanza:

"¡Todo irá bien, todo!".

Su amor maternal se inflamaba, le oprimía el corazón hasta casi hacerla gritar. Luego, su amor por la humanidad dejaba de crecer, se consumía, y en lugar de este gran sentimiento, un pensamiento desolado palpitaba tímidamente en la ceniza gris de la inquietud: "¡Morirá! ¡Se perderá!".

XIV

A mediodía, estaba en el locutorio de la cárcel frente a Paul. Con ojos velados examinaba el barbudo rostro de su hijo, acechando el momento en que podría entregarle el billetito que apretaba entre los dedos.

—Estoy bien de salud, y los camaradas también —dijo él a media voz—. ¿Y tú, cómo estás?

—No voy mal... Iégor ha muerto —respondió maquinalmente. —¿Ah, sí? —exclamó Paul, e inclinó la cabeza.

—En el entierro hubo una lucha con la policía y detuvieron a varios —continuó ella con naturalidad.

El subdirector de la prisión chasqueó disgustado sus delgados labios y gruñó saltando de su silla:

—¡Está prohibido, y tienen que comprenderlo, Cristo! No se puede hablar de política. La madre se levantó también y dijo confusa, como si no comprendiese:

—Yo no hablaba de política, sino de la pelea. Es cierto que se han pegado. Y también que hay uno con la cabeza rota.

—Da lo mismo; le ruego que se calle. No puede hablar más que de lo que concierne personalmente a usted, su familia y su casa. Notando que se embarullaba, se sentó a la mesa y añadió en tono bajo y melancólico, ordenando sus papeles:

—Yo soy aquí el responsable...

La madre le lanzó una ojeada, deslizó rápidamente el billete en la mano de Paul y suspiró aliviada:

—No sé de qué quieren que hable... Paul sonrió:

—Yo tampoco lo comprendo.

—Entonces no vengan de visita —observó malhumorado el funcionario—. No tienen nada que decir y vienen a molestar a todo el mundo...

—¿Será pronto el juicio? —preguntó la madre, después de una pausa.

—El procurador ha venido hace poco y dice que sí...

Cambiaron unas palabras insignificantes, inútiles para ambos. La madre veía la mirada de Paul posarse sobre ella con cálida ternura.

No había cambiado, seguía siendo igual y tranquilo. Sólo su barba había crecido mucho y parecía avejentarlo, sus manos eran más blancas. Pelagia sintió el deseo de complacerlo, de hablarle de Vessovchikov, y con la misma voz y el mismo tono con que decía cosas sin importancia, continuó:

—He visto a tu ahijado.

Paul la miró interrogante. Para recordarle el rostro picado de Vessovchikov, ella golpeó su propia cara con el dedo.

—Está bien, es fuerte y resistente, y pronto entrará en filas. Paul había comprendido.

Con un gesto cómplice y una alegre sonrisa en los ojos, respondió:

—¡Eso me alegra mucho!

—También a mí —dijo ella satisfecha. Se sentía contenta de sí misma y conmovida por la alegría de su hijo.

Cuando se marchó, él le estrechó calurosamente la mano.

—¡Gracias, mamá!

Como una embriaguez, un sentimiento de júbilo le subió a la cabeza. La dicha de sentir el corazón de su hijo tan cerca del suyo. No tuvo fuerzas para contestarle con palabras, sino únicamente por la silenciosa presión de la mano.

A su regreso, encontró a Sandrina. La joven tenía la costumbre de venir los días en que la madre iba a la cárcel. Nunca le preguntaba sobre Paul, y si la madre no hablaba de él, Sandrina se contentaba con leer en sus ojos. Pero esta vez la acogió con una pregunta inquieta:

—Bien, ¿qué hace?

—Está bien.

—¿Le ha entregado usted el billete?

—Por supuesto. Lo he hecho con tanta habilidad que...

—¿Lo ha leído?

—¿Cómo iba a poder leerlo?

—Es verdad, se me olvidaba... —dijo lentamente la muchacha—. Esperaremos una semana. ¿Cree usted que estará conforme?

Su frente se nubló, y su mirada se separaba de los ojos de la madre, que reflexionaba:

—No lo sé... ¿Por qué no, si no hay peligro?

Sandrina movió la cabeza y adoptó un tono frío para responder:

—¿Sabe usted qué hay que darle al enfermo? Pide de comer.

—Se le puede dar de todo. Ya voy.

Entró en la cocina. Sandrina la siguió lentamente.

—¿Puedo ayudarla?

—Gracias, pero no es necesario.

La madre se había inclinado sobre el horno para coger una cacerola.

—Espere... —dijo la muchacha en voz baja.

Su rostro había palidecido, sus ojos muy abiertos expresaban tristeza y sus labios trémulos murmuraban con esfuerzo, pero no sin calor:

—Quisiera pedirle... Ya sé que no aceptará. ¡Convénzale! Dígale que nos es necesario para la causa, que no podemos prescindir de él, que tengo miedo de que enferme... La fecha del juicio no está fijada aún...

Se veía que le costaba trabajo hablar. Rígida por el esfuerzo, no miraba de frente, y su voz era entrecortada. Los párpados bajos, se mordía los labios, y hacía estallar las junturas de los dedos.

La madre se conmovió ante este impulso emocional, pero lo comprendía. Turbada y triste, abrazó a la muchacha y le respondió:

—Querida, hija mía... El no escucha a nadie, más que a sí mismo.

Las dos callaron, estrechamente abrazadas. Luego Sandrina se desprendió suavemente y dijo estremeciéndose:

—Tiene usted razón. Son tonterías, mis nervios... Y súbitamente tranquilizada, dijo sencillamente:

—Vamos de dar de comer al herido.

Se sentó a la cabecera de Iván y recuperó su solicitud para preguntarle afectuosamente:

—¿Le duele mucho la cabeza?

—No, no demasiado, pero no la siento firme. Estoy débil... —respondió Iván, subiéndose la colcha hasta la barbilla y guiñando los ojos como si la luz le cegase. Notando que no quería comer delante de ella. Sandrina se levantó y salió.

Iván se sentó en la cama, la siguió con la mirada, y dijo con un gesto malicioso:

—¡Guapa chica!

Sus ojos eran claros y alegres, sus dientes menudos y apretados, la voz estaba aún en la fase del cambio.

—¿Cuántos años tienes? —preguntó pensativa la madre.

—Diecisiete.

—¿Dónde están tus padres?

—En el campo. Hace siete años que vivo aquí; cuando acabé la escuela me quedé. Y usted, camarada, ¿cómo se llama?

La madre se sentía conmovida y divertida cuando se dirigían así a ella. Ahora, sonriendo, preguntó:

—¿Para qué quieres saberlo?

Tras un instante de silencio, el muchacho, confuso, explicó:

—Es que había un estudiante en nuestra célula, bueno, uno que leía con nosotros y nos habló de la madre de Paul Vlassov, el obrero..., ya sabe, en la demostración del Primero de Mayo. Ella sacudió la cabeza y prestó oídos.

—Fue el primero que desplegó abiertamente la bandera de nuestro partido —dijo el joven, con un orgullo que encontró eco en el corazón de la madre—. Yo no estuve, porque pensábamos hacer una manifestación por nuestro lado, y fracasamos. No éramos muchos entonces. Pero este año sí podremos. ¡Ya lo verá!

Se sofocaba de emoción, saboreando de antemano los acontecimientos futuros. Luego continuó, agitando la cuchara:

—Bueno, pues lo que decía de la madre de Vlassov..., entró inmediatamente en el Partido. Dicen que es una mujer extraordinaria.

La madre tuvo una amplia sonrisa. Le era grato escuchar las entusiastas alabanzas del chiquillo, que la halagaban y la azoraban. Iba a decirle "la madre soy yo". Pero se contuvo y se dijo a sí misma, con tristeza mezclada de ironía:

"Soy una vieja tonta".

—Vamos, come más. Cúrate pronto, por nuestra bendita causa — dijo emocionada, inclinándose sobre él.

La puerta se abrió y una bocanada del húmedo frío del otoño precedió a Sofía, que entró alegre, rojas las mejillas.

—Los espías me persiguen como los pretendientes a una rica heredera, mi palabra de honor. Tendré que marcharme de aquí. Bien, Iván, ¿cómo va eso? ¿Qué dice Paul, Nilovna? ¿Sandrina está aquí?

Encendiendo un cigarrillo, preguntaba sin esperar respuestas, y la mirada de sus ojos grises acariciaba a la madre y al muchacho. Pelagia la miraba a su vez, y sonreía interiormente pensando:

"Así que también yo me he convertido en alguien valioso".

E inclinándose de nuevo hacia Iván, le dijo:

—¡Cúrate, chaval! Se fue al comedor, donde Sofía contaba a Sandrina:

—Ya tiene preparados trescientos ejemplares. ¡Este trabajo la matará! ¡Eso es heroísmo! Le digo, Sandrina, que es una gran felicidad vivir entre semejantes gentes, ser su camarada, trabajar con ellos...

—Sí —respondió la muchacha en un susurro. Por la noche, Sofía dijo a la madre:

—Nilovna, hace falta que vaya de nuevo al campo.

—Bien. ¿Cuándo?

—Dentro de dos o tres días, ¿es posible?

—Desde luego.

—No vaya a pie —aconsejó Nicolás—. Alquile caballos de posta y tome otro camino, se lo suplico, por el cantón de Nikolskoie.

Calló, con un aire sombrío que no cuadraba a su rostro, cuya expresión, siempre tranquila, se volvió extraña y hosca.

—Es un gran rodeo —dijo la madre—. Y los caballos son caros.

—Mire —dijo por fin Nicolás—, no estoy conforme con este viaje. Hay agitación por aquella parte, han detenido gente, concretamente a un maestro de escuela; hay que ser prudentes. Valdría más esperar un poco.

Sofía observó, golpeando la mesa con los dedos:

—Es importante que la distribución de la literatura no se interrumpa. ¿No tiene miedo de ir, Nilovna?—preguntó de pronto. La madre se sintió herida:

—¿Cuándo he tenido yo miedo? Ni siquiera lo tuve la primera vez..., y resulta que ahora, de pronto...

Sin acabar la frase, bajó la cabeza. Cada vez que le preguntaban si tenía miedo, si aquello le parecía conveniente o si podría hacer esto o lo otro, sentía como sí la mantuviesen al margen, o la tratasen de modo distinto que los demás se trataban entre sí.

—Es inútil que me pregunte si tengo miedo —prosiguió con un suspiro—. Jamás os preguntáis semejante cosa entre vosotros.

Nicolás se quitó vivamente los lentes, volvió a ponérselos y miró fijamente a su hermana. El embarazoso silencio que siguió agitó a Pelagia, que se puso en pie con aire contrito. Quiso decir algo, pero Sofía le acarició una mano y le dijo en voz muy queda:

—¡Perdóneme! ¡No volveré a hacerlo!

Esto hizo reír a la madre. Instantes después, los tres, con aire afanoso, conversaban amistosamente sobre los detalles del viaje al campo.

XV

Al amanecer ya rodaba la madre en la calesa que saltaba sobre la carretera empapada por la lluvia de otoño. Soplaba un viento húmedo, salpicaba el fango, mientras el postillón, sentado en el pescante y vuelto a medias hacia Pelagia, se quejaba con voz nasal y doliente:

—Es lo que dije a mi hermano: bueno, pues vamos a repartir... Y empezamos a repartir...

Dio un repentino latigazo al caballo de la izquierda, gritando encolerizado:

—¡Hu..é! ¡Marcha, hijo de puta!

Los grandes cuervos del otoño, con su aire filosófico, volaban sobre los sembrados, el viento frío se arrojaba silbando sobre ellos, que presentaban el costado a aquellas ráfagas que erizaban sus plumas, y los hacían vacilar; entonces, cediendo a la fuerza, agitaban sus alas perezosas y se iban a descansar un poco más lejos.

—Y va y me engaña. Ya vi que yo no podía hacer nada —decía el cochero.

La madre oía sus palabras como en sueños, y en su memoria desfilaba la larga serie de acontecimientos que había vivido en los últimos años. Antes, la vida le parecía ajena, lejana, creada no se sabía por qué ni para qué; y ahora había una multitud de cosas que se hacían a su vista y con su cooperación. Esto despertaba en ella un sentimiento turbio donde se mezclaban la incredulidad y el orgullo de sí misma, la perplejidad y una tranquila tristeza...

A su alrededor, todo oscilaba en un lento movimiento. En el cielo, las nubes grises vagaban persiguiéndose torpemente. A los dos lados del camino huían los mojados árboles cuyas copas desnudas, se agitaban, los campos giraban en redondo, las colinas surgían y desaparecían.

La voz gangosa del cochero, el tintineo de los cascabeles, el silbido húmedo y el bramido del viento se fundían en un arroyo sinuoso y palpitante que corría sobre el campo con una fuerza monótona y uniforme.

—Hasta en el paraíso están estrechos los ricos..., así es. Empezó a coaccionarme, y está a bien con las autoridades —proseguía el cochero, arrastrando las palabras y balanceándose en el asiento.

A la llegada a la casa de postas, desenganchó los caballos y dijo a la madre con voz sin esperanza:

—Si me dieras una monedita para beber un trago...

Ella le dio cinco kopeks. Haciendo sonar las monedas en su mano, él le dijo con el mismo tono:

—Vodka para tres, pan para dos...

Por la tarde, Pelagia, quebrantada, aterida, llegó a la villa de Nikolskoie, entró en la posada del relevo, pidió té y se sentó junto a la ventana, dejando en el banco su pesada maleta. Desde la ventana se veía una placita cubierta de una pisoteada alfombra de hierba amarilla, y el sombrío edificio de la administración del cantón, con su inclinado techo. Sentado en el porche, un aldeano calvo, de larga barba, vestido solamente con una blusa sobre los pantalones, fumaba su pipa. Un cerdo hozaba en la hierba. Agitando las orejas, descontento, hurgaba la tierra con el hocico y movía la cabezota.

Las nubes corrían en masas sombrías, rodando una sobre otra. Estaba oscuro, tranquilo, triste; se diría que la vida se ocultaba, reteniendo el aliento.

De pronto, un brigadier de cosacos llegó al galope, detuvo su alazán ante el pórtico de la administración y gritó algo al campesino, agitando el látigo. Sus gritos trepidaron en el cristal de la ventana, pero la madre no entendió lo que decía. El aldeano se levantó, señaló el horizonte con el brazo extendido. El brigadier echó pie a tierra, vaciló un instante sobre sus piernas, arrojó las riendas al hombre y luego, apoyándose en el pasamanos, subió torpemente las escaleras y entró en el edificio.

De nuevo se hizo el silencio. El caballo hirió un par de veces el blando suelo con sus cascos. En la habitación donde estaba Pelagia entró una chiquilla con una corta trenza rubia

sobre la nuca y dos ojos acariciadores en una cara redonda. Mordiéndose los labios, traía en los extendidos brazos una gran bandeja de bordes gastados, cargada de vajilla, y saludó con repetidos movimientos de cabeza.

—¡Buenos días, jovencita! —dijo amistosamente la madre.

—Buenos días.

La niña dispuso sobre la mesa los platos y las tazas, y de pronto anunció con vivacidad:

—¡Han cogido a un bandido, y van a traerlo!

—¿Qué bandido?

—No sé.

—¿Y qué ha hecho?

—No sé —repitió la pequeña—. Sólo he oído decir que lo han cogido. El guardián de la administración ha ido a buscar al comisario.

La madre miró por la ventana y vio aproximarse unos aldeanos. Unos caminaban lentamente, con gravedad; otros venían abrochándose a toda prisa sus chaquetones de piel de carnero. Se detuvieron en el porche del edificio y dirigieron sus miradas hacia la izquierda.

La chiquilla echó también una ojeada a la calle, y salió precipitadamente, batiendo la puerta. La madre tuvo un sobresalto, disimuló lo mejor posible la maleta sobre el banco y, echándose el chal sobre la cabeza, se dirigió rápida hacia la puerta, reprimiendo un súbito e incomprensible deseo de ir más a prisa, de correr...

Cuando salió a la terraza de la posada, sintió un frío agudo en los ojos y en el pecho, notó que se ahogaba y las piernas se negaron a obedecerla. Por el centro de la plaza vio avanzar a Rybine, las manos atadas a la espalda, escoltado por dos guardias que golpeaban rítmicamente el suelo con sus bastones. Delante de la administración, una muchedumbre esperaba en silencio.

Aturdida, no separaba los ojos de Rybine. Este hablaba, y aunque ella oía su voz, las palabras volaban sin resonancia en el vacío tembloroso y oscuro de su corazón.

Volvió en sí y recuperó el aliento. Un campesino de larga barba clara, en pie ante la terraza, la miraba fijamente con sus ojos azules. Ella tosió, llevó a la garganta sus manos agarrotadas por el terror, y preguntó con esfuerzo:

—¿Qué ocurre?

—Eso, mire —respondió el hombre, y se separó. Otro mujik se puso a su lado.

Los guardias se detuvieron ante la multitud que iba en aumento, pero que permanecía silenciosa y, de pronto, se elevó la fuerte voz de Rybine:

—¡Cristianos!, ¿habéis oído hablar de esos papeles donde se escribe la verdad sobre nuestra vida de campesinos? Pues por esos papeles me persiguen..., ¡soy yo quien los ha distribuido entre el pueblo!

La gente estrechó el círculo en torno a Rybine. Su voz resonaba tranquila y mesurada, lo que serenó a la madre.

—¿Oyes? —preguntó muy bajo un aldeano al hombre de los ojos azules, dándole un codazo.

Sin contestar, el otro alzó la cabeza y miró nuevamente a la madre. El segundo campesino hizo lo mismo. Más joven que el primero, tenía un rostro flaco, con una barba negra y rala, y manchas rojizas en la piel. Después, los dos se alejaron del porche.

"Tienen miedo", se dijo la madre.

Su atención se agudizó. Desde lo alto de los escalones veía claramente el rostro negro y tumefacto de Rybine, percibía su mirada ardiente. Hubiera querido que él también la viese a ella, y se irguió sobre la punta de los pies, tendiendo la cabeza.

La gente lo miraba, sombría, desconfiada, sin decir palabra. Solamente en las últimas filas se oía un ahogado rumor de voces.

—¡Campesinos! —dijo Rybine con voz plena y firme—. Tened confianza en esos papeles..., quizá me harán morir a causa de ellos; me han pegado, me han torturado, han querido obligarme a decir dónde los había obtenido, y volverán a pegarme. Soportaré todo, porque en esos papeles está escrita la verdad, y la verdad debe sernos más querida que el pan, ¡eso es!

—¿Por qué dice eso? —preguntó en voz baja uno de los dos aldeanos. El de los ojos azules respondió pausadamente:

—Ahora ya no tiene importancia, no se muere más que una vez, pero es necesario morir una vez...

La multitud permanecía allí, mirando de reojo, taciturna. Todos parecían agobiados por un fardo terrible, invisible, pero pesado. Sobre la terraza apareció el brigadier. Titubeando, aulló con voz vinosa:

—¿Quién ha hablado?

Bajó, casi resbalando, los escalones, cogió a Rybine por los cabellos, le echó la cabeza hacia atrás y la soltó, gritando:

—¿Eres tú quien habla, hijo de puta? ¿Eres tú?

La masa osciló como las olas del mar. En su angustia impotente, la madre inclinó la cabeza. Y de nuevo resonó la voz de Rybine:

—Mirad, buenas gentes...

—¡Cállate!

El brigadier le dio un puñetazo en una oreja. Rybine vaciló y encogió los hombros.

—Nos atan las manos y nos torturan como veis...

—¡Guardias! ¡Lleváoslo! Y vosotros, dispersaos...

Saltando ante Rybine como un perro atado ante un trozo de carne, el brigadier le golpeó con los puños en el rostro, en el pecho, en el vientre...

—¡No de pegues! —gritó alguien entre da multitud.

—¿Por qué pegarle? —apoyó otra voz.

—Vamos —dijo el campesino de ojos azudes con un signo de cabeza.

Sin apresurarse, se acercaron a da administración, mientras da madre dos seguía con una mirada de simpatía. Lanzó un suspiro de alivio. De nuevo, el brigadier subió torpemente a da terraza y aulló frenéticamente blandiendo el puño:

—¡Os digo que do traigáis aquí!

—¡No! —replicó una voz fuerte entre da multitud. La madre comprendió que pertenecía ad campesino de dos ojos azudes—. ¡No hay que consentirlo, muchachos! Si do llevan, de pegarán hasta matarlo, y luego dirán que do matamos nosotros. ¡No do permitáis!

—Campesinos —gritó Rybine—, ¿no veis cómo estáis viviendo? ¿No comprendéis que os roban, que os engañan, que beben vuestra sangre? Todo pesa sobre vosotros, sois la principal fuerza sobre da tierra, ¿y qué derechos tenéis? ¡Reventar de hambre: ése es vuestro único derecho!

Súbitamente, los aldeanos comenzaron a gritar, quitándose da palabra unos a otros:

—¡Dice da verdad!

—¡Llamad ad comisario! ¿Dónde está el comisario?

—El brigadier ha ido a buscarlo...

—¡Pero está borracho!

—El llamar a las autoridades no es asunto nuestro... El ruido crecía, se elevaba cada vez más.

—¡Habla! No dejaremos que te peguen.

—¡Desatadle das manos!

—¡Cuidado, no tengamos una desgracia...!

—Las manos me hacen daño —dijo Rybine, dominando el tumulto con su voz sonora y mesurada—. ¡No me escaparé, muchachos! No tengo por qué ocultar mi verdad: vive dentro de mí...

Algunos hombres se destacaron despaciosamente de da multitud y se alejaron conversando a media voz y moviendo da cabeza. Pero otros, excitados, pobremente vestidos, llegaban de prisa, cada vez más numerosos. Hervían como una oscura espuma alrededor de Rybine, en tanto que éste, como Cristo en la montaña, alzaba dos brazos sobre su cabeza y gritaba:

—¡Gracias, buenas gentes, gracias! Todos debemos soltar las manos de nuestros prójimos, como habéis hecho conmigo. ¿Quién nos ayudaría a hacerlo?

Enjugó su barba y alzó de nuevo una mano llena de sangre:

—¡Mirad mi sangre, se vierte por la verdad!

La madre bajó de su terraza, pero desde el suelo no veía a Rybine, rodeado por da multitud, y volvió a subir dos escalones. Sentía en el pecho un nuevo calor y una especie de jubilosa palpitación.

—¡Campesinos! Buscad esos papeles, leedlos. No creáis a las autoridades y a dos popes cuando os digan que dos que os traen la verdad son impíos y rebeldes. La verdad camina en secreto por el mundo, se oculta en el nido del pueblo; es para das autoridades como el cuchillo y el fuego que no pueden aceptar, porque dos degollará, ¡dos quemará! La verdad, para vosotros, es la mejor amiga; para las autoridades es una enemiga jurada. ¡Por eso tiene que esconderse...!

De nuevo, se oyeron algunas exclamaciones entre la muchedumbre:

—¡Escuchad, cristianos...!

—¡Hermano, te perderás!

—¿Quién te ha traicionado?

—El pope —dijo uno de dos guardias.

Los dos campesinos juraron vigorosamente. —¡Atención, muchachos! —resonó una voz de aviso.

XVI

Llegaba el comisario de la policía rural. Era un hombre alto, robusto, de cara redonda. Llevaba da gorra caída sobre da oreja, una punta del bigote se levantaba, y la otra caía. Su rostro parecía contraído, deformado por una sonrisa vacua y estúpida. Sostenía el sable con da mano izquierda y agitaba la derecha. Se oían sus pasos, fuertes y seguros. La multitud se abrió a su paso. Sobre los rostros apareció una expresión sombría y desalentada. El rumor se calmó, descendiendo como si se hundiese en la tierra. La madre sintió que su frente se nublaba y que el calor subía a sus ojos. La invadió nuevamente el deseo de mezclarse a la muchedumbre, se inclinó hacia adelante y se inmovilizó en una angustiosa espera.

—¿Qué está pasando aquí? —preguntó el comisario, deteniéndose ante Rybine y examinándole—. ¿Por qué no tienes atadas las manos? ¡Guardias! Atenlo.

Su voz era alta y sonora, pero sin matices.

—Estaban atadas... El pueblo se las ha soltado —respondió uno de los guardias.

—¿Qué? ¿El pueblo...? ¿Qué pueblo?

El comisario miró a los que le rodeaban en semicírculo. Y con la misma voz blanca, monocorde, sin subir ni bajar el tono, continuó:

—¿Quién es el pueblo?

Dio con el puño del sable un golpe sobre el pecho del campesino de ojos azules:

—¿Eres tú el pueblo, Tchoumakov? ¿Y quién más? ¿Tú, Michine? Y con la mano derecha dio un tirón a la barba de otro aldeano.

—Dispersaos, canallas... Si no..., ¡vais a saber quién soy!

En su voz, en su rostro, ni había cólera ni amenaza; hablaba tranquilamente, dando golpecitos a la gente con sus largas y fuertes manos, según su costumbre. Cuando se acercaba, los hombres retrocedían, las cabezas se inclinaban y las caras se volvían.

—Bien, ¿qué estáis esperando? ¡Atadle! —dijo a los guardias. Después de una sarta de cínicas injurias, miró de nuevo a Rybine y gritó:

—¡Las manos a la espalda!

—No quiero que me las sujeten —dijo Rybine— No me escaparé ni me defenderé, ¿a qué atarme, entonces?

—¿Qué? —preguntó el comisario dando un paso hacia él.

—¡Habéis torturado ya bastante al pueblo, bestias salvajes! —continuó Rybine, alzando la voz—. También para vosotros llegará pronto el día rojo...

El comisario, inmóvil, le miraba; se agitaban sus bigotes. Después, retrocedió un paso y silbó con voz en que se acusaba el asombro:

—¡Ah, hijo de perra! ¿Qué..., qué palabras son ésas?

Y de pronto dio a Rybine un rápido y vigoroso puñetazo en la cara.

—No matarás la verdad a puñetazos —dijo Rybine, avanzando hacia él—. ¡Y no tienes derecho a pegarme, perro asqueroso!

—¿Que no lo tengo? ¿Yo? —aulló el comisario, arrastrando las palabras.

Y de nuevo levantó el brazo para golpear a Rybine en la cabeza. Este se bajó, y el golpe cayó en el vacío. El comisario, llevado de su impulso, estuvo a punto de caer. Entre la multitud se oyó una ruidosa carcajada, y la voz furiosa de Rybine se hizo oír otra vez.

—¡Te prohíbo que me pegues, demonio!

El comisario miró a su alrededor: sombríos y silenciosos, los campesinos se habían acercado formando un círculo compacto y amenazador.

—¡Nikita! —llamó el comisario, mientras buscaba a alguien con la vista—. ¡Eh, Nikita!

De la masa se destacó un aldeano pequeño y regordete, que vestía una corta pelliza de carnero. Miró al suelo bajando su gruesa cabeza despeinada.

—¡Nikita! —dijo el comisario lentamente, atusándose el bigote—. Dale un buen puñetazo en la oreja.

El campesino dio un paso atrás, se detuvo ante Rybine y levantó la cabeza. Rybine lo fulminó con frases cargadas de verdad:

—¡Mirad, buenas gentes, cómo estos brutos quieren ahogaros por vuestra propia mano!

¡Mirad, pensad...!

El mujik alzó lentamente el brazo y golpeó blandamente a Rybine en la cabeza.

—¡Así no, crápula! —bramó el comisario.

—¡Eh, Nikita! —dijo alguien en la multitud—. ¡No olvides que Dios te mira!

—¡Pega, te digo! —gritó el comisario empujándole, asido por el cuello.

El campesino dio un paso a un lado y dijo con aire confuso, bajando la cabeza:

—No lo haré...

—¿Qué?

El rostro del comisario se crispó, se estremeció su cuerpo y se arrojó sobre Rybine, profiriendo juramentos. Resonó un golpe sordo. Rybine se tambaleó, agitando los brazos. De un segundo golpe, el comisario lo hizo caer al suelo y, saltando sobre él, rugiendo, lo abrumó a patadas en el pecho, en los costados, en la cabeza.

Un rumor hostil se elevó de la multitud que osciló y avanzó hacia el comisario. Este se dio cuenta, saltó a un lado y sacó su sable de la vaina.

—¡Ah!, ¿ésas tenemos? ¿Os subleváis? ¿Es eso? —Su voz estremecida subió agudamente y enronqueció como si se hubiese quebrado. Al mismo tiempo que la voz pareció perder súbitamente toda su fuerza, encogió la cabeza entre los hombros, se encorvó su espalda y, mirando a todas partes con ojos vacíos, retrocedió tanteando el suelo con el píe detrás de sí, con precaución. En su retirada, chilló con voz ronca e inquieta:

—¡Bien! Lleváoslo, yo me voy. ¿Sabéis, maldita canalla, que es un criminal, político, que lucha contra nuestro Zar, que predica el motín? ¿Lo sabéis? ¿Y seguís defendiéndolo? ¿Sois también sublevados? ¡Ah...!

Inmóvil, la mirada fija, sin fuerza ni pensamiento, la madre, como en una pesadilla, sucumbía bajo el peso del terror y la piedad. En su cabeza zumbaban como moscardones los clamores indignados, sombríos y malignos de la gente, la temblorosa voz del comisario, los susurros inconexos...

—¡Si ha cometido faltas, que le juzguen...!

—Perdonadlo...

—Eso es, estáis obrando como si no hubiera leyes.

—¿Es posible? Si no hay sino pegar así a la gente, ¿qué puede esperarse...?

Los campesinos se habían dividido en dos grupos: unos rodeaban al comisario, gritaban e intentaban convencerlo; otros, menos numerosos, permanecían alrededor del herido, y se percibía el sordo rumor de sus voces. Algunos hombres lo levantaron; los guardias intentaron nuevamente atarle las manos.

—¡Esperad, demonios! —les gritaron.

Michel enjugó el lodo y la sangre que cubrían su rostro y miró silencioso en torno suyo. Su mirada resbaló sobre la madre que se estremeció, se tendió hacia él, y con un instintivo gesto de la mano, se contuvo. Pero unos instantes más tarde, se detuvieron otra vez sus ojos sobre Pelagia. Parecióle a ésta que se erguía, que alzaba la cabeza, que sus mejillas ensangrentadas temblaban...

"Me ha reconocido. ¿Cómo es posible?". E hizo un signo con la cabeza, agitada de una alegría mezclada de melancolía punzante. Pero rápidamente observó que el campesino de los ojos azules, en pie ante ella, la miraba también. Aquella mirada despertó inmediatamente en Pelagia la conciencia del peligro.

"¿Qué estoy haciendo? De seguro que van a cogerme a mí también".

El campesino dirigió a Rybine algunas palabras. Este movió la cabeza y se puso a hablar, con voz entrecortada pero audible y valerosa:

—¡No importa! No soy el único sobre la tierra. ¡No pueden aprisionar la verdad! Por donde yo he pasado, me recordarán. El nido ha sido destruido, los amigos y los camaradas no están ya en él...

"Esto lo dice para mí", pensó la madre.

—¡Pero llegará el día en que las águilas volarán libremente, y el pueblo será a su vez libre!

Una mujer trajo un cubo de agua y se puso a lavar el rostro de Rybine, lamentándose y gimiendo de indignación. Su voz cascada, quejumbrosa, se mezclaba a las palabras de Michel e impedía a la madre el oírlas. Un grupo de aldeanos se adelantó precedido del comisario, y alguien gritó:

—¿Quién quiere traer una carreta para trasladar al preso? ¡Eh! ¿Quién va a prestarla? Después resonó la voz del comisario, cambiada, como ofendida:

—¡Yo puedo pegarte, pero tú no puedes, no tienes derecho, imbécil!

—¡Sí! ¿Y tú quién eres, Dios? —preguntó Rybine.

Una ahogada y discordante explosión de exclamaciones cubrió su voz.

—¡No discutas, amigo! Es la autoridad.

—No se enfade, no sabe lo que dice...

—¡Cállate, chiflado!

—Van a conducirte en seguida a la ciudad...

—Allí se respeta mejor la ley.

Los gritos de la muchedumbre sonaban conciliadores, suplicantes. Se mezclaban en una confusa agitación lastimera, sin ninguna nota de esperanza. Los guardias cogieron a Rybine por los sobacos, subieron los escalones y desaparecieron con él dentro de la casa. Lentamente, los campesinos se disolvieron. La madre vio al hombre de los ojos azules dirigirse hacia ella, mirándola a hurtadillas. Sus piernas comenzaron a temblar; un sentimiento de abandono le oprimió el corazón, produciéndole náuseas.

"No debo irme, pensó. ¡No debo hacerlo!". Se cogió fuertemente al pasamanos y esperó.

De pie en la terraza de la administración, el comisario hablaba gesticulando. Los reproches manaban en su voz, nuevamente blanca y sin alma:

—Sois idiotas, hijos de perra. No entendéis nada de nada y os mezcláis en este asunto, ¡un asunto de Estado! Ya podéis darme las gracias, inclinaros hasta tocar el suelo, por mi bondad. Si yo quisiera, iríais todos a presidio...

Una veintena de mujiks lo escuchaba, desnudas las cabezas. La tarde caía y las nubes eran más bajas. El campesino de los ojos azules se acercó a la madre, y dijo, sonriendo:

—Esto es lo que pasa entre nosotros...

—Sí... —dijo ella dulcemente.

El la miró francamente y preguntó:

—¿En qué se ocupa?

—Compro encajes a las campesinas, y telas también...

El hombre alisó lentamente su barba. Luego, con aire aburrido, miró a la casa de enfrente:

—No se encuentran esas cosas por aquí.

La madre lo miró y esperó el momento propicio para volver a entrar en la posada. El rostro del aldeano era pensativo, guapo, con ojos melancólicos. Alto y ancho de hombros, llevaba un guardapolvos muy remendado, una camisa de indiana limpia, un pantalón rojizo de lienzo y unos miserables zapatos en los pies desnudos.

La madre suspiró, aliviada sin saber por qué. Y de pronto abandonándose a una intuición que iba más allá de su confuso pensamiento, le hizo una pregunta que la sorprendió a ella misma:

—¿Podría pasar la noche en tu casa?

E inmediatamente sus músculos, sus huesos, todo su cuerpo, se contrajeron fuertemente. Se irguió y fijó sus ojos en el campesino. Lancinantes pensamientos danzaban en su cerebro.

"Voy a causar la pérdida de Nicolás... No veré más a Paul..., en mucho tiempo. Me pegarán".

La vista en la tierra, sin apresurarse, el mujik respondió cerrando el guardapolvos sobre el pecho:

—¿Pasar la noche? Puede ser, ¿por qué no? Sólo que mi casa no es muy buena...

—No soy ninguna remilgada —dijo inconscientemente la madre.

—Puede hacerse... —repitió él, mirándola con escrutadora fijeza.

Se había hecho ya la oscuridad, y los ojos del campesino tenían un frío resplandor, su rostro parecía más pálido. Con la sensación de rodar por un precipicio, Pelagia dijo a media voz:

—Bueno, pues voy en seguida; tú llevarás mi maleta.

—Conforme.

Un estremecimiento recorrió sus hombros.

El aldeano cruzó nuevamente su guardapolvos sobre el pecho y dijo en voz baja:

—Mira, la carreta:..

Rybine apareció sobre la terraza de la administración, las manos otra vez atadas, la cabeza y la cara envueltas en algo gris...

—¡Adiós, buenas gentes! —gritó en el frío crepúsculo—. Buscad la verdad, conservadla, creed en quien predica la buena palabra, y no ahorréis fuerzas para defenderla.

—Cállate, perro —gritó el comisario—. ¡Guardia, pon en marcha los caballos, imbécil!

—No tenéis nada que perder... ¿Qué vida es la vuestra...?

Arrancó la carreta. Sentado entre los dos guardias, Rybine proseguía:

—¿Por qué os dejáis morir de hambre? Trabajad por la libertad, ella os dará la verdad y el pan... ¡Adiós, buenas gentes!

El ruido precipitado de las ruedas, los pasos de los caballos, la voz del comisario, envolvieron su voz, la emborronaron y la ahogaron.

—Se acabó —dijo el campesino moviendo la cabeza—. Quédate aquí un momento — continuó, dirigiéndose a Pelagia—, ahora vuelvo.

Ella entró, sentándose a la mesa junto al samovar, cogió un trozo de pan, lo miró y volvió a dejarlo lentamente en el plato. No tenía hambre; de nuevo experimentaba un malestar en el hueco del estómago, un calor desesperante que la agotaba, retenía su sangre y le daba vértigo. El campesino de los ojos azules se erguía ante ella con aquel rostro extraño, como inacabado, que no inspiraba confianza. No quería confesárselo francamente, pero pensaba: «va a traicionarme», pero este pensamiento apenas nacido le pesaba terriblemente en el corazón.

"Se ha fijado en mí, comprendía, incapaz de reaccionar. Se ha fijado, ha adivinado...".

Su pensamiento no iba más lejos, ahogándose en un penoso abatimiento, en una viscosa sensación de náusea.

Un silencio tímido, agazapado tras la ventana, había sucedido al tumulto: revelaba en la aldea una especie de miedo, de agotamiento. En la madre, aguzaba el sentimiento de su soledad, le llenaba el alma de tinieblas grises y blandas como ceniza.

La chiquilla entró y se detuvo en la puerta:

—¿Quiere que le traiga una tortilla?

—No, no tengo ganas; esos gritos me han aterrado.

La niña se acercó y se puso a referir animadamente, pero a media voz:

—¡Cómo le pegó el comisario! Yo estaba muy cerca y lo vi todo... Le rompió todos los dientes, y escupió una sangre espesa, espesa y negra... Ya no tenía ojos. Es un alquitranero. El brigadier está en nuestra casa, no puede levantarse de borracho que está, y aún pide más vino... Dicen que era una banda y que ese barbudo era el más viejo, o el jefe, o no sé qué... Cogieron a otros tres, pero uno se escapó. Cogieron también a un maestro de escuela que estaba con ellos. No creen en Dios, y dicen a la gente que hay que robar las iglesias, así es como son. Hay aldeanos que tenían piedad de ése, y otros que decían que había que matarle. Aquí hay algunos mujiks que son muy malos...

La madre prestaba atento oído a aquel relato incoherente y rápido. Se esforzaba en reprimir su inquietud y distraer la angustia de la espera. Y la chiquilla, feliz sin duda por tener auditorio, seguía charlando con más entusiasmo, tragándose las palabras y bajando la voz:

—Papá dice que es porque la cosecha ha sido mala. Es el segundo año que la tierra no da nada. ¡No pueden más! Por eso hay ahora campesinos así, una desgracia... Gritan en las asambleas y se pegan. El otro día, cuando vendieron los bienes de Vassioukov, porque no había pagado los impuestos, le dio un buen puñetazo en la cara al alcalde. "¡Toma, ahí tienes mis atrasos!", le dijo...

Pesados pasos resonaron detrás de la puerta. La madre tuvo que apoyarse en la mesa para levantarse.

El campesino de ojos azules entró y preguntó, sin quitarse la gorra:

—¿Dónde está tu equipaje?

Levantó sin esfuerzo la maleta y la sopesó:

—¡Está vacía! María, lleva la viajera a casa. Y salió sin mirarlas.

—¿Va a pasar la noche en la aldea? —preguntó la chiquilla.

—Sí, busco encajes y los compro.

—Aquí no se hacen. Los hay en Tinkov, y en Darino, pero aquí no.

—Iré mañana.

Pagó el té, y dio tres kopeks a la niña, que se quedó encantada.

Ya en la calle, le propuso, arrastrando sus pies descalzos sobre la tierra húmeda:

—¿Quiere que mañana me llegue en un salto hasta Darino, y que diga a las mujeres que le traigan los encajes aquí? Así no necesita ir usted. Hay doce kilómetros, por lo menos.

—No hace falta, querida —respondió Pelagia, caminando a su lado.

El aire frío la reanimaba. Lentamente iba formándose en su espíritu una resolución, confusa aún, pero prometedora. Crecía interiormente, y para apresurar la eclosión, la madre se preguntaba con insistencia: "¿Cómo debo hacer? Actuar sinceramente, en conciencia...".

Estaba oscuro, húmedo y frío. Las ventanas brillaban con un resplandor mortecino, rojizo e inmóvil. En el silencio balaba melancólicamente el ganado, y se oían breves exclamaciones. Una tristeza aplastante envolvía la aldea.

—Por aquí —dijo la niña—. Ha escogido un alojamiento muy malo. Ese aldeano es muy pobre.

Buscó a tientas la puerta, la abrió y gritó vivamente:

—¡Madre Tatiana!

Luego se marchó. Desde las tinieblas llegó su voz ligera:

—¡Adiós...!

XVII

La madre se detuvo en el umbral y examinó la casa protegiéndose los ojos con la mano. Era muy pequeña, pero limpia, lo que Pelagia notó en seguida. Una mujer joven asomó la cabeza por detrás de la estufa, saludó en silencio y desapareció. En un rincón, sobre una mesa, ardía una lámpara.

El dueño de la casa estaba sentado detrás de aquella mesa, tamborileando con los dedos en el borde, y miraba fijamente a la madre.

—Entra —dijo al cabo de un instante—. Tatiana, ve a llamar a Peter, de prisa.

La mujer salió apresuradamente, sin echar una ojeada a la visitante. Esta se sentó en el banco frente al campesino y buscó con los ojos su maleta, sin encontrarla. Un pesado silencio llenaba la cabaña: sólo se oía el crepitar de la llama de la lámpara. El rostro ceñudo y preocupado del campesino vacilaba a los ojos de la madre, suscitando en ella un desesperado arrepentimiento.

—¿Dónde está mi maleta? —preguntó súbitamente Pelagia, con una voz fuerte que la sorprendió a ella misma.

El campesino se encogió de hombros y respondió pensativamente:

—No se ha perdido.

Continuó en voz más baja, con aire sombrío:

—Hace un momento, delante de la chiquilla, dije a propósito que estaba vacía: pues no lo está, no... Incluso pesa demasiado.

—¿Demasiado? Bueno...

Él se levantó, se acercó a ella, e inclinándose, le dijo a media voz:

—¿Conocías a aquel hombre?

La madre se sobresaltó, pero contestó firmemente:

—Sí.

Le pareció que aquella palabra tan breve hacía nacer dentro de ella una luz que iluminaba todo a su alrededor. Lanzó un suspiro de alivio, se inclinó hacia delante y se afirmó en su asiento.

El aldeano sonrió ampliamente.

—Me he dado cuenta del signo que le hiciste, y él también. Le pregunté al oído: "Conoces quizá a ésa que está enfrente, en la terraza?".

—¿Y qué dijo él? —preguntó vivamente la madre.

—¿El? Dijo: "Somos muchos. ¡Sí, somos muchos!", eso es lo que dijo. Le dirigió una mirada interrogante y continuó, sonriendo, otra vez:

—Ese hombre tiene una gran fuerza... Es atrevido. Dice sencillamente: "Soy yo". Le pegan y no cede...

Su voz, insegura y sin fuerza, su robusta fisonomía, sus ojos claros, tranquilizaban cada vez más a la madre. La inquietud y el abatimiento dejaban sitio en ella, poco a poco, a una piedad, aguda y lancinante, hacia Rybine. Con una cólera repentina y amarga que no pudo contener, exclamó acerbamente:

—¡Bandidos! ¡Monstruos! Y rompió a llorar.

El campesino se separó de ella, moviendo la cabeza con embarazo.

—Las autoridades tienen muchos pequeños amigos... sí...

Y de pronto, volviendo junto a la madre, le dijo en voz baja:

—Bueno, la cosa es que sospecho que en tu maleta viene el periódico, ¿no es verdad?

—Sí —respondió simplemente Pelagia, secándose las lágrimas—. Se lo traía...

El hombre frunció las cejas, acarició su barba y permaneció en silencio, la mirada perdida.

—El periódico llegaba aquí algunas veces, y también unos libritos... Conocíamos a ese hombre. Lo veíamos de cuando en cuando.

Se detuvo, reflexionando; luego preguntó:

—Y ahora, ¿qué vas a hacer con la maleta?

La madre le miró y le dijo enérgicamente, como desafiándole:

—Dejártela a ti.

Él no se sorprendió, no protestó y se limitó a repetir:

—A nosotros...

Inclinó afirmativamente la cabeza, abrió el puño en que sujetaba la barba, la peinó con los dedos y se sentó.

Con insistencia implacable y obsesionante, la escena de la tortura de Rybine volvía a los ojos de la madre, y esta imagen apagaba todos sus pensamientos. El sufrimiento y la humillación que por él sentía, borraba cualquier sentimiento, impidiéndole pensar en la maleta ni en ninguna otra cosa. Las lágrimas corrían de sus ojos sin que las retuviese, pero su rostro era sombrío y su voz no tembló cuando dijo:

—¡Roban, aplastan, pisotean al hombre en el fango, los malditos!

—Son fuertes —replicó dulcemente el campesino—. Son muy fuertes.

—¿Y de dónde les viene esa fuerza? —exclamó con despecho la madre—. La toman de nosotros, del pueblo.

Aquel campesino de rostro claro, pero impenetrable, la irritaba.

—Sí —dijo él, arrastrando la voz—. Oigo una rueda...

Tendió atentamente el oído, inclinando la cabeza en dirección a la puerta. Luego, dijo muy quedo:

—Llegan.

—¿Quién?

—Espero que los nuestros.

Entró su mujer. Tras ella, un campesino penetró en la cabaña, arrojó su gorra en un rincón, se acercó rápidamente al dueño de la casa, y preguntó:

—¿Y qué?

El otro hizo un signo de cabeza, afirmando:

—Stefan —dijo la mujer, en pie junto a la estufa—, quizá la viajera querrá comer.

—No, gracias, es usted muy amable... —respondió la madre.

El recién llegado se acercó a ella y se puso a hablar con voz rápida y chillona:

—Bueno, permita que me presente. Me llamo Peter Rabinine y me llaman "la Lezna".

Sé un poco de sus asuntos. Sé leer y escribir, y aunque me esté mal el decirlo, no soy tonto.

Tomó la mano que Pelagia le tendía, la sacudió y se volvió hacia Stefan:

—Mira, Stefan. La mujer de nuestro señor es una buena señora, es verdad. Bueno, ella dice que todo esto son tonterías y cuentos. Así que resulta que los muchachos y los estudiantes quieren trastornar el mundo por estupidez. Sin embargo, yo he visto que han detenido a un campesino serio y como es debido, y ahora, una mujer que no es ninguna chiquilla y que parece una dama... No se enfade, ¿de qué familia es usted?

Hablaba de prisa, claramente, sin tomar aliento. Su barbita temblaba nerviosamente y sus ojos se entornaban, escrutando el rostro y el aspecto todo de Pelagia. Harapiento, el pelo revuelto, se diría que venía de batirse con alguien y que había vencido a su adversario, lo que lo llenaba de la alegre excitación de su victoria. Agradó a la madre por su vitalidad y porque desde el primer momento, había hablado sin circunloquios, y sencillamente. Ella respondió a su pregunta con mirada afectuosa. El volvió a sacudirle vigorosamente la mano y se echó a reír suavemente, con risa seca y entrecortada.

—Es un asunto decente, Stefan, ¿no lo ves? ¡Una buena causa! Ya te dije que el pueblo empezaba a obrar por sí mismo. Y la esposa de nuestro señor no te dirá la verdad porque le hace daño. Yo la respeto y no tengo nada que decir de ella. Es una persona que nos quiere bien..., digamos que un poquito bien, lo justo para que ella no pierda nada. El pueblo quiere marchar hacia adelante, pero tiene miedo, no sabe hacia dónde volverse y no oye a su alrededor nada más que el "Párate" que le gritan de todas partes.

—Ya veo —dijo Stefan, moviendo la cabeza; y añadió inmediatamente:

—No está tranquila, a causa de su equipaje.

Peter guiñó socarronamente un ojo a Pelagia y continuó, tranquilizándola con un movimiento de la mano:

—¡No se preocupe! Todo va bien. Su maleta está en mi casa. Cuando éste me habló de usted, y de que seguramente estaba metida en este asunto y conocía a aquel hombre, le dije:

"Cuidado, Stefan. No hay que abrir el pico, es una cosa grave". Bueno, mamá, se ve que también usted tuvo olfato cuando nos vio de cerca. Las buenas gentes se conocen por el hocico y porque no andan presumiendo por la calle, como suele decirse. Su maleta la tengo yo...

Se sentó al lado de ella y prosiguió, con un ruego en los ojos:

—Si quiere vaciarla, la ayudaremos con gusto. Nos hacen falta libros...

—Quiere dejárnoslo todo —dijo Stefan.

—¡Perfectamente! Ya sabremos dónde colocarlo.

Saltó sobre sus pies y se echó a reír. Luego, yendo y viniendo a grandes zancadas, dijo satisfecho:

—Puede decirse que es una historia muy rara. Y, sin embargo, muy sencilla. Esto se manda aquí, esto se manda allá... No está mal. Y el periódico es bueno, hace efecto, abre los ojos. No gusta a los señores. Yo trabajo para una señora, a siete u ocho kilómetros, en la carpintería. Debo decir que es buena mujer, nos da libros de todas clases, los leemos y esto nos da ideas. Así que le estamos agradecidos. Pero le enseñé un número del periódico y se incomodó un poco. «Tira eso, Peter», me dijo.

"Eso lo hacen unos chiquillos sin sentido común", así dijo. "No sirve más que para aumentar las dificultades y os llevará a la cárcel y a Siberia...".

Calló súbitamente y reflexionó:

—Dígame, ese hombre, ¿es pariente suyo?

—No —respondió la madre—, no somos parientes.

Peter se echó a reír silenciosamente, contento sin saber por qué, y movió la cabeza, pero Pelagia tuvo la impresión de que había sido injusta con Rybine, lo que la hizo sentirse humillada.

—No es de mi familia —dijo—, pero lo conozco hace mucho tiempo y lo respeto como si fuese mi hermano mayor.

Le molestó no encontrar las palabras necesarias, y una vez más no pudo retener un sollozo. Un silencio expectante llenó la cabaña. Peter, en pie, la cabeza inclinada sobre el hombro, parecía escuchar algo. Stefan, acodado en la mesa, no cesaba de tabalear con los dedos. Su mujer estaba en la sombra, junto a la estufa; la madre sentía su mirada constantemente posada sobre ella, y de cuando en cuando miraba su rostro atezado, con la nariz recta y la aguda barbilla. Sus ojos verdosos tenían un resplandor de atenta vigilancia.

—Es un amigo, pues —dijo dulcemente Peter—. Tiene carácter, de veras... Y una alta opinión de sí mismo, como debe ser. Eso es un hombre, ¿verdad, Tatiana? ¿Tú qué dices?

—¿Está casado? —interrumpió la mujer, y los delgados labios de su pequeña boca se apretaron con fuerza.

—Viudo —respondió tristemente la madre.

—Por eso es tan atrevido —dijo Tatiana con voz profunda—. Un hombre casado no haría eso, tendría miedo.

—¿Y yo? Yo estoy casado, y sin embargo... —exclamó Peter.

—¡Vaya, compadre! —dijo ella sin mirarlo, al tiempo que hacía una mueca—. ¿Qué haces tú? Nada más que hablar, y algunas veces, leer un librito. No sirve de mucho a nadie el que andes murmurando con Stefan por los rincones.

—¡Muchos me oyen, amiga! —replicó ofendido el campesino. Soy aquí como una especie de levadura, digas lo que quieras.

Stefan miró a su mujer sin decir palabra y bajó de nuevo la cabeza.

—¿Y de qué sirve que los aldeanos se casen? —soltó la pregunta Tatiana—. Necesitan una trabajadora, dicen. ¿Trabajar en qué?

—¿No tienes bastante que hacer? —dijo sordamente Stefan.

—¿Y de qué sirve este trabajo? De todas maneras, nunca se come cuanto se quiere. Los hijos vienen al mundo, no hay tiempo de ocuparse de ellos, porque hay que seguir con un trabajo que no da ni para pan.

Se acercó a la madre, sentándose a su lado, y continuó obstinadamente, sin queja de tristeza:

—Yo tuve dos. Uno, a los dos años, murió abrasado con agua hirviendo; el otro nació muerto, por culpa del maldito trabajo. ¿Es eso una alegría para mí? Yo digo que los campesinos pierden el tiempo casándose, se atan las manos y nada más. Si fuesen libres tratarían de obtener lo que necesitamos, caminarían abiertamente hacia la verdad, como ese hombre. ¿No es cierto?

—Lo es —dijo Pelagia—. Es cierto, querida Tatiana..., de otro modo, no seríamos dominados como lo somos.

—¿Tiene usted marido?

—Murió. Tengo un hijo.

—¿Dónde está? ¿Vive con usted?

—Está en prisión.

Sintió que en su corazón se mezclaba un apacible orgullo a la tristeza habitual que estas palabras provocaban siempre.

—Es la segunda vez que lo encierran, porque ha comprendido la verdad de Dios y la ha sembrado abiertamente... Es joven, guapo e inteligente. El periódico se le ocurrió a él, y él puso a Rybine en el camino de la verdad, a pesar de que Michel le doblaba la edad. Ahora van a juzgar a mi hijo por eso, y lo condenarán..., pero se escapará de Siberia y volverá a ponerse a trabajar.

Hablaba, y el sentimiento de orgullo que la poseía iba en aumento, oprimiéndole la garganta, exigiendo de ella palabras adecuadas para crear la imagen de un héroe. Experimentaba la imperiosa necesidad de pintar un cuadro de razón y de luz frente a la sombría escena de que había sido testigo aquel día, y que la abrumaba por su horror insensato, por su descarada crueldad. Obedeciendo inconscientemente a aquella exigencia de su sana naturaleza, reunía todo lo que de sincero y claro había conocido en una sola llama que la cegaba con su pura luz.

—Han venido ya muchas gentes, vendrán más, y todos, hasta su muerte, lucharán por la verdad y la libertad...

Olvidando toda prudencia, pero cuidando de no citar nombres, contó cuanto sabía del trabajo clandestino que se realizaba para liberar al pueblo de las cadenas de la explotación. Trazando aquellas imágenes tan queridas a su corazón, ponía en sus palabras toda su fuerza, todo el amor tardíamente despertado en ella por las angustias y los golpes de la vida, y con ardiente alegría, ella misma se entusiasmaba por los hombres que su memoria le representaba, iluminados y embellecidos por el sentimiento que la poseía.

—Es una obra común a toda la tierra, a todas las ciudades; las gentes de bien constituyen una fuerza que no se ha medido ni contado, que crece constantemente y que crecerá hasta el día de nuestra victoria...

Su voz corría igual, encontraba sin dificultad las palabras, y, como perlas de vidrio multicolores, las enhebraba segura sobre el sólido hilo de su deseo de purificar su corazón de la sangre y el fango de aquella jornada. Veía que los campesinos parecían haber echado raíces en el sitio donde su relato los había encontrado, que no se movían, que la miraban gravemente; oía la entrecortada respiración de la mujer sentada a su lado, y todo aquello fortalecía su fe en lo que decía y prometía.

—Todos los que arrastran una existencia penosa, los aplastados por la miseria, los privados de todo derecho, sometidos a los ricos y a sus lacayos, toda la gente del pueblo debe ir al encuentro de los hombres que por ellos sufren en las prisiones, que van a la tortura y a la muerte. Estos nos muestran, sin interés personal, dónde está el camino de la felicidad para todos. Dicen sinceramente que es un camino duro, que no arrastrarán a nadie a la fuerza, pero cuando uno se alista en sus filas ya no los abandona, porque ve que tienen razón, que su camino es el bueno y que no hay otro.

Era dulce para la madre ver realizado, por fin, su deseo. Ahora era ella quien hablaba de la verdad a las gentes.

—El pueblo puede avanzar con semejantes amigos, no se dejarán detener por monadas, no se detendrán hasta que hayan vencido a todos los mentirosos, los malvados y los avaros; no se cruzarán de brazos en tanto que el pueblo no haya formado una sola alma, hasta que no diga a una sola voz "soy el dueño, y yo haré leyes iguales para todos...".

Calló fatigada, miró a sus compañeros. Tenía la tranquila certeza de que sus palabras no se desvanecerían sin dejar huella. Los campesinos la miraban fijamente y parecían esperar que continuase. Peter había cruzado los brazos, pestañeaba, una sonrisa temblaba sobre sus pecosas mejillas. Stefan, un codo sobre la mesa, inclinaba hacia adelante todos su cuerpo, el cuello tenso como si aún escuchase; una sombra sobre su rostro le hacía parecer más sereno. Sentada junto a la madre, Tatiana, los codos en las rodillas, miraba la punta de sus pies.

—Sí, así es exactamente —murmuró Peter, y se sentó en el banco, moviendo la cabeza.

Stefan se irguió lentamente, miró a su mujer y abrió los brazos como si quisiera estrechar algo en ellos.

—Si hay que ponerse a tal obra —comenzó en voz baja y pensativa—, habrá que entregarse de todo corazón. !

Peter intervino tímidamente:

—Sí. , sin mirar atrás.

—Es una gran empresa —continuó Stefan.

—¡Para todo el mundo! —completó Peter.

XVIII

Apoyada en la pared, la cabeza echada hacia atrás, la madre escuchaba sus reflexiones. Tatiana se levantó, miró en torno y volvió a sentarse. Sus ojos verdes brillaban con un seco destello, y lanzaba ojeadas de descontento y desprecio a los dos hombres.

—Se ve que ha tenido usted muchas penas —dijo de pronto a la madre.

—¡Que si las he tenido!

—Usted habla bien, y sus palabras convencen. Uno se dice: ¡Señor, si pudiéramos ver, aunque sólo fuese por una rendija, gente así y vida así! ¿Cómo vivimos? Como animales. Mire, yo sé leer y escribir, he leído libros, pienso mucho, y de noche, a veces, tengo ideas que no me dejan dormir. ¿Y de qué sirve? Si no pensase. Me hago mala sangre para nada, y si pienso tampoco sirve de nada.

Su mirada era irónica, y algunos momentos se detenía, cortando súbitamente el hilo de sus frases como una hebra entre los dientes. Los campesinos callaban. El viento acariciaba los vidrios de la ventana, bramaba en la bardana del techo, mugía sordamente en la chimenea. Un perro aullaba. De cuando en cuando unas gotas de lluvia golpeaban de través los cristales. La llama de la lámpara tembló, palideció, pero inmediatamente volvió a brillar viva e igual.

—He oído lo que usted decía, que los hombres deben vivir para algo. Y me hizo gracia ver que yo ya sabía todo eso. Pero antes de usted, no lo había escuchado nunca, y jamás tuve semejantes pensamientos.

—Hay que cenar, Tatiana, y luego apagar la lámpara —dijo Stefan con voz monótona y lenta—. La gente se dará cuenta de que hay luz hasta muy tarde en casa de los Tchoumakov. Para nosotros no tiene importancia, pero para la visitante quizá no sea muy bueno...

Tatiana se levantó y comenzó a trajinar en el horno.

—Sí —dijo Peter en voz baja y sonriendo—. Ahora, compadre, hay que estar en guardia.

Cuando el periódico vuelva a aparecer...

—No hablo por mí. Incluso, si me detienen, no será una gran desgracia. Su mujer se acercó.

—Despeja la mesa.

Él se levantó, se hizo a un lado, y mirándola poner los cubiertos, dijo con una sonrisa:

—Cinco kopeks pieza son el precio por cada uno de nosotros..., y eso cuando se reúnen cien.

De pronto, la madre sintió piedad por él, cada vez le agradaba más. Después de haber hablado se sentía aliviada, aligerada del innoble peso de aquel día. Estaba satisfecha de sí misma y quería ser buena para todos.

—No es justo lo que dices, patrón —exclamó—. Un hombre no está obligado a aceptar el precio que le ponen los que no buscan en él sino su sangre. Debes saber lo que vales, no para tus enemigos, sino para tus amigos.

—¿Qué amigos? —dijo el campesino—. Los amigos duran hasta que hay un hueso que disputarse.

—Pero, sin embargo, el pueblo tiene amigos.

—Los tiene, pero no aquí —replicó Stefan, pensativo.

—Bien, pues hay que hacérselos aquí.

Stefan meditaba.

—Sí..., es lo que hace falta.

—Sentaos a la mesa —invitó Tatiana.

Durante la cena, Peter, a quien las frases de la madre habían abatido y desconcertado, según la apariencia, comenzó de nuevo a hablar vivamente:

—Para que no le echen el ojo encima, como suele decirse, será mejor que salga de aquí temprano. Vaya a tomar un coche en el relevo siguiente, pero no en el de la aldea.

—¿Por qué? Yo la llevaré —dijo Stefan.

—Ni pensarlo. Si ocurre algo te preguntarán: "¿ha dormido en tu casa?". "Sí". "¿Dónde ha ido?". "La he acompañado yo". "Ah, ¿con que la has acompañado?". "¡A la cárcel!". ¿Te das cuenta? ¿Tienes mucha prisa de ir a la cárcel? ¿Para qué? Hay tiempo, el día llegará y el Zar morirá, como dice el refrán. Pero si dices simplemente: «Ha dormido aquí, ha alquilado un coche y se ha ido», no te harán nada. Hay mucha gente que pasa la noche en casa de Peter o de Paul. Nuestra aldea es muy frecuentada.

—¿Dónde has aprendido a tener miedo, Peter? —preguntó Tatiana con ironía.

—Hay que saber de todo, comadre —contestó él, golpeándose la rodilla—. Saber tener miedo y saber tener valor. ¿Te acuerdas de cómo maltrató el jefe del distrito a Vaganov, a causa de ese periódico? Ahora Vaganov no coge un libro en la mano ni por todo el dinero del mundo. Creedme, soy muy listo, inventando jugarretas, todos lo saben. Los libritos y las hojas los repartiré debidamente y en buena forma. La gente de aquí, por supuesto, es perezosa y no tiene instrucción, pero de todos modos, las cosas que pasan ahora les dan en las costillas, y ningún hombre puede negarse a restregarse los ojos y preguntarse qué quiere decir todo esto. Entonces, el librito les contesta sencillamente: toma, mira lo que esto quiere decir, piensa y comprende. Hay veces en que el analfabeto comprende mejor que el hombre culto, sobre todo si éste come bien. ¡Conozco el país, y veo muchas cosas!, así que, lo repito, se puede ir tirando, pero hace falta cerebro y habilidad para que no le pesquen a uno a las primeras de cambio. Las autoridades huelen las novedades. Los aldeanos están reacios, sonríen poco y sin dulzura, y quieren prescindir de las autoridades. El otro día, en Smoliakovo, que es una aldeíta de aquí cerca, vinieron a cobrar los impuestos, pero los campesinos se alborotaron y cogieron las horquillas. El comisario les dijo enérgicamente:

"¡Ah, hijos de zorra! Así que os volvéis contra el Zar...". Había allí un mujik que se llama Spivakine que le contestó: "¡A la mierda vosotros y vuestro Zar! ¿Qué especie de Zar es ése que nos arranca del cuerpo nuestra última camisa?". ¡Así estamos, madrecita! Claro que a Spivakine le agarraron y está preso, pero lo que dijo quedó, lo repiten hasta los niños, ¡grita, está vivo!

No comía y hablaba, hablaba en un rápido susurro. Sus astutos ojos negros brillaban vivaces, y exponía exuberantemente ante la madre sus innumerables observaciones sobre la vida del campo, como si estuviese vaciando un saco de calderilla.

Por dos veces, Stefan le dijo: —Pero come...

Cogía un trozo de pan, una cuchara, y se deshacía nuevamente en palabras, como un jilguero joven en trinos. Por fin, terminada la cena, saltó sobre sus pies y declaró:

—Bueno, es hora de marcharme.

De pie ante la madre, sacudió la mano de ésta.

—¡Adiós! Puede que no volvamos a vernos. Tengo que decirle que todo me pareció muy bien. Fue bueno conocerla y escucharla. ¿Hay algo más en su maleta, aparte los libros y los periódicos? ¿Un pañuelo de lana? Perfectamente, un pañuelo de lana, acuérdate, Stefan. En seguida traigo la maleta. Vamos, Stefan. ¡Adiós, que le vaya bien!

Cuando salieron, se oyó el arañar de las cucarachas, el juego del viento sobre el tejado y su ronquido en la chimenea. El monótono batir de la finó lluvia en la ventana. Tatiana preparó un catre para Pelagia con unos abrigos que echó sobre el banco.

—¡Es un muchacho despierto! —observó la madre.

—Una campanilla, que suena y no se oye de lejos.

—¿Y su marido?

—Es buen hombre, no bebe, nos llevamos bien... Sólo que es débil de carácter. Se irguió, y después de un breve silencio, dijo:

—¿Qué hay que hacer ahora? ¡Sublevar al pueblo! ¡Desde luego! Todo el mundo lo piensa..., solamente que cada uno lo piensa en su rincón. Y hay que decirlo bien alto, y que alguien se decida a ser el primero.

Se sentó en el banco y preguntó de golpe:

—¿Usted dice que hay hasta señoritas que se ocupan de eso, que van a leer para los obreros..., y no les repugna, no tienen miedo?

Y tras haber escuchado atentamente la respuesta de la madre, lanzó un profundo suspiro y continuó, bajando la cabeza:

—Una vez, en un libro, leí estas palabras: "la vida no tiene sentido". ¡Esto sí que lo comprendí pronto! Conozco la vida. Se piensan cosas, pero sin unirlas unas a otras, van como ovejas sin pastor, sin nadie que las reúna... Entonces, esta vida no tiene sentido. Si pudiera dejarla sin mirar atrás..., es muy triste, cuando llega a comprenderse algo.

La madre veía esta tristeza reflejada en la seca luz de los ojos verdes, en el flaco rostro, la oía en la voz. Quiso consolarla, mostrarle afecto...

—Pero usted, querida mía, comprende lo que hay que hacer... Tatiana la interrumpió con dulzura:

—Hay que saberlo... Acuéstese, tiene lista la cama.

Fue hacia la estufa y se mantuvo allí, silenciosa, derecha, el aire severo y concentrado. La madre se acostó sin desnudarse; sentía en los huesos una dolorosa fatiga, y gimió suavemente. Tatiana sopló la lámpara y cuando la densa oscuridad cubrió la cabaña, su voz baja y monótona se oyó de nuevo, como si quisiera borrar alguna cosa en el liso manto de las aplastantes tinieblas:

—Usted no reza. Yo también creo que no hay Dios..., ni milagros.

La madre se revolvió inquieta en la yacija. Por la ventana parecía mirarla la insondable oscuridad, y en el silencio trepaba insistente un roce, un arañar apenas perceptible. Temerosamente, casi en un murmullo, dijo:

—En cuanto a Dios, no lo sé, pero en Cristo sí creo..., y en sus palabras: "Ama a tu prójimo como a ti mismo...". ¡Sí, creo! Tatiana callaba. En la sombra, la madre percibía el vago contorno de su silueta erguida, gris sobre el fondo negro de la estufa. Pelagia, angustiada, cerró los ojos.

De pronto, sonó una voz helada:

—No puedo perdonar la muerte de mis hijos, ni a Dios ni a los hombres, ¡nunca!

Pelagia, conmovida, se levantó, comprendiendo la profundidad del dolor que dictaba aquellas palabras:

—Es joven, puede aún tener hijos —díjole afectuosamente.

—¡No!, estoy agotada, y el médico dice que no concebiré nunca más...

Un ratón corrió sobre el suelo. Un crujido seco y sonoro rompió la inmovilidad del silencio, como un relámpago invisible.

De nuevo se oyeron distintamente los roces y rebote de la lluvia sobre la bardana del techo, que parecía desflorada por dedos menudos y tímidos. Sobre el suelo caían melancólicamente las gotas de agua, ritmando el lento curso de la noche de otoño.

En medio de un pesado sopor, la madre oyó sordos pasos en la calle, en la entrada. La puerta se abrió con precaución y una voz ahogada llamó:

—Tatiana, ¿estás acostada?

—No.

—¿Ella está durmiendo?

—Seguramente.

Una llama brotó, vaciló y se ahogó en la oscuridad. El campesino se acercó al lecho de la madre y subió más la pelliza de carnero que abrigaban sus piernas. Esta atención emocionó a Pelagia, que sonrió con los ojos cerrados. Stefan se desnudó en silencio y trepó a su litera. Todos los ruidos cesaron.

Prestando oído atento a las oscilaciones perezosas del somnoliento silencio, la madre permanecía inmóvil; ante ella, en las tinieblas, se dibujaba el rostro ensangrentado de Rybine.

De la litera le llegó un murmullo.

—Ya ves, mira qué gente se ocupa de esto... Ya mayores, que han tenido mil desgracias, que han trabajado y ahora tendrían que descansar, y míralos... Y tú, Stefan, que eres joven, que tienes tan buen sentido...

La espesa voz del campesino, respondió:

—Uno no debe meterse en un asunto así, sin haberlo pensado.

—Ya he oído eso más veces.

Los sonidos murieron y luego se dejaron oír de nuevo. Stefan murmuró:

—Lo que hay que hacer es lo siguiente: primero hablar con cada uno, aparte... Mira, Alexis Makov es un muchacho espabilado, instruido, que no quiere a las autoridades... Chorine también es un hombre sensato. Y Kaniazer es honrado y valeroso. Luego, ya veremos. Hay que conocer un poco a la gente de quien ella habla. Yo voy a coger el hacha y llegarme hasta la ciudad, como si fuese a ganarme unos céntimos cortando leña. Hay que tomar precauciones. Ella dice la verdad: el valor de un hombre es asunto suyo. Fíjate en ese aldeano, Rybine: no cederá ni al mismo Dios; ha aguantado el golpe con los pies plantados en la tierra. ¿Y Nikita, eh? Le dio vergüenza..., estuvo formidable.

—Pegan a un hombre delante de vosotros y os quedáis con el pico cerrado...

—¡Espera un poco! Di más bien: a Dios gracias no le pegamos nosotros sino aquel hombre, vale más así...

Habló mucho tiempo, tan pronto en tono quedo que impedía a la madre oír sus palabras, como poniéndose repentinamente a charlar tan alto que su mujer lo detenía:

—¡Más bajo! Vas a despertarla.

La madre se durmió con un sueño pesado, que cayó sobre ella como una nube asfixiante, que la envolvía y arrastraba.

Tatiana la despertó cuando un alba gris, aún ciega, miraba por la ventana de la choza, mientras que sobre la ciudad, el sonido de cobre de la campana de la iglesia planeaba adormecido y moría en el frío silencio.

—He hecho té, bébaselo, porque tendrá frío en el carro, apenas despierta.

Peinando su enmarañada barba, Stefan, en tono práctico, preguntó a la madre cómo podría volver a encontrarla en la ciudad. A ella le pareció que la fisonomía del campesino había madurado, que era más simpática que la víspera. Mientras tomaban el té, dijo él riendo:

—¡Qué pintoresco fue todo!

—¿El qué? —preguntó Tatiana. —Bueno, el conocernos... tan sencillamente.

—En nuestras cosas hay siempre una extraña sencillez —dijo la madre en tono pensativo, pero convencido.

Se despidieron de ella sin efusiones, avaros en palabras pero pródigos en mil pequeñas atenciones y recomendaciones para su viaje.

En el coche, Pelagia pensó en aquel campesino que iba a ponerse a la tarea con prudencia, sin ruido y sin tregua, como un topo. La voz melancólica de la mujer seguía vibrando en su oído; siempre recordaría la ardiente mirada de sus ojos verdes, y mientras ella viviera, viviría en ella también el dolor vindicativo, el dolor de loba de la madre que llora a sus hijos muertos.

Recordó a Rybine: su sangre, su rostro, los ojos ardientes, sus palabras; y el amargo sentimiento de su impotencia frente a las fieras, le oprimió el corazón. Durante todo el camino se alzó ante sus ojos, sobre el fondo marchito del día gris, la silueta robusta de Michel, con su barba negra, la camisa desgarrada, las manos atadas a la espalda, los cabellos revueltos, el rostro iluminado por la cólera y la fe en su verdad. Pensaba en las innumerables aldeas medrosamente clavadas en la tierra, en las gentes que esperaban en secreto la llegada de la justicia y en los millares de seres que trabajaban, sin esperanza y en silencio, durante toda su existencia, sin ilusión por nada.

La vida se le apareció como una llanura monótona y salvaje que esperaba a los cultivadores, muda, contraída, pareciendo prometer a las manos libres y sanas:

—¡Fecundadme con la simiente de la razón y la verdad, y os la devolveré al ciento por uno!

Recordó el éxito de su viaje y sintió, en el fondo de su corazón, una dulce palpitación de alegría que reprimió modestamente.

XIX

Nicolás le abrió la puerta, despeinado, un libro en la mano.

—¿Ya? —gritó alegremente—. ¡Se ha dado prisa!

Sus ojos vivos parpadeaban afectuosamente bajo los lentes; la ayudó a quitarse el abrigo y le dijo, mirándola con amistosa sonrisa:

—¿Sabe que esta noche han venido a registrar? Me pregunto por qué. Temí que le hubiese sucedido a usted algo. Pero no me detuvieron. Seguramente que si la hubiesen cogido a usted, no me habrían dejado a mí...

La condujo al comedor y continuó animadamente:

—De todos modos, me han despedido. No me preocupa. Estaba ya cansado de hacer listas de aldeanos que no tienen caballos.

Al ver el aspecto de la habitación, habríase dicho que un coloso, en un estúpido acceso de travesura, había golpeado las paredes de la casa hasta volver su contenido patas arriba. Los retratos estaban en el suelo, las cortinas habían sido arrancadas y colgaban en jirones, una tabla del piso había sido levantada, el marco de la ventana estaba roto y había cenizas junto a la estufa. La madre movió melancólicamente la cabeza, al ver en tal estado el cuarto familiar, y miró a Nicolás sintiendo que en él había nacido algo nuevo.

Encima de la mesa, junto al samovar apagado, había cacharros sucios, salchichón y queso, sobre un papel en lugar de plato, mendrugos y migas de pan se veían por todas partes, entre los libros y las brasas extinguidas del samovar. La madre sonrió, y Nicolás lo hizo también, confusamente.

—Fui yo quien completó este cuadro de desolación, pero no importa nada, Nilovna, no importa. Creo que volverán, por eso he dejado todo así. Bien, ¿y el viaje?

Sintió la pregunta como un golpe en el corazón. Vio de nuevo ante sí la imagen de Rybine, y el no haber hablado ya de él le produjo una sensación de culpabilidad. Se acercó a Nicolás y comenzó a referirle todo, esforzándose en conservar la calma y temiendo olvidar algún detalle.

—Lo prendieron... Nicolás se estremeció:

—¿Cómo ha sido?

La madre detuvo su pregunta con un gesto de la mano, y continuó como si hubiese estado frente a un tribunal, y hubiese ido a pedir justicia por el suplicio de un hombre. Nicolás se reclinó en el respaldo de la silla, escuchaba pálido. Luego, se quitó despaciosamente los lentes, los dejó sobre la mesa y se pasó la mano por la cara, como para quitar una invisible tela de araña. Sus rasgos se agudizaron, los pómulos parecieron de pronto extrañamente marcados, le temblaban las ventanas de la nariz. Era la primera vez que Pelagia lo veía así, y le produjo un ligero miedo.

Cuando ella terminó su relato, Nicolás se puso en pie, y dio unos pasos, silencioso, los puños apretados dentro de los bolsillos. Luego, masculló entre dientes:

—Es un hombre duro. Pero sufrirá en la prisión; no está hecha para seres como él.

Hundió todavía más las manos en los bolsillos, esforzándose en reprimir una emoción, que la madre adivinaba y cuyo contagio sentía. Sus pupilas contraídas, eran como la punta de un cuchillo. Paseándose, decía con fría cólera:

—Mire qué cosa tan horrible. Un puñado de imbéciles golpean, ahogan, aplastan para defender su funesto dominio sobre el pueblo. El salvajismo aumenta, y la crueldad se convierte en la ley de la existencia. ¡Reflexione! Unos hieren y se desbordan como fieras, seguros de la impunidad; están poseídos por una voluptuosa sed de torturar. Es la repugnante enfermedad de los esclavos, a los que se permite manifestar sus instintos serviles y sus bestiales costumbres en toda su extensión. Los otros están envenenados por la venganza; otros, embrutecidos por los malos tratos, parecen ciegos y mudos. ¡Se ha pervertido a todo el pueblo!

Se detuvo y calló, apretando los dientes:

—Inconscientemente, todos se vuelven feroces en esta lucha feroz —dijo luego dulcemente.

Pero dominó su exaltación, recuperando casi enteramente la calma. Sus ojos brillantes, de sereno resplandor, miraron a la madre; sobre su rostro corrían lágrimas silenciosas.

—No tenemos tiempo que perder, Nilovna. Vamos, querida camarada, tranquilicémonos.

Se acercó a ella con sonrisa triste, le cogió una mano y Preguntó:

—¿Dónde está su maleta?

—En la cocina.

—La casa está rodeada de espías; no conseguiríamos sacar de aquí tal cantidad de papeles sin que lo notasen. No sé dónde esconderlos, y creo que volverán esta noche. Así que, por más que nos cueste, vamos a quemarlo todo.

—¿El qué? —preguntó la madre.

—El contenido de la maleta.

Ella comprendió, y por grande que fuese su tristeza, el orgullo de haber cumplido bien su misión hizo subir a sus labios una sonrisa.

—En la maleta no hay nada, ni una hojita —dijo, y animándose gradualmente, se puso a contarle su encuentro con Tchoumakov.

A Principio, Nicolás la escuchó frunciendo inquietamente las cejas, luego con asombro, y al fin exclamó interrumpiendo el relato:

—¡Pero es maravilloso! Tiene usted una suerte asombrosa. Le estrechó la mano y dijo dulcemente:

—No sabe cómo me conmueve su fe en el pueblo... En verdad, la quiero como a mi propia madre.

Sonriendo, ella lo siguió con mirada curiosa, tratando de comprender de dónde venían aquella claridad y viveza inusitadas.

—¡Es realmente magnífico! —dijo él, frotándose las manos, y con una ligera risa, añadió—: Estos días los he pasado de una forma muy extraña; he estado todo el tiempo con los obreros, les he leído cosas, les he hablado, les he observado. Y de ellos he recogido algo bueno y puro. ¡Qué admirables gentes, Nilovna! Hablo de la juventud obrera; son sólidos, sensibles, llenos de un entusiasmo por comprenderlo todo. Cuando los veo, me digo que Rusia será la democracia más deslumbrante de la tierra.

Alzó el brazo en signo afirmativo, como si prestase juramento, y tras un silencio, continuó:

—Vivía encerrado, escribía y, en cierto modo, me he ido agriando; me he enmohecido entre el papeleo y las cifras. Casi un año de semejante vida es una monstruosidad. Porque yo estaba acostumbrado a vivir entre los trabajadores, y cuando me alejo de ellos no estoy a gusto, ya sabe. Tengo que esforzarme en cualquier otro medio. Ahora, otra vez puedo vivir libremente, podré verlos y ocuparme de ellos. ¿Comprende? Estaré cerca de la cuna del nuevo pensamiento, al lado de la juventud, de la energía creadora. Es asombrosamente simple, hermoso y excitante; uno se vuelve joven y fuerte, ¡se enriquece como ser humano!

Se echó a reír alegremente, un poco confuso, y su alegría se comunicaba a la madre, que la comprendía.

—Y además, ¡usted es una mujer extraordinaria! De qué vívida manera describe a la gente..., con qué claridad la ve...

Se sentó a su lado, volviendo el jubiloso rostro y alisándose el pelo para ocultar su confusión, pero en seguida volvió a mirar a la madre y escuchó ávidamente el resto de su relato, que corría con sencilla claridad.

—¡Qué admirable intuición! —dijo—. Tenía usted nueve probabilidades sobre diez de que la detuviesen, y de pronto... Sí, se percibe que el campesino despierta..., lo que es natural, por otra parte. A esa mujer puedo verla perfectamente. Nos hace falta gente que se ocupe del campo, en exclusiva. ¡Gente! Carecemos de ella. La vida exige centenares de brazos.

—Si Paul pudiese recuperar la libertad... ¡Y Andrés! —dijo la madre en voz queda.

—Escuche, Nilovna: sé que voy a causarle una pena, pero de todos modos necesito decírselo: conozco bien a Paul y no se escapará de la cárcel. Quiere ser juzgado y mostrarse en toda su fuerza; no renunciará a esto. ¡Ni debe! Se escapará de Siberia.

La madre suspiró y respondió con dulzura:

—Peor para mí... Él sabe lo que es conveniente.

—¡Hum! —dijo Nicolás, un instante después, mirándola a través de sus lentes—. ¡Si su campesino viniese pronto a vernos! Mire, es imprescindible escribir una hoja sobre Rybine, destinada al campo. Esto no le perjudicará a él, que se conduce tan valerosamente. Voy a escribirla hoy mismo y Ludmila la imprimirá en seguida. Pero el caso es hacérsela llegar.

—Yo las llevaré, ¿no?

—¡No, gracias! —replicó vivamente Nicolás—. Pero creo que Vessovchikov sería capaz,

—¿Hay que hablarle?

—Sí, inténtelo. Y explíquele cómo debe hacerlo.

—¿Y qué haré yo?

—Oh, no se preocupe...

Se sentó y se puso a escribir. Recogiendo la mesa, la madre lo miraba y veía que la pluma temblaba en su mano, cubriendo el papel con gran cantidad de palabras. A veces, un estremecimiento recorría su nuca, levantaba la cabeza y cerraba los ojos, convulsa la barbilla. Pelagia se sintió emocionada.

—Bueno, ya está —dijo él, levantándose—. Guarde usted el Papel. Aunque si los gendarmes vienen, la registrarán también.

—Que se vayan al diablo —dijo ella tranquilamente.

Por la noche vino el doctor.

—¿Por qué las autoridades están, de pronto, tan inquietas? —dijo, paseando febrilmente por la habitación—. Siete registros esta noche... ¿Dónde está nuestro enfermo?

—Se ha marchado ayer —respondió Nicolás—. Hoy es sábado y ya comprenderás que no podía perder la sesión de lectura.

—Es una estupidez hacer eso, cuando se tiene la cabeza rota.

—Se lo dije, pero sin éxito.

—Tenía ganas de presumir un poco ante los camaradas —observó la madre—, de decirles "mirad, yo ya he vertido mi sangre...".

El doctor la miró, adoptó burlonamente un aire feroz y dijo, apretando los dientes:

—¡Oh! Es usted sanguinaria...

—Bueno, viejo, aquí no tienes nada que hacer y nosotros esperamos visita, conque vete.

Nilovna, déle el papel.

—¿Otro papel?

—Toma. Cógelo y llévalo a la imprenta.

—Lo llevaré. ¿Eso es todo?

—Sí... Hay un vigilante cerca de la puerta.

—Ya lo he visto. En la mía también. Bueno, pues hasta la vista, mujer feroz. Sepan, amigos que, en definitiva, la pelea del cementerio ha sido una cosa buena. Toda la ciudad habla de ella. Tu artículo era muy bueno y llegó en el momento oportuno. Siempre dije que una buena pelea vale más que una mala paz.

—De acuerdo, vete.

—No es muy amable... Su mano, Nilovna..., y el chiquillo ha hecho una tontería. ¿Sabes dónde vive?

Nicolás le dio la dirección.

—Mañana será mejor ir a verlo. Buen chico, ¿no?

—Muy bueno.

—Hay que contar con él, no es tonto —dijo el doctor mientras salía—. Justamente son estos muchachos los que formarán el verdadero proletariado cultivado, y nos reemplazarán cuando nos marchemos allá donde supongo que no hay lucha de clases.

—¡Qué charlatán te has vuelto!

—Porque estoy de buen humor. ¿Así que esperas ir a la cárcel? Deseo que reposes bien allí.

—Gracias, pero no estoy cansado.

La madre les escuchaba, contenta de verlos inquietarse así por el joven obrero.

Cuando el médico se hubo marchado, Nicolás y Pelagia se sentaron a la mesa a esperar a sus nocturnos visitantes. Nicolás habló largamente de los camaradas que vivían en la deportación, de los que habían huido y continuaban la tarea bajo un nombre falso. Las desnudas paredes devolvían el sonido ahogado de su voz, como extrañas y escépticas de oír aquellas historias de héroes modestos y desinteresados que sacrificaban sus fuerzas a la vasta obra de la renovación del mundo. Sombras dulces y amistosas rodeaban a la madre, cuyo corazón se llenaba de una cálida ternura por aquellos desconocidos que en su imaginación se resumían en un sólo ser gigantesco, dotado de valor y fuerza inagotables. Lenta, pero infatigablemente, aquel ser recorría la tierra, arrancando con sus manos llenas de amor por su misión, la secular podredumbre de la mentira; descubriendo a los ojos de los hombres la sencilla y luminosa verdad de la vida. Y esta gran verdad que renacía, llamaba amistosamente a sí a todos los seres, sin distinción, prometiendo a todos por igual liberarlos de la envidia, el odio y la falsedad, esos tres monstruos que esclavizaban y aterrorizaban la tierra con su cínico poder... Esta imagen provocaba en el alma de la madre un sentimiento semejante al que en otro tiempo experimentaba al arrodillarse ante los iconos para terminar en una plegaria jubilosa y agradecida una jornada...que le había parecido menos penosa que las otras. Ahora había olvidado aquellos días, y los sentimientos que le inspiraban habían crecido, eran más claros y alegres, tenían en ella raíces más profundas, y cada vez vivía y se entusiasmaba más.

—Los gendarmes no vienen —dijo Nicolás, interrumpiéndose bruscamente. La madre lo miró y dijo desdeñosamente:

—Bueno, que se vayan al diablo.

—Desde luego. Pero es hora de que se acueste, Nilovna, debe estar terriblemente cansada. Tiene una resistencia increíble, hay que reconocerlo. ¡Cuántas emociones e inquietudes soporta usted sin esfuerzo! Lo único, es que el pelo le encanece rápidamente. Vaya a descansar, ande.

XX

Despertaron a la madre unos violentos golpes que sonaban en la puerta de la cocina. Llamaban de modo seguido, con paciente obstinación. La oscuridad y el silencio reinaban aún, y aquel modo de llamar era inquietante. La madre se vistió apresuradamente, corrió a la cocina y preguntó sin abrir:

—¿Quién es?

—Yo —contestó una voz desconocida.

—¿Quién?

—Abra —rogó una voz baja y suplicante.

La madre descorrió el cerrojo y abrió. Entró Ignace.

—¡No me equivocaba! —dijo aliviado.

Estaba cubierto de barro hasta la cintura, su rostro era gris, tenía profundas ojeras y bajo el gorro, sus rizados cabellos escapaban en desorden.

—Ha habido una desgracia —murmuró, cerrando la puerta.

—Ya lo sé.

El la miró atónito:

—¿Cómo lo ha sabido? Ella le hizo un breve relato de lo que había visto.

—¿Y han cogido a los otros dos? ¿A tus camaradas?

—No estaban allí. Habían ido a pasar la revisión. Detuvieron a cinco, contando al padrecito Michel.

Resopló, y dijo sonriendo:

—Y yo me quedé. Seguro que me buscan.

—Pero, ¿cómo has escapado?

La puerta de la habitación se entreabrió suavemente.

—¿Yo? —dijo Ignace, sentándose en un banco y mirando en torno— . Un minuto antes que los gendarmes, vino el guarda forestal, que llegó corriendo y llamó a la ventana: "Cuidado, muchachos, vienen a prenderos...".

Se echó a reír dulcemente y se enjugó la cara con el faldón de su guardapolvo.

—Bien, pues el padrecito Michel no perdió la serenidad y me dijo en seguida: "¡Ignace, vete a la ciudad, rápido! ¿Te acuerdas de la señora mayor?". Y diciendo esto garrapateó una cartita. "Toma, vete". Me escondí a cuatro patas detrás de los matorrales y los oí llegar. ¡Unos cuantos! Salían de todas partes, los malditos. Una red alrededor de nuestro taller. Me eché a un lado y pasaron sin verme. Después, me levanté, y anda que anda. Dos noches y un día así, sin pararme.

Se veía que se sentía satisfecho de sí mismo; una sonrisa iluminaba sus oscuros ojos, y sus gruesos labios rojos temblaban.

—Voy a hacerte té ahora mismo —dijo vivamente la madre, dirigiéndose al samovar.

—Ahora le doy la cartita.

Levantó trabajosamente una pierna, vacilando y quejándose, y puso el pie en el banco. Nicolás apareció en el dintel:

—Buenos días, camarada —dijo pestañeando—. Permítame, le ayudaré.

E inclinándose se puso a desliar hábilmente las enlodadas bandas de lienzo.

—Bueno... —dijo suavemente el muchacho, sosteniendo su pierna, y miró a la madre, asombrado.

Esta no percibió aquella mirada.

—Hay que friccionarle los pies con alcohol.

—Por supuesto —respondió Nicolás. Ignace resoplaba, confuso.

Nicolás encontró el billete, lo alisó y, acercando a los ojos el Papel gris arrugado leyó:

—"No abandones la causa; dile a la gran dama que no la olvide tampoco y que sigan escribiendo sobre nosotros, si hacen el favor. Adiós. Rybine".

Lentamente, Nicolás dejó caer la mano que sostenía la nota y dijo a media voz:

—Es magnífico...

Ignace los miraba, removiendo los sucios dedos de su pie descalzo. La madre, ocultando su rostro húmedo de llanto, se acercó a él con una palangana con agua, se sentó en el suelo y tendió la mano hacia aquella pierna, pero él la escondió rápidamente bajo el banco, asustado:

—¿Qué quiere hacer?

—Dame tu pie.

—Traeré el alcohol —dijo Nicolás.

El joven disimuló aún más el pie bajo el asiento, y masculló:

—¡Bueno! No estoy en el hospital, caramba...

Entonces, la madre se puso a deshacer las tiras de lienzo de la otra pierna.

Ignace volvió a resollar ruidosamente, y con un torpe movimiento del cuello, bajó sobre ella los ojos, estirando cómicamente los labios.

—¿Sabes? —dijo Pelagia con un temblor en la voz—, han pegado a Michel Rybine...

—¡No! —replicó él aterrado.

—Sí. Ya lo habían molido a golpes cuando lo llevaron a Nikolskoie, y allí, el brigadier y el comisario volvieron a empezar, en la cara, y a puntapiés... Estaba cubierto de sangre.

—Sí, lo hacen muy bien —dijo el muchacho, frunciendo las cejas y con los hombros estremecidos—. Les temo como al diablo. Y los campesinos, ¿no le pegaron?

—Uno solo, porque el comisario se lo ordenó. Pero los demás no hicieron nada, e incluso se interpusieron. "No hay que pegarle", decían...

—Sí, los aldeanos empiezan a comprender dónde están quienes los defienden, y por qué.

—Algunos tienen sentido común.

—¿Y dónde no hay gentes con sentido común? Claro que las hay... Por todas partes, pero es difícil encontrarlos.

Nicolás trajo una botella de alcohol, puso carbón en el samovar, y salió. Ignace lo siguió con mirada curiosa y preguntó muy bajo a la madre:

—El dueño, ¿es médico?

—En nuestra causa no hay dueños; sólo hay camaradas.

—No puedo creerlo —dijo él con sonrisa perpleja e incrédula

—¿El qué?

—Bueno, pues todo. En un sitio le dan a uno de palos y en otro le lavan los pies: y en el medio, ¿qué hay?

Se abrió la puerta y Nicolás apareció en el umbral:

—En el medio está la gente que lame las manos de los que pegan y chupan la sangre de sus víctimas, esto es lo que hay en medio.

Ignace lo miró con respeto y dijo, tras una breve pausa:

—Es la verdad.

Levantóse, apoyándose con fuerza tanto sobre un pie como sobre el otro, y dijo:

—Están como nuevos otra vez. Gracias.

Fueron a tomar el té en el comedor, e Ignace contó muy serio:

—Yo era el repartidor del periódico, soy muy buen andarín.

—¿Lo lee mucha gente? —preguntó Nicolás.

—Todos los que saben leer, y hasta los ricos. Claro que a éstos no se los damos nosotros. Pero comprenden que los campesinos lavarán con su sangre la tierra de los nobles y los poderosos, lo que quiere decir que se la repartirán para que no haya patrones ni obreros, por supuesto. ¡Para qué luchar, si no es por esto!

Parecía enfadarse, y miraba a Nicolás con aire desconfiado e interrogante. Este sonreía en silencio.

—Y si hoy se combate en el mundo entero, y se vence, quiero saber si todo volverá a empezar, ¡que uno sea rico y otro pobre... no, gracias! La riqueza es como la arena, nunca se queda en su sitio; correrá de nuevo por todas partes. ¡De qué serviría nada, entonces!

—No te incomodes —dijo bromeando la madre. Nicolás dijo pensativo:

—¿Cómo podría hacerse para dar a conocer cuanto antes el escrito sobre la detención de Rybine?

Las orejas de Ignace se enderezaron:

—¿Hay un escrito?

—Sí.

—Démelo; yo lo llevaré —propuso Ignace, frotándose las manos. La madre rio dulcemente, sin mirarlo:

—¿No has dicho que estás cansado, y que tienes miedo?

Ignace pasó su ancha mano por los rizados cabellos y respondió en tono grave y tranquilo:

—Una cosa es el miedo y otra nuestros asuntos. ¿Por qué se burla? ¡Tiene gracia...!

—Hijo... —exclamó ella involuntariamente, dejándose llevar por el júbilo que la dominaba. Él sonrió avergonzado:

—¡Vaya, ahora soy un niño!

Nicolás, que le examinaba con sus ojos parpadeantes y benévolos, dijo:

—No volverá usted allí.

—¿Entonces? ¿Dónde iré? —preguntó Ignace inquieto.

—Irá otro en su lugar; usted le explicará detalladamente lo que debe hacer, ¿de acuerdo?

—Bueno... —respondió el joven con disgusto, tras un instante de vacilación.

—A usted le procuraremos una carta de identidad y le colocaremos como guarda forestal.

El levantó bruscamente la cabeza, con preocupación:

—Y si los campesinos vienen a recoger madera o lo que sea, ¿qué haré yo? ¿Detenerlos? No me va.

La madre se echó a reír, y también Nicolás, lo que irritó y turbó nuevamente al joven.

—No se haga mala sangre —le tranquilizó Nicolás—. No tendrá que detener a ningún campesino, se lo aseguro.

—Eso ya es diferente —dijo Ignace, y sonrió contento y más sereno—. A mí me gustaría ir a la fábrica; parece que allí hay muy buena gente.

La madre se levantó de la mesa y miró por la ventana.

—¡Cómo es la vida! —dijo pensativamente— Cinco veces al día se ríe y otras tantas se llora. Bueno, ¿has terminado, Ignace? Ve a dormir.

—No quiero.

—Ve, anda.

—¡Qué dura es usted! Bueno, iré... Gracias por el té y por la cura...

Se echó en la cama de la madre y murmuró, rascándose la cabeza:

—La cama va a apestarle a alquitrán... Bueno, ¡qué más da! No tengo sueño... ¡Qué bien habló ése..., sobre lo del medio...! ¡Diablo de tipo!

Y bruscamente, con un sonoro ronquido, se durmió, levantadas las cejas y entreabierta la boca.

XXI

Aquella misma tarde, Ignace se encontraba en la pequeña habitación de un sótano, sentado frente a Vessovchikov, y le decía, bajando la voz y frunciendo las cejas:

—Cuatro veces, en la ventana del centro.

—¿Cuatro? —repetía atentamente Vessovchikov.

—Primero tres así...

Y doblando un dedo golpeó la mesa, contando:

—Uno, dos, tres... Y luego, otro golpe.

—Bien.

—Abrirá un tipo pelirrojo que preguntará: "¿Es por la comadrona?".
Usted le dirá: "Sí, de parte del patrón". Basta, con eso comprende.

Inclinaban la cabeza cada uno hacia el otro, serenos, firmes, y
hablaban conteniendo la voz. Cruzados los brazos, la madre los miraba,
en pie junto a la mesa. Aquellos golpes misteriosos, las preguntas y
respuestas convenidas le hacían sonreír para sus adentros:

"Siguen siendo niños...", pensaba.

En la pared ardía una lámpara, iluminando las oscuras manchas de
humedad y las ilustraciones recortadas de las revistas. En el suelo había
cubos abollados, trozos de planchas de tejado. Un olor a óxido, a pintura
de aceite, a humedad, llenaba el cuarto.

Ignace llevaba un grueso abrigo de paño peludo, que le gustaba
mucho. La madre le miraba contemplar amorosamente las mangas y
torcer dificultosamente el cuello para admirarse. Una cálida ternura le
subía al corazón.

"Como hijos, como hijos queridos...".

—Bueno —dijo Ignace, levantándose—. Entonces, acuérdese:
primero a casa de Mouratov, pregunte por el abuelo...

—Me acordaré —dijo Vessovchikov.

Pero Ignace no estaba muy convencido y volvió a repetirle todas las
señales y consignas. Por fin, le tendió la mano.

—Salúdeles de mi parte. Buena gente, ya lo verá...

Se miró con aire satisfecho, acarició su abrigo y preguntó a la madre:

—¿Puedo irme?

—¿Encontrarás el camino?

—Pues claro... ¡Hasta la vista, camaradas!

Se marchó, erguida la espalda, abombando el pecho, con el sombrero
nuevo sobre una oreja y las manos sólidamente abrigadas en los bolsillos.
Sobre sus sienes bailaban alegremente sus claros bucles.

—Bueno, pues otra vez tengo trabajo... —dijo Vessovchikov
acercándose afectuosamente a la madre—, ya me aburría. ¿Para qué me
había escapado de la cárcel? ¿Nada más que para esconderme? En la
prisión aprendía algo. Paul iba metiéndonos cosas en: la cabeza, que daba
gusto... Bien, ¿y qué han decidido de la evasión?

—No lo sé —respondió ella con un involuntario suspiro.

Él le puso una mano en el hombro y acercó su cara a la de Pelagia:

—Explícaselo y te oirán, es muy fácil. Tú misma puedes verlo, está
el muro de la cárcel y al lado hay un reverbero. Enfrente un terreno
baldío, a la izquierda el cementerio, a la derecha la calle y la ciudad. El

farolero viene para limpiar el reverbero, en pleno día, apoya la escala contra el muro, trepa y sujeta en lo alto los ganchos: para una escala de cuerda; la tira al patio de la cárcel, y listo. En ese momento, los compañeros ya saben a qué hora se hará todo, esto, piden a los de derecho común que alboroten un poco, o. alborotan ellos mismos, y mientras tanto, los que hayan sido,, designados suben por la escala; dos tiempos, dos movimientos y ya, está.

Agitaba la mano bajo la nariz de la madre, exponiéndole el plan. Según él, todo debía hacerse claramente, con limpieza y maña. Ella recordaba el antiguo Vessovchikov, lento y torpe. En otro tiempo, sus ojos miraban con desconfianza, con una expresión sombría y colérica; ahora, parecía que los hubiesen cambiado. Brillaban con una limpidez cálida y serena, que convencía y turbaba a la madre.

—Piénsalo, debe ser de día. De día. ¿A quién va a ocurrírsele que un preso se atreva a escaparse de día, a los ojos de toda la` cárcel?

—¿Y si disparan sobre ellos? —dijo la madre, con un escalofrío.

—¿Quién? Allí no hay soldados, y los vigilantes utilizan el revólver para clavar clavos.

—Me parece demasiado sencillo todo eso.

—Pues ya verás que es verdad. Háblales, yo tengo todo preparado: la escala de cuerda, los ganchos..., y el camarada que me tiene en su casa hará de farolero.

Alguien se movió y tosió al otro lado de la puerta. Se oyó un ruido de metal.

—Ahí lo tienes —dijo Vessovchikov.

En el marco de la puerta apareció una bañera de zinc. Una voz bronca gruñó:

—¿Quieres entrar, gran zorra...?

Luego se vio una cabeza redonda con cabellos grises, sin gorro, los ojos saltones, un bigote cruzando una faz bondadosa. Nicolás Vessovchikov ayudó a meter la bañera y el hombre entró. De alta estatura, encorvado. Tosió inflando sus afeitados carrillos y dijo, con la misma voz ronca:

—¡Salud!

—Aquí lo tienes, pregúntale —dijo Nicolás.

—¿A mí? ¿El qué?

—Lo de la evasión...

—¡Ah, ah! —dijo secándose el bigote con sus negras manos.

—Mira, Jacob, es que ella no lo cree fácil.

—¡Ah!, ¿no lo cree? Porque no quiere. Pero nosotros sí queremos, y por eso creemos — dijo tranquilamente, y de pronto, se dobló y empezó a toser en un largo ataque. En pie, en medio de la habitación, se frotó el pecho, jadeando, y miró a la madre con ojos dilatados.

—Son Paul y sus camaradas quienes tienen que decidirlo —dijo Pelagia. Vessovchikov inclinó la cabeza, pensativo.

—¿Quién es Paul? —preguntó el otro hombre, sentándose.

—Mi hijo.

—¿Y su apellido?

—Vlassov.

El otro movió la cabeza, sacó su petaca y su pipa y atiborró ésta, diciendo con voz entrecortada:

—Ya he oído ese nombre. Mi sobrino lo conoce. Mi sobrino está también en la cárcel. Evchenko, ¿lo conoce usted? Yo me llamo Goboune. Pronto estarán presos todos los jóvenes, y entonces viviremos mejor los viejos. El gendarme me ha prometido enviar al sobrino a Siberia. Y lo hará como lo dice, el cerdo.

Se puso a fumar, escupiendo frecuentemente en el suelo.

—¿Así que ella no quiere? —continuó dirigiéndose a Vessovchikov—. Es asunto suyo. Uno es libre: si te cansas de estar sentado, anda; ¿que no quieres andar?, quédate sentado. ¿Te han robado?, cállate. ¿Te pegan?, resígnate. ¿Te matan?, quédate como estás. Ya sé todo eso... Pero al sobrino lo sacaré de allí. ¡Ya lo creo que lo sacaré!

Sus frases, breves, entrecortadas, como aullidos, dejaban perpleja a la madre, pero sus últimas palabras la llenaron de envidia.

Por la callejuela, caminando contra la lluvia que empujaba un viento frío, pensó en Vessovchikov:

"¡Cuando pienso en cómo se ha transformado!". Entonces recordó a Goboune:

"Al parecer, no soy la única que revive", se dijo casi piadosamente. Luego, la imagen de su hijo se alzó en su corazón: "Si consintiera...".

XXII

El domingo, al despedirse de Paul en el locutorio de la cárcel, sintió en su mano una bolita de papel. Se estremeció como si la bolita le quemase la piel, y lanzó a su hijo una mirada interrogadora y suplicante, pero que no halló respuesta. Sus ojos azules tenían, como siempre, la sonrisa tranquila y firme que ella conocía tan bien.

—¡Adiós! —dijo la madre suspirando.

Él le tendió otra vez la mano, mientras que una oleada de ternura pasaba temblorosa sobre su rostro:

—¡Adiós, madre!

Ella esperó, reteniendo aquella mano.

—No te inquietes, no te enfades... —dijo él.

Estas palabras y el pliegue obstinado de la frente, dieron a la madre la esperada respuesta.

—¿Por qué dices eso? —murmuró ella, bajando la cabeza—. ¿Qué quieres...?

Salió precipitadamente, sin mirarle, para que las lágrimas y el temblor de sus labios no traicionasen su emoción. Por el camino, le pareció que las articulaciones de la mano que llevaba, apretada, la contestación del hijo, le dolían, y que todo el brazo pesaba como si hubiese recibido un golpe en el hombro. Al entrar, entregó el billete a Nicolás, y mientras lo miraba desenrollar el papel comprimido, la esperanza palpitó de nuevo en ella. Pero Nicolás dijo:

—Naturalmente. Mire lo que escribe: "No nos evadiremos, camaradas, no podemos hacerlo. Ninguno de nosotros. Perderíamos nuestra propia estimación. Ocupaos del campesino que ha sido detenido recientemente. Merece que lo hagáis; es digno de vuestro esfuerzo. Aquí sufre demasiado. Cada día tiene dificultades con la dirección. Ha pasado ya veinticuatro horas en la celda de castigo. Le torturan. Todos intercedemos por él. Consolad a mi madre, sed cariñosos con ella. Explicádselo y ella comprenderá todo".

La madre alzó la cabeza y dijo dulcemente, con voz estremecida:

—¿Explicarme, qué? ¡Lo comprendo!

Nicolás se volvió, sacó el pañuelo y se sonó ruidosamente, murmurando:

—Creo que me he acatarrado...

Pasó la mano por sus ojos para poner los lentes en su sitio y continuó, paseando por el
cuarto:

—Bien, de todos modos no hubiéramos conseguido...

—No importa. Que sea juzgado —dijo la madre, arrugando la frente, mientras su pecho se llenaba de una oscura angustia.

—He recibido carta de un camarada de Petersburgo.

—Podrá escapar de Siberia, ¿no es cierto? ¿Es posible?

—Desde luego. Este camarada me dice: «La causa se verá pronto y el veredicto ya lo conocemos: deportación para todos. ¿Ve usted...? El veredicto se ha dado ya en Petersburgo, antes del juicio...

—Deje eso, Nicolás —dijo resueltamente la madre—. Es inútil consolarme ni explicarme. Paul obra siempre bien. No se atormentaría, ni atormentaría a los otros, sin motivo. Y me quiere. Ya ve que piensa en mí. Ha escrito: «Explicadla, consoladla...»

Su corazón latía precipitadamente, y la emoción la mareaba.

—Su hijo es un hombre admirable —exclamó Nicolás, con una energía que no era habitual en él—. Yo siento por él un gran aprecio.

—Hay que pensar en lo que puede hacerse por Rybine —propuso ella.

Hubiera querido actuar inmediatamente, ir a alguna parte, caminar hasta el agotamiento.

—Sí, así es —dijo Nicolás, paseando por el cuarto—. Necesitaríamos que Sandrina...

—Va a venir. Viene siempre los días en que he visto a Paul. Bajando la cabeza reflexivamente, Nicolás se sentó en el diván, al lado de la madre. Se mordía los labios y se tiraba de la barbita.

—Lástima que no esté aquí mi hermana...

—Si pudiéramos organizarlo todo mientras Paul está todavía aquí..., se pondría muy contento.

Callaron por un instante, y de pronto, la madre dijo en voz baja y lenta:

—No lo comprendo... ¿Por qué no quiere?

Nicolás se levantó bruscamente, pero sonó la campanilla. La madre y él se miraron.

—Es Sandrina... —dijo muy quedo Nicolás.

—¿Cómo vamos a decírselo? —preguntó la madre en el mismo tono.

—Es difícil...

—Me da pena.

La campanilla volvió a sonar, menos fuerte, como si la persona que estaba en el umbral vacilase también. Nicolás y la madre fueron juntos a su encuentro, pero ya cerca de la puerta, Nicolás retrocedió:

—Vale más que sea usted.

—¿No acepta? —preguntó con firmeza la muchacha, en cuanto la madre abrió.

—No.

—Lo esperaba —dijo sencillamente Sandrina, pero su rostro palideció. Se desabrochó el abrigo, abrochó de nuevo dos botones, quiso quitárselo y no pudo. Entonces dijo:

—Llueve, hace viento..., un tiempo espantoso. ¿Él está bien?

—Sí.

—Contento y en buena salud —dijo ella a media voz, mirándose las manos.

—Escribe qué hay que hacer escapar a Rybine —anunció la madre, sin mirarla.

—¿Sí? Creo que podemos utilizar el mismo plan... —articuló lentamente la joven.

—También yo lo pienso así —dijo Nicolás, apareciendo en la puerta—. Buenos días, Sandrina.

La muchacha le tendió la mano:

—¿Qué inconveniente hay? Todos reconocen que el plan era bueno.

—Pero, ¿quién va a organizarlo? Todo el mundo está ocupado.

—Déjemelo a mí —dijo ella vivamente—. Tengo tiempo.

—Bien. Pero habrá que preguntárselo a otros.

—Bueno, yo preguntaré. Voy en seguida.

Y de nuevo se abrochó el abrigo, con seguro gesto.

—Debería descansar —propuso la madre.

Ella sonrió débilmente y respondió dulcificando el acento:

—No se preocupe, no estoy cansada.

Le estrechó la mano en silencio y salió, fría y severa de nuevo.

La madre y Nicolás se acercaron a la ventana y la miraron atravesar el patio y desaparecer en la verja. Nicolás se puso a silbar, luego se sentó a la mesa y comenzó a escribir.

—Ocuparse de este asunto la aliviará —dijo pensativa la madre.

—Claro está —replicó Nicolás, y se volvió hacia ella con una sonrisa en su bondadoso rostro:

—Este cáliz se lo ha ahorrado usted..., no ha suspirado nunca junto al hombre amado.

—¡Vaya una idea! —exclamó ella con un gesto de la mano—. ¿Suspirar yo? Solamente tenía miedo de que me obligasen a casarme con éste o el otro.

—¿Es que no le gustaba nadie?

Ella reflexionó un poco y respondió:

—No me acuerdo, querido amigo. Desde luego, sí... Seguramente habría alguien, pero no consigo recordarlo

Le miró y concluyó sencillamente, con apacible tristeza:

—Mi marido me pegaba, y todo lo que hubo antes que él, se ha borrado de mi memoria.

Nicolás dirigió una mirada al papel. La madre salió un instante y luego volvió. El la miró con ternura y le dijo en voz muy baja, acariciando afectuosamente sus propios recuerdos:

—Mire, yo también..., como Sandrina, he tenido mi novela. Amaba a una muchacha, una criatura ideal, maravillosa. Esto sucedió hace veinte años, y si de he ser sincero, la amo aún. Y la querré siempre lo mismo, con toda mi alma y mi agradecimiento..., para siempre.

En pie, a su lado, la madre vio iluminarse sus ojos con una llama ardiente y clara. Apoyaba la cabeza en las manos, colocadas en el respaldo de la silla, y miraba a lo lejos. Todo su cuerpo, delgado, esbelto, pero robusto, parecía tenderse hacia adelante, como un tallo crece en dirección del sol.

—Pues entonces, cásese —aconsejó la madre.

—Hace cinco años que ella está casada.

—¿Y por qué no lo hizo usted antes?

Él meditó unos momentos:

—No hemos tenido suerte. Cuando yo estaba en la cárcel, ella estaba libre; cuando yo estaba libre, ella estaba en la cárcel o en la deportación. Algo parecido a la situación de Sandrina. Por fin, la enviaron por diez años a Siberia, ¡tan lejos! Yo hubiese querido seguirla. Pero a los dos nos dio vergüenza. Allí encontró a otro hombre, camarada y amigo mío, un joven excelente. Luego se escaparon juntos y ahora viven en el extranjero.

Se detuvo, quitándose los lentes, los enjugó, miró los cristales al trasluz y los limpió de nuevo.

—Amigo mío —dijo afectuosamente la madre, moviendo la cabeza...

Sentía compasión hacia él, y al mismo tiempo, algo que provocaba en ella una cálida sonrisa maternal. Él cambió de postura, tomó de nuevo la pluma y continuó, agitándola al ritmo de sus palabras:

—La vida de familia disminuye, forzosamente, la energía del revolucionario. Los hijos, la falta de recursos, la necesidad de trabajar mucho para ganar el pan... Y un revolucionario necesita desplegar su energía en todos los sentidos. Esto requiere tiempo; debemos estar siempre en primera línea, porque somos los artífices destinados por la fuerza de la historia, para destruir el viejo mundo y crear la nueva vida. Si nos quedamos atrás, si sucumbimos a la fatiga o al atractivo de la inmediata facilidad de una pequeña conquista, obramos mal, es casi una traición. No hay nadie a cuyo paso podamos marchar sin alterar nuestra fe, y no debemos olvidar jamás que nuestra tarea no consiste en pequeñas conquistas, sino en la victoria total.

Su voz era otra vez firme, su rostro había palidecido y en sus ojos brillaba la fuerza, igual y sostenida que le era propia.

De nuevo sonó un violento campanillazo, interrumpiendo su discurso. Era Ludmila, las mejillas rojas de frío, vestida con un ligero abrigo impropio de la estación. Quitándose los rotos chanclos, dijo con voz irritada:

—Se ha fijado la fecha del juicio: dentro de ocho días.

—¿De veras? —preguntó Nicolás desde la habitación.

La madre se precipitó hacia él sin saber si era el temor o la alegría lo que la turbaba.

Ludmila la siguió y continuó en voz baja e irónica:

—Sí. En el tribunal dicen abiertamente que el fallo está dado. Pero, ¿qué significa esto? ¿El Gobierno tiene miedo de que sus funcionarios traten a sus enemigos con blandura? Después de haber pervertido a sus servidores durante tanto tiempo y con tanta constancia, no se sienten muy seguros de que se presten a ser unos canallas.

Se sentó en el diván, frotándose las flacas mejillas. Sus ojos oscuros se iluminaron de desprecio y su voz se hacía cada vez más colérica:

—Queme la pólvora en salvas, Ludmila —dijo Nicolás, para tranquilizarla—. No la están oyendo.

La madre escuchaba con toda atención a la muchacha, pero sin comprenderla.

Maquinalmente, se repetía las mismas palabras:

"Los juzgarán..., dentro de ocho días será el juicio".

De pronto, sintió que se aproximaba algo despiadado, de rigor inhumano.

XXIII

En esta bruma de perplejidad y abatimiento, en la insoportable angustia de la espera, vivió dos largos días. Al tercero, vino Sandrina y dijo a Nicolás:

—Todo está preparado: será hoy, a la una.

—¿Ya? —dijo él, atónito.

—¿Por qué no? Lo único que yo tenía que hacer era encontrar refugio y ropa para Rybine. Goboune se encargó de lo demás. Rybine sólo tendrá que recorrer unos cientos de metros. Vessovchikov, disfrazado, por supuesto, irá a su encuentro, le entregará un abrigo y una gorra y le indicará el camino. Yo esperaré a Rybine, cambiaré la ropa y lo guiaré.

—No está mal pensado. ¿Y quién es Goboune? —preguntó Nicolás.

—Lo conoce. El dueño de la casa donde usted va a hablar a los cerrajeros.

—Ah, sí, ahora me acuerdo. Un viejo bastante pintoresco.

—Es un antiguo soldado, ahora hace tejados. No es muy listo, y siente un odio desmedido hacia cualquier clase de violencia. Un poco filósofo... —dijo Sandrina pensativa, mirando por la ventana.

La madre la escuchaba en silencio, y un vago pensamiento iba madurando lentamente en su interior.

—Goboune quiere hacer escapar a su sobrino, Evchenko, aquel muchacho que usted apreciaba tanto, uno de una elegancia y aseo un poco rebuscados, ¿lo recuerda?

Nicolás inclinó afirmativamente la cabeza.

—Lo ha arreglado todo perfectamente —continuó Sandrina—, pero empiezo a dudar del éxito. Los presos pasean todos a la misma hora; cuando vean la escala, habrá muchos que querrán huir.

Calló un instante, cerrando los ojos. La madre se acercó a ella.

—Y, naturalmente, se estorbarán.

Los tres estaban en pie junto a la ventana. La madre detrás de Nicolás y Sandrina.

Aquella conversación rápida, despertaba en ella un sentimiento confuso.

—Iré yo —dijo de pronto.

—¿Por qué? —preguntó Sandrina.

—No vaya, amiga mía. Le sucederá algo. No es necesario — aconsejó Nicolás. Ella los miró y repitió en voz más baja, pero con insistencia:

—Iré.

Los otros dos cambiaron una mirada. Sandrina se encogió de hombros:

—Lo comprendo...

Se volvió hacia la madre, le pasó el brazo por la cintura y le dijo en tono sencillo y cordial:

—Pero ya se lo he advertido, es inútil que espere...

—¡Querida mía! —dijo la madre, estrechándola contra sí con brazos temblorosos—, lléveme, no seré una molestia... Tengo que ver... No creo posible una evasión.

—Vendrá conmigo —dijo la muchacha a Nicolás.

—Es asunto suyo —respondió él, bajando la cabeza.

—Pero no podremos estar juntas. Usted irá a campo traviesa hacia los jardines. Desde allí se ve el muro de la cárcel. Pero, ¿si la preguntan qué hace allí?

Alegremente, la madre respondió con convicción:

—¡Ya encontraré respuesta!

—No olvide que los vigilantes la conocen —dijo Sandrina—. Si la ven...

—No me verán.

La esperanza que inconscientemente había ido creciendo en ella durante aquellos días, se había inflamado súbitamente, y la animaba por entero.

"Quizá él también...", pensaba mientras se vestía apresuradamente. Una hora más tarde, estaba en los campos, detrás de la prisión.

Soplaba un viento áspero que hinchaba las faldas, batía el helado suelo, sacudía la rota cerca de un jardín, a cuyo lado pasaba la madre; hería violentamente el muro, no muy alto, de la cárcel, _ luego caía en el patio y barría las voces, las dispersaba, las llevaba hacia el cielo. Las nubes huían rápidamente, descubriendo pequeños claros de un intenso azul.

Detrás de la madre había unos jardines. Ante ella, el cementerio, y a la derecha, a unos veinte metros, la prisión. Junto al cementerio, un soldado paseaba un caballo llevándolo de la brida. Otro soldado daba patadas en el suelo, gritaba, silbaba y se reía. Nadie más por aquellos contornos.

La madre pasó lentamente junto a ellos, dirigiéndose hacia la muralla del cementerio, lanzando furtivas ojeadas a uno y otro lado. De pronto, sintió que sus piernas flaqueaban, pesaban como si el hielo las pegase a la tierra. Un hombre encorvado, con una escala al hombro, había aparecido en el ángulo de la cárcel, caminando a paso ligero, como hacen los faroleros. Pestañeando de terror, la madre miró a los soldados; seguían en el mismo sitio, en tanto que el caballo trotaba a su alrededor. Luego vio al hombre de la escala apoyarla contra el muro y trepar sin apresurarse. Dirigió hacia el patio un ademán, descendió ligeramente y dobló la esquina de la prisión. El corazón de la madre latía a grandes golpes. Los segundos transcurrían lentamente. Apenas se distinguía la escala sobre la oscura pared, con sus manchas de fango y de yeso descascarillado que descubría los ladrillos. Y de pronto, en lo alto del muro apareció una cabeza negra, luego un cuerpo que se balanceó a ambos lados y se deslizó hacia abajo. Una segunda cabeza tocada con un gorro de pelo se asomó también, una pelota negra saltó sobre el suelo y desapareció rápidamente en el ángulo del muro. Rybine se irguió, miró a su alrededor y sacudió la cabeza.

—¡Escapa, escapa...! —murmuraba la madre, golpeando el suelo con el pie.

Le zumbaban los oídos, oía gritos... Por encima de la muralla apareció una tercera cabeza. Crispando las manos sobre el pecho, la madre miraba, petrificada. La cabeza rubia e imberbe dio un impulso en el aire como si quisiera despegarse del cuerpo, y de pronto desapareció tras el muro. Los gritos se hacían más fuertes, más impetuosos, y el viento los llevaba por el espacio, mezclados con las agudas estrías de los silbatos. Rybine recorría el muro, ya lo había pasado, atravesaba un espacio libre entre la prisión y las casas de la ciudad. La madre tenía la impresión de que iba muy lento, que llevaba la cabeza tan alta que nadie que lo viese olvidaría su rostro. Murmuraba:

—De prisa, más de prisa...

Algo estalló secamente en el patio de la cárcel, y se oyó el ruido de cristal roto. Clavados los pies en el suelo, el soldado atraía el caballo hacia sí. El otro, haciendo bocina con la mano, gritaba algo en dirección a la prisión, y luego volvía la cabeza, tendiendo el oído.

Crispada, la madre miraba a todas partes y no daba crédito a sus ojos. Lo que había creído tan terrible y complicado, se había ejecutado demasiado rápida y sencillamente, y esta rapidez le aturdía, apagaba su lucidez. En la calle no se veía ya a Rybine. Pasaba un hombre alto, vestido con un largo abrigo, corría una niña... Tres vigilantes aparecieron en el ángulo de la prisión, corriendo, apretados uno contra otro, extendida la mano derecha. Uno de los soldados se precipitó a su encuentro, el otro se afanaba alrededor del caballo, esforzándose en saltar sobre el animal, que se resistía y encabritaba, y todo le parecía a Pelagia girar a su alrededor. Los silbidos desgarraban incesantemente el aire, luego se estrangulaban. Sus llamadas inquietas, como perdidas, despertaron en la madre la conciencia del peligro.

Se estremeció y caminó a lo largo de la cerca del cementerio, siguiendo a los guardianes con la mirada, pero éstos y los soldados doblaron la otra esquina de la cárcel y desaparecieron. A su encuentro corrió el subdirector, que ella conocía tan bien, con el uniforme desabrochado. Unos agentes surgieron como por encanto, y la gente comenzó a reunirse.

El viento se arremolinaba como enloquecido de alegría, trayendo hasta los oídos de la madre briznas de gritos confusos y de golpes de silbato. Aquella confusión la alegraba, y apresuró el paso, pensando:

"Así que también él habría podido...".

De pronto, volviendo la esquina del cementerio, cayó sobre dos policías.

—Párate —le gritó uno, sin aliento—. ¿No has visto a un hombre de barba...? Ella señaló los jardines con la mano y respondió tranquilamente:

—Sí, hacia allá. ¿Qué pasa?

—¡Egorov! ¡Llama!

Volvió a casa. Una oscura pena hacía nacer en su corazón la amargura y el despecho. Cuando llegó a la ciudad, un coche se atravesó en el camino. Alzó la cabeza y vio dentro del carruaje un hombre joven, de bigote rubio y rostro pálido y fatigado. Él también la miró. Iba sentado de través, lo que hacía que su hombro derecho pareciese más alto que el izquierdo.

Nicolás la acogió jubilosamente.

—Bien, ¿cómo ha ido?

—Yo creo que ha salido bien.

Se puso a contarle la evasión, esforzándose en recordar todos los detalles, hablando como si repitiese el relato de otro, sin nada personal.

—Hemos tenido suerte —dijo Nicolás, frotándose las manos—. Pero sólo Dios sabe cuánto miedo he tenido por usted. Escuche, Nilovna, voy a darle un consejo de amigo. No tenga ningún temor por el juicio. Cuanto más pronto sea, antes llegará la liberación de Paul, créame. Puede, incluso, evadirse en el camino hacia Siberia. En cuanto al juicio, le diré cómo será, más o menos...

Comenzó a pintarle el cuadro de la sesión. Escuchándolo, ella comprendía que Nicolás tenía miedo y que quería tranquilizarla.

—¿Teme usted que yo vaya a decir algo a los jueces? ¿Qué les dirija alguna pregunta? — preguntó ella súbitamente.

Él se sobresaltó, alzó las manos y exclamó en tono ofendido:

—¡Qué cosas dice usted!

Ella guardó silencio, dejando su mirada vagar por la habitación.

—A veces, me parece que van a humillar a Paul, burlarse de él..., que le dirán: "Especie de mujik, hijo de mujik... ¿Qué te has creído?". Y Paul, por orgullo, les contestará con violencia. O será Andrés quien se burlará de ellos... ¡Los dos son tan excitables! Entonces, me digo que los jueces perderán la paciencia..., y los condenarán de tal modo, que no volveremos a verlos nunca... Nicolás guardaba un sombrío silencio, tirándose de la barbita.

—No puedo quitarme de la cabeza estas ideas —dijo la madre, en voz muy baja—. Cuando se pongan a examinar y a medir... ¡Es terrible! Lo terrible no es el castigo, sino el juicio. ¡Un juicio es espantoso! No sé cómo decirlo...

Tenía la sensación de que Nicolás no la comprendía, y esto la embarullaba más aún, en su deseo de explicar aquel terror...

XXIV

Este terror, como un musgo cuya opresora humedad dificultase su respiración, fue creciendo en ella, y cuando llegó el día de la vista de la causa, la madre llevó consigo al tribunal un sombrío y pesado fardo que la hacía doblar la cabeza y la espalda.

Por la calle reconoció a vecinos del barrio, se inclinó silenciosamente para contestar a su saludo, y se abrió camino a través de la torva multitud. En los pasillos y en la sala tropezó con parientes de los detenidos. Hablaban en voz baja, y las palabras que conseguía percibir le parecían inútiles e incomprensibles. Todo el mundo semejaba penetrado del mismo sentimiento de desolación que se comunicaba a la madre, oprimiéndola todavía más.

—Siéntate —le dijo Sizov, haciéndole sitio a su lado en el banco. Ella obedeció, ordenó los pliegues de su ropa y miró en torno. Ante sus ojos danzaba una mezcla de rayas verdes y carmesíes, donde brillaban delgados hilos amarillos.

—Fue tu hijo quien perdió a nuestro Grigori —dijo en voz baja una mujer, sentada a su lado.

—Cállate, Natacha —respondió Sizov, en tono de represión.

Pelagia miró a la mujer.

Era la madre de Samodov. Un poco más lejos estaba el padre, un hombre calvo, de rasgos agradables, con una barba roja en abanico. Los ojos hundidos en el rostro huesudo, miraban fijamente ante él, y la barba temblaba.

De las altas ventanas de la sala caía una luz igual y velada, y los copos de nieve resbalaban en los cristales. Entre las ventanas había colgado un gran retrato del Zar, en un amplio marco dorado de brillante reflejo, cuyos lados se ocultaban bajo los rígidos pliegues de los pesados cortinones color frambuesa, que caían solemnes. Ante el retrato, una mesa cubierta de paño verde, ocupaba casi toda la anchura de la sala. A la derecha, tras una reja, dos bancos de madera; a la izquierda, dos filas de sillones carmesíes. Ujieres con cuello verde y botones dorados sobre el pecho y el vientre, iban y venían sin ruido. En la brumosa atmósfera erraba tímidamente un murmullo de voces ahogadas, y se sentía un vago olor a farmacia. Todo aquellos colores y reflejos, los sonidos y los olores, pesaban sobre los ojos, penetraban en el pecho con el aire que se respiraba, y llenaban el vacío corazón con un miedo quieto, mezcla de confusión y abatimiento.

De pronto, alguien pronunció unas palabras en alta voz. La madre se estremeció y todo el mundo, también ella, se puso en pie.

Ella se cogió del brazo de Sizov.

En el ángulo izquierdo se abrió una puerta, dando paso a un viejecillo con lentes, que vacilaba. Ralas patillas blancas temblaban sobre su pequeña cara gris, el afeitado labio superior se sumía en la boca. Los agudos pómulos y la barbilla se apoyaban en el alto cuello del uniforme. Hubiérase dicho que el otro cuello, el de carne no existía. Se apoyaba en muchacho alto, de cara de porcelana, redonda y roja. Luego, avanzaron lentamente otros tres personajes en uniformes recamados de oro, y tres civiles.

Se ajetrearon largo rato tras la mesa, se sentaron en los sillones, y cuando hubieron tomado asiento, uno de ellos, con el uniforme desabrochado y rostro largo e indolente, se puso a hablar al viejecillo, agitando pesada y silenciosamente sus gruesos labios. El viejo escuchaba, cómicamente rígido e inmóvil. Detrás de los cristales de sus gafas, la madre veía dos pequeñas manchas incoloras.

En el extremo de la mesa, en pie ante un pupitre, estaba un hombre alto y calvo que hojeaba, tosiendo, sus papeles.

El anciano se inclinó hacia adelante y comenzó a hablar. Pronunció claramente la primera palabra, pero las otras parecieron evaporarse sobre sus delgados labios macilentos.

—Declaro... Que entren...

—¡Mira! —susurró Sizov, empujando ligeramente a la madre, que se levantó.

Detrás de la reja se abrió una puerta y apareció un soldado llevando al hombro un sable desnudo. Luego, Paul, Andrés, Théo Mazine, los dos Goussev, Boukhine, Samoilov, Somov y otros cinco jóvenes, cuyos nombres no conocía la madre. Paul sonreía amistosamente; Andrés sonreía también, descubriendo los dientes, y hacía signos con la cabeza. Sus sonrisas, sus caras y sus animados gestos parecieron traer consigo más claridad, más paz, en el silencio tenso y hostil. El espeso brillo del oro de los uniformes se amorteció y dulcificó. Una corriente de firmeza y valor, un soplo de fuerza y de vida llegaron al corazón de la madre y la sacaron de su sopor. Tras ella, en los bancos donde hasta entonces había esperado una muchedumbre agobiada, corrió un rumor en respuesta al saludo de los detenidos.

—¡No tienen miedo! —oyó decir a Sizov, en tanto que, a su derecha, la madre de Samoilov estallaba en sollozos.

—¡Silencio! —gritó una voz severa.

—Debo advertir... —dijo el viejecillo.

Paul y Andrés estaban sentados uno al lado del otro y con ellos, en el primer banco, Mazine, Samoilov y los Goussev. Andrés se había afeitado la barba y sus bigotes habían crecido, cayéndole las puntas, lo que hacía que su redonda cabeza semejase la de un gato. Su fisonomía tenía una expresión nueva, había algo de agudo y cáustico en los pliegues de su boca, y de sombrío en sus ojos. El labio superior de Mazine estaba sombreado por un trazo oscuro; su rostro se había llenado. Los cabellos de Samoilov parecían más rizados que antes. Iván Goussev conservaba su habitual amplia sonrisa.

—¡Ah, Théo, Théo! —murmuraba Sizov, con la cabeza inclinada.

La madre escuchaba las preguntas indistintas que el viejo dirigía a los acusados, sin mirarlos, inmóvil la cabeza sobre el cuello de su uniforme, y oía las respuestas tranquilas y concisas de su hijo. Le parecía que el Presidente y todos sus colegas no podían ser gentes malvadas ni crueles. Examinaba atentamente las caras de los jueces, intentando adivinar algo, y una nueva esperanza brotaba en su corazón.

El hombre de la máscara de porcelana leía en tono indiferente un documento. Su voz átona llenaba la sala de un hastío que oprimía al público. Cuatro abogados charlaban en voz baja, pero animada, hacían gestos ampulosos y rápidos, y parecían grandes pájaros negros.

A un lado del viejo, un juez, grande y gordo, cuyos ojillos se ahogaban en grasa, desbordaba del sillón. Al otro lado estaba sentado un hombre encorvado, con unos bigotes rojizos cortando su pálido rostro; apoyaba, con aire fatigado, su cabeza en el respaldo de su asiento y reflexionaba, con los párpados entornados. El procurador también tenía aspecto cansado y aburrido. Detrás de los jueces estaba el alcalde de la ciudad, hombre lleno y robusto, que se acariciaba meditabundo la mejilla. El mariscal de la nobleza, con cabellos grises, larga barba, rostro rubicundo y grandes ojos azules. El síndico del distrito, a quien su enorme vientre molestaba a ojos vistas, y que se esforzaba en disimularlo bajo los faldones de su abrigo, que se resbalaban siempre.

—Aquí no hay criminales ni jueces —proclamó la voz firme de Paul—, no hay más que prisioneros y vencedores...

Se hizo el silencio. Durante algunos segundos, los oídos de la madre no percibieron sino el chirrido precipitado de la pluma sobre el papel y los latidos de su corazón.

El Presidente del tribunal parecía también escuchar algo, esperaba. Sus colegas se agitaron. Entonces dijo:

—Sí, sí... Andrés Nakhodka, ¿reconoce que...?

Andrés se irguió lentamente y, retorciéndose el bigote, miró de través al viejo.

—¿De qué puedo reconocerme culpable? —dijo el Pequeño Ruso, con voz cantarina y tranquila, alzando los hombros—. No he matado ni robado, simplemente me levanto contra un orden que obliga a los hombres a despojarse y asesinarse mutuamente.

—¡Responda más brevemente! —dijo el anciano, con esfuerzo, pero con claridad.

Sobre los bancos, detrás de ella, la madre sintió animación. La gente se hablaba al oído entre sí y se agitaba como para desembarazarse de la tela de araña que parecían haber tejido las palabras grises del hombre de la máscara de porcelana.

—¿Oyes cómo contestan? —murmuró Sizov.

—Théo Mazine, responda...

—No quiero —dijo rotundamente Théo, saltando sobre sus pies. Su rostro estaba rojo de emoción, sus ojos centelleaban y, sin saber por qué, ocultaba sus manos a la espalda.

Sizov profirió un "ah" ahogado. La madre abrió de par en par los ojos, llena de asombro.

—He rechazado un abogado, y no hablaré porque estimo que vuestro tribunal no es legal. ¿Quién sois vosotros? ¿Es que el pueblo os ha dado el derecho de juzgarnos? ¡No, no os lo ha dado! ¡No os conozco!

Se sentó y escondió el encendido rostro en el hombro de Andrés.

El juez gordo inclinó la cabeza hacia el Presidente y susurró algo. El juez de rostro pálido alzó los párpados, dirigió una mirada oblicua a los acusados, extendió la mano y escribió con lápiz en un papel que tenía delante. El síndico del distrito movió la cabeza, agitó los pies con cuidado, colocó su vientre sobre las rodillas y pasó las manos sobre él. Sin mover la cabeza, el viejecillo volvió el cuerpo hacia el juez pelirrojo, y sus labios se movieron; el otro escuchó inclinando la cabeza. El mariscal de la nobleza hablaba muy bajo con el procurador, en tanto que el alcalde los escuchaba, frotándose la mejilla. De nuevo resonó la mortecina voz del Presidente.

Sizov, asombrado, murmuró al oído de la madre:

—¡Les ha despanzurrado! Mejor que ninguno, ¡es la verdad! Pelagia sonrió sin comprender. Todo lo que ocurría le había parecido al principio un prefacio inútil y fastidioso para alguna cosa terrible, cuya aparición aplastaría de un golpe a todos los asistentes, bajo un frío terror.

Pero las tranquilas respuestas de Paul y Andrés habían sonado con tal intrepidez y firmeza, que parecían haber sido pronunciadas en la casita del arrabal, y no delante de los jueces. La hirviente salida de Théo la reanimó. Una especie de audacia se esparcía en la sala, y por los movimientos de las gentes sentadas tras ella, la madre se daba cuenta de que no era la única en notarlo.

—¿Vuestra opinión? —preguntó el viejo.

El procurador se levantó y, asiéndose con una mano a su pupitre, habló con rapidez, citando cifras. No había en su voz nada de siniestro. Pero al mismo tiempo, un seco pinchazo en el corazón de la madre reavivó su inquietud; era una vaga sensación de hostilidad, de una hostilidad sin amenazas, sin gritos, pero que crecía, invisible, inaprensible. Flotaba, indolente y ciega, alrededor de los jueces, parecía envolverlos en una nube impenetrable, a través de la cual no podía llegarles nada del exterior.

La madre miraba a los jueces y le resultaban incomprensibles. Contra lo que había esperado, no se irritaban contra Paul y Théo, no decían palabras hirientes, sino que parecía que todas sus preguntas no tenían para ellos la menor importancia, que las planteaban a disgusto y escuchaban con esfuerzo las respuestas, que sabían todo de antemano y no les interesaba nada.

Ahora, un gendarme estaba ante ellos, y decía con voz de bajo:

—Todo el mundo designa a Paul Vlassov como el principal instigador.

—¿Y Nakhodka? —preguntó negligente el juez gordo.

—También.

Uno de los abogados se levantó:

—¿Puedo...?

El viejo preguntó a alguien:

—¿No hay objeción?

Todos los jueces parecían a la madre gente en mal estado de salud. Un cansancio enfermizo se desprendía de sus actitudes y de sus voces. Se leía sobre sus caras un cansancio enfermizo y un aburrimiento mortal. Evidentemente, todo aquello les parecía molesto y desagradable: sus uniformes, los gendarmes, la sala, los abogados, la obligación de estar en sus sillones, interrogando y escuchando.

Ahora le tocaba al oficial de tez amarillenta que tanto conocía. Dándose importancia, arrastrando las palabras, hablaba, con sonora voz, de Paul y de Andrés. Al oírlo, la madre se decía inconscientemente:

"Tú no sabes nada".

Ya no sentía miedo ni compasión por los que estaban tras la reja; solamente le inspiraban admiración y un amor que bañaba cálidamente su corazón. Su admiración era tranquila, su amor alegre y sereno. Jóvenes, fuertes, se sentaban aparte, cerca del muro, y apenas si se mezclaban a la conversación monótona de testigos y jueces, a las discusiones de los abogados y el procurador. A veces, uno de ellos sonreía con desprecio y decía unas palabras a sus camaradas, cuyos rostros mostraban, a su vez, una sonrisa irónica. Andrés y Paul hablaban casi continuamente, en voz baja, con uno de los defensores, que la víspera había estado en casa de Nicolás Mazine; más vivo y menos impasible que los otros, prestaban oídos a aquella conversación. Algunas veces, Samoilov hablaba a Iván Goussev, y la madre veía a Iván dar un codazo a su camarada, reteniendo difícilmente la risa; se ponía encarnado, hinchaba los carrillos y bajaba la cabeza para disimular. Dos o tres veces rompió a reír, y luego se quedaba unos minutos muy serio, esforzándose por mantener la gravedad. En cada uno de ellos hervía una juventud que podía más que los esfuerzos de cada cual para reprimir su efervescencia.

Sizov tocó ligeramente a la madre con el codo. Ella se volvió hacia él, que, con aire contento, aunque preocupado, le susurró:

—Mira qué seguros se sienten. Como señores, ¿eh?

En la sala, los testigos deponían con voces incoloras y precipitadas. Los jueces interrogaban sin ganas, indiferentes. El juez gordo bostezaba, tapándose la boca con una mano hinchada; el del bigote rojo estaba aún más pálido, algunas veces levantaba el brazo y oprimía fuertemente su sien con un dedo, mirando, sin ver, el techo, con ojos lastimosamente dilatados.

De cuando en cuando, el procurador escribía con lápiz sobre un papel, luego continuaba su conversación con el mariscal de la nobleza, que, alisando siempre su barba gris, girando las pupilas, sonreía inclinando el cuello con aire importante. El alcalde había cruzado las piernas y tamborileaba sin ruido sobre su rodilla, observando atentamente el movimiento de sus dedos. El vientre cuidadosamente colocado sobre las rodillas y sostenido con precaución con ambas manos, el síndico del distrito bajaba la cabeza, y parecía ser el único que prestaba atención al monótono zumbido de las voces, al viejecillo clavado en su sillón, del que sobresalía, inmóvil como una veleta un día sin viento. Aquello se prolongaba demasiado, y de nuevo el sopor del aburrimiento dominaba a la concurrencia.

—Declaro... —dijo el viejecillo, y se levantó, tras haber ahogado las palabras que seguían entre sus delgados labios.

Un rumor, suspiros, exclamaciones contenidas, toses y mover de pies llenaron la sala. Los acusados fueron conducidos fuera, sonrieron e hicieron signos de cabeza a sus parientes y amigos. Iván Goussev dijo dulcemente a alguien:

—¡Valor, Iégor!

La madre y Sizov salieron al pasillo.

—¿Quieres venir a tomar té en la cantina? —preguntó solícito el viejo obrero—. Tenemos que esperar hora y media.

—No.

—Bueno, pues tampoco iré yo. ¿Te has fijado en los chicos? Parecen los únicos hombres de verdad que hay aquí. Y Théo, ¿has visto?

El padre de Samoilov se les acercó, gorro en mano. Sonrió con aire confuso:

—¿Y mi Grigori? Ha rechazado al defensor, y no quiere hablar. Fue el primero que lo dijo. El tuyo, Pelagia, estaba por los abogados, pero el mío dijo que no los quería. Entonces, otros cuatro estuvieron de acuerdo con él...

Su mujer estaba a su lado. Parpadeaba frecuentemente, y se limpiaba la nariz con el pañuelo. Cogiéndose la barba y mirando al suelo, el padre continuó:

—¡Maldito asunto, mierda! Cuando se mira a estos condenados críos, se dice uno que todo esto es inútil, que se perderán tontamente. Y de pronto, pensamos que tienen razón... Que en la fábrica son cada vez más, y que cuantos más cogen, más aparecen, como los gubios en el río... Y vuelve uno a preguntarse, ¿tienen la fuerza tras ellos, tal vez...?

Para nosotros es muy difícil comprender estas cosas —dijo Sizov.

—Sí, es difícil —asintió Samoilov.

Su mujer sorbió bruscamente y dijo:

—Están bien, bandidos...

Y con una sonrisa sobre su ancho rostro, ya marchito, añadió:

—No te enfades, Nilovna, porque te haya dicho hace un rato que todo era culpa del tuyo. A decir verdad, ¡quién diablos puede saber de quién es la culpa! Has oído lo que los gendarmes y los soplones han dicho de nuestro Grigori. También el muy animal ha hecho lo suyo...

Sin darse tal vez cuenta de ello, estaba sumamente orgullosa de su hijo, pero la madre conocía bien este sentimiento, y le respondió con amable sonrisa:

—Los corazones jóvenes están siempre más cerca de la verdad.

La gente paseaba por los pasillos, formando grupos y hablando en voz sorda, pensativos o animados. Nadie se mantenía al margen, y en todos los rostros se leía claramente el deseo de hablar, de preguntar, de escuchar. En el estrecho pasadizo, pintado de blanco entre ambos muros, las gentes se agitaban como bajo las ráfagas de un viento recio, y parecía que trataban de agarrarse a alguna cosa firme y sólida.

El hermano mayor de Boukhine, un muchacho alto y descolorido, gesticulaba volviéndose vivamente a uno y otro lado, y demostraba:

—El síndico del distrito no tiene nada que hacer en este asunto.

—Cállate, Constantin —le dijo su padre, un viejecillo que lanzaba temerosas miradas a su alrededor.

—¡No, lo diré! Dicen que el año pasado mató a su escribiente, por causa de su mujer.

Ella vive ahora con él, ¿cómo se entiende esto? Y, sobre todo, es un ladrón notorio...

—¡Dios mío, Constantin!

—Es cierto —dijo Samoilov—, es cierto. Es un juez irregular.

Boukhine, que lo había oído, se acercó vivamente, arrastrando con él a los demás.

Rojo de excitación, se puso a gritar, gesticulando:

—Para un robo, para un crimen, hay un jurado para juzgar, gentes sencillas, campesinas, artesanos... Y a los enemigos del Gobierno los juzga el propio Gobierno, ¡esto no puede consentirse! Si tú me insultas y yo te doy una bofetada, y luego tú me juzgas por eso, no hay duda que seré culpable; pero, ¿quién empezó? ¡Tú!

Un guardia, entrado en años, de nariz encorvada y el pecho cubierto de medallas, se abrió paso entre la multitud y dijo a Boukhine, amenazándole con el dedo:

—¡Bueno! ¡No grite! Esto no es una taberna.

—Permítame, caballero..., comprendo. Escuche: si yo le pego y luego le juzgo, ¿qué pensaría...?

—Vas a ver: tendré que hacerte salir —dijo severamente el guardián.

—¿A dónde y por qué?

— A la calle. Para enseñarte a callar.

Boukhine paseó la mirada en torno suyo y dijo a media voz:

—Para ellos, lo principal es que uno se calle. ,

—¿No lo sabías aún? —dijo ásperamente el viejo.

Boukhine abrió los brazos y continuó, más quedo todavía:

—Y, además, ¿por qué no se admite a todo el mundo, sino solamente a los familiares?

Si se juzga con justicia, se puede actuar delante de todos, ¿qué habría que temer?

Samoilov repitió más fuerte:

—Eso es verdad; el tribunal no satisface la conciencia...

La madre habría querido decir lo que había oído de boca de Nicolás, sobre la ilegalidad del juicio, pero había comprendido a medias y había olvidado en parte las palabras. Para tratar de recordarlas, se separó del grupo y vio a un hombre joven, de bigote claro, que la observaba. Tenía la mano derecha hundida en el bolsillo del pantalón, lo que hacía parecer su hombro izquierdo más bajo que el otro, y esta particularidad le pareció familiar. Pero él volvió la espalda, y, preocupada en reunir sus recuerdos, ella lo olvidó inmediatamente.

Mas, un momento después, llegó a su oído una pregunta hecha a media voz:

—¿Aquélla?

Alguien respondió en alta voz, alegremente:

—¡Sí!

Ella miró. El joven del hombro torcido se había vuelto hacia ella y hablaba a su vecino, un muchacho de barba negra que llevaba un abrigo corto y calzaba pesadas botas.

De nuevo, se agitó en ella un recuerdo inquietante, pero no pudo precisarlo. Se había apoderado de ella el imperioso deseo de hablar a las gentes del ideal de su hijo; quería oír las objeciones que pudiesen hacérsele y adivinar, según estas palabras, la decisión del tribunal.

—¿Es así cómo se juzga? —comenzó prudentemente, a media voz y dirigiéndose a Sizov—. Quieren saber lo que ha hecho cada uno, pero no preguntan por qué lo ha hecho. Y todos son viejos. A los jóvenes deben juzgarlos los jóvenes...

—Sí... —dijo Sizov—, para nosotros es muy difícil comprender este asunto..., muy difícil.

—Y movió la cabeza, meditabundo.

El guardián había abierto la puerta de la sala y gritó:

—Los familiares... Mostrad los pases. Una voz gruñona dijo lentamente:

—Las entradas..., como en el circo.

Se percibía en todos una sorda irritación, una confusa audacia. Mostraban menos timidez, hacían ruido, discutían con los ujieres.

XXV

Sizov se sentó en el banco, protestando.

—¿Qué te pasa? —le preguntó la madre.

—Nada... ¡La gente es imbécil!

Sonó una campanilla. Alguien anunció con indiferencia:

—El tribunal.

De nuevo, se levantaron todos, como la primera vez. Los jueces entraron en el mismo orden y se acomodaron. Fueron introducidos los acusados.

—¡Atención! —murmuró Sizov—. Va a hablar el procurador.

La madre, estirando el cuello, se inclinó con todo el cuerpo hacia adelante y quedó inmóvil; volvía a esperar algo terrible.

En pie, la cabeza vuelta hacia los jueces, el codo apoyado en el pupitre, el procurador lanzó un suspiro y comenzó a hablar, agitando en el aire la mano derecha, con gestos convulsos. La madre no entendió las primeras frases. La voz era llena y segura, pero el ritmo desigual, tan pronto lento, tan pronto rápido. Las palabras se estiraban en una larga serie monótona, como una costura uniforme, y repentinamente volaban, se empujaban, giraban como una bandada de negras moscas sobre un trozo de azúcar. Pero Pelagia no encontraba nada de siniestro ni amenazador. Frías como la nieve, grises como la ceniza, se dispersaban, volvían a concatenarse, llenando la sala de un hastío árido, como una arena fina y seca. Este discurso, avaro en sentimientos, abundante en palabras, parecía no llegar a Paul y sus camaradas, que no se preocupaban de él en absoluto y continuaban, tan apaciblemente como antes, charlando en voz baja, unas veces sonriendo abiertamente y otras ocultando su sonrisa bajo un aire adusto.

—Miente —murmuró Sizov.

Ella no diría tanto. Oía las palabras del procurador y comprendía que acusaba a todo el mundo sin distinción. Al citar a Paul se puso a hablar de Théo, a quien colocó en el mismo plano, y luego añadió insistentemente a Boukhine. Parecía meter a todos los acusados en el mismo saco y encerrarlos allí, apretando a unos contra otros. Pero el sentido aparente de sus frases no satisfacía a la madre, no la asustaba ni la conmovía y, sin embargo, continuaba esperando el algo terrible, buscándolo obstinadamente en las palabras, el rostro, los ojos, la voz del procurador, en aquella mano blanca que se movía lentamente en el aire. Sí, allí estaba y era terrible: la madre lo sentía, pero inaprensible, imposible de definir, estrangulándole de nuevo el corazón con un hilo áspero y rugoso.

Miraba a los jueces, a quienes el discurso aburría visiblemente. Los rostros amarillos y grises, sin vida, no expresaban nada. Las palabras del procurador esparcían en el aire una niebla invisible que se espesaba alrededor de los jueces, envolviéndolos en una nube aún más densa de indiferencia y de resignado cansancio.

El presidente no se movía, rígido como una momia; las pequeñas manchas grisáceas tras los cristales de sus lentes desaparecían a ratos, fundiéndose en el rostro. Y ante esta pasividad cadavérica, esta fría indiferencia, la madre se preguntaba perpleja:

"¿Es que juzgan?".

Esta duda le oprimía el corazón, arrojando de él poco a poco el temor de la «cosa horrible» que esperaba, y una aguda sensación de humillación le subía a la garganta.

El discurso del procurador se interrumpió de pronto, añadió algunos rápidos sonidos, se inclinó ante los jueces y se sentó frotándose las manos. El mariscal de la nobleza le hizo un gesto de asentimiento, girando los ojos, el alcalde le tendió la mano, el síndico contempló su vientre y sonrió.

Pero, aparentemente, el discurso no gustó a los jueces, que no hicieron ni un movimiento.

—Tiene la palabra... —dijo el viejecillo poniendo un papel a la altura de su cara—, el defensor de Fedosseiev, Markov y Zagarov. El abogado que la madre había visto en casa de Nicolás se puso en pie. En su ancha fisonomía bondadosa, sus ojillos sonreían luminosos, y parecía que, bajo sus rojas cejas, dos puntas de cuchillo se preparaban para cortar algo en el aire. Se puso a hablar sin precipitarse, con voz sonora y clara, pero la madre no pudo escucharlo. Sizov le dijo al oído:

—¿Comprendes lo que dice? ¿Comprendes? Que son desequilibrados, extravagantes...

¿Es así Théo?

Ella no contestó, abrumada por una penosa decepción. Su humillación aumentaba, oprimiéndole el alma. Comprendía ahora por qué había esperado justicia; había pensado asistir a una discusión leal y severa, entre su hijo con su verdad, y los jueces con la de ellos. Se había imaginado que éstos preguntarían detalladamente a Paul, largamente, con atención, sobre la vida de su corazón; que examinarían con lúcida mirada sus pensamientos y sus acciones, sus ocupaciones todas. Y cuando viesen su rectitud, dirían en alta voz, con toda justicia:

«¡Este hombre tiene razón!»

Pero nada de esto ocurría. Los acusados estaban a cien leguas de los jueces, que parecían no darles frío ni calor. Fatigada, la madre dejó de interesarse en los debates, dejó de escuchar; pensaba ofendida:

"¿Así es cómo se juzga?»

—Esto es bueno para ellos —murmuró Sizov, aprobando con la cabeza.

Ahora hablaba otro abogado, un hombrecillo de cara puntiaguda, pálida e irónica. Los jueces le interrumpían.

El procurador, sobresaltado y con voz rápida y nerviosa, pronunció las palabras "proceso verbal", luego el viejecillo se puso a hablar, exhortándolo a calmarse. El abogado los escuchó, inclinando respetuosamente la cabeza, y luego volvió a tomar la palabra.

—Despanzúrralos —dijo Sizov—. Hazlos polvo.

En la sala volvía la agitación. Un sentimiento belicoso se apoderaba del público. El abogado azotaba con cáusticas palabras la vieja epidermis de los jueces, que parecieron apretarse más unos contra otros, e hincharse para detener sus papirotazos picantes y severos.

Pero, he aquí que Paul se puso en pie, y repentinamente se hizo un inesperado silencio. La madre tendió todo su cuerpo hacia adelante. Paul comenzó tranquilamente:

—Perteneciendo a un partido, sólo reconozco el tribunal de mi partido, y no hablaré para defenderme, sino para satisfacer el deseo de mis camaradas que también han querido defensor. Así, trataré de explicaros lo que no habéis comprendido. El procurador ha calificado nuestra demostración, bajo la bandera de la socialdemocracia, de rebelión contra el poder supremo, hablando constantemente de nosotros como de sediciosos contra el Zar. Debo declarar que, para nosotros, la autocracia no es la única cadena que oprime al país entre sus hierros; no es más que la primera cadena, la más tangible, de que tenemos que liberar al pueblo...

El silencio se hacía más profundo aun al sonido de esta voz firme, que parecía derribar los muros de la sala, como si Paul hubiese retrocedido muy lejos del auditorio tomando, al mismo tiempo, mayor relieve.

Los jueces se agitaron con inquietud. El mariscal de la nobleza murmuró algunas palabras al juez del rostro apático; éste movió la cabeza y se dirigió al viejecillo, a quien el juez de aspecto enfermizo hablaba ya por la otra oreja. El viejo, oscilando de derecha a izquierda en su sillón, dijo algo a Paul, pero su voz se ahogó en el amplio e igual curso de la exposición de éste:

—Somos socialistas. Esto significa que somos enemigos de la propiedad privada que desune a los hombres, los arma unos contra otros, crea una inconciliable rivalidad de intereses, miente pretendiendo ocultar o justificar este antagonismo y pervierte a los hombres con la mentira, la hipocresía y el odio. Nosotros decimos: una sociedad que considera al hombre como un instrumento para enriquecerse, es antihumana, y nos es hostil; no podemos aceptar su moral, hipócrita y embustera. Su cinismo y su crueldad hacia la persona humana nos repugnan; queremos luchar, lucharemos contra todas las formas de servidumbre física y moral del hombre hacia semejante sociedad, contra todos los procedimientos, por medio de los cuales se le aplasta en provecho de la ambición. Nosotros, obreros; nosotros, cuyo trabajo ha creado todo, desde las máquinas gigantescas hasta los juguetes de los niños; nosotros, a quienes se ha privado del derecho de luchar por nuestra dignidad humana, y cada uno se arroga el privilegio de hacer de nosotros instrumentos para alcanzar su objetivo, nosotros queremos ahora tener la libertad suficiente para que, con el tiempo, nos sea posible conquistar el poder. Nuestra consigna es sencilla: ¡abajo la propiedad privada! Todos los medios de producción para el pueblo. Todo el poder para el pueblo. Trabajo obligatorio para todos. Podéis ver que no somos sediciosos.

—Se lo ruego, aténgase a los hechos —dijo el Presidente con voz fuerte y clara.

Se había vuelto hacia Paul y lo miraba. Pareció a la madre que sus ojos mortecinos brillaban con un fulgor malvado y ávido. Todos los jueces miraban al joven con ojos que parecían pegarse a su rostro, adherirse a su cuerpo para chuparle la sangre y reanimar con ella su caduco organismo. Él, erguido en toda su altura, se mantenía firme y seguro, tendía el brazo hacia ellos, y con su voz precisa, sin gritar, decía:

—Somos revolucionarios, y lo seremos mientras unos no hagan sino mandar y los otros sino trabajar. Lucharemos contra la sociedad que os ha ordenado defender sus intereses, y de la que somos adversarios irreductibles, como lo somos de vosotros. La reconciliación no será posible mientras no hayamos vencido. ¡Y los obreros, venceremos! Vuestros mandatarios están muy lejos de ser tan fuertes como se figuran. Los bienes que amasan y protegen, sacrificando a los millones de seres que han esclavizado, esta misma fuerza que les da poder sobre nosotros, provocan entre ellos roces y antagonismos, y los arruinan física y moralmente. La propiedad exige una tensión demasiado grande para su defensa, y en realidad, vosotros, nuestros amos, sois más esclavos que nosotros, que sólo lo somos corporalmente, mientras vosotros lo sois en el espíritu. No podéis liberaros del yugo de las convenciones y costumbres que os matan moralmente. En nosotros nada impide la libertad interior, y los venenos con que nos intoxicáis son más débiles que los contravenenos que vosotros mismos, sin proponéroslo, vertéis en nuestra conciencia. Esta conciencia crece, desarrollándose incesantemente, se enciende más cada vez, y arrastra consigo todo lo que hay de mejor y más moralmente sano, incluso en vuestra clase... No tenéis ya a nadie que pueda luchar ideológicamente en nombre de vuestro poder; habéis agotado ya todos los argumentos capaces de protegeros contra el asalto de la justicia histórica; no podéis crear nada nuevo en el dominio de las ideas; sois intelectualmente estériles. Nuestras ideas progresan en claridad, se apoderan de la masa del pueblo y la organizan con vistas a la lucha por la libertad. La conciencia de la gran misión de la clase obrera une a todos los trabajadores del mundo en una sola alma, y no podéis detener el proceso de renovación de la vida, más que con la crueldad y el cinismo. Pero el cinismo es patente y la crueldad engendra la cólera. Y las manos que hoy nos estrangulan, estrecharán muy pronto las nuestras en fraternal saludo. Vuestra energía es la energía mecánica del aumento del oro, y os une en grupos condenados a devorarse mutuamente. Nuestra energía es la fuerza viva de la conciencia, siempre creciente de la solidaridad entre todos los obreros. Todo lo que hacéis es criminal, porque sólo va encaminado a esclavizar a los hombres. Nuestra labor liberará al mundo de los fantasmas y los monstruos engendrados por vuestra mentira, vuestro odio, vuestra avaricia, y destinados a aterrar al pueblo. Habéis arrancado el hombre a la vida y lo habéis aplastado. El socialismo agrupa a todo el universo destruido por vosotros en un solo ser grandioso, y triunfará.

Paul se detuvo un instante, y repitió más suavemente, pero con mayor fuerza:

—¡Y triunfará!

Los jueces murmuraban entre sí con extrañas muecas, sin separar de Paul sus ojos inquietos, y la madre tenía la impresión de que aquellas miradas manchaban el cuerpo flexible y sólido de su hijo, envidiándole la salud, la fuerza, la juventud. Los acusados escu chaban atentamente las palabras de su camarada, pálidos los rostros y brillantes de alegría los ojos. La madre bebía las frases de su hijo. Largos párrafos se grababan en su memoria. Varias veces, el viejecillo detuvo a Paul explicándole algo; incluso una vez sonrió con tristeza. Paul lo escuchaba en silencio, y luego continuaba con voz severa pero tranquila, dominando la atención de los jueces, cuya voluntad sometía a la suya.

Por fin, el viejecillo empezó a gritar, extendiendo la mano hacia Paul. Por toda respuesta, éste dijo con tono levemente irónico: —Termino. No quiero ofenderos personalmente, antes al contrario, debiendo asistir por fuerza a esta comedia que llamáis juicio, siento casi compasión por vosotros. A pesar de todo, sois seres humanos, y siempre es penoso ver a nadie, por muy hostil que sea a nuestro objetivo, descender de modo tan vil al servicio de la represión, perder hasta tal punto la conciencia de su dignidad de hombres.

Se sentó sin mirar a los jueces. La madre, reteniendo el aliento, los observaba y esperaba.

Andrés, resplandeciente, estrechó la mano de Paul, Samoilov, Mazine y todos los demás, se inclinaron hacia él. Paul sonreía, algo confuso ante el entusiasmo de sus camaradas. Miró hacia el banco donde estaba su madre y le hizo con la cabeza un gesto, como preguntando: "¿Ha estado bien?".

Inundada por una ardiente ola de ternura, ella le respondió con un profundo suspiro de alegría.

—Ahora sí que ha empezado el juicio —murmuró Sizov—. Los ha puesto buenos, ¿eh? Ella inclinó en silencio la cabeza, feliz de que su hijo hubiese hablado con tanta audacia; más feliz aún, quizá, de que hubiese terminado.

Una pregunta martilleaba su cerebro: "¿Y ahora? ¿Qué va a ser de vosotros?".

XXVI

Lo que su hijo había dicho no era nuevo para ella, que conocía sus ideas, pero por primera vez sentía allí, ante el tribunal, la fuerza extraña y arrebatadora de su fe. La calma de Paul la había conmovido, y el discurso se condensaba en su pecho como un resplandeciente haz de certidumbres luminosas que la confirmaban en la verdad de la causa y en su victoria. Pensaba ahora que los jueces discutirían encarnizadamente con él, le replicarían airados, le opondrían su verdad. Pero he aquí que Andrés se levantó, balanceándose, lanzó al tribunal una ojeada circular y comenzó:

—Señores defensores...

—¡Es el tribunal el que está ante usted, y no la defensa! —gritó el juez de rostro enfermizo, con voz fuerte e irritada.

Por la expresión de su cara, veía la madre que Andrés intentaba bromear. Su bigote temblaba y en sus ojos brillaba una especie de caricia astuta y felina que ella conocía bien. Él se frotó vigorosamente la cabeza con su ancha mano y lanzó un suspiro.

—¿Es posible? —dijo—. Yo creía que no erais jueces, sino solamente defensores...

—Le ruego que vaya directamente al asunto —dijo secamente el viejecillo.

—¿Al fondo? ¡Bueno! Quiero creer que realmente sois jueces, hombres independientes y honrados...

—El tribunal no necesita sus apreciaciones.

—¿No las necesita? Vaya..., de todos modos, continuaré. Sois hombres para los cuales no hay amigos ni adversarios, hombres libres. Así que tenéis ante vosotros dos partidos: uno se queja «me han robado y me han roto la cara». Y el otro responde: "Tengo el derecho de robar y de partir caras, porque tengo un fusil...".

—¿Tiene algo que decir sobre el asunto? —preguntó el viejo, alzando la voz.

Su mano temblaba, y la madre estaba contenta de que se enfadase. Pero el modo de actuar de Andrés no le gustaba. No daba la misma nota que el discurso de Paul. Pelagia habría querido una discusión seria y vehemente.

El Pequeño Ruso miró al viejecillo en silencio, y luego dijo gravemente, frotándose la cabeza:

—¿Sobre el asunto? ¿Y por qué voy a hablar de eso? Lo que ustedes deben saber, se lo ha dicho mi camarada. Lo que falta, ya se lo dirán otros cuando llegue el momento.

—Se le retira la palabra. ¡Grigori Samoilov!

Apretando los labios con indiferencia, Andrés se dejó caer en el banco. A su lado se levantó Samoilov, agitando sus rizados cabellos:

—El procurador nos ha llamado salvajes, enemigos de la cultura...

—No tiene que hablar más de lo que concierne a su caso.

—Es lo que estoy haciendo. No hay nada que no sea de la incumbencia de las gentes de bien. Y le ruego que no me interrumpa. Le pregunto, ¿cuál es su cultura?

—No estamos aquí para un coloquio. Venga al caso —dijo el viejo con una mueca.

La actitud de Andrés había cambiado de modo manifiesto el humor de los jueces, como borrando algo en ellos. Aparecían manchas en los grises rostros y en los ojos brillaban fríos destellos amarillos. El discurso de Paul los había irritado, pero su fuerza había contenido su cólera. El Pequeño Ruso había hecho saltar este resorte y revelado sin esfuerzo lo que se disimulaba. Murmuraban entre sí, sus rasgos se crispaban en rictus extraños y sus gestos parecían demasiado precipitados para unos jueces.

—Mantenéis espías, prostituís a las mujeres y a las muchachas, hacéis del hombre un ladrón y un asesino, lo envenenáis con aguardiente... Las matanzas mundiales, la mentira universal, el desenfreno y el embrutecimiento de todo un pueblo, ¡ésa es vuestra cultura! ¡Sí, somos los enemigos de esa cultura!

—Le suplico... —gritó el viejo. Su barbilla temblaba.

Pero Samoilov, rojo, la mirada centelleante, gritaba al mismo tiempo:

—Pero respetamos y amamos nuestra cultura, ésa a cuyos creadores hacéis morir en la prisión, ésa ante la cual sentís vértigo...

—¡Se le retira la palabra! ¡Théodor Mazine!

El pequeño Mazine apareció como una rata saltando de un agujero, y dijo enérgicamente:

—Yo..., ¡lo juro, sé que ya me habéis condenado...!

Se ahogó su voz, palideció. En su rostro no resaltaban más que los ojos. Extendiendo el brazo, gritó:

—Os doy mi palabra de honor. Enviadme donde queráis: huiré, volveré y seguiré trabajando como hasta aquí..., ¡toda mi vida! ¡Palabra de honor!

Sizov tosió con fuerza y se agitó. Todo el público, levantado por una ola de excitación creciente, gruñía con un rumor extraño. Una mujer lloraba, alguien tosía atragantándose. Los gendarmes miraron a los acusados con un estúpido asombro, y al público con ira. Los jueces se movían a derecha e izquierda. El viejecillo gritó con voz aguda:

—¡Iván Goussev!

—No hablaré.

—¡Vassili Goussev!

—No hablaré.

—¡Théodor Boukhine!

El muchacho del cabello albino se levantó pesadamente, y dijo muy despacio:

—¡Deberíais avergonzaros! Yo soy un hombre sin instrucción, y, sin embargo, sé lo que es la justicia.

Había levantado el brazo por encima de su cabeza y no continuó, pero entornó los ojos, como si prestase atención a algo que veía a lo lejos.

—¿Qué está diciendo? —chilló el viejecillo con un asombro mezclado de cólera, reclinándose en el respaldo de su sillón.

—Bueno, yo...

Y se dejó caer sobre el banco, oscurecido el rostro. Había en sus sombrías palabras algo de grande y grave, al mismo tiempo que una condenación triste e ingenua. Todo el mundo lo comprendió; incluso los jueces parecían esperar un eco más claro que las palabras.

En los bancos del público todo quedó quieto: no se oía más que un tenue rumor de llanto. Después, el procurador se encogió de hombros con una sonrisa irónica, el mariscal de la nobleza tosió ruidosamente, y de nuevo se elevaron los murmullos y la animación ganó poco a poco toda la sala.

La madre se inclinó hacia Sizov y le preguntó:

—¿Van a hablar los jueces?

—No, se ha terminado. No falta más que dar el veredicto.

—¿Nada más?

—No...

—Ella no lo creía. La madre de Samoilov se agitaba inquieta en su asiento, tropezando a Pelagia con el hombro y el codo. Preguntó a su marido en voz baja:

—Bueno, ¿qué? ¿Es posible?

—Ya lo ves que es posible.

—Pero entonces..., ¿nuestro Grigori?

—Déjame en paz.

Se notaba en todos algo roto, ahogado, cambiado. La perplejidad se leía en los ojos que pestañeaban como cegados por una luz viva, de contornos indecisos e incomprensibles, pero generadora de fuerza. Y al no comprender aquel sentimiento de algo grande que se descubría bruscamente ante ellos, las gentes se apresuraban a prodigarse en pequeñas expresiones concretas y asequibles.

El hermano de Boukhine decía en voz normal, sin esconderse:

—Permítanme..., ¿por qué no los dejan hablar? El procurador puede decir todo lo que quiere y tan extensamente como le parece.

Cerca del banco, había un ujier que decía, agitando la mano:

—Despacio, despacio...

El padre de Samoilov se echó hacia atrás y gruñó a la espalda de su mujer:

—Claro que son culpables, hay que decirlo. Pero, ¡que les dejen explicarse! ¿Contra qué se han levantado? ¡Yo querría comprenderlo! A mí también me interesa...

—¡Silencio! —exclamó el ujier, amenazándole con el dedo. Sizov movió la cabeza sombríamente.

La madre no separaba los ojos de los jueces; percibía su creciente irritación, sus conciliábulos en palabras precisas. El sonido de sus voces, pérfido y frío, rozaba su rostro, y este contacto le dejaba un temblor en las mejillas y una molesta sensación en la boca. Le parecía que todos hablaban del cuerpo de su hijo y de sus camaradas, de aquellos músculos y miembros de una juventud llena de sangre ardiente, de fuerza vital. Aquellos cuerpos encendían en ellos la malvada envidia del mendigo, la viscosa avidez del agotado y del enfermo. Chasqueaban los labios y envidiaban aquellos músculos capaces de trabajar y enriquecer, de gozar y de crear. Ahora, los cuerpos de aquellos ancianos abandonaban la circulación activa de la vida, renunciaban a ella, se llevaban consigo la posibilidad de dominar, de disfrutar de su fuerza, de devorarla. Por eso, aquella juventud suscitaba en los viejos jueces la animosidad vengativa y desolada de la fiera sin dientes que desea la carne fresca, pero que no tiene ya vigor para apoderarse de ella, que no es capaz de revitalizarse con la fuerza de los otros, que gruñe dolorosamente, aúlla desesperadamente, viendo huir la fuente de su poderío.

Cuanto más miraba la madre a los jueces, más claramente se precisaba aquel pensamiento grosero y extraño. Le parecía que no disimulaban esta rapacidad conmocionada, esta rabia impotente de hambrientos, apenas capaces de masticar. Ella, la mujer, la madre, a quien el cuerpo de su hijo había sido siempre, pese a todo, más querido que lo que se llama el alma, estaba aterrada al ver aquellos ojos mortecinos trepar sobre su rostro, tocar su pecho, sus hombros, sus manos; frotar su cálida piel como para buscar la posibilidad de inflamarse, de calentar la sangre de sus venas endurecidas, de sus músculos gastados de seres medio muertos, reanimados ahora un poco por los pinchazos de su envidia de aquella vida joven que tenían que condenar para salvarse a sí mismos. Pelagia tenía la impresión de que su hijo sentía aquel roce húmedo y desagradable, y que la miraba estremeciéndose.

Paul fijaba en su madre unos ojos levemente cansados, tranquilos y afectuosos.

Algunas veces, le hacía un gesto con la cabeza y sonreía.

"Pronto estaré libre", decía aquella sonrisa, que acariciaba el corazón de Pelagia.

De pronto, los jueces se levantaron todos a la vez. La madre siguió instintivamente su movimiento.

—Se van —dijo Sizov.

—¿Para la sentencia?

—Sí.

Su tensión se disipó súbitamente. Un cansancio abrumador cayó sobre su cuerpo, su ceja se puso a temblar y la frente se perló de sudor.

Un agobiante sentimiento de desencanto y humillación brotó en su corazón y se transformó en seguida en un desprecio casi insoportable por los jueces y su juicio. Le dolía la frente; pasó fuertemente la mano sobre ella y miró a su alrededor. Los padres de los acusados se acercaban a la reja, la sala estaba llena del rumor de las conversaciones. Ella se acercó también a Paul y le cogió la mano, estallando en lágrimas de humillación y de alegría, perdida en un caos de sentimientos contradictorios. Paul le dijo palabras cariñosas, y el Pequeño Ruso bromeaba y reía.

Todas las mujeres lloraban, más por costumbre que de dolor. No era la pena que abruma por un golpe estúpido, brutal e inesperado, asestado en la cabeza; era la triste conciencia de tener que separarse de sus hijos, pero incluso esta conciencia se ahogaba, se disolvía en las impresiones que aquel día había hecho nacer. Los padres miraban a sus hijos con un sentimiento confuso, en el que la desconfianza que su juventud les inspiraba, la costumbre de su propia superioridad, se mezclaban a una especie de respeto, se preguntaban tristemente cómo iban a vivir ahora, y este pensamiento importuno chocaba con la curiosidad despertada por aquellos jóvenes que hablaban audazmente y sin temor de la posibilidad de otra vida, una vida mejor. Torpes para expresar sus sentimientos, se deshacían en una oleada de palabras, pero no hablaban más que de cosas corrientes, la ropa, la necesidad de conservar la salud...

El mayor de los Boukhine decía a su hermano, gesticulando mucho:

—¡Es esto, la justicia, y nada más! El pequeño le contestaba:

—Cuida nuestro estornino...

—No te preocupes.

Sizov tenía asida la mano de su sobrino, y decía lentamente:

—Así, Théodor, que te vas...

Théo se inclinó y le dijo algo al oído, con maliciosa sonrisa. El soldado que le daba escolta sonrió también, pero en seguida recuperó su aire severo y carraspeó.

Como los demás, la madre hablaba a Paul de las mismas cosas: la ropa, la salud, mientras en su corazón se agolpaban las preguntas relativas a Sandrina, a él, a ella misma. Pero bajo las palabras crecía lentamente el sentimiento de su inmenso amor por su hijo, el intenso deseo de agradarle, de estar más cerca de su corazón. La espera de "la cosa terrible" había desaparecido, no dejando tras sí más que un desagradable estremecimiento ante la sombría imagen, siempre latente, de los jueces. Sentía nacer dentro de ella una grande y luminosa alegría que no podía comprender y que la conturbaba. Vio que el Pequeño Ruso hablaba con todos, y comprendiendo que necesitaba más que Paul una palabra de cariño, le dijo:

—¡No me ha gustado nada este juicio!

—¿Y por qué, madrecita? —le dijo él sonriendo, con gratitudes un molino viejo, pero que aún gira.

—No ha sido aterrador..., y no se comprende..., ¿dónde está la justicia? —preguntó ella vacilando.

—¡Oh! ¿Es eso lo que usted quiere? ¿Cree que aquí se buscaba la verdad? Ella suspiró, pero sonriendo:

—Yo pensaba..., que sería terrible.

—¡El tribunal!

Todos se precipitaron hacia su sitio.

Apoyando una mano en la mesa, el Presidente ocultó su rostro tras un papel y se puso a leer con una voz débil y bordoneante:

—Es el veredicto —dijo Sizov, prestando atención.

Reinaba el silencio. Todo el mundo estaba en pie, los ojos fijos en el viejecillo. Pequeño, seco y erguido, parecía un bastón sostenido por una mano invisible. Los jueces también estaban en pie. El síndico del distrito, la cabeza inclinada sobre el hombro, miraba al techo. El alcalde cruzaba los brazos. El mariscal de la nobleza se atusaba la barba. El juez de la cara enfermiza, su colega gordo y el procurador, miraban a los acusados. Y detrás de los jueces, por encima de sus cabezas, el Zar miraba, en uniforme rojo, con un rostro blanco e indiferente, sobre el cual trepaba un insecto.

—¡La deportación! —dijo Sizov, con un suspiro de alivio . Al fin, se acabó, gracias a Dios..., se temían los trabajos forzados. Bueno, madrecita, no es nada.

—Ya lo sabía —dijo Pelagia, con voz cansada.

—¡De todos modos...! Ahora es seguro. Nunca se puede saber... Sizov se volvió hacia los condenados, y dijo en alta voz:

—¡Hasta la vista, Théo! ¡Hasta la vista, todos! ¡Que Dios os ayude!

La madre, silenciosa, hizo con la cabeza un gesto hacia su hijo y sus camaradas.

Hubiera querido llorar, pero sintió vergüenza de sus lágrimas.

XXVII

Al salir del tribunal se admiró de ver que la noche había caído sobre la ciudad, que los faroles estaban encendidos y las estrellas en el cielo.

Junto al Palacio de Justicia, la gente se reunía en pequeños grupos. En el aire helado la nieve crujía bajo los pasos, y las voces jóvenes sonaban, interrumpiéndose mutuamente. Un hombre con una capucha gris se acercó a Sizov y le preguntó apresuradamente:

—¿Qué sentencia?

—La deportación.

—¿Todos?

—Todos.

—Gracias.

El hombre se alejó.

—¿Ves? —dijo Sizov—. Hay interés.

De pronto, una decena de chicos y chicas les rodearon, y las exclamaciones empezaron a llover, atrayendo a otras personas. La madre y Sizov se detuvieron. Todos querían conocer el veredicto, la actitud de los condenados, quién había hablado y sobre qué tema, y en todas estas preguntas resonaba idéntica nota de curiosidad ávida, sincera y ardiente, que provocaba el deseo de satisfacerla.

—¡Amigos! Es la madre de Paul Vlassov —dijo alguien, y casi todos callaron.

—Permítame estrechar su mano.

Una mano vigorosa oprimió la de la madre, y la voz, llena de emoción, continuó:

—Su hijo será un ejemplo de valor para todos nosotros. Estalló un grito sonoro:

—¡Viva el obrero ruso!

Las exclamaciones se multiplicaban, se cruzaban, surgían aquí y allá. La gente venía de todas partes, apiñándose alrededor de Sizov y de la madre. Los silbidos de los agentes hendían el aire, pero sin conseguir ahogar los gritos. El viejo Sizov reía. En cuando a la madre, aquello le parecía un hermoso sueño. Sonreía, estrechaba manos, saludaba; lágrimas de dicha le oprimían la garganta, sus rodillas temblaban de fatiga, pero su corazón, colmado de una alegría que absorbía todo, reflejaba las impresiones como el claro espejo de un lago. Muy cerca de ella, una bien timbrada voz, dijo nerviosamente:

—¡Camaradas! El monstruo que devora al pueblo ruso ha satisfecho hoy su apetito insaciable, ávido...

—Vámonos, madre —le dijo Sizov.

Y en aquel momento, apareció Sandrina. Cogió del brazo a la madre y la condujo rápidamente a la otra acera.

—Venga..., puede ser que la policía cargue sobre la gente, o practique detenciones. ¿La deportación? ¿A Siberia?

—Sí, sí...

—¿Cómo ha hablado? Bueno, lo sé ya. Ha sido más fuerte y más sencillo que los otros..., más severo también. Es sensible y tierno, pero le da vergüenza mostrar sus sentimientos.

El calor de las palabras que la muchacha decía en voz baja, las palabras de su amor, calmaron la emoción de la madre y reanimaron sus fuerzas claudicantes.

—¿Cuándo irá a reunirse con él? —preguntó Pelagia con ternura, estrechando la mano de Sandrina.

Mirando ante sí con seguridad, la joven respondió:

—En cuanto encuentre alguien que se encargue de mi trabajo. Además, a mí también me condenarán. No hay duda que seré asimismo enviada a Siberia. Declararé que deseo ser desterrada en la localidad en que él esté...

Detrás de ambas mujeres, resonó la voz de Sizov:

—Entonces, salúdele de mi parte. Me llamo Sizov, y él me conoce. Soy el tío de Théo Mazine.

Sandrina se detuvo y se volvió hacia él, tendiéndole la mano.

—Yo conozco a Théo. Mi nombre es Sandrina.

—¿Y el nombre paterno? Ella le miró y respondió:

—No tengo padre.

—¿Ha muerto?

—¡No, vive! —dijo ella con viveza, y algo de obstinado, de terco, sonaba en su voz y aparecía en sus rasgos—. Es un terrateniente y ahora es jefe de distrito, roba a los campesinos...

—¡Oh, lo siento! —dijo amablemente Sizov.

Luego, tras un silencio, añadió mirando disimuladamente a la joven:

—Bueno, adiós, madre. Yo me voy por la izquierda... Hasta la vista, señorita. Es usted muy dura con su padre. En fin, es asunto suyo.

—Y si su hijo fuese un malvado, dañoso para los demás, y usted sintiese horror por él,

¿no lo diría? —preguntó Sandrina con vehemencia.

—Sí, claro que lo diría —respondió él, tras un instante de vacilación.

—O sea, que la verdad le sería más querida que su hijo, como para mí es más querida que mi padre.

Sizov sonrió inclinando la cabeza, y luego dijo suspirando:

—¡Ah, sabe usted contestar! No hay que meterse en discusiones con usted, sabe hacer callar a los viejos, es usted muy fuerte... Adiós, y mucha suerte. Y un poco más de indulgencia hacia la gente. ¡Salud, Nilovna! Si ves a Paul, dile que le he escuchado. No lo he comprendido todo, y algunos momentos hasta me dio miedo, pero... dile que tiene razón.

Levantó su gorra y desapareció sin apresurarse, por la esquina de la calle.

—¡Debe ser un buen hombre! —dijo Sandrina, siguiéndole con mirada risueña.

La madre tuvo la impresión de que el rostro de la muchacha tenía una expresión más dulce y mejor que de costumbre.

De vuelta a la casa, se sentaron en el diván, abrazadas, y descansando en aquella paz, Pelagia volvió a hablar del proyecto de Sandrina. Alzando las espesas cejas, la joven fijaba en un punto distante sus grandes ojos soñadores, y su pálido rostro reflejaba la más apacible contemplación.

—Y luego, cuando tengáis hijos, yo iré también, para cuidarlos. Allí no se vivirá peor que aquí. Paul encontrará trabajo, tiene unas manos de oro.

Sandrina dirigió a la madre una mirada escrutadora: —¿No tiene ganas de irse con él inmediatamente?

Pelagia suspiró:

—¿De qué iba a servirle? Solamente de estorbo, si quiere huir. Y quizá él no lo aceptaría.

Sandrina movió la cabeza: —No lo aceptará.

—Sin contar que tengo que hacer aquí —añadió Pelagia, con una punta de orgullo.

—Sí —replicó pensativamente la muchacha—. Y mucho...

Tuvo un repentino sobresalto, como si se desembarazase de un fardo. Luego, sencillamente, dijo a media voz:

—No se quedará allí. Escapará, seguramente...

—Pero en ese caso, ¿qué será usted? ¿Y el niño, si lo hay?

—Ya veremos. No debe preocuparse por mí y yo no debo estorbarle. Me será penoso separarme de él, pero, por supuesto, saldré adelante. No le estorbaré, no.

La madre comprendió que Sandrina era capaz de hacerlo como lo decía, y tuvo compasión de ella. La tomó en sus brazos:

—Querida..., ¡será tan duro...!

Sandrina sonrió dulcemente y se acurrucó contra la madre. Nicolás llegó, fatigado, y dijo precipitadamente, quitándose el abrigo:

—Vamos, Sandrina, márchese mientras hay tiempo. Desde esta mañana me siguen dos espías, tan abiertamente, que huelo la detención. Tengo el presentimiento. Algo se ha torcido en alguna parte. A propósito, tenga el discurso de Paul: hemos decidido imprimirlo. Lléveselo a Ludmila y ruéguele que haga este trabajo lo antes posible. Paul ha hablado endemoniadamente bien, Nilovna. Cuidado con los espías, Sandrina.

Mientras hablaba, frotaba vigorosamente sus manos heladas. Luego se acercó a la mesa y abrió apresuradamente los cajones, de donde sacó unos papeles, rompió unos, separó otros, agitado e inquieto:

—Hace poco tiempo que había hecho limpieza aquí, y miren qué cantidad ha vuelto a acumularse..., diablos..., Nilovna, creo que vale más que no duerma aquí. Asistir a esta comedia es molesto y son capaces de llevársela a usted también. Además, tendrá que distribuir el discurso de Paul por varios sitios.

—Vaya, ¿y por qué habrían de detenerme?

Nicolás replicó muy seguro, agitando la mano delante de su cara:

—Tengo el presentimiento... Además, podrá usted ayudar a Ludmila. Váyase antes de caer en la boca del lobo.

Feliz ante la idea de cooperar a la impresión del discurso de Paul, la madre respondió:

—Si es así, me marcho.

Y, ante su propia extrañeza, añadió con seguridad, pero en voz baja:

—Ahora, gracias a Dios, ya no temo a nada.

—Maravilloso —exclamó Nicolás sin mirarla—. Ah, dígame dónde está mi ropa interior y mi maleta; usted se hizo cargo de todo con sus manos ambiciosas y ahora soy absolutamente incapaz de disponer de mis bienes.

Sandrina, sin decir palabra, quemaba en la estufa unos papeles rotos. Cuando se hubieron consumido, mezcló cuidadosamente sus cenizas a las del carbón.

—Váyase, Sandrina —le dijo Nicolás tendiéndole la mano—. Hasta la vista. No olvide enviarme libros, si aparece alguno interesante. Bien, pues adiós, querida camarada, y sea prudente.

—¿Piensa estar allí mucho tiempo? —preguntó Sandrina.

—El diablo lo sabe. Bastante, supongo..., tienen algunas cosas que reprocharme. Nilovna, márchense juntas. Es más difícil seguir a dos personas. ¿De acuerdo?

—Voy a vestirme.

La madre observaba atentamente a Nicolás, pero salvo la preocupación que velaba la expresión de bondad y dulzura habitual en su rostro, no notaba nada. No veía en este hombre, que le era más querido que los demás, ninguna nerviosidad superflua, ningún signo de emoción. Igualmente atento con todos, afectuoso y mesurado con todos, siempre tranquilo y solitario, era para ellas el mismo de siempre, viviendo una misteriosa vida interior y como adelantándose a los demás. Pero ella había sabido ponerse a su altura mejor que nadie, y lo amaba con una prudente ternura que parecía dudar de sí misma. Ahora sentía hacia él una indecible piedad, pero se dominaba, sabiendo que si la mostraba, Nicolás perdería continencia, se azoraría y se volvería un poco ridículo, como de costumbre, y no quería verlo bajo ese aspecto.

Volvió a la habitación. El estrechaba la mano de Sandrina:

—Me parece espléndido, y estoy seguro de que será bueno para él y para usted. Un poco de felicidad personal no hace daño... ¿Lista, Nilovna?

Se acercó a ella sonriendo y ajustándose las gafas:

—Bien, hasta la vista..., dentro de tres, o cuatro..., o seis meses, pongamos seis meses.

No es mucho en una vida. Cuídese, se lo suplico, ¿eh? Mire, abracémonos...

Alto y flaco, echó sus robustos brazos alrededor del cuello de Pelagia, la miró a los ojos, riendo, y dijo:

—Se diría que me he enamorado de usted..., me paso el tiempo abrazándola.

Sin decir nada, ella lo besó en la frente y en las mejillas, temblándole las manos. Las dejó caer para que él no se diese cuenta.

—Sea prudente. Mañana por la mañana mande a un chiquillo..., hay uno muy listo en la casa de Ludmila..., que venga a ver. Ahora sí que hasta la vista, camaradas. Que todo vaya bien.

En la calle, Sandrina dijo dulcemente:

—Iría a la muerte con la misma sencillez, de ser necesario, apresurándose un poco como ahora mismo. Y cuando la muerte venga a él, se ajustará los lentes, dirá

"Maravilloso..." y morirá.

—Le quiero mucho —murmuró la madre.

—A mí me parece admirable, pero quererlo... Le aprecio mucho. Es un poco seco, aunque es bueno, e incluso, a veces, afectuoso, pero no es lo bastante humano. Yo diría que nos siguen. Separémonos. Y no vaya a casa de Ludmila si le parece que la vigilan.

—Ya sé —dijo la madre. Pero Sandrina insistió de nuevo:

—No vaya allí. Venga mejor a mi casa. La espero, adiós. Se volvió rápidamente y giró sobre sus pasos.

XXVIII

Unos minutos más tarde, Pelagia se calentaba junto a la estufa en la pequeña habitación de Ludmila. Con un vestido negro, ceñido por un cinturón de cuero, ésta iba y venía lentamente por el cuarto, que llenaba con el roce de su falda y los acentos de su voz autoritaria. En la estufa, el fuego chisporroteaba y silbaba aspirando el aire. La voz igual de la mujer decía:

—La gente es mucho más estúpida que mala. No saben ver más que lo que está cerca de ellos, a su alcance inmediato. Pero todo lo que está próximo es mezquino; lo que tiene valor está lejos. Todo el mundo ganaría, por supuesto, y sería mucho más agradable, si la vida fuese diferente, más cómoda, y la gente más sensata. Pero para conseguirlo hay que renunciar momentáneamente a la tranquilidad.

De pronto, se detuvo ante la madre y dijo más bajo, como excusándose:

—Veo muy pocas personas, y cuando alguien viene, me pongo a charlar. ¿No es ridículo?

—¿Por qué? —replicó Pelagia, que trataba de adivinar dónde imprimían los folletos y no veía a su alrededor nada de extraordinario. En la habitación, cuyas tres ventanas daban a la calle, había un sofá y una biblioteca, una mesa, sillas, una cama junto la pared y, a su lado un lavabo en un rincón; en el otro, una estufa, fotografías en los muros. Todo era nuevo, sólido y limpio, y la silueta monacal de la dueña de la casa arrojaba una sombra fría sobre todo aquello. Se sentía algo de oculto, de misterioso, pero no podía saberse dónde estaba. La madre miró las puertas. Había entrado en el cuarto por una que daba a un diminuto vestíbulo; la otra, alta y estrecha, estaba cerca de la estufa.

—Vine por un asunto... —dijo embarazosamente, sintiéndose observada por Ludmila.

—Ya lo sé, nadie viene a mi casa por ninguna otra razón.

La madre notó en su voz un acento extraño y la miró. En la comisura de sus delgados labios aparecía una sonrisa, y sus ojos brillaban detrás de los lentes. Pelagia desvió la vista y le tendió el discurso de Paul.

—Le ruegan que imprima esto lo antes posible.

Y se puso a contar los preparativos de Nicolás, en previsión de su arresto.

Silenciosa, Ludmila guardó el papel en su cinturón y se sentó en una silla. El reflejo rojo del fuego brilló en los cristales de sus gafas, y una sonrisa ardiente iluminó su rostro impasible.

—Cuando vengan por mí dispararé contra ellos —dijo con voz baja y resuelta, tras escuchar el relato de la madre—. Tengo el derecho de defenderme contra la violencia, y debo luchar contra ella, puesto que impulso a otros a que lo hagan.

Los reflejos de la llama desaparecieron de su rostro, que volvió a ser severo y un poco altivo.

"No llevas una vida muy alegre", pensó repentinamente la madre, con ternura. Ludmila se puso a leer el discurso de Paul, primero con indiferencia; luego, inclinándose cada vez más sobre el papel, arrancaba rápidamente las hojas leídas, y al terminar se irguió, se acercó a la madre, y le dijo:

—¡Está muy bien!

Inclinó la cabeza un instante, meditabunda:

—No quería hablarle de su hijo, nunca lo he visto y no me gustan las conversaciones tristes. Sé lo que significa ver a alguien nuestro partir al destierro. Pero quisiera preguntarle, ¿es bueno tener un hijo así?

—Sí, muy bueno —dijo la madre.

—Y... terrible. ¿no es cierto? Pelagia sonrió tranquilamente:

—No..., ahora ya no.

Con su morena mano, Ludmila arregló su liso peinado y se volvió hacia la ventana.

Una sombra ligera, quizá la de una sonrisa contenida, palpitaba en sus mejillas.

—Voy a ponerme al trabajo ahora mismo. Usted se acostará; ha tenido un día muy duro y está cansada. Acuéstese aquí, en la cama, yo no dormiré y tal vez la llame esta noche para ayudarme. Antes de dormirse apague la lámpara.

Echó dos leños en el fuego, se enderezó y salió por la puerta estrecha de junto a la estufa, cerrándola cuidadosamente tras de sí. Pelagia la siguió con la mirada y comenzó a desnudarse pensando en su anfitriona.

"Es desgraciada...".

La cabeza le daba vueltas de fatiga, pero sentía el alma sorprendentemente tranquila, y a sus ojos se aclaraba todo con una luz dulce y acariciadora, igual y apacible, que le llenaba el corazón. Conocía ya esta quietud que solía seguir a las grandes emociones. En otro tiempo, la alarmaba un poco, pero ahora parecía ensancharle el alma, afirmarla en un sentimiento grande y fuerte. Apagó la lámpara, se acostó en el frío lecho, se acurrucó bajo la manta e, inmediatamente, cayó en un profundo sueño.

Cuando abrió los ojos, la habitación estaba llena del reflejo blanco y helado de un claro día invernal. Tendida sobre el diván, con un libro en la mano, Ludmila la miraba con una sonrisa nueva en ella.

—¡Dios mío! —exclamó Pelagia confusa—. Entonces..., ¿llevo mucho tiempo durmiendo?

—Buenos días —dijo Ludmila—. Son casi las diez. Levántese y tomaremos el té.

—¿Por qué no me ha despertado?

—Pensé hacerlo... ¡Pero tenía, dormida, una sonrisa tan grata!

Con un flexible movimiento de todo el cuerpo, se levantó, se acercó a la cama y se inclinó sobre el rostro de la madre, que vio en sus ojos mates algo de familiar, de próximo, de comprensible.

—Me dio lástima despertarla... quizá estaba soñando algo hermoso.

—No he soñado nada.

—Bueno, no importa. Pero me gusta su sonrisa..., tan serena, tan bondadosa..., tan grande...

Ludmila se echó a reír con una risa sorda, velada.

—He estado pensando en usted. ¿Es dura su vida?

La madre, levantando las cejas, callaba reflexionando.

—Seguramente que lo es —dijo Ludmila.

—Ya no lo sé —contestó la madre, vacilando—. A veces, me parece que sí. Hay tantas cosas, y todo es tan serio, tan asombroso, y todo se sucede tan rápido, tan rápido...

La oleada de emoción que tan bien conocía, subía a su corazón y lo llenaba de imágenes y pensamientos. Se sentó en la cama y se apresuró a dejar que estos pensamientos tomasen cuerpo.

—Todo va y viene, y el resultado es siempre el mismo. Sabe usted, hay tal cantidad de cosas terribles... La gente sufre, se la golpea, se la golpea cruelmente. Muchas alegrías le están prohibidas..., ¡es muy duro para ellos!

Ludmila alzó vivamente la cabeza y envolvió a la madre en una mirada profunda:

—No está hablando de usted.

La madre la miró, se levantó y empezó a vestirse.

—¿Cómo puedo quedarme al margen, cuando se ama a alguien, se quiere a otro y se sienten miedo y piedad por todos? Todo esto choca en el corazón. ¿Cómo permanecer al margen?

A medio vestir, se quedó pensativa un instante, en medio del cuarto. Le parecía no ser ya la misma, que tanto se había preocupado y alarmado por su hijo, que había vivido con el pensamiento de conservarlo sano y salvo. Aquella Pelagia no existía ya, se había ido muy lejos, no se sabía dónde, quizá se había consumido en el fuego de las emociones, y su alma estaba aliviada, purificada; una nueva fuerza regeneraba su corazón. Se escuchaba a sí misma, deseosa de descubrir lo que había ocurrido y temiendo despertar dentro de sí las viejas angustias.

—¿En qué piensa? —preguntó afectuosamente Ludmila, acercándose a ella.

—No lo sé...

Ambas callaron, mirándose sonrientes. Después, Ludmila salió diciendo:

—¿Qué le pasa a mi samovar?

La madre miró por la ventana. Fuera resplandecía un día frío y luminoso. En su corazón también había claridad, pero cálida. Tenía ganas de hablar de todo, extensamente, alegremente, con un vago sentimiento de gratitud hacia algo desconocido, por todo lo que había descendido a su alma iluminándola en la luz purpúrea que precede al ocaso. La agitaba un deseo de rezar que hacía mucho tiempo no sentía. Recordó un joven rostro, y en su memoria gritó una voz sonora: "¡Es la madre de Paul Vlassov!". Los ojos de Sandrina brillaron tiernos y alegres. Se alzó la negra silueta de Rybine, sonrió el firme y bronceado rostro de Paul, Nicolás guiñó los ojos con aire azorado. Y, de pronto, todas estas imágenes danzaron en un aliento profundo y ligero, se mezclaron y confundieron en una nube transparente y multicolor, que bañaba todos los pensamientos en una sensación de paz.

—Nicolás tenía razón —dijo Ludmila volviendo—. Lo han detenido. Yo había enviado al chiquillo, según usted me dijo. Dice que la policía estaba allí. Ha visto a uno que se ocultaba en el portal. Y rondaban los espías por los alrededores, el niño los conoce.

—Ah —dijo la madre, moviendo la cabeza—, el pobre... Suspiró, pero sin pena, lo que no dejó de extrañarle.

—En los últimos tiempos había tenido muchas reuniones con los obreros de la ciudad, y, además, era hora de que desapareciera —observó Ludmila, con aire sombrío y tranquilo—. Los camaradas le decían que se marchase, pero no les hizo caso. Yo creo que en tales casos hay que obligar, y no aconsejar...

Un chiquillo de mejillas rosadas y cabellos negros, con bellos ojos azules y nariz aquilina, apareció en el dintel.

—¿Traigo el samovar? —preguntó con voz sonora.

—Sí, haz el favor, Serge... Es mi protegido.

Aquella mañana, la madre encontraba a Ludmila diferente, más sencilla y menos distante. En los flexibles movimientos de su cuerpo armonioso, había una fuerza y una belleza que atenuaba un poco la severidad de su pálida fisonomía. Sus ojeras habían aumen— tado durante la noche. Se sentía en ella una tensión continua; su alma era como una cuerda tirante hasta el máximo.

El niño trajo el samovar.

—Serge, ésta es Pelagia Nilovna, la madre del obrero que fue condenado ayer.

El chico se inclinó sin decir palabra, estrechó la mano de la madre, salió, volvió con unos panecillos y se sentó a la mesa. Mientras servía el té, Ludmila persuadió a Pelagia de que no volviese a casa de Nicolás, hasta saber lo que la policía buscaba allí.

—Quizá es a usted. Seguramente querrán interrogarla.

—¡Que lo hagan! —repuso la madre—. Y aunque me detengan, la desgracia no es mucha; únicamente que hay que difundir antes el discurso de Paul.

—Ya está compuesto. Mañana habrá ejemplares suficientes para la ciudad y el arrabal. ¿Conoce usted a Natacha?

—¿Cómo no?

—Llévele esto.

El niño leía un periódico y parecía no oír nada, pero, de cuando en cuando, alzaba los ojos hasta la cara de la madre, que le sonreía, complaciéndose en encontrar aquella mirada vivaz. Lumidla volvió a hablar de Nicolás, sin compadecerse por su detención, tono que parecía a la madre perfectamente natural. El tiempo pasaba más aprisa que los otros días, y era ya casi mediodía cuando terminaron de desayunar.

—¡Diablos! —dijo Lumidla.

En este instante, llamaron vivamente a la puerta. El niño se levantó y miró interrogadoramente a la dueña del cuarto, frunciendo las cejas.

—Abre, Serge. ¿Quién podrá ser?

Con un gesto tranquilo, metió la mano en el bolsillo de su falda y dijo a la madre:

—Si son los gendarmes, colóquese en este rincón. Y tú, Serge...

—Ya sé —dijo él en voz baja, y desapareció. La madre sonreía. Aquellos preparativos no la emocionaban. No tenía presentimientos de desgracia.

Fue el pequeño doctor quien entró. Dijo precipitadamente:

—Ante todo, han detenido a Nicolás... Ah, ¿está usted aquí, Nilovna? ¿No estaba allí cuando lo prendieron?

—Él me mandó aquí.

—¡Ah! No creo que esto le sirva a usted de mucho. Segundo: anoche, unos muchachos han hecho, en gelatina, quinientas copias del discurso. Las he visto y no están mal, son legibles... Quieren repartirlas esta noche en la ciudad. No estoy conforme; para la ciudad son preferibles las hojas impresas, las otras se mandarán a otro sitio.

—Bueno, yo se las llevaré a Natacha. Démelas —exclamó vivamente la madre.

Sentía un ansia terrible de difundir rápidamente el discurso de Paul, de inundar la tierra con las palabras de su hijo, y miraba al médico con ojos atentos, casi suplicantes.

—¡Diablos! No sé si es oportuno meterla a usted en esto ahora —dijo él indeciso, y miró su reloj—. Son las once cuarenta y tres, el tren sale a las dos y cinco y usted estará allí a las cinco y cuarto... Llegará de noche, pero no lo bastante tarde... No se trata de eso.

—No, no se trata de eso —repitió Ludmila, arrugando la frente.

—¿Pues de qué? —preguntó la madre, acercándose a ellos—. Se trata solamente de que se haga bien.

Ludmila la miró fijamente, y observó, secándose la frente:

—Es peligroso para usted.

¿Por qué? —preguntó la madre con ardiente insistencia.

—Verá por qué —dijo el doctor, con voz rápida y desigual—. Usted desapareció de la casa una hora antes del arresto de Nicolás. Va a ir a la fábrica donde se la conoce como la tía de la maestra. Después de su llegada, harán su aparición las hojas prohibidas. Todo esto se cerrará alrededor de su cuello como un nudo corredizo...

—No me verán —afirmó calurosamente la madre—. Y cuando vuelva, si me detienen y me preguntan dónde he estado...

Se interrumpió un segundo, y rió:

—¡Ya sé lo que diré! Desde allí me iré derecha al barrio, donde tengo un amigo, Sizov, y diré lo siguiente: que al terminar el juicio me fui a su casa, porque los dos estábamos muy tristes, ya que a su sobrino le condenaron con Paul. El dirá lo mismo. ¿Ven ustedes?

Sintiéndoles próximos a ceder, se esforzaba en convencerles definitivamente, y hablaba con creciente insistencia. Por fin, se rindieron.

—¡Qué vamos a hacerle, vaya! —asintió a disgusto el doctor. Ludmila callaba, yendo y viniendo pensativamente por el cuarto. Su rostro se había ensombrecido y sus mejillas estaban hundidas. Se veía la tensión de los músculos del cuello, como si su cabeza se hubiese vuelto repentinamente pesada y cayera involuntariamente sobre el pecho. La madre lo observó.

—Me cuidan mucho —dijo sonriendo—. No se guardan tanto a sí mismos...

—No es cierto —dijo el doctor—. Nos guardamos porque debemos hacerlo. Y reprendemos a los que gastan inútilmente sus fuerzas, sí, señora... Bueno, ahora..., el discurso se le entregará en la estación.

Le explicó lo que tenía que hacer, luego le miró a la cara y dijo:

—Bien, ¡buena suerte!

Y se marchó, no muy satisfecho de sí mismo. Cuando la puerta se cerró tras él, Ludmila se acercó a la madre con una risa silenciosa:

—La comprendo.

La cogió del brazo y dio unos pasos por la habitación.

—Yo también tengo un hijo, que tiene trece años, pero vive con su padre. Mi marido es adjunto de cátedra. Y el niño está con él. ¿Qué llegará a ser? Lo pienso con frecuencia.

Su voz tembló, pero continuó en tono bajo y pensativo:

—El que le educa es un enemigo consciente de los que yo considero como los mejores sobre la tierra. Mi hijo, cuando crezca, puede convertirse en mi enemigo. No puedo tenerlo conmigo, vivo bajo un nombre falso. Hace ocho años que no le he visto..., ¡y es tanto, ocho años!

Se detuvo junto a la ventana, y miró al cielo pálido y vacío:

—Si estuviese conmigo, me sentiría más fuerte, no tendría esta llaga en el corazón que tanto daño me hace. Incluso, si estuviera muerto, sufriría menos...

—¡Pobre, hija mía! ——dijo la madre, rebosante de compasión.

—Usted es dichosa —prosiguió Ludmila, sonriendo—. Es maravilloso que una madre y un hijo caminen juntos..., y es raro.

—Sí, es bueno —exclamó Pelagia sorprendida de su propia excitación. Y bajando la voz, como para confiar un secreto—. Todos, usted, Nicolás, todos los que trabajan por la verdad, marchan igualmente uno al lado del otro. La gente se convierte, de golpe, en parientes próximos y queridos; yo lo comprendo todo, las palabras no, pero todo lo demás lo comprendo.

—Así es —dijo Ludmila—, así es...

La madre le puso una mano en el hombro, oprimiéndoselo suavemente, y continuó en un murmullo, como si prestase oído a sus propios pensamientos:

—Los hijos se han puesto en marcha por el mundo. Esto es lo que yo comprendo. Se han puesto en marcha por el mundo, en toda la tierra, en todas partes, hacia un único objetivo. Los mejores corazones, los espíritus honrados, avanzan resueltamente contra todo lo malo, aplastan la mentira bajo su sólido paso. Los jóvenes, la gente sana, aporta su fuerza irresistible a una sola cosa: la justicia. Caminan hacia la victoria sobre el dolor de los hombres, han tomado las armas para suprimir la desgracia del mundo, ¡luchan por triunfar de la villanía, y triunfarán! "Encenderemos un nuevo sol", me dijo uno de ellos, ¡y lo encenderán! "Reuniremos en uno solo todos los corazones desgarrados". ¡Lo harán!

Palabras de olvidadas plegarias le volvían a la memoria, inflamando su nueva fe, brotando de su corazón como chispas:

—Los muchachos que van por los caminos de la justicia y de la razón dirigen su amor a todas las cosas, iluminan todo con un fuego que no puede apagarse, que nace del alma. Se crea una vida nueva en este ardiente amor de nuestros hijos hacia el mundo entero. ¿Y quién apagará este amor?, ¿quién? ¿Hay alguna fuerza más alta, capaz de vencerlo? La tierra los ha engendrado, y la vida quiere su victoria, ¡toda la vida!

Fatigada por la emoción, se separó de Ludmila y se sentó jadeando. Ludmila se sentó también, sin ruido, con precaución, como si temiese romper algo. Después, con su paso flexible, atravesó el cuarto y miró a lo lejos con la profunda mirada de sus ojos sin brillo. Parecía aún más alta, más erguida, más delgada. Su rostro enjuto y severo se concentraba, y apretaba nerviosamente los labios. El silencio reinante tranquilizó pronto a la madre, y observando la expresión de la joven, preguntó a media voz, en tono temeroso:

—¿Quizá he dicho algo equivocado?

Ludmila se volvió vivamente, la miró asustada y se apresuró a decir tendiéndole una mano que parecía intentar detener algo:

—No, es así, es así... Pero no hablemos más. Que todo siga siendo como usted lo describe... —Y continuó, más serena—: Tendrá que irse pronto, es lejos.

—Sí, ahora mismo... Qué contenta estoy, si usted supiera... Llevaré la palabra de mi hijo, la palabra de mi sangre, ¡es como llevar mi propia alma!

Su ancho rostro bondadoso temblaba, sus ojos relucían y las pestañas parecían dar alas al resplandor de las pupilas. Estaba embriagada por elevados pensamientos, en los cuales ponía todo lo que ardía en su corazón, todo lo que había vivido, condensándolo en palabras de luz, que nacían con vigor creciente y florecían cada vez con mayor brillo en su otoño vital, iluminado por la fecunda fuerza de un sol de primavera.

—¡Es como si hubiera nacido un nuevo Dios! ¡Todo para todos, todos para todo! Es así como yo os comprendo. Realmente, todos sois camaradas, todos parientes, todos hijos de una misma madre: la verdad.

Inundada de nuevo por una ola de emoción, se detuvo para tomar aliento, y dijo, tendiendo los brazos en un gesto que parecía acogerlo todo:

—Y cuando me digo esta palabra, «camaradas», mi corazón responde: ¡Están en marcha!

Había triunfado. El rostro de Ludmila ardía con una extraña llama, sus labios temblaban, de sus ojos corrían gruesas lágrimas claras.

La madre la estrechó entre sus brazos con una sonrisa silenciosa, lleno el corazón del dulce orgullo de su victoria.

Cuando se dejaron, Ludmila la miró en los ojos y dijo en voz baja:

—¿Sabe que es bueno estar con usted?

XXIX

En la calle, el aire seco y helado la envolvió, aferrándose a su garganta y picándole la nariz, y durante un segundo detuvo el aliento en el pecho. Se paró alrededor. No lejos, en la esquina, había un cochero tocado con un gorro de pelo; algo más allá, un hombre caminaba encorvado, la cabeza entre los hombros, y ante él un soldado corría saltando y frotándose las orejas.

"Seguramente que al soldadito lo mandan a un recado", se dijo ella, y siguió su camino, escuchando con placer el crujido joven y sonoro de la nieve bajo sus pies.

Llegó temprano a la estación. Su tren no estaba todavía formado, pero en la sala de espera de tercera clase, grasienta y humosa, había ya mucha gente, pues el frío había hecho refugiarse allí a los obreros de la vía; cocheros y gentes mal vestidas y sin cobijo habían venido a calentarse un poco. Había, asimismo, viajeros, algunos campesinos, un comerciante gordo, con una pelliza, un pope con una niña de rostro frágil, cinco o seis soldados, pequeños burgueses atareados. La gente fumaba, charlaba, tomaba té o vodka. Cerca de la cantina, alguien reía estrepitosamente, y las nubes de humo se espesaban sobre las cabezas. La puerta rechinaba al abrirse, y cuando se batía, los vidrios temblaban y sonaban. El olor del tabaco y del pescado, salado ofendía el olfato.

La madre se sentó cerca de la puerta, bien a la vista, y esperó.

Cuando alguien entraba, venía una bocanada de aire frío, lo que le agradaba, y lo respiraba a pleno pulmón. Aparecían gentes con paquetes en la mano y pesadas ropas. Se agarraban torpemente a la puerta, juraban, dejaban sus bultos en el suelo o sobre un banco, sacudían la escarcha del cuello de sus abrigos y se enjugaban en la manga las barbas y los bigotes, gruñendo.

Entró un hombre joven con una maleta amarilla, lanzó en torno una rápida ojeada y se dirigió recto a la madre:

—¿A Moscú? —preguntó a media voz.

—Sí, a casa de Tania.

—Tenga.

Colocó la maleta en el banco, al lado de Pelagia, sacó un cigarrillo de su petaca, lo encendió y, levantando ligeramente su gorra, salió por otra puerta, sin decir nada. La madre acarició con la mano el frío cuero de la maleta, se apoyó en ella y, satisfecha, se puso a mirar al público. Un instante más tarde se levantó para sentarse en otro banco más cercano a la salida, que daba al andén. Llevaba sin esfuerzo la maleta, que no era muy grande, y, la cabeza erguida, miraba a la gente que pasaba ante ella.

Un joven con abrigo corto y cuello levantado, tropezó con ella y se separó sin decir nada, llevando el dedo a su gorro. A Pelagia le pareció haberle visto ya, y se volvió: la clara mirada del hombre estaba fija en ella, tras el cuello levantado. Aquella mirada despierta la traspasó, la mano que sostenía la maleta tembló y, de pronto, sintió su peso. «Lo he visto en alguna parte», pensó, reprimiendo una sensación desagradable y turbadora, que subía por su pecho. No quería determinar en otros términos el sentimiento que, suave pero imperiosamente, le oprimía el corazón. Pero esta sensación crecía, aumentaba; su garganta y luego su boca se llenaron de una amarga sequedad. La dominaba un ansia irresistible de volverse y mirar otra vez. El hombre estaba en el mismo sitio, cargando su peso, ora sobre un pie, ora sobre el otro, con circunspección. Tenía la mano derecha entre los botones del abrigo, y la otra en el bolsillo, lo que hacía que su hombro derecho pareciese más alto que el otro.

Sin apresurarse, ella se acercó al banco y se sentó con precaución, lentamente, como si tuviese miedo de que algo se desprendiese dentro de sí. Su recuerdo, despertado por el agudo presentimiento de una desgracia, le presentó dos imágenes de aquel hombre: la primera, en el campo, no lejos de la prisión, cuando la fuga de Rybine; la segunda, en el tribunal; le había visto allí al lado del agente de policía, al cual ella había mentido indicándole el camino tomado por Rybine. La conocían, la vigilaban: era evidente.

"¿Me han agarrado", —se preguntó durante un segundo, y pensó temblando:

"Quizá todavía no".

E inmediatamente, con un esfuerzo de voluntad:

"¡Me han agarrado!»

Miró a su alrededor y no vio nada. Los pensamientos brotaban como chispas, uno tras otro, y se apagaban en su cerebro.

"¿Dejar la maleta? ¿Irme...?".

Pero brilló otra chispa más viva:

"La palabra de mi hijo..., ¡tirarla! En semejantes manos...".

Apretó fuertemente la maleta.

"¿Escaparme con ella? ¿Correr?".

Estos pensamientos le parecían ajenos, inculcados a la fuerza. La abrasaban, y su quemadura penetraba dolorosamente en su cabeza, torturándole el corazón con hilos al rojo. La humillaban, la alejaban de sí misma, de Paul y de todo lo que ya se había fundido en su propio ser. Sentía que una fuerza hostil trataba de oprimirla, de aplastar sus hombros y su pecho, de hacerla rebajarse, hundiéndola en un terror moral. Las venas de sus sienes comenzaron a latir y el calor subió hasta la raíz del pelo.

Entonces, con un brusco y vigoroso esfuerzo de su corazón, que la sacudió enteramente, ahogó en sí aquellos fulgores malignos, mezquinos y débiles, y se dominó:

"¡Debería darte vergüenza!".

Se sintió inmediatamente aliviada. Se reforzó en su resolución:

"No deshonres a tu hijo... Nadie tiene miedo...".

Sus ojos tuvieron una mirada desolada y tímida. Luego, la imagen de Rybine se le presentó como un relámpago. Fue como si aquellos segundos de vacilación hubiesen afirmado todo en ella. Su corazón comenzó a latir más tranquilo.

"¿Qué va a pasar ahora?", se preguntó, mirando al espía. Este había hecho una señal a un guardia y le susurraba algo, designándola con la vista. Otro guardia se acercó, prestando oídos; frunció las cejas. Era un viejo de imponente estatura, con la barba y los cabellos grises. Hizo un signo de cabeza al espía y avanzó hacia el banco donde la madre estaba sentada, en tanto que el chivato desapareció.

El viejo caminaba sin prisa, registrando atentamente con los ojos la cara de la madre.

Esta retrocedió hasta el fondo del banco.

"Con tal de que no me peguen...".

Se detuvo junto a ella, silencioso, y luego preguntó en voz baja y adusta:

—¿Qué miras?

—Nada.

—¡Está bien, ladrona! Ya eres vieja y andas en semejante oficio...

Estas palabras la hirieron como un par de bofetadas en pleno rostro. Malvadas, silbantes, le hacían daño como si le desgarrasen las mejillas y le arrancasen los ojos:

—¿Yo? ¿Yo, una ladrona? ¡Mientes! —gritó con todas sus fuerzas, y todo pareció tambalearse en el torbellino de su indignación. Con el corazón rebosante de una amarga humillación, tiró de la cerradura de la maleta, que se abrió:

—¡Mirad! ¡Mirad todos! —exclamó levantándose, y arrancando un paquete de proclamas las blandió por encima de su cabeza. A través del zumbido de sus oídos, oyó las exclamaciones de la gente, que venía de todas partes.

—¿Qué pasa?

—Eh, un inspector de la secreta...

—Pero, ¿qué pasa?

—Dicen que esa mujer ha robado...

—¡Tiene el aspecto bien respetable..., y bien desgraciado!

—¡No soy una ladrona! —repitió la madre a plena voz. La vista de la compacta muchedumbre que la rodeaba la calmaba un poco—. Ayer han juzgado a los presos políticos, y mi hijo es uno de ellos... Vlassov; él pronunció un discurso que llevo aquí. Lo llevaré a todo el mundo para que lo lean y reflexionen la verdad...

—Alguien cogió, con precaución, algunas hojas de sus manos. Ella agitó el resto en el aire y las arrojó a la multitud.

—Por esto no van a darte un premio —dijo una voz atemorizada.

La madre veía que cogían los papeles, que los ocultaban en las chaquetas, en los bolsillos, y de nuevo se sentía más firme sobre sus piernas. Más tranquila y fuerte, tensa, consciente del orgullo que crecía en ella, y de la naciente alegría que la inflamaba, hablaba sacando de la maleta paquetes de hojas que lanzaba a derecha e izquierda, a manos ágiles y ávidas.

—¿Sabéis por qué han juzgado a mi hijo y a todos los que estaban con él? Os lo diré, y creeréis al corazón y los cabellos grises de una madre: ayer han condenado a unos hombres porque querían llevaros a todos la verdad. Ayer he sabido que esta verdad..., nadie puede ponerla en duda, ¡nadie!

La multitud, que había callado, era cada vez más numerosa y compacta, rodeando a la madre de un anillo viviente.

—La pobreza, el hambre y las enfermedades: eso es lo que recibe la gente a cambio de su trabajo. Todo está contra nosotros, día tras día, toda nuestra vida; reventamos en el trabajo, en el fango, en el engaño, mientras que otros se llenan y se divierten al precio de nuestro dolor y nos tienen como perros encadenados, en la ignorancia, porque no sabemos nada, y en el terror, porque tenemos miedo de todo. ¡Nuestra vida es la noche, una noche sombría!

—Eso está bien dicho —respondieron sordamente algunas voces.

—¡Ciérrale el pico!

Tras la multitud vio la madre al espía, acompañado de dos gendarmes, y se apresuró a distribuir los últimos fajos de folletos, pero al hundir la mano en la maleta, encontró otra mano.

—¡Cogedlos, cogedlos!

—¡Circulen! —gritaron los gendarmes separando a la gente, que, cediendo a disgusto a la presión, los oprimía y apresaba entre la masa, quizá sin quererlo. Aquella mujer de cabellos grises, de mirada franca en un rostro lleno de bondad, los atraía imperiosamente. Aislados por la vida, arrancados unos de otros, se confundían ahora en un tono, confortados por el fuego de aquella palabra, que tal vez muchos esperaban hacía tiempo, y de la cual sus corazones, humillados por las injusticias de la existencia, tenían una sed ardiente. Los más próximos a la madre, callaban. Ella veía sus ojos atentos y ávidos, y sentía sobre el rostro su aliento tibio.

—¡Vete, vieja!

—Van a capturarte.

—Como cobarde, no lo es...

—¡Fuera! ¡Circulen! —gritaban los gendarmes, acercándose. Atropellada, la multitud vacilaba, asiéndose unos de los otros.

Parecía a la madre que todos estaban dispuestos a comprenderla y creerla, y quería decir rápidamente todo lo que sabía, todos los pensamientos cuya fuerza sentía. Subían sin esfuerzo de lo más profundo de su corazón, y venían a sus labios como un cántico, pero se daba cuenta, con desesperación, de que le faltaba la voz, que salía desgarrada y enronquecida.

—La palabra de mi hijo es la palabra pura de un hijo de la clase obrera, de un alma incorruptible. ¡Los hombres íntegros se reconocen en su audacia!

Los ojos juveniles la miraban con entusiasmo y terror.

Recibió un golpe en el pecho, se tambaleó y se sentó en el banco. Por encima de las cabezas se agitaban las manos de los gendarmes, que cogían a la gente por el cuello o los hombros, arrojándolas a un lado, arrancándoles las gorras y tirándolas lejos. Todo pareció vacilar ante la madre, ahogarse en las tinieblas, pero, dominándose, gritó con la poca voz que le quedaba:

—¡Que el pueblo agrupe sus fuerzas en una fuerza única!

La enorme mano roja de un gendarme se abatió sobre su cuello, sacudiéndola:

—¡Cállate!

Su nuca golpeó contra la pared, y su corazón se envolvió por un instante en un acre humo de terror, que se disipó en seguida bajo el ardor de su llama interna.

—Vamos —dijo el gendarme. vida...

—¡No temáis nada! No hay tormento peor que el que respiráis durante toda vuestra

—¡Te digo que te calles!

El gendarme la cogió por un brazo y tiró brutalmente de ella. Un segundo gendarme la tomó por el otro brazo, y los dos la llevaron a grandes zancadas.

El espía se precipitó ante ella y blandió ante su rostro un puño amenazador, rugiendo:

—¡Vas a callarte, miserable!

Los ojos de Pelagia se abrieron centelleantes, y su mandíbula tembló. Encorvándose sobre las resbaladizas losas, exclamó:

—No se puede matar un alma resucitada.

—¡Perra!

Con un breve impulso, el espía le pegó en la cara.

—Es lo que merece esta vieja carroña —dijo una voz malvada.

Algo negro y rojo cegó por un momento a la madre, y el salado sabor de la sangre le llenó la boca.

Una sonora explosión de gritos distintos la reanimó:

—¡No la peguéis!

—¡Muchachos...!

—¡Canallas!

—Pegadle a él ...

—¡La razón no puede ahogarse en sangre!

La empujaban por el cuello, por la espalda, la pegaban en los hombros y en la cabeza. Todo rodaba en un torbellino de gritos, de aullidos, de sonar de silbatos. Una sensación espesa y ensordecedora penetró en sus oídos, llenó su garganta, ahogándola. El suelo huyó bajo sus pies, se hundió; sus rodillas vacilaron y su cuerpo, estremecido por las quemaduras del dolor, se tambaleó sin fuerzas. Pero sus ojos brillaban aún, veían una multitud de otros ojos que ardían con un fuego vivo y osado que ella conocía bien, un fuego querido a su corazón.

La empujaron a la puerta. Arrancó una mano a la mano que la asía y se cogió al marco:

—No se apagará la verdad bajo mares de sangre...

La pegaron en la mano.

—¡En vuestra locura no amasáreis más que odio! Y caerá sobre vosotros... Un gendarme la cogió por la garganta, apretó...

Un estertor:

—Los pobres del mundo...

Alguien respondió con un sollozo.

FIN

www.ingramcontent.com/pod-product-compliance
Lightning Source LLC
Chambersburg PA
CBHW021216130626
46554CB00004B/1241